ree

rororo sport
Herausgegeben von Bernd Gottwald

Der Sport ist heute fester Bestandteil unserer Freizeitgesellschaft. Als Medienereignis zieht er Millionen Menschen in seinen Bann, als Wettkampfsport fasziniert er den engagierten Aktiven, als Gesundheits- und Fitness-Sport sorgt er für individuellen Ausgleich und Wohlbefinden, als Freizeitsport fördert er Geselligkeit und Kommunikation.

Die *rororo-Sportbücher* beschäftigen sich mit Themen aus allen Sportbereichen. Sie stellen Sportarten vor, geben praktische Tips zu Material und Ausrüstung, bieten Anleitungen zum Lernen und Lehren, zeigen fertige Trainingsprogramme und laden ein zur Beschäftigung mit sportwissenschaftlichen Disziplinen.

Programme · Übungen · Lernhilfen

Martin Knupp

BADMINTON PRAXIS

Vom Deutschen Badminton-Verband empfohlen

Rowohlt

SPORT rororo

Originalausgabe

Layout Angelika Weinert
Umschlaggestaltung Peter Wippermann / Sebastian Raulf
(Foto: Action-Plus Photographic / Focus)
Veröffentlicht im Rowohlt Taschenbuch Verlag GmbH,
Reinbek bei Hamburg, März 1989

Satz Times (Linotron 202)
Gesamtherstellung Clausen & Bosse, Leck
Printed in Germany
1680-ISBN 3 499 18629 2

Inhalt

Einführung

Die Aufnahme in das Programm der Olympischen Spiele 1992, internationale Turniere mit Preisgeldern von 150000 Dollar, nahezu 130000 Mitglieder im Deutschen Badminton-Verband, die feste Etablierung im Schulsport mit der Aufnahme als zwölfte Sportart in das Standardprogramm des bundesweiten Schulwettbewerbes «Jugend trainiert für Olympia», die beginnende Kommerzialisierung durch den Bau von privaten Badmintoncentern – dies sind die sichtbaren Zeichen für die dynamische Aufwärtsentwicklung der Sportart Badminton seit Mitte der achtziger Jahre.
Doch nicht nur die Popularisierung der Sportart schreitet voran. Auch die theoretische Auseinandersetzung kommt in Fahrt. In den zurückliegenden Jahren haben etliche Veröffentlichungen Fundamente gelegt. Dieses Buch bietet einige neue Aspekte, die vor allem den Bereich der psychischen Wettkampfführung betreffen und der Tatsache Rechnung tragen, daß es sich beim Badminton um eine Zweikampfsportart handelt. Als Ausgangspunkt wird ein Ansatz dargeboten, bei dem das Spiel in leistungsrelevante «Komponenten» zerlegt wird. Diese werden beschrieben, und zu jeder werden Verbesserungsstrategien vorgeschlagen.
Wichtige Sachverhalte wurden in Begriffe gefaßt. Dadurch erfolgt nicht nur eine Präzisierung und Heraushebung. Begriffe erleichtern Spielern und Trainern in Training und Wettkampf die Kommunikation.

Formelhafte Rede: Eine auf ein Schlüsselwort verkürzte, mündlich erläuterte Handlungsanweisung, die zwischen einem Spieler und seinem Trainer zum Zwecke rationeller Kommunikation vereinbart wird.

Wenn zum Beispiel dem Spieler beim Coaching vor dem dritten Satz gesagt wird, er habe im verlorengegangenen zweiten die Forderungen des «Bad-

minton-Postulats» über weite Strecken vernachlässigt, so steckt für den Kundigen in diesem Begriff eine lange Rede.
Eines liegt dem Verfasser am Herzen: zu zeigen, daß alle Fertigkeiten, die das Badmintonspiel braucht, erlernbar sind. Er vertraut darauf, daß Nichtkönnen schwindet, wenn ein aktiver Lernprozeß in Gang kommt. Durch Bewußtmachen der zugrundeliegenden Abläufe können die für die Beherrschung erfolgbringender Handlungen benötigten Fertigkeiten schrittweise erarbeitet werden. Die Unterscheidung zwischen talentiert und weniger begabt liegt dann nur noch in der Zeit, die für den Lernprozeß benötigt wird. Der Schlüssel zum Lernen liegt im Kennen der Prozesse. Der Vorsprung des Bewegungstalentes kann durch theoretische Durchdringung aufgeholt werden. Der Überholvorgang wird danach durch Trainingsdisziplin vollzogen.
Das Buch will die Lücke schließen zwischen *Lehrbuch* (vgl. Boeckh-Behrens 1983, Niesner/Ranzmayer 1980; 1988, Fuchs/Sologub 1984) auf der einen Seite und einer *Übungssammlung* (Knupp 1983) auf der anderen. Es wurde bewußt darauf verzichtet, Sachverhalte, die in anderen Büchern dargestellt sind, erneut aufzunehmen. So sind etwa die Prinzipien der Badmintonschläge oder Beschreibungen der Grundtechniken in den Lehrbüchern nachzulesen. Dagegen ist die Vielfalt der angewandten Techniken des Badminton erstmals umfassend und differenziert aufgelistet und durch zahlreiche Fotos veranschaulicht. Trainern und Spielern steht damit ein Katalog zur Verfügung, der helfen kann, das Spiel besser zu entschlüsseln und eine planmäßigere Ausbildung zu betreiben.
Bei der Fülle neuer Inhalte konnte der für das Badmintonspiel wichtige Bereich der Konditionsschulung nicht in voller Breite entfaltet werden. Eine umfassende Darstellung von Maßnahmen zur Verbesserung konditioneller Fähigkeiten muß einer späteren Darstellung vorbehalten bleiben.
Abschließend ist noch eine Entschuldigung an die Adresse aller Leserinnen zu richten. Der Autor ist sich darüber im klaren, daß er stets von «Spielern» und «Gegnern» redet und Frauen in die männliche Form einschließt. Doch es ist wenig praktikabel, (jedesmal) die weibliche und die männliche Form zu benutzen. («Der/die Spieler/-in soll gleich von Anfang/Beginn an seinen/ihren Gegner/Gegnerin unter Druck setzen.»)
Bleibt der Wunsch, die Badmintonfreunde mögen nicht nur Nutzen aus dem Buch ziehen, sondern sich bei der Lektüre auch ein wenig unterhalten.

Die meisten Fotos in diesem Buch stammen von *Louis Ross*, dem wohl bekanntesten Badmintonfotografen der Welt. Er besucht die großen Turniere der Welt seit 1970 und ist selbst Herausgeber von Fotobüchern über das Badmintonspiel und Badmintonspieler. Seine Fotos sind in zahlreichen Büchern Grundlage für Technikanalysen. Er lebt in der Nähe von Southampton in England.

Zeichen – Begriffe – Abkürzungen

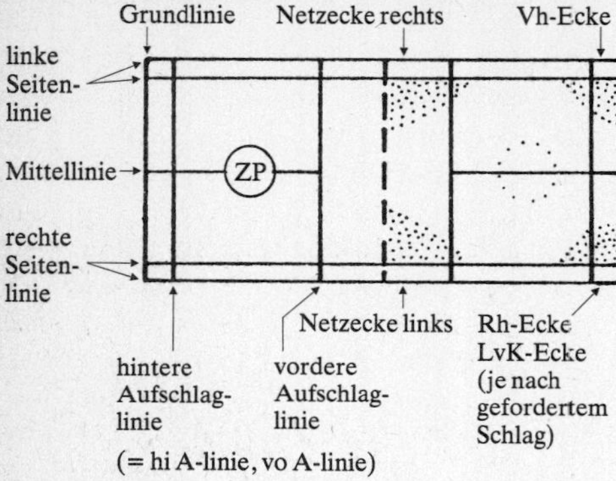

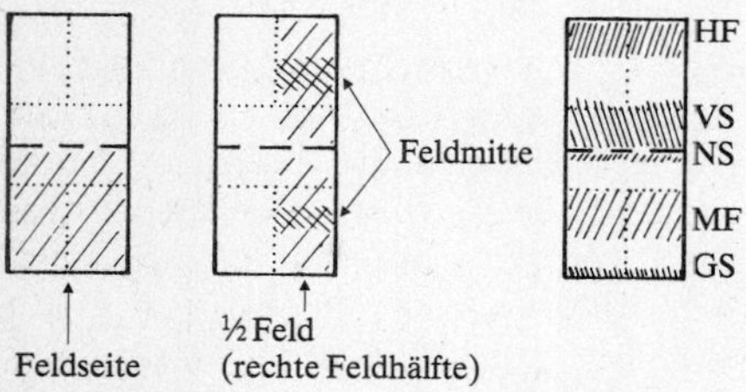

ZP	= Zentralposition	MF	Mittelfeld
Fh	= Feldhälfte	HF	Hinterfeld
li Fh	= linke Feldhälfte	NS	Netzsektor
VF	= Vorderfeld	GS	Grundliniensektor

BEH: Ballerwartungshaltung
IGEA: Isolierende-gespannte-erregende Aktionsbereitschaft
Stop: Uh-Drop auf gegn. (Üh-/Ük-) Drop. (Der Begriff ist an das Abstoppen eines Drop aus dem gegnerischen Hinterfeld gebunden.)
Feldsektor: Fläche/Raum im Feld
Position: Ort im Feld
Bereich: Wird in Zusammenhang mit der Höhe des Balltreffpunktes («Treffbereich Netzoberkante») verwendet.
Komplexübung: Schlagarten sind festgelegt, nicht aber Richtung der Schläge und/oder deren Reihenfolge (d. h. Übungen mit Alternativschlagmöglichkeiten).
Schlagkombination: Schlagfolge ist festgelegt, mehrere Schlagtechniken sind enthalten.
Bewegungsschlagübung: Einfache Schlagfolge in Bewegung.
Im Schlagfluß: Hin und her zwischen 2 Treffbereichen
Zuspielübung: Für jeden Schlag erfolgt neues Zuspiel
Schlagsimulation: Durchführen eines Schlages ohne Ball.

Vh-	= Vorhand-
Rh-	= Rückhand-
Uh-	= Unterhand-
Sh-	= Seithand-
LvK-	= Links-vom-Kopf-
Üh-	= Überhand-
Ük-	= Überkopf-
Ku Aw	= Kurze (Smash-)Abwehr
Fl Aw	= Flache (Smash-)Abwehr
Ho Aw	= Hohe (Smash-)Abwehr

Ebenso:
Ku, Ho Aufschlag

SpaN	= Spiel am Netz
Uhclear	= Unterhandclear
Ll	= Linie lang, long line, parallel
cr	= cross, diagonal

(Gemeint ist die Flugrichtung des Balles in bezug zur Seitenlinie.)

re	= rechts
li	= links

Orientierung für «rechts/links» gilt von einem Spieler (Rechtshänder) aus, der das Gesicht zum Netz gewandt hat.

vw	= vorwärts
rw	= rückwärts
A	= Übender Spieler
P	= Partner
T	= Trainer
Z	= Zuspieler (üben selbst nicht, sondern leisten Hilfestellung)

(8) = sind Wertangaben in Klammern gesetzt, sind sie als Beispiele zu verstehen. (Änderungen nach Leistungsvermögen des Übenden.)

Systematische Leistungsverbesserung

Der in diesem Kapitel dargestellte Weg zur systematischen Steigerung der Leistungsfähigkeit geht aus von der gesamtheitlichen Betrachtung des Wettkampfspiels, konkreter, der darin erbrachten Leistung.
Diese wird anhand sogenannter *Komponenten* analysiert. Die verschiedenen Komponenten werden nebeneinandergestellt und jene ermittelt, bei denen der Spieler die größten Defizite aufweist. Der daraufhin einzuleitende Trainingsprozeß sieht eine systematische Verbesserungsarbeit an diesen Komponenten vor.
Eine solche Trainingsstrategie kann erheblich zur Beschleunigung eines Steigerungsprozesses beitragen. Sie ist anwendbar für jedes Leistungsniveau (außer im Anfängertraining), und sie gilt für jeden Spieler immer wieder neu.
In bezug auf systematisches Verbessern haben sich im Badmintontraining, wie es üblicherweise in deutschen Hallen durchgeführt wird, viele Nachlässigkeiten ausgebreitet. «Training» bedeutet im wesentlichen «Spielen», d. h. zwischen den Spielern werden Trainings-Wettkämpfe ausgetragen. In unteren, mittleren und selbst noch in gehobenen Leistungsklassen geschehen Trainingsmaßnahmen aller Erfahrung nach punktuell. Da werden vor Saisonbeginn ein paar Waldläufe zum Zwecke des Fitmachens durchgeführt, und während der Saison wird einmal in der Woche an einem Konditionszirkel teilgenommen. Technische Elemente werden erarbeitet durch kollegiale Weitergabe unter Vereinskameraden. «Zeig mir doch mal eben die Rückhand» – wer hätte die Aufforderung nicht schon gehört (oder ausgesprochen)? Aber auch in jenen Vereinen, in denen regelmäßig trainiert wird (was vor allem im Nachwuchsbereich häufig geschieht), ist eine systematische Steuerung des Trainings nicht gewährleistet. Vielfach sind es die dienstägliche Eingebung des Übungsleiters («Heute üben wir mal Drop»)

oder das sonntägliche Gefühl des Spielers («Der Smash kam wieder gar nicht, den müssen wir unbedingt machen»), wodurch die Trainingsinhalte bestimmt werden.
In diesem Kapitel wird ein Weg vorgestellt, anhand dessen es nicht nur leicht möglich ist, die Leistung systematisch zu verbessern, der auch die Gewähr bietet, daß es die richtigen Defizite sind, in deren Behebung der Spieler seine Trainingsenergie steckt.
Voraussetzung ist die Begeisterung dafür, die eigene Leistungsfähigkeit zu steigern, und die Willensstärke, die alltägliche Trägheit immer wieder aufs neue zu überwinden. Für Badmintonfreunde, für die unser Spiel ein wunderschönes Vergnügen ist, bei dem sie sich entspannen und das ihnen Bewegungslust und Spielfreude bringt, ist die «Leistungsverbesserung mittels Komponentenprofil» nicht entwickelt worden. Wer aber die Steigerung seiner Spielfähigheit nicht der natürlichen Evolution überlassen will, wer den Gegner, gegen den er schon dreimal verloren hat, endlich besiegen will, der wird ein Verfahren vorgestellt bekommen, das es ihm ermöglicht, sich diesen Wunsch in kürzester Zeit zu erfüllen.

Am Ende des Kapitels wird der Leser vorgestellt bekommen haben
- den Begriff «Komponentenprofil»,
- Training als Strategie,
- das Trainingskonzept als persönliche Note,
- den Unterschied zwischen Trainingsstrategie und Verbesserungsstrategie,
- zwanzig Komponenten des erfolgreichen Badmintonspiels,
- und eingerahmt deren jeweilige Unterkategorien,
- hilfreiche Bewertungskriterien,
- ein paar Tests,
- viele Verbesserungsstrategien,
- und noch mehr Übungen,
- unter anderem solche zur Verbesserung des Smash,
- etliche Verweise auf das richtungweisende zweite Kapitel
- und einige bis dahin unbekannte Begriffskreationen.

Trainingsstrategie ist die Kunst, die Leistungsverbesserung zu planen.

Trainingsstrategie

Unsere Überlegungen beginnen mit der Entwicklung einer Trainingsstrategie. Wenn Spieler und Trainer die Leistungssteigerung nicht dem Zufall oder der natürlichen Weiterentwicklung überlassen wollen, müssen sie die Verbesserung planen.
Ausgehend vom Strategiebegriff HAGEDORNS (in RÖTHIG 1983, 390) bezeichnen wir *Trainingsstrategie* als ein geregeltes System von Handlungsplänen, das, durch Verbesserung möglichst vieler die sportliche Leistung bestimmender Komponenten bzw. Faktoren, mittel- und langfristig Leistungssteigerung hervorbringen soll. Zur begrifflichen Abgrenzung unterscheiden wir demnach «Leistungsverbesserung», d. h., die Maßnahmen, die unternommen werden, von «Leistungssteigerung», dem bewirkten Ergebnis.

Nach WILKINSON (1984) gehören zum strategischen Prozeß der Problemlösung neun Schritte, die zu absolvieren sind:

1. Zielsetzung	4. Lösung	7. Einsetzung
2. Analyse	5. Auswahl	8. Test
3. Bewertung	6. Entwurf	9. Feedback

Aus diesem Ansatz entwickeln wir das in diesem Kapitel vorgestellte Konzept der systematischen Leistungsverbesserung im Badminton. Ausgegangen wird dabei von der These, daß sich die Spielleistung im Badminton aus einer Summe von Einzelanforderungen zusammensetzt (vgl. auch «Anforderungsanalyse» bei BOECKH-BEHRENS 1983, 184f) und daß eine ständige Verbesserung solcher Einzelanforderungen positive Auswirkungen auf das Wettkampfspiel haben wird.

Wir greifen WILKINSONS Weg des strategischen Problemlösungsprozesses auf und überlegen, wie die einzelnen Schritte für die Trainingsstrategie im Badminton aussehen können:
Zielsetzung: Zunächst muß zwischen Trainer und Spieler Einigkeit darüber herrschen, ob eine Leistungsverbesserung erfolgen soll und mit welcher Intensität sie angestrebt wird. Dann muß kritisch geprüft werden, ob der Spieler (und der Trainer) bereit sind, das Notwendige zu tun, um die gewünschte Leistungssteigerung zu realisieren.
Analyse: Die Gründe für Wettkampf-Niederlagen müssen genau erforscht werden.

Bewertung: Jene Komponenten müssen bestimmt und gewichtet werden, die aufgrund ungenügender Wirksamkeit eine bessere Leistung verhindern («leistungsbegrenzende Komponenten»).
Lösung: Es müssen die Ursachen für die ungenügende Wirksamkeit ermittelt werden und Unterstrategien erstellt werden, deren Befolgung eine Minderung der Schwäche nach sich ziehen soll.
Auswahl: Es muß eine Prioritätenliste von Maßnahmen festgelegt werden.
Entwurf: Es muß unter Einbeziehung aller trainingskonzeptioneller Faktoren ein Trainingsplan erstellt werden, der eine Erarbeitung der gewünschten Wirksamkeiten gestattet.
Einsetzung: Der Trainingsprozeß muß einsetzen und durchgeführt werden mit voller Konzentration, Intensität und Ernsthaftigkeit.
Test: Wenn dies möglich ist, werden Fortschritte aufgrund von Trainingsmaßnahmen durch Tests ermittelt, wobei im Badminton derartige Tests auch Eindrucksanalysen (Expertenurteil) sein können, da vielfach keine objektiven, zuverlässigen Tests vorliegen (z. B. Härte eines Smash).
Feedback: Rückmeldung über den Erfolg von Trainingsmaßnahmen erfolgt über den Wettkampf. Spieler und Trainer beobachten, welche Auswirkungen die Maßnahmen bzw. die ermittelten Leistungssteigerungen auf den Wettkampf haben. (Ist im Kapitel «Nutzbringende Wettkampfbeobachtung» behandelt.)

Trainingskonzept

Die Trainingsstrategie allein bewirkt die Leistungssteigerung noch nicht. Sie muß (s. *Entwurf, Einsetzung*) ihre Umsetzung finden. Es bedarf des Trainers. Ist der Prozeß, in dem aus Trainingsstrategie praktisches Trainieren wird, demokratisch oder autoritär, eintönig oder vielfältig, wird er durch Besessenheit gekennzeichnet oder durch Resignation bei Widerständen, werden schriftliche Begleitung gefordert, Konditionseinheiten außerhalb der Halle, wird viel oder kaum Spieltraining zugelassen...?

Trainingskonzept: Art und Weise, in der ein Trainer die in der Trainings- und Verbesserungsstrategie festgelegten Handlungspläne umsetzt; sollte von jedem Trainer von Zeit zu Zeit im Hinblick auf die damit bewirkte Leistungssteigerung überprüft werden.

Einfluß nehmen die Persönlichkeit des Trainers, sein Arbeitsstil, die von ihm bevorzugten didaktischen und methodischen Mittel, aber auch seine Trainingsideologie und die organisatorischen Bedingungen, unter denen gearbeitet werden muß.

Das Komponentenprofil

Der zweite und der dritte Schritt des strategischen Problemlösungsprozesses sehen die *Analyse* und die *Bewertung* vor. In der Analyse werden die Mängel und Defizite erforscht, in der Bewertung erfolgt eine Gewichtung im Hinblick auf ihre leistungsbegrenzende (im Sinne von keine bessere Leistung zulassende) Bedeutung.
Analyse und Bewertung erfolgen durch Expertenurteil. Dieses wird von einer kompetenten Person erstellt, in aller Regel also einem Badmintontrainer. Wie im Abschnitt «Durch Beobachten weiterentwickeln» (vgl. S. 184) beschrieben, beobachtet er sorgfältig die Wettkämpfe eines Spielers, um die Ursachen für dessen Niederlagen herauszufinden.

Iststandsbestimmung
Um dem Trainer die Beurteilung zu erleichtern und ihm eine Hilfe an die Hand zu geben, die komplexen Anforderungen des Badmintonspiels aufzuschlüsseln, zu systematisieren und zu veranschaulichen, wurde das in Abbildung 1, S. 22, dargestellte «Komponentenprofil» entwickelt.
«Sport als System... hat Komponenten, die selbst wieder Systeme sind», schreibt WILKINSON (1984, 27). 14 solcher im Komponentenprofil aufgeführten «Komponenten» beziehen sich auf im Spiel vollbrachte Handlungen bzw. erzielte Wirkungen, eine auf Handlungen im Umfeld des Wettkampfes, drei auf Trainingsverhalten, drei auf konditionelle Eigenschaften. Sie decken die Bereiche der Techniknutzung, der konditionellen Voraussetzungen, der Spielgestaltung, der Wettkampfführung und der Trainingsgestaltung ab.

Komponentenprofil: Im K. sind wesentliche die Spielleistung im Badminton beeinflussende Komponenten nebeneinandergestellt. Es macht sichtbar, welche der Komponenten bei einem einzelnen Spieler im Verhältnis zu den anderen am defizitärsten sind. Das K. bietet einen Orientierungsrahmen für die Festlegung von mittel- und langfristigen Trainingszielen.

Ob es ein Trainer oder Spieler als sinnvoll bzw. notwendig erachtet, den aufgeführten Komponenten noch weitere hinzuzufügen, steht ihm frei. Das Verfahren läßt dies zu. Zusätzliche Komponenten werden den aufgeführten angefügt und entsprechende Bewertungskriterien (bzw. bei den konditionellen Fähigkeiten Kontrollwerte) formuliert. Praktische Erfahrungen haben allerdings gezeigt, daß die aufgeführten Komponenten eine ausrei-

chend differenzierte Iststandsbestimmung von der Leistungsfähigkeit eines Badmintonspielers ermöglichen.
Es scheint außerdem wenig sinnvoll, die Anzahl der Komponenten wesentlich zu erhöhen. Je detaillierter die Aufschlüsselung wird, desto eher wird der Blick vom Wesentlichen abgewandt. Die Defizitbestimmung darf sich nicht in der Erfassung von Einzel*faktoren* verlieren.
Komponenten unterscheiden sich von Faktoren, indem sie spielbeeinflussende Verhaltensweisen und Handlungen beschreiben. Sie resultieren aus Faktoren, die in den Komponenten gebündelt und allein im Hinblick auf ihre Nutzung zur Gegnerbekämpfung betrachtet werden.

Das Oberziel der Leistungsentwicklung mittels Komponentenprofil ist nicht die Optimierung von physiologischen und motorischen (Hilfs-) Prozessen, sondern die Optimierung von badmintonrelevanter Handlungsfähigkeit.

Es ist nicht schwierig, einen Zettel voller Detaillernziele von einem Turnierwochenende mitzubringen. Sich aber mit dem Spieler darüber zu verständigen, daß eine Komponente leistungsentscheidend defizitär ist und deren Entwicklung darum für die folgenden Monate in den Mittelpunkt gerückt werden muß, ist ungleich anspruchsvoller.
Durch teilnehmende Beobachtung bei vielen Wettkämpfen seines Spielers muß der Trainer seinen Blick dafür öffnen, wie jede einzelne Komponente die Wettkampfleistung beeinflußt. Er muß tendenziell erkennen, woran es im Spiel mangelt: «Das Spiel am Netz wird (aufgrund starker Schlagunsicherheiten?) zu oft vermieden, was immer wieder zu Defensivsituationen führt. Dadurch kann der Gegner insgesamt häufiger Druck ausüben als umgekehrt.»
Die Richtigkeit solcher Einschätzungen hängt von der Fachkompetenz des Trainers ab. Wenn er die Schlagunsicherheiten am Netz nicht registriert, wird er Spiel am Netz nicht als defizitär bewerten. Diese Fehleinschätzung wird die Wirksamkeit der später entworfenen Trainingsstrategie beeinflussen.
Hilfe für ein fundiertes Expertenurteil bieten die im weiteren Verlauf des Kapitels bei jeder Komponente dargestellten «Bewertungskriterien». In ihnen wurde versucht, eine optimale Ausprägung der jeweiligen Komponente zu beschreiben, ein Idealbild also, von dem aus Abstriche bis hin zu einer völlig ungenügenden Entwicklung vorgenommen sind. Die Abstufungen sind entstanden durch jahrelangen Umgang mit Spielern aller Leistungsklassen. Sie geben somit in weiten Teilen auch «typische» Verhaltensweisen wieder.

Für Wettkampfspieler

Wenn vom «Spieler» die Rede ist, ist der Wettkampfspieler gemeint, nicht ein Badmintonspieler, der sich noch in der Grund- oder Aufbauausbildung (vgl. Kapitel «Planmäßige Technik-Ausbildung») befindet. Ein Anfänger hat zunächst die Voraussetzungen im Bereich der technischen Fertigkeiten zu schaffen, die ihn erst in den Stand setzen, einen Badmintonwettkampf «badmintongemäß» zu führen. Für die Anfänger- und die erste Fortgeschrittenenzeit kann sich die Ermittlung von Defiziten auf die Beschreibung technischer Mängel beschränken. Erst wenn – auch durch das Antrainieren konditioneller Fähigkeiten – eine Basis-Wettkampffähigkeit geschaffen und wenn einige Wettkampferfahrung gewonnen wurde, macht es Sinn, systematische Leistungsverbesserung mittels Komponentenprofil zu betreiben.

Ist die Voraussetzung der Wettkampffähigkeit erfüllt, spielt allerdings das Leistungsplateau, auf dem sich der Spieler befindet, für die Nutzung eines Komponentenprofils zur Trainingssteuerung keine Rolle mehr.

Individueller Zuschnitt

Das Komponentenprofil wird von einem Trainer bei einem aktuellen Wettkampf-Leistungsstand für einen Spieler erstellt – im Hinblick auf die Leistungsverbesserung dieses Spielers. Die vorgenommenen Bewertungen sind nur für den betrachteten Spieler von Nutzen.

Das Komponentenprofil gibt keinen Aufschluß über die absolute Badmintonleistung eines Spielers (die gibt der Wettkampf). Es vergleicht nicht Spieler miteinander. Das Verfahren kann vom C-Klassenspieler ebenso angewandt werden wie von einem Spieler, der sich in der DBV-Rangliste vorarbeiten will.

Ein C-Klassenspieler hat nicht zwangsläufig bei allen Komponenten nur Nullen und Einser, der Ranglistenspieler keineswegs nur Vieren und Fünfen. Es ist sogar denkbar, daß ein unterklassiger Spieler eine im Durchschnitt höhere Kurve hat als ein Bundesligaspieler, obwohl er von diesem 15:3, 15:5 geschlagen wird. Das rührt daher, daß sein Trainer an den Bundesligaspieler höhere Ansprüche stellt. Wenn jener sich verbessern will, muß er auf die Leistungsfähigkeit der Spieler in der nationalen Spitze schauen. Bei denen aber sind die Komponenten viel weiter entwickelt, und entsprechend schärfer sind die Fähigkeiten des Bundesligaspielers zu bewerten.

Bewertungsvorgang

Auch die Arbeitsweise bei der Erstellung eines Komponentenprofils zeigt, warum die Erstellung nicht zu absoluten «Noten»-Werten führen kann.

Der Trainer betrachtet den Spieler üblicherweise auf dem Leistungsplateau, auf dem sich dieser befindet. Bezugspunkte liefern die besten Spieler dieses Plateaus, gegebenenfalls die besten des nächsthöheren. Das sind die Gegner, mit denen sich der Spieler in den Wettkämpfen der anstehenden Trainingsphase auseinandersetzen muß. Dieser Nahblick ist wichtig für das Setzen von Zwischenspielen. Es ist wenig sinnvoll, den Abstand des Spielers zu einem Weltklassemann zu bestimmen.

Wenn ein Spieler in seiner Leistungsklasse als Abwehrkünstler gilt, würde von dieser Fertigkeit im Kampf gegen Spitzenspieler vermutlich wenig zu bemerken sein. Dennoch ist diese Komponente bei ihm (zunächst) ausreichend entwickelt, sie ist also hoch zu bewerten.

Die angebotenen Bewertungskriterien sind darum nur als Orientierungsrahmen zu sehen, sie müssen vom Trainer auf den aktuellen Leistungsstand angewandt werden. Sie verlangen ihn geradezu als Fachmann. Er muß aus dem Optimal-Katalog die Anforderungen auf den jeweiligen Spieler zuschneidern.

In diesem offenen Charakter liegt eine Stärke des Verfahrens. Der sachkundige Trainer hat Anhaltspunkte, muß aber selbst festlegen, wie weit seiner Meinung nach bei einem Spieler eines bestimmten Leistungsstandes eine Komponente entwickelt sein müßte. Dadurch bleibt Freiraum für die Einbeziehung von Ausbildungsstand, individuellem Spielstil, altersgemäßer Leistungsentwicklung, Leistungsklasse, individuellen Kompensationsverfahren u. ä.

Bewußtmachung

In den Bewertungskriterien steckt noch eine zweite Nutzungsmöglichkeit. Wenn der Trainer mit seinem Spieler über die Anforderungen und die aktuelle Bewertung einer Komponente spricht, hat er Handlungen an der Hand, die er als erstrebenswert ausmalen kann. Dies erleichtert es ihm, vorhandene Defizite bewußtzumachen. In dieser gründlichen Auseinandersetzung liegt eine Herausforderung für den Trainer. Er ist zu einer umfassenden, sorgfältigen Beobachtung von Spielverläufen und zu Begründungen für gefällte Urteile gezwungen.

Das Nebeneinander der Komponenten

Der entscheidende Vorgang ist nicht die Bewertung einer einzelnen Komponente, sondern das Nebeneinanderstellen sämtlicher Komponenten. Der Trainer ist genötigt, zu jeder einzelnen Komponente Stellung zu nehmen und deren Ausprägung beim Spieler zu bewerten.

Auf diese Weise wird der Blick des Spielers (und der des Trainers!) auf die *tatsächlichen* Defizite gelenkt und nicht, was leider oft geschieht, vordergründig erkennbare Technikmängel als trainierenspflichtig verkündet. Technische Elemente werden auf ihre Hilfsfunktion reduziert und in ihrer

Wirkung betrachtet (Laufarbeit dient dazu, den Ball schnell zurückzuspielen).
Ein vollständiges Komponentenprofil gewährleistet, daß – bei konsequenter Erstellung – nicht entscheidende Leistungskomponenten des Badmintonspiels außer acht gelassen werden.
Dies gilt vor allem für jene der (neben Technik, Kondition und Taktik) «vierten Art», die auch ein Eingehen auf die psychische Wettkampfführung verlangen. Diese Komponenten tragen der Tatsache Rechnung, daß Badminton nicht nur eine Aneinanderreihung von körperlichen Aktionen ist, sondern ein geistiger Zweikampf.

Aus Wettkampfbeobachtung gewinnen
Die 14 Komponenten der Spielhandlungen müssen aufgrund vollbrachter Wettkampfleistungen bewertet werden. Kein Trainer kann zum Beispiel anhand von Trainingswettkämpfen ermitteln, welches Durchsetzungsvermögen ein Spieler in der Verlängerung harter Spiele letztendlich aufzubringen in der Lage ist. Trainingswettkämpfe liefern Aussagen über Unterkategorien, allenfalls über einzelne Komponenten, sie erlauben nicht die Erstellung eines Komponentenprofils.
Um gültige Aussagen machen zu können, sind Beobachtungen über einen längeren Zeitraum notwendig. Spiele unter den unterschiedlichsten Bedingungen müssen analysiert werden, vor allem natürlich solche gegen gleich starke und gegen überlegene Gegner. Wobei letztere in der Regel aufschlußreicher sind als erstere, weil bessere Gegner Defizite klarer aufdecken.
Das Erstellen eines Komponentenprofils wird in enger Zusammenarbeit zwischen Trainer und Spieler erfolgen. Besonders der Bewertung der Komponenten der geistigen Wettkampfführung müssen Gespräche mit dem Spieler vorausgehen, muß seine Wettkampfzubereitung und seine Wettkampfanalyse berücksichtigt werden.
Das vollständige Komponentenprofil wird kaum an einem Tag erarbeitet werden. Es stellt vielmehr einen Zustand etwa eines Monats, unter Umständen sogar die Bilanz einer ganzen Saison dar.
Ein Studium der Anforderungen, die sich hinter den einzelnen Komponenten verbergen, zeigt, daß diese nicht mit kurzfristigen Trainingsmaßnahmen zu verbessern sind. Die zum Einsatz kommenden Verbesserungsstrategien beanspruchen Wochen und Monate.
Der Trainer wird also frühestens nach einem halben Jahr ein erneutes Komponentenprofil anfertigen. Und dieses wird – falls er den Trainingsprozeß gemeinsam mit seinem Spieler vollzogen hat – schwieriger zu erstellen sein als das erste, denn durch den dauernden Umgang droht ihm «Gewöhnungserblindung». Er wird sich darum bei einer erneuten Erstellung zu höchster Objektivität («Distanzcheck») zwingen müssen.

Bewegungssehen mit den Weltmeistern (I)

Foto 1: Hat Icuk Sugiarto, der Weltmeister von 1983, einen Clear oder einen Smash gespielt?

Gewöhnungserblindung: Wenn ein Trainer aufgrund langen Umgangs mit einem Spieler Mängel in der Spielführung oder in der Bewegungsausführung einzelner Techniken nicht mehr als solche wahrnimmt, obwohl seine Vorstellungen von den betreffenden Faktoren denen des Idealbildes entsprechen.
Distanzcheck: Maßnahme des Trainers gegen Gewöhnungserblindung; er versucht, sich ein möglichst objektives Bild von den Mängeln seines Spielers (ganzheitlich oder in Teilbereichen) zu machen, um eine neue Rangfolge notwendiger Trainingsziele festzulegen. Ein D. wird in der Regel im Rahmen von Wettkampfbeobachtungen durchgeführt. Gut für D.s eignen sich befreundete Trainerkollegen. Ob es sich empfiehlt, sie dann zu bitten, wenn sie Konkurrenten betreuen, hängt vom Vertrauen in das Gute im Menschen ab.

Konditionelle Komponenten
Die konditionellen Komponenten bieten die Möglichkeit, den vorhandenen Leistungsstand mittels Leistungskontrolltests zu überprüfen. In der graphischen Darstellung des Komponentenprofils finden sich, angeglichen an die übrigen Komponenten, ebenfalls 6 Abstufungen. Für die Trainingspraxis reicht allerdings eine sechsstufige Differenzierung nicht aus, weil die Abstände zwischen den einzelnen Stufen zu groß wären, als daß sie motivationsfördernde Zwischenziele darstellen würden. Vor allem im oberen Bereich sind Leistungsfortschritte nur langsam zu erzielen. Es wird daher mit einer neunstufigen Skala für die Bewertungskriterien gearbeitet. Die Bewertungen sind bei der graphischen Darstellung umzurechnen.

Graphische Darstellung
Der Trainer kreuzt, wie es Abbildung 2, S. 23, zeigt, bei jeder Komponente an, wie er den Leistungsstand eingeschätzt hat. Auf diese Weise erhält der Spieler die graphische Darstellung seines Komponentenprofils. Sie dient der Veranschaulichung. Dem Spieler wird verdeutlicht, wo seine größten Schwächen liegen und wie schwerwiegend sie im Verhältnis zu den anderen Komponenten sind. Eine Kurve, die weitgehend im «gut entwickelten» Bereich verläuft und nur zweimal einen Abfall in den «schlecht entwickelten» aufweist, gibt deutliche Signale im Hinblick auf einzuschlagende Trainingsmaßnahmen.
Besonders wenn sich Spieler und Trainer eine erstmals für diesen Spieler erstellte Kurve betrachten, werden sie zu prüfen haben, ob die bislang verfolgte Trainingsstrategie die richtige war. Sie werden angehalten, darüber nachzudenken, ob sie nicht aus Gewohnheit oder aus Gründen einer individuellen Trainingsauffassung oder auch nur aus Bequemlichkeit ihr Training auf Komponenten auszurichten gewohnt sind, die gar nicht ausgesprochen defizitär sind. Und ob sie nicht gleichzeitig stark defizitäre Komponenten

schlecht ◄—— entwickelt ——► gut

☐	☐	☐	☐	☐	☐	Schlagsicherheit
☐	☐	☐	☐	☐	☐	Spielen mit Aktionskonzentration
☐	☐	☐	☐	☐	☐	Abwehrfähigkeit
☐	☐	☐	☐	☐	☐	Beherrschen der Rückhand-Ecke
☐	☐	☐	☐	☐	☐	Erzeugen von Angriffsdruck
☐	☐	☐	☐	☐	☐	Wirkung des Smash
☐	☐	☐	☐	☐	☐	Gestaltung der Aufschlagphase
☐	☐	☐	☐	☐	☐	Geistige Zweikampfführung
☐	☐	☐	☐	☐	☐	Mobilisieren von Siegeswillen
☐	☐	☐	☐	☐	☐	Einbringen spieltaktischen Handelns
☐	☐	☐	☐	☐	☐	Spiel am Netz
☐	☐	☐	☐	☐	☐	Laufarbeit
☐	☐	☐	☐	☐	☐	Badmintonspezifische Aktionsgewandtheit
☐	☐	☐	☐	☐	☐	Spielwitz
☐	☐	☐	☐	☐	☐	Nutzen von Finten
☐	☐	☐	☐	☐	☐	Wettkampfgestaltung im Umfeld
☐	☐	☐	☐	☐	☐	Weiterentwicklung der eigenen Spielfähigkeit
☐	☐	☐	☐	☐	☐	Trainingssteuerung
☐	☐	☐	☐	☐	☐	Anaerobe Ausdauer
☐	☐	☐	☐	☐	☐	Aerobe Ausdauer

Abb. 1: Formblatt zur Erstellung eines Komponentenprofils

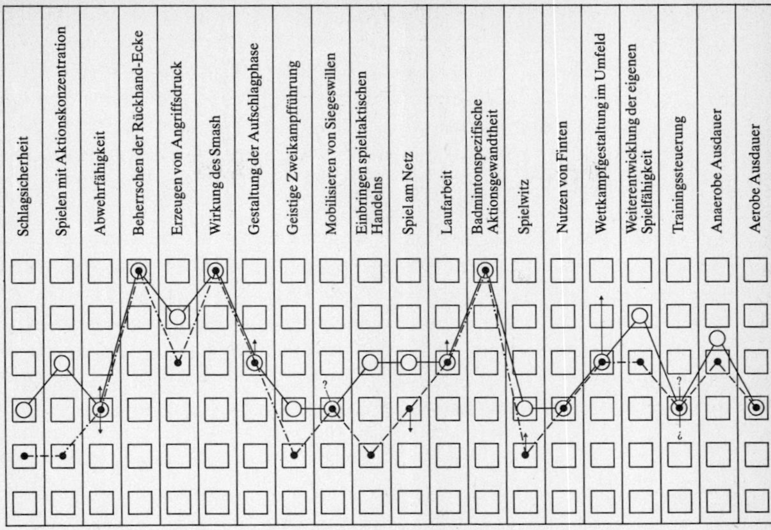

Abb. 2: Komponentenprofil eines Bundesliga-Nachwuchsspielers (20) vor (–·) und nach (—) einem fünfmonatigen Leistungstraining

unverbessert lassen, weil sie deren Bedeutung nicht richtig einschätzen oder weil sie keine Trainingsmethoden kennen oder einfach keine Lust haben, diese Fähigkeiten zu üben.
Wird dann übers Jahr ein neues Komponentenprofil erstellt, kann die entsprechende Kurve, wie in Abbildung 2 gezeigt, in dieselbe Tabelle eingetragen werden. Durch den direkten Vergleich ergibt sich eine gute Überprüfung, ob die durchgeführten Trainingsmaßnahmen erfolgreich waren und wo für die nächste Trainingsperiode die Schwerpunkte zu setzen sind.

Ursachenbestimmung
In Wilkinsons strategischem Problemlösungsprozeß folgt nach Analyse und Bewertung als nächster Schritt die *Lösung*. Verbesserungsstrategien müssen erstellt werden. Dazu reicht aber beim Badminton das Wissen um die Tatsache, daß eine Komponente vom Spieler unzureichend beherrscht wird und sich daher nicht positiv in seinem Spiel auswirken kann, noch nicht aus. Nach der Defizitbestimmung folgt das Aufspüren der Ursachen für das Defizit. Der Trainer wird in weiteren Spielbeobachtungen herausfinden, *warum* vom Spieler z. B. nur ungenügender Angriffsdruck erzeugt wird bzw. weshalb kein höherer erzeugt werden kann.

Unterstützung bei der Bestimmung dieser Ursachen bieten einerseits die Bewertungskriterien selbst, in denen die Anforderungen der Komponente ausführlich beschrieben sind. Daneben sind die jeweils aufgeführten Unterkategorien hilfreich. In ihnen sind leistungsbestimmende Faktoren aufgeführt, die für die Komponente wichtig sind. Der Trainer versucht zu bestimmen, welchen Anteil jeder einzelne von ihnen an dem festgestellten Defizit hat. Auch hier kann jeweils von 1 bis zu 6 Punkten bewertet werden.

Die Ermittlung der Wirksamkeit einer Komponente sollte nicht in «umgekehrter» Weise erfolgen, indem also der Trainer die Unterkategorien prüft und folgert: Wirkung des Smash = 6, Konterattacken = 6 usw., also muß der Angriffsdruck optimal sein. Das Ganze ist mehr als die Summe seiner Teile, lehrt schon Aristoteles, daher ist zunächst die Gesamtwirkung der Komponente im Spiel zu bewerten und erst bei der Ursachenforschung die Beherrschung der sie ausmachenden Faktoren.

Bewußtmachung durch das Erstellen eines Komponentenprofils

Das Komponentenprofil ...

- trägt zur Aufklärung darüber bei, welche Bedeutung die einzelnen Komponenten für die Spielleistung haben,
- dient als Basis für eine grundlegende Bestandsaufnahme eines aktuellen Leistungsstandes,
- zwingt den Trainer, in seine Analysen alle Komponenten einzubeziehen und somit auch nichtmotorische Verhaltensweisen zu betrachten,
- setzt die leistungsbeeinflussenden Komponenten zueinander in Beziehung und filtert die jeweils am schwächsten entwickelten heraus,
- zwingt den Spieler, seine bisherigen Trainingsmaßnahmen möglicherweise völlig umzustellen,
- ermöglicht wegen seiner gesamtheitlichen Betrachtung sinnvolle Trainingssteuerung,
- ermöglicht eine begründete und effektive Kommunikation zwischen Trainer und Spieler über Weiterentwicklungsmöglichkeiten,
- bewirkt die Festlegung von zur Weiterentwicklung tatsächlich benötigten Fähigkeiten,
- schärft das Bewußtsein dafür, daß auch psychische Wettkampfführung trainiert werden muß,
- unterstützt den Trainer dabei, dem Spieler immer wieder die vielfältigen Anforderungen des Badmintonspiels ins Bewußtsein zu rücken.

Verbesserungsstrategien

Bevor sich ein Trainer daranmacht, eine Trainingsstrategie zu entwerfen und Verbesserungsstrategien zu entwickeln, sollte er sich mit dem Spieler zusammensetzen und Einigung mit ihm erzielen, mit welcher Intensität und in welchem Umfang Trainingsmaßnahmen vorgenommen werden sollen. Eine systematische Leistungsverbesserung ist nicht zu bewerkstelligen, wenn beim Spieler nicht der Wille zu einer ernsthaften, eigenständig begleiteten Trainingsarbeit vorhanden ist.

Entwurf einer Trainingsstrategie

Liegt ein Komponentenprofil vor, ist im nächsten Arbeitsschritt festzulegen, welche von den als defizitär ermittelten Komponenten schwerpunktmäßig in der anstehenden Trainingsperiode verbessert werden sollen. Diese *Auswahl* (WILKINSON) ist eine Entscheidung der Trainingsstrategie des Trainers.

Bei Spieler A ist ein erzielter Wert in der aeroben Ausdauer als leistungsbegrenzend anzusehen und unbedingt verbesserungswürdig, bei Spieler B ergibt sich aus dem gleichen Wert keine Trainingsfolgerung, weil die Schulung anderer unterentwickelter Komponenten (etwa Schlagsicherheit) als viel vordringlicher angesehen wird.

Was ein Trainer nach ermitteltem Iststand als Schwachstellen des Spiels ansieht, hängt in hohem Maße von seiner persönlichen Einschätzung ab. In die Entscheidung fließen viele Faktoren ein (Spielertyp, bisherige Trainingsarbeit, Kenntnisse von Trainingsmethoden und Verbesserungsstrategien, Einsichten, vertraute Bestärkungsmaßnahmen...), auch solche, darüber sollten sich Trainer und Spieler im klaren sein, die besser nicht einfließen würden, wie Vorlieben, organisatorische Unbequemlichkeiten, fehlendes Engagement, Uneinsichtigkeiten usw.

Der Trainer muß bei der Festlegung der Trainingsstrategie Prioritäten in bezug auf die festzulegenden Trainingsziele setzen. Das gleichzeitige Herumdoktern an allen Enden des Spielvermögens ist keine Vorgehensweise, mittels der Defizite entschlossen und systematisch abgebaut werden.

Zur Frage, ob stark entwickelte Komponenten noch weiter verstärkt werden sollen oder statt dessen das Defizit bei schwach entwickelten Komponenten abgebaut werden soll, wird folgende Empfehlung gegeben: Erste und deutlichste Auskunft geben die Wettkampfspiele. Es ist Aufgabe des Trainers, herauszufinden, worin die Niederlagen eines Spielers ihre Ursachen haben. Ob es die noch nicht genügend entwickelte Angriffskraft ist oder die zu schlecht entwickelte Abwehrfähigkeit, muß sich aus der Wettkampfbeobachtung und nicht aus einer Ideologie ergeben. Die Beurteilung ist vor allem eine Frage des Sachverstandes.

Zum zweiten sei gesagt, daß jeder Spieler «seine Stärken» natürlich nutzen soll, es jedoch keineswegs notwendig ist, die Leistungsfähigkeit bei Komponenten oder Faktoren zu maximieren. Sie brauchen «nur» optimiert zu werden.
Eine weitere Verbesserung von Stärken (z. B. Härtung eines harten Smash, Verbesserungen beim Cooper-Test von 3600 auf 3700 m) ist dann als unsinnig anzusehen, wenn voraussehbar ist, daß dadurch kein Leistungszuwachs zustande kommen wird. Etwa weil das Komponentenprofil bei anderen Komponenten (z. B. Spielen mit Aktionskonzentration) eine dermaßen hohe Unterentwicklung ausweist, daß durch diese das Leistungsvermögen begrenzt ist. In solchen Fällen gilt nur eines: Auch wenn diese Komponenten ungern trainiert werden sollten, ihre Verbesserung muß als erstes in Angriff genommen werden.

Altersgemäße Modifizierung

Bei der Auswertung des Komponentenprofils ist bei jüngeren Spielern die jeweilige Altersstufe zu berücksichtigen. Die Werte zum Beispiel für die konditionellen Fähigkeiten oder für Komponenten wie Wirkung des Smash, Weiterentwicklung der eigenen Spielfähigkeit u. a. müssen angepaßt werden. Der Trainer hat die Möglichkeit, zum Beispiel für die Leistungsfähigkeit in aerober Ausdauer für Jungen und Mädchen altersstufengemäße Bewertungstabellen aufzustellen, oder er stuft eine Komponente, obwohl sie nur mit geringer Punktzahl bedacht wurde, beim Entwurf seiner Trainingsstrategie als nicht defizitär ein und entscheidet, hier keine besonderen Trainingsmaßnahmen einzuleiten, sondern die Weiterentwicklung der körperlichen Voraussetzungen abzuwarten.
Ähnliches kann für die leistungsmäßige Entwicklungsstufe gelten, auf der sich ein Spieler befindet. Auch hier sind die Möglichkeiten, Leistungsfortschritte zu erzielen, realistisch einzuschätzen. Die Schmetterfähigkeit etwa kann bei einem im Fortgeschrittenenstadium befindlichen Spieler zwar absolut noch nicht zufriedenstellend sein, bei Berücksichtigung seines Entwicklungsstandes aber als ausreichend gelten.

Verbesserungsstrategien

Wenn, nach WILKINSON, die Komponenten eines Sportspiels selbst wieder Systeme sind, gilt es, für die Veränderung (Verbesserung) der Komponenten wieder Strategien zu entwickeln. Sie sollen zur Unterscheidung vom Begriff «Trainingsstrategie» als Verbesserungsstrategien bezeichnet werden.

Verbesserungsstrategie: Ein geregeltes System von Handlungsplänen, das, durch Verbesserung möglichst vieler, die Wirksamkeit einer Komponente beeinflussender Faktoren, eine Wirksamkeitssteigerung der Komponente im Spiel nach sich ziehen soll.

Wurde in der Trainingsstrategie festgelegt, eine bestimmte Komponente sei zu verbessern, muß überlegt werden, wie dies geschehen kann. Für den Trainer stellt sich somit nurmehr die Frage, ob er eine Verbesserungsstrategie zur Verfügung hat, um z. B. einem Spieler den fehlenden Angriffsdruck beizubringen. (Vgl. S. 171 zur Unterscheidung zwischen Problem und Aufgabe.)

Eine Verbesserungsstrategie kann aus einer, sich immer wiederholenden, einzigen Maßnahme bestehen (schmettere jeden Tag eine Stunde gegen einen höherklassigen Gegner, der defensiv spielt), sie kann aber auch die parallele Schulung vieler Einzelfaktoren umfassen (von Unterarmkraftschulung über hohes Annehmen am Netz, Treffgenauigkeit beim LvK-Smash bis zum Erlernen von Selbstsuggestionsverfahren zur Aggressivitätsauslösung).

Den *Entwurf* von Verbesserungsstrategien liefert der Trainer üblicherweise im Rahmen des von ihm bevorzugten Trainingskonzeptes. Das Entwerfen bietet reichlich Gelegenheit, Kreativität zu entfalten: mit Kraftstudio, mit Volkshochschulkurs; mit Nachdenken, mit ‹Ausschalten› des Gehirns; mit Komplexübungen, mit Unterunterstrategien; mit Schwerpunktwochen, mit Trainingsprogrammen; mit Eigeneinsatz, mit Gegnerverpflichtung; mit Argumenten, mit Verbesserungsbesessenheit usw.

Bei der Darstellung der einzelnen Komponenten werden unter dem Stichwort «Verbesserungsstrategie» Vorschläge aufgeführt, die Trainern und Spielern Anregungen geben sollen. Spieler und Trainer müssen sich allerdings über den einzuschlagenden Weg verständigen. Der Spieler muß ihn akzeptieren, denn ohne seine positive Einstellung ist keine intensive Trainingsarbeit möglich (die *Einsetzung* bei Wilkinson). Verständigen bedeutet aber auch, daß der Spieler nicht nur dann an der Verbesserung seiner Komponente arbeitet, wenn der Trainer danebensteht und das Kommando gibt. Er sollte das angestrebte Trainingsziel immer mit sich ‹herumtragen› und auch dann daran arbeiten, wenn zwischenzeitlich andere Trainingsziele verfolgt werden oder, falls das möglich ist, wenn er nicht in der Halle ist. Besonders aber sollte er das angestrebte Ziel verfolgen, wenn er spielt.

Uneffektive Trainingsstrategien

Zum Abschluß sei noch auf die Gefahr uneffektiver oder gar falscher Trainingsstrategien hingewiesen. Warum kommen viele Spieler auch dann nur ungenügend in ihrer Leistung voran, wenn sie regelmäßig und (scheinbar) ernsthaft trainieren? Der Grund liegt in der Regel darin, daß die Trainingsmaßnahmen festgefahren sind. Es werden die seit den Jugendjahren vertrauten Inhalte gemacht und – das Hauptübel – einige Leistungskomponenten überhaupt nicht (die Ausprägungen der Konzentration, geistige Zweikampfführung, Spielwitz...) weiterentwickelt. Zur Veranschaulichung von Mängeln in der Trainingsstrategie drei Beispiele:

Trainingsstrategie 1:
Kai U. aus B. sieht das Badmintonspiel als ein Überleben des Fitteren. Ausdauerläufe sind eine Trainingsform, die ihm immer schon Spaß machten. Auf Beschluß des Spielers wird zur Steigerung der Badmintonleistung das bislang zweimal in der Woche durchgeführte aerobe und anaerobe Ausdauertraining auf dreimal erhöht.
Ergebnis: Der Spieler steigert im Verlauf eines halben Jahres seine Cooper-Test-Leistung von 3520 auf 3630 Meter. Er macht es gleichstarken Gegnern noch schwerer, gegen ihn zu gewinnen, er ist gegen Ende der Saison auf seinem Leistungsplateau der König, hat in der Bundesliga an Platz drei kein Einzel verloren und sich in der DBV-Rangliste von Platz 20 auf Platz 16 verbessert. Er hat aber nicht gegen einen Spieler gewonnen, gegen den er vorher immer verloren hat. Nimmt dafür im folgenden Sommer am Berliner Stadtmarathon teil.
Kritik: Bereits gut entwickelte Fertigkeiten werden noch weiter verstärkt, defizitäre bleiben unberührt.
Beachte: Auch im Vertrauen auf individuelle Kompensationsmöglichkeiten dürfen andere leistungsbegrenzende Komponenten nicht ignoriert werden.

Trainingsstrategie 2:
Aufgrund eigener Spielbeobachtungen glaubt Hartmut E. aus Neumünster festzustellen, daß er zu viele Fehler macht, weil «seine Rückhand nicht kommt». Er beginnt nach methodischen Reihen eine gründliche Neuerarbeitung der Rh-Üh-Schläge, die er gegen Ende der Saison – auch im Wettkampf – beeindruckend gut beherrscht.
Ergebnis: In einem Meisterschaftsspiel am vorletzten Spieltag macht Hartmut in einem verlorenen 2-Satz-Spiel 14 direkte Fehler, d. h., 14mal verschlägt er nach gegnerischem Aufschlag den Ball.
Kritik: Defizitanalyse war laienhaft. An der Schlagunsicherheit änderte sich nichts. Trainingsziele sind falsch formuliert worden.
Beachte: Es ist zu unterscheiden zwischen vordergründig sichtbaren Fehlleistungen und tieferliegenden Ursachen.

Trainingsstrategie 3:
Der hoffnungsvolle und von seinen Vereinskameraden beneidete Dynamiker Stefan K. läßt sich von einem Trainer ein Rundumtrainingsprogramm schreiben, das er konsequent ausführt. Er nimmt im Verlauf des Sommers an Sprungkraft, Schmetterkraft, der Fähigkeit, schnell zu spielen, noch zu. Beim Abwehrfähigkeitstraining verschleißt er drei Partner. Vor Arbeitsbeginn stehen am frühen Morgen schon 30 Minuten Schnelligkeitsausdauer auf dem Programm.

Ergebnis: Spieler verliert dennoch weiter oft unter Wert, in einem wichtigen Spiel sogar noch nach 10:2-Führung bei gewonnenem ersten Satz. Er kann seine wunderbaren Fähigkeiten oft dann nicht umsetzen, wenn es hart auf hart kommt. Von drei Ranglistenturnieren gewinnt er eines, zweimal aber landet er in der hinteren Hälfte. Gegen erfahrene Spieler tut er sich schwer. Man sagt von ihm, er werde ‹zu leicht nervös›.
Kritik: Beschränkung des Trainings auf motorische Handlungen, psychische und geistige Komponenten werden nicht beachtet.
Beachte: Badminton ist Zweikampfsport, es gilt einen persönlichen Gegner zu besiegen, der sich gegen das Besiegen wehrt.

Die Beispiele ließen sich fortsetzen. Andere Standardfehler etwa sind:
- Mangelhafte Durchführung von Trainingsübungen wird nicht unerbittlich und bis zur Wutkonzentration unterbunden (zu geringes Tempo, keine geistige Begleitung, kein Beachten von Detaillernzielen...);
- richtige Defizitbestimmung, die Verbesserung der Komponenten wird aber in falscher Reihenfolge durchgeführt, wodurch neuerworbene Fertigkeiten nicht ins Spiel einfließen können (bessere Ausdauer kommt nicht zum Tragen, weil Schlagsicherheit nach wie vor fehlt...);
- Einzelfaktoren werden bis zur Perfektion geschult, ihre Einbringung ins Spiel aber wird nicht planmäßig betrieben, da Wettkämpfe (nicht zu verwechseln mit Trainingsspielen) zur bewußten Umsetzung erarbeiteter Fertigkeiten nicht benutzt werden;
- erarbeitete Fähigkeiten gehen wieder verloren, da die Planmäßigkeit des Erwerbes fehlt, keine Distanzchecks vorgenommen werden, kein Technikmemorator vorhanden ist. Was heute trainiert wird, verdrängt das gestern Erworbene. Somit bleibt die stetige Vervollkommnung ein frommer Wunsch.

Guter Wille und ‹Reinhauen› im Training reichen allein nicht aus. Uneffektive Trainingsstrategien resultieren aus Uneinsichtigkeit, ungenügend entwickelter Beobachtungsgabe, fehlender Auffassungsgabe, mangelndem Reflexionsvermögen – und aus Unkenntnis. Defizite dieser Art verhindern oft, daß die wirklichen Ursachen für Niederlagen erkannt und akzeptiert werden. Das Gestalten eines Trainingsprozesses stellt nicht nur Anforderungen an die Disziplin, es stellt auch solche an die Kreativität und an den Intellekt. Es fordert ständiges Nachdenken über Trainingsziele, Wettkampfverläufe, Maßnahmen zur Effektivitätserhöhung. Weiteres dazu findet sich im Abschnitt «Zeitwort Version» (vgl. S. 170).

Leistungsbestimmende Komponenten – Bewertungskriterien und Verbesserungsstrategien

Nestor-Erwin Z., der große alte Coach, zog sich einmal unwilliges Augenbrauenzucken seiner Kollegen zu, als er verbreitete: «Ein Badmintontrainer, der im Leistungstraining einen Spieler nicht anrempelt, wenn dieser einen Schlagfehler produziert, verdient diese Berufsbezeichnung nicht.»

Schlagsicherheit

Das Vermeiden unerzwungener Fehler ist eine der wesentlichsten, weil leistungslimitierendsten Anforderungen im Badminton. Und das Trainieren der Fertigkeit, schlagsicher zu spielen, eines der am schwierigsten zu lösenden Trainingsprobleme. Wie viele junge dynamische, athletische Spieler bevölkern unsere Hallen, die den Durchbruch zu einem erfolgreichen Badmintonspieler nur deshalb nicht schaffen, weil sie zu wenige lange Ballwechsel zustande bekommen!?

Unerzwungener Fehler (unforced error): Verschlagen des Balles, ohne durch einen gegnerischen Schlag unter besonderen Druck gesetzt worden zu sein.

Schlagsicherheit ist nicht einfach zu üben. Vor allem nicht mit Technikübungsziel-Formulierungen der herkömmlichen Art: «Zuerst üben wir fünf Minuten Drop cross.» Außerdem ist das Bewußtsein für leistungsbegrenzende Bedeutung der Schlagsicherheit nicht angemessen ausgeprägt. Dies bringt die Zählweise des Badminton mit ihrer Korrekturmöglichkeit von gemachten Fehlern mit sich. Auch bewegt sich ein Spieler jeweils auf einem Leistungsplateau, auf dem seine Gegner etwa gleich viele Schlagfehler machen. Wenn Spieler bei jedem Schlagfehler einen elektrischen Schlag bekämen, wäre es um die Bewertung dieser Komponente und damit um die Leistungsfähigkeit besser bestellt.
Schlagsicherheit hängt mit Konzentrationsfähigkeit zusammen. Schlagsicherheitsfehler sind in aller Regel Konzentrationsfehler – es sei denn, das angewandte technische Element wird nicht ausreichend beherrscht.
Tests der Art, 50 Drops aus dem Hinterfeld schlagen zu lassen, sind nur zur Bewußtmachung nützlich. Über die Schlagsicherheit im Spiel sagen sie wenig aus, da die Testsituation zu spielfern ist:

- 50 Drop hintereinander kommen im Spiel nicht vor,
- der Spieler weiß, welchen Schlag er als nächsten spielen soll,
- wegen der langen Dauer des Ballwechsels muß das Tempo reduziert werden,
- die Stellung zum Ball ist meist nicht spielgemäß.

Es gilt: Je mehr Variable in die beobachtete Aktion eingebaut sind und ausgeführt werden müssen, je höher das Lauftempo ist, je unvorhersehbarer die auszuführenden Vorwärts- und Rückwärtsbewegungen sind, je länger die Gesamttestzeit ist, desto gültiger werden die Aussagen.

Komplexer ist folgender Test:
Zu spielen sind 40 Einheiten à 30 sec mit jeweils 15 sec Pause. Nach jeweils 8 Einheiten ist 1 Minute Pause mit Gegnerwechsel. Alle Schläge sind erlaubt, gemäßigte Angriffshärte. Von einem Beobachter oder den Spielern selbst werden die unerzwungenen Fehler gezählt, die sie im Verlauf des Ballwechsels machen. Dabei wird davon ausgegangen, daß die Zahl bei allen 40 Ballwechseln bei 0 liegen soll.
Ideal ist natürlich eine Zählung der unerzwungenen Fehler im Rahmen einer Spielbeobachtung.
Das bedarf eines kundigen Beobachters, denn die Situationen sind nicht immer leicht einzuschätzen.
Sind ein zu kurz geratener Rückhand-Clear oder eine an der Netzoberkante hängenbleibende Konterattacke unerzwungene Fehler?
Es bedarf einer genauen Abstimmung mit anderen Leistungskomponenten. Auch muß das Leistungsvermögen des Gegners mit ins Kalkül gezogen werden.

Unterkategorien

1 2 3 4 5 6	Bei Ermüdung
1 2 3 4 5 6	Ohne Ermüdung
1 2 3 4 5 6	Stetiger Neuaufbau von Aktionskonzentration
1 2 3 4 5 6	Handlungskonzentration
1 2 3 4 5 6	Wettkampfhärte
1 2 3 4 5 6	Bei erhöhtem Spieltempo
1 2 3 4 5 6	Bei ‹normalem› Spieltempo
1 2 3 4 5 6	In Defensive
1 2 3 4 5 6	In Offensive
1 2 3 4 5 6	Bei Befreiungsschlägen
1 2 3 4 5 6	Beherrschen benötigter technischer Fertigkeiten

Natürlich können auch Abwehrfähigkeit und Zuverlässigkeit von Angriffsschlägen in die Prüfung bzw. Bewertung einbezogen werden. Im Interesse einer Differenzierung sollte jedoch für die Schlagsicherheit eine enge Definition gewählt werden: Beschränkung auf solche Schlagfehler, die gemacht wurden, ohne daß der Spieler durch eine gegnerische Aktion besonders unter Druck gesetzt war.

Verbesserungsstrategie

1. Systematisches Überprüfen möglicher Fehlerquellen

- Ungenügend festes Zugreifen, weshalb sich möglicherweise der Schläger bei Auftreffen des Balles in der Hand verdreht (Millimeter machen am Ende der Flugbahn entscheidende Zentimeter aus).
- Automatisierung unbrauchbarer Bewegungselemente, die Fehler zwangsläufig produzieren, da die Schlägerfläche im Augenblick des Balltreffens nicht den benötigten Stand hat (z. B. Herunterziehen des Armes beim Drop).
- Vorhandensein oder Nichtvorhandensein einer Schlägerführungsstrecke (Balltreffpunkt ist ein Punkt der Führungsstrecke), was bedeutet, daß der Schläger dem Ball nach dem Treffen betont noch ein Stück folgt. (Vgl. dazu NIESNER/RANZMAYER 1988, 34: «Es empfiehlt sich daher, im letzten Abschnitt der Schlagbewegung die bogenförmige Bahn in eine Gerade zu verwandeln; aus dem Treffpunkt wird dadurch eine Treffstrecke, auf der es mehrere Treffpunkte gibt, die alle dem Federball dieselbe Flugrichtung erteilen.»)
- Kein Anzielen eines bewußt ausgewählten Zielgebietes (gesteuerte Bewegung vor, bei und nach dem Treffen des Balles).
- Gedankenloses Schlagen gegen den Ball, kein Verfolgen eines Handlungsplanes.
- Nichterfüllen der Anforderungen der IGEA (Ball wird nicht isoliert, Füße nicht in Spannung versetzt, Schläger nicht aktionsbereit gehalten), weshalb Schlagbewegung so spät erfolgt, daß keine Handlungsauswahl mehr möglich ist.
- Der Blick (ggf. der Kopf) wird bei der Schlagausführung zu früh vom Ball fortgewendet.
- Eigenbewegungen werden nicht wahrgenommen, daher können Fehlerursachen nicht ermittelt werden.
- Kein Bewußtsein ist dafür vorhanden, daß Schlagfehler auf Fehlhandlungen beruhen.
- Beim SpaN wird der Ball nicht auf dem Schläger gefühlt.
- Beim Stop wird der Ball nicht mit den Gedanken begleitet.
- Defizite sind wirksam im Bereich der konditionellen Fähigkeiten.
- Defizite sind wirksam im Bereich der Konzentration.

- Benötigte technische Elemente werden nicht ausreichend beherrscht, stehen unter «variablen Umständen» nicht zur Verfügung.
- Geprüft wird darüber hinaus, ob Spielsituationen vorhanden sind, in denen sich Schlagfehler häufen (z. B. Drop von hinten wird sorgfältig geschlagen, nach Lauf ins VF geht der Stop aber oft ins Netz).

(Die weiteren Formulierungen erfolgen mit Bezug auf die Trainerarbeit.)

2. Machen Sie dem Spieler die Bedeutung von Schlagsicherheit im Badminton bewußt

- Beweisen Sie ihm anhand einer Statistik, wie viele Fehler sein Spiel in sich trägt.
- Zeigen Sie ihm anhand einer Komplexübung, wie oft er Schlagfehler macht.
- Machen Sie ihm klar, wieviel Mühe das Zurückholen des Aufschlagrechts kostet, wie leicht es oft wieder verschenkt wird.
- Beobachten Sie mit ihm andere Spieler, und zählen Sie gemeinsam Schlagsicherheitsfehler.
- Rechnen Sie dem Spieler vor, daß das Verschlagen eines gegnerischen Aufschlages ein Punktgeschenk bedeutet.
- Erläutern Sie ihm das «merk-würdigste Badminton-Theorem» (s. S. 164).

3. Erzielen Sie mit dem Spieler Einigung darüber, daß Fehlerquellen aus seinem Handeln beseitigt werden

- Entwickeln Sie beim Spieler das Bewußtsein dafür, daß ein Schlagfehler *immer* eine Ursache hat. Daß es gilt, diese Ursache durch eine Schnellanalyse zu bestimmen und die Fehlhandlung abzustellen.
- Stellen Sie Übereinstimmung her in bezug auf die Bedeutung der Schlagsicherheit.
- Prophezeien Sie dem Spieler, daß Sie ihn, im Falle einer Zusammenarbeit zum Zwecke der Erhöhung von Schlagsicherheit, so lange auf seine Schlagfehler aufmerksam machen werden, bis er Sie haßt. Wenn er dann immer noch will, fangen Sie an, mit ihm zu arbeiten.
- Korrigieren Sie die Aussage des Spielers «Es kommt heut nix!» in: «Ich habe meine Handlung soeben nicht so gesteuert, daß der Ball eine von mir beabsichtigte Flugbahn vollziehen konnte.»
- Verlangen Sie Selbstbeobachtung.
- Predigen Sie Ehrlichkeit bei der Fehleranalyse.

4. Arbeiten Sie mit dem Spieler ‹gnadenlos› daran, Schlagfehler abzustellen

- Lassen Sie den Spieler jedesmal aussprechen, warum ihm ein Schlagfehler unterlaufen ist. Er wird zunächst die Frage nicht verstehen, er wird patzige Antworten geben, er wird Oberflächliches nennen... Lassen Sie sich nicht beirren, bis Sie merken, daß er anfängt, die Gründe für einen Fehlschlag richtig zu analysieren.

- Fordern Sie den Spieler auf, einen Schlagfehler als Ärgernis zu empfinden, statt kühl darüber hinwegzugehen. Er wird Sie verwundert anschauen, haben Sie ihm in ‹Kinderjahren› nicht alle Arten von Negativreaktionen mühsam ausgetrieben? Erklären Sie ihm, daß es nicht darum gehe, durch das Ärgern die Kontrolle über sich zu verlieren, sondern darum, dieselbe durch eine ernste Ermahnung wiederzugewinnen.
- Bringen Sie den Spieler, wenn er Schlagfehler macht, zur Verzweiflung. ‹Terrorisieren› Sie ihn.

Wutkonzentration: Reaktion eines Spielers auf gnadenloses Unterbrechen einer Übung durch den Trainer. Schaffen von W. ist Mittel zur Aufmerksamkeitserhöhung im Rahmen der psychologischen Trainingsleitung. Jedesmal, wenn ein Schlagfehler durch Unaufmerksamkeit oder ungenaue Bewegungsführung zustande kommt, unterbricht der Trainer und klärt den Spieler mit ausgesuchter Freundlichkeit und betonter Geduld, aber in aller Ausführlichkeit über die Bedeutung der Schlagsicherheit im Spiel unter besonderer Berücksichtigung der Notwendigkeit von Konzentrationskonstanz sowie über die gemeinsam getroffenen Ausführungsvereinbarungen für Trainingsübungen auf. Solche Behinderung seines liebsten Tuns, des Federballspielens, macht den Spieler schließlich so wütend, daß er sich – bevor er den Sermon zum sechstenmal über sich ergehen läßt – zusammenreißt und die volle Aufmerksamkeit seinen Bewegungsausführungen zuwendet.

- Arbeiten Sie «technische Fehler» beim Verschlagen von Bällen heraus.

Technischer Fehler: Konkret zu benennende Fehlhandlung bei der Ausführung einer an sich unter variablen Umständen beherrschten Badmintontechnik (z. B. Spieler wird mit dem Verdrehen des Schlägers in der Hand nicht ganz fertig).

Technische Fehler sind keine Schlagsicherheitsfehler im eigentlichen Sinne, da ihnen das Element der Konzentrationsnachlässigkeit abgeht und per Definition eine unmittelbare Fehlhandlungsbeschreibung erfolgt. Häufen sie sich jedoch bei einem technischen Element, ist dem Verdacht nachzugehen, ob dasselbe tatsächlich «beherrscht» wird.

- Bearbeiten Sie mit dem Spieler die für Schlagfehler erfahrungsgemäß kritischen Spielphasen: bei Aufschlagannahme, nach langem Ballwechsel, der übernächste Ballwechsel nach langem Ballwechsel...
- Bringen Sie den Spieler dazu, Bewegungen, die Schlagfehler produzierten, mental im korrekten Bewegungsablauf zu wiederholen.

- Achten Sie darauf, daß Übungen so lange dauern, daß Konzentrationskonstanz leistungsbegrenzender Faktor wird. Nach fünf Minuten häufen sich erfahrungsgemäß erstmals die Fehler, nach 15 Minuten abermals.
- Nehmen Sie dem Spieler nach einem Schlagfehler den Ball für 15 Sekunden weg. Diese Zwangspause wirkt Wunder. Nichts ist für einen Badmintonspieler schlimmer, als wenn er keinen Ball mehr hat.
- Bekämpfen Sie mit allen Ihnen zur Verfügung stehenden Mitteln und an jedem Trainingstag wieder neu das Zuspielersyndrom.

Zuspielersyndrom: Begriff aus der Übungslehre. Nachlassen von Aufmerksamkeit und Aktionsdynamik von dem Augenblick an, wo ein Spieler vom Hauptübenden zum Mitübenden («Zuspieler») wird. Eines der größten Hindernisse bei dem Bestreben, eine hohe Trainingseffektivität zu erzielen.

- Arbeiten Sie mit kleinen Taschenspielertricks, um Ihren Spieler auf den Pfad zu bringen: Geben Sie ihm eine Übung und das Detaillernziel «Jeden Ball bewußt plazieren!». Fragen Sie dann: «Welches ist das wichtigste Wort des Satzes?» Er wird sagen: «Bewußt.» Sie werden ihn lächelnd anschauen und verbessern: «Jeden!»

Bewegungssehen mit den Weltmeistern (II)

Foto 2: Wie lassen sich Griffhaltung und Schlägerstellung beschreiben, die Lene Köppen, die Weltmeisterin von 1977, benutzt?

Bewertungskriterien – Schlagsicherheit

6 Punkte (optimal)	Ein Schlagfehler ist so selten, daß er als außergewöhnlich empfunden wird. Selbst schwierige Schläge wie Befreiungsclear von der Grundlinie oder hohe Abwehr werden dauerhaft genügend weit gespielt, um nicht verwandelt werden zu können. Sauberes Spiel am Netz. Sichere Stop. Gegnerische Tempoerhöhung und lange Ballwechsel beeinträchtigen die Schlagsicherheit nicht. Auch im Grenzbereich des Leistungsvermögens bleiben Fehlerhäufungen aus. Wer einen Punkt machen will, muß ihn erspielen. Ein Shuttlehalter.
1 Punkt	«Unerzwungene» Schlagfehler sind so häufig, daß sie den Spielausgang entscheidend beeinflussen. Von seinen 30 (22) Punkten werden dem Gegner 10 (6) geschenkt.
2 Punkte	Kein Bewußtsein für die überragende Bedeutung von «sicherem Spiel». Schlagfehler werden als gottgegeben hingenommen. Es wird einfach drauflosgeschlagen, Schlägerführung ist nicht erkennbar. Keine Verbesserungsmaßnahmen werden ergriffen. Reaktionen auf Schlagfehler sind eher konzentrationszerstörend als analysierend-aufbauend.
3 Punkte	Bewußtsein für die Notwendigkeit von Schlagsicherheit ist erkennbar. Fehler werden richtig analysiert und auch bekämpft. Doch unter den Standardsituationen sind noch solche mit Fehlerhäufungen (z. B. SpaN, Stop, Smash ins Netz, Drop aus Rücklage). Gewisse Schläge werden darum oft gemieden, was zu negativen spieltaktischen Auswirkungen führt. Relative Schlagsicherheit wird durch Variabilitätsarmut erkauft. Vor allem bei knappen Spielständen gibt's repertoiremäßig nur Hausmannskost. Ebenso: Manche Wettkämpfe werden sicher gespielt, andere mit hoher Fehlerquote.
4 Punkte	Über weite Spielphasen wirkt Spiel sicher. Es kommen jedoch etliche versteckte Schlagfehler vor, die als solche nicht sofort entlarvt werden: zu Beginn des Spiels, nach langen Ballwechseln, in Phasen, in denen auch der Gegner Fehler macht, bei hohem Tempo, in der Aufschlagphase. Auch unter psychischer Belastung (Satzende) zeigen sich ärgerliche Mängel, wodurch ein gut geführtes Spiel verloren wird.
5 Punkte	Solide allgemeine Schlagsicherheit. Wenn der gegnerische Druck nicht so groß wird, reicht sie aus, um eine Ballhalte-Marschroute zum Auslaugen des Gegners erfolgreich durchzuführen. Hänger gibt's nur kurzphasenweise. Doch es ist genügend Konzentrationsfähigkeit da, diese aufzufangen.

20 Übungsbeispiele zur Schlagsicherheit

1. Sagen Sie bei jedem Schlag das Zielgebiet an, in das Sie den Ball schlagen.
2. Sagen Sie sich jeweils halblaut den ausführenden Schlag an.
3. Sprechen Sie bei jedem Schlag halblaut eine Situationsanalyse mit (z. B. «Befreien», «noch mal nach hinten»).
4. Führen Sie beim Schlagen betont den Arm. Tun Sie dies vor allem bei Schlägen ins gegnerische Hinterfeld.
5. Erstellen Sie sich Handlungsbefehle in formelhafter Rede für solche Techniken, deren Ausführung bei Ihnen mit Defekten behaftet ist.
6. Rufen Sie bei einem Vh-Clear im Chinasprung jedesmal «Drehen», um daran zu denken, den Schläger vor dem Balltreffen in der Hand auf 90 Grad zur Seitenlinie zu drehen.
7. Teilen Sie Ihrem Trainer nach jedem Fehlschlag die zu ergreifenden Maßnahmen mit, die ein abermaliges Mißgeschick verhindern sollen.
8. Gewöhnen Sie sich an, Ihre Bewegungen nach Fehlschlägen geistig zu korrigieren.
9. Spielen Sie weich, erspüren Sie das Auftreffen des Balles auf den Schläger.
10. Halten Sie beim Schlagen bewußt Sicherheitsabstände ein: Nicht genau in die Ecke zielen. Nicht auf die Linie schmettern. Nicht zu knapp übers Netz spielen.
11. Verbessern Sie Ihr Spiel am Netz durch einfaches Heben mit Sicherheitsabstand über die ganze Feldbreite. Verfolgen Sie den Ball mit den Augen.
12. Spielen Sie freie Schlagfolgen nach vorgegebener Zeit (10–40 sec) mit der Aufgabe, «keinen Schlagfehler zu machen».
13. Spielen Sie freie Schlagfolgen nach vorgegebener Anzahl von Ballkontakten.
14. Üben Sie Standardsituationen in angemessener Dauer (= 20 min); z. B. variable Drop: 1 gegen 2.
15. Üben Sie die Aufschlag(annahme)situation, und achten Sie darauf, daß auf alle Fälle der Ball ins Spiel gebracht wird.
16. Nach jedem Schlagfehler dürfen Sie 15 sec nicht weiterspielen. Lassen Sie sich von einem Beobachter am Spielfeldrand diese Zwangspause auferlegen.
17. Denken Sie sich eine Handlung aus (z. B. Kragen neu ordnen). Jedesmal, wenn Sie bei einer Übung ein geistiges Abschalten bei sich wahrnehmen, nehmen Sie diese Handlung vor.
18. Bekämpfen Sie ständig das Zuspielersyndrom. Wenn Sie zum Beispiel als Vordermensch beim Spiel 1 gegen 2 agieren, üben Sie gleichfalls; z. B. Schlagsicherheit beim Cross-Spielen.
19. Erarbeiten Sie mit Ihrem Trainer nach einem Wettkampf gemeinsam eine die Schlagsicherheit betreffende Spielanalyse. Versuchen Sie genau zu berichten, wie Sie Ihre Schlagsicherheitsleistung miterlebt haben.
20. Studieren und schulen Sie das Wahrnehmen von Eigenbewegungen und die Übungsbeispiele rund um IGEA und Aktionskonzentration.

Spielen mit Aktionskonzentration

Die Fähigkeit, für die Dauer des Spiels mit voller geistiger und körperlicher Wachheit schnellstmöglich sinnvolle Gegenreaktionen («Reaktionsleistung») auszuführen. Die Bewertung hängt im hohen Maße vom Ausbildungs- bzw. Wissensstand ab und auch vom Leistungsstand des Spielers. Zu beachten ist, daß die Komponente in ihrer Bedeutung für die Leistung erfahrungsgemäß eher unter- als überbewertet wird. «Dreimal hast du den Drop bekommen, beim viertenmal nicht – warum?» – Die Frage wird von Trainern zu selten gestellt und von Spielern zu selten beantwortet.
Wenn ein Auseinanderklaffen von Konzentrationsaufbau in Training und Wettkampf zu beobachten ist («Wettkampftypen»), so ist die Konzentration im Wettkampf zu bewerten. Dem Spieler nützt die wirksamste Konzentration im Training nichts, wenn er sie im Wettkampf nicht gleichfalls aufbauen kann. Konzentrationsschwächen im Training sind bei Weiterentwicklung der eigenen Spielfähigkeit zu berücksichtigen.
Aktionsschnelligkeit fließt ein, weil der Aufbau von Aktionskonzentration nicht das Ziel an sich darstellt. Das Ziel ist die (motorische) Handlung, der Schlag also.
Handlungskonzentration ist eine wichtige Unterkategorie in der Komponente «Einbringen spieltaktischen Handelns», damit fließen dort automatisch auch Abschirm- und Aktionskonzentration ein. Abschirmkonzentration ist überdies ein Faktor bei «Mobilisieren von Siegeswillen». Aktionskonzentration ist bei Schlagsicherheit, aber auch bei Abwehrfähigkeit in Form der IGEA zu betrachten.

Unterkategorien

1 2 3 4 5 6	Bei psychischer Belastung
1 2 3 4 5 6	Bei physischer Belastung
1 2 3 4 5 6	Konstanz der Reaktionsleistung
1 2 3 4 5 6	In Defensivsituationen
1 2 3 4 5 6	In Offensivsituationen
1 2 3 4 5 6	Beherrschen von Neuaufbau nach Verlust
1 2 3 4 5 6	Aufbau von Abschirmkonzentration
1 2 3 4 5 6	Aktionsschnelligkeit
1 2 3 4 5 6	Optimierte Wahrnehmung
1 2 3 4 5 6	Bewußtheit der Vorgänge
1 2 3 4 5 6	Neuaktivierung im Turnierverlauf
1 2 3 4 5 6	Bei Trainingsübungen

Eine ausführliche Darstellung mit Übungsvorschlägen findet sich in den Abschnitten «Zauberwort IGEA» (S. 113) und «Schlüsselwort Konzentration» (S. 127).

Bewertungskriterien – Spielen mit Aktionskonzentration

6 Punkte (optimal)	Für die Dauer des Spiels sind alle Sinne hellwach. Kein Ereignis kann daran dauerhaft etwas ändern. A. ist bei jeder Handlung aufgebaut, gegen Ende des Satzes nimmt sie noch einmal zu. Wahrnehmung ist optimiert, Reaktionsleistungen sind zuverlässig und genau. Bewußtes Einnehmen von Ballerwartungshaltungen. Einbeziehen gegnerischen Verhaltens in eigene Handlungen, gute Antizipation. Kann sich nach schwierigen Phasen wieder fangen. Konzentrationsfehler werden sofort als solche erkannt und abgestellt. Nicht anfällig für Verhaltensweisen von Gegner oder Publikum. Gedanken kreisen allein ums Spiel; Versunkenheit. In Schlußphasen und bei Ermüdung gelingen noch anspruchsvolle Techniken. Kennt die Anforderungen der psychischen Wettkampfführung und handelt entsprechend. Kann auch im Training Ballübungen mit höchster A. ausführen und durchhalten. Ein badmintonspielender Aktionsgenerator.
1 Punkt	Erscheinungsbild schon unkonzentriert. Hohe Schlagfehlerquote. Scheint bei manchen gegnerischen Aktionen geistig gar nicht präsent zu sein. Kein planmäßiger Aufbau von A. Bringt sich durch sein Verhalten selbst immer wieder aus jeder Konzentration. Reagiert fahrig bei Beipack.
2 Punkte	A. phasenweise vorhanden. Doch in Belastungssituationen, bei längerdauernden Spielen, bei Rückstand, Verlängerung geht sie verloren. Zwischenzeitliche Konzentrationsverluste sind auch zu beklagen, wenn allerdings oft nicht sichtbar, weil Gegner auch keine ausreichende Konstanz der A. aufweisen. Nur scheinbar konzentriert.
3 Punkte	Obwohl das Verfahren zum Aufbau von A. beherrscht wird, immer noch viele Aussetzer. Werden oft nicht als solche erkannt. Fehler bei Aufschlagannahme, nach eigenem Aufschlag beim dritten Schlag. Spielfortsetzung in Offensivsituationen nicht aggressiv genug. Zu langsam, zu häufig Schlagfehler, geistige Kraft reicht nur für ein Spiel... Überdies anfällig beim Auftreten spezieller Beipackereignisse.

4 Punkte	Hat Konzentrationsaufbau als leistungsbestimmenden Faktor verinnerlicht. Grobe Nachlässigkeiten sind nicht zu beobachten. Kennt Psych-up-Techniken. Aber die Wirksamkeit ist noch unzureichend. Mehrere der im Optimalfall aufgeführten Elemente, die konkret zu benennen sind, sind noch nicht genügend ausgeprägt. Ebenso: Schwere Mängel in einer der Unterkategorien.
5 Punkte	Einzelne der beim Optimalfall angeführten Elemente sind noch nicht genügend ausgeprägt.

Bewegungssehen mit den Weltmeistern (III)

Foto 3a

Foto 3b

Fotos 3a, b: Stammen die beiden Fotos von Yang Yang, dem Weltmeister von 1987, aus derselben Bildreihe? Welches kommt zuerst?

Abwehrfähigkeit

Sicher und solide jeden Ball über das Netz zurückzuspielen, ist die Basis des Badmintonspiels. Es gibt Trainer, die darüber streiten, die dem Angriff die Priorität einräumen, doch kommen solche Urteile zustande, weil verschiedene Begriffe vermischt werden. Abwehrfähigkeit schulen, bedeutet nicht zwangsläufig, zum Defensivspiel zu erziehen.
Abwehrfähigkeit benötigt auch der Angriffsspieler, denn bevor er sich eine Angriffschance erarbeiten kann, muß er erst einmal den vorhergehenden und den vorvorhergehenden... usw. gespielten Ball erreichen.
Bochow/Weber ermittelten bei einem Vergleich der *Schläge pro Ballwechsel* bei Wettkämpfen auf verschiedenem Leistungsniveau, daß bei den Herren der Weltklasse 14% der Ballwechsel 9–12 Schläge dauern, in der Kreisklasse nur 7%. In der Kreisklasse wiederum sind 66% der Ballwechsel schon nach 1–4 Schlägen zu Ende, in der Weltklasse nur 38%. «Mit Abnahme der Spielstärke reduziert sich die Anzahl der Schläge pro Ballwechsel» (Bochow/Weber 1986, 27).
Wenn man zudem in Betracht zieht, daß die Spieler der Weltklasse härter angreifen, zeigt sich eindeutig, daß mit steigendem Spielniveau Spieler mehr Bälle wieder übers Netz zurückbringen.
Kein Spieler kann im Spiel verhindern, daß sein Gegner scharf geschlagene Bälle spielt. Und wenn er die nicht erreicht, möglichst oft erreicht, alle erreicht, immer wieder alle erreicht, sind seine Gewinnchancen gering. Darum lautet eine wirksame spieltaktische Marschroute gegen einen Angriffsspieler: Greife selber an. Denn ein Spieler, der seine Erfolge durch Angriffsspiel erzielt, muß in der Abwehr Schwächen haben – sonst wäre er Spitzenklasse.
Bei der Bewertung ist zu beachten, daß der Blick nicht auf den Spielstil oder die bevorzugte spieltaktische Marschroute gerichtet wird, sondern allein auf die Fähigkeit, wie der Spieler mit Angriffsbällen des Gegners fertig wird. Dies sind in der Regel Smash, doch muß auch das Annehmen eines (schnellen) Drop in die Betrachtung eingeschlossen werden. Stop-Bälle bilden den Übergang zur Bewertung von «Spiel am Netz».
Weiterhin sind Befreiungsschläge einzubeziehen, denn ein Ball, der dem Gegner hoch und weit an die Grundlinie zurückgespielt wird, bietet ihm keine wirksame Angriffschance. Ein Spieler, der es versteht, aus allen Positionen des Feldes sowohl mit der Vorhand als auch mit der Rückhand einen Befreiungsclear zu schlagen, neutralisiert gegnerische Angriffszüge oft bereits in der Vorbereitungsphase, mindert also die Anzahl der Bedrohungen durch Powersmash beträchtlich. Wegen der großen Bedeutung für die Spielleistung wird die Befreiungsfähigkeit aus der Rückhandecke in der Komponente «Beherrschen der Rückhandecke» gesondert betrachtet.

Unterkategorien

1 2 3 4 5 6	Zuverlässigkeit der Smash-Abwehr gegen durchschnittliche Spieler
1 2 3 4 5 6	Zuverlässigkeit gegen angriffsstarke Spieler
1 2 3 4 5 6	Einnehmen von Ballerwartungshaltung und IGEA
1 2 3 4 5 6	Zuverlässigkeit in den verschiedenen Treffbereichen
1 2 3 4 5 6	Plazierung/Steilheit bei kurzer Abwehr
1 2 3 4 5 6	Plazierung/Steilheit bei Stop
1 2 3 4 5 6	Weite bei hoher Abwehr
1 2 3 4 5 6	Führen von Konterattacken
1 2 3 4 5 6	Abwehrhandlungen aktiv oder passiv
1 2 3 4 5 6	Variabilität (Spielen mit Handlungskonzentration)
1 2 3 4 5 6	Neutralisieren von Defensivlagen durch Befreiungsschläge

Verbesserungsstrategie

- Bewußtmachen der an der Abwehrfähigkeit beteiligten Faktoren.
- Aufschlüsseln und Bewerten der Defizite im Abwehrbereich. Umfassendes Durchchecken der einzelnen Unterkategorien.
- Zusammenstellen der Abwehrtechniken anhand der Techniken-Verzeichnisse für Aufbau- und Leistungsausbildung (s. S. 239ff).
- Überprüfen jeder einzelnen dieser Techniken im Hinblick auf die «Verfügbarkeit unter variablen Umständen». Ermitteln ihrer Wirksamkeit in bezug auf Steilheit (bei der kurzen Abwehr, beim Stop); Weite (bei der hohen Abwehr); Anwendung in unterschiedlichen Treffbereichen (körpernah, -fern, höherer, tieferer Balltreffpunkt...).
- Bei unwirksamer Ausführung: Ermittlung der Ursachen. Bei groben Mängeln in der Bewegungsausführung ist Umlernen, d. h. Neuerlernen auf der Stufe der Grobkoordination, angebracht. Ansonsten entwicklungsstufengemäßes Weitererarbeiten.
- Überprüfen der Wirksamkeit der spielgemäßen Befreiungsschläge aus den (Uh-, Sh-, Üh-)Treffbereichen im Hinterfeld,
  aus Bodennähe im Mittel- und Vorderfeld.
- Überprüfen der Spielsituationen im Hinblick auf die parallele Verfügbarkeit alternativer Techniken (Longline, Cross, Swip, Schnitt...)
- Kontrolle der Einhaltung der IGEA-Anforderungen im Wettkampf.
- Ständiges Nachhalten des eingesetzten Repertoires im Wettkampf.
- Durchführen der Übungen zur IGEA (s. S. 124) und zur Defensive, z. B. Stop statt Uhclear, Abwehr-Varianten aus einem Sektor, Zuverlässigkeit bei kurzer Abwehr (vgl. Knupp 1983, 176f, 180f).

Bewertungskriterien – Abwehrfähigkeit

6 Punkte (optimal)	Abwehrkünstler! Ist nicht ohne spielerische Vorbereitung durch Angriffsschläge zu bezwingen. Nach allen Defensivschlägen wird unmittelbar Abwehrbereitschaft hergestellt. Dabei sehr variabel in der Abwehr, viele überraschende Cross-Schläge. Oft wird vorrückender Gegner durch unsichtbaren Swip überspielt. Konterchancen werden genutzt, sobald sie sich bieten. Die sichere Abwehrfähigkeit wird auch eingesetzt, um das Spiel durch befreiendes Hochspielen an die gegnerische Grundlinie zu stabilisieren. Ist darum in der Lage, bewußt Defensiv- und Ballhaltephasen in die Marschroute einzubauen. Selbst Befreiungsschläge aus Bodennähe des Hinterfeldes bedeuten kein Problem. Toll, bringt alles zurück! Federhypnotiseur!
1 Punkt	Gegen einen Angreifertypen zu spielen – das bedeutet eine Niederlage. Schlaff und entspannt werden Bälle vom Boden aufgehoben. Defensive Ballerwartungshaltung wird nicht eingenommen. Keine IGEA. Abwehrtechniken uneffektiv.
2 Punkte	Abwehr basiert auf dem Zufallsprinzip. Hat in einzelnen Treffbereichen derart gravierende Mängel (z. B. bei Smash auf Körper), daß der Gegner sie spieltaktisch ausnutzen kann. Abwehrtechniken werden nicht geplant eingesetzt. Hohe Smash-Abwehr und Uhclear dominieren. Die Wirkung ist oft jedoch wenig erfolgreich, da Bälle immer kürzer werden. Unterentwickelte Armkraft. Keine bewußte IGEA.
3 Punkte	Solide Abwehrqualitäten vorhanden. Die grundlegenden Techniken werden beherrscht. Im Wettkampf allerdings mangelt es noch an Zuverlässigkeit (ebenso: Variabilität). Einen wirklich angriffsstarken Spieler halten die Defensivfähigkeiten noch nicht auf. Oft fliegen die Bälle bei kurzer Abwehr und/oder Stop zu weit ins gegnerische Feld. Mängel in einzelnen der IGEA-Komponenten erkennbar. Befreiungsfähigkeit aus dem Hinterfeld unterentwickelt.
4 Punkte	Abwehrstark! Abwehrbereitschaft ist latent immer vorhanden, so daß dem Gegner kaum überraschende Punktgewinne durch hart/schnell/steil geschlagene Bälle gelingen. Von der Grundlinie durch keinen Smash zu bezwingen. Doch insgesamt sind die Abwehraktionen zu arm an aggressiven Varianten. Sie überwinden zu selten die Defensive.
5 Punkte	Einzelne der beim Optimalfall angeführten Elemente sind noch nicht genügend ausgeprägt.

Beherrschen der Rückhandecke

Ein guter Rückhandschlag ist einer, der links vom Kopf geschlagen wird, könnte ein Spruch von Nestor-Erwin Z. lauten. Doch als erfahrener Coach hat er ihn nie formuliert. Er weiß, daß Rh-Schläge aus der entsprechend bezeichneten Grundlinienecke im Wettkampf nicht zu vermeiden sind. Doch auch, wenn der Ball aus dem Üh-Treffbereich geschlagen wird und eigentlich mit der Vorhand hätte genommen werden können, ist gegen einen Rh-Clear auch aus taktischer Sicht nichts einzuwenden – wenn er ausreichend weit geschlagen wird. Er ist bezüglich des einzusetzenden Kraftaufwandes ungleich ökonomischer als ein LvK-Clear und bietet dem Gegner keine bessere Angriffschance als jeder andere Ball, der ihm hoch an die Grundlinie geschlagen wird.
Die Ratschläge, Rh-Üh-Schläge zu vermeiden, rühren aus der Beobachtung der Trainer her, daß sie meist zu Mißerfolgen führen. Dies liegt nicht an der Technik selbst, sondern an ihrer mangelnden Beherrschung, was wiederum ein Defizit der Technik-Ausbildung ist. Dies zu beheben, ist Aufgabe der Trainer.
Wegen der vorhandenen LvK-Alternative stellen in der Rh-Ecke nicht die Schläge aus dem Überhandbereich einen leistungsbegrenzenden Faktor dar, sondern jene aus dem Seithand- und vor allem Uh-Treffbereich. Deren Beherrschung ist notwendig, denn es ist spieltaktisches Elementarverhalten, den Ball flach in die Grundlinien-Ecken zu plazieren. Der Befreiungsfähigkeit aus dieser Lage oder dem Vermögen, den Ball mittels einer schnellen Wendung bereits unterwegs abzufangen und als Sh-Drop zurückzuspielen, ist Aufmerksamkeit zu widmen.
Zur Überprüfung der dauerhaften Zuverlässigkeit von Rh-Clear und Rh-Drop bedarf es oft keiner Spielbeobachtung. Zur Deutlichmachung von Grundlagendefiziten eignen sich einfache Tests:

- Versuche, im Schlagfluß 20 × Rh-Clear (mit anschließendem Lauf zur vorderen Aufschlaglinie) bis zur gegnerischen Grundlinie zu schlagen.
- Spiele mit zuverlässiger Schlagsicherheit 10 Minuten folgende Bewegungsschlagübung: A Rh-Drop (Longline oder cross auf Zuruf)
  P Stop (Longline oder cross)
  A Netzdrop
  P Uhclear in Rh-Ecke in verschiedene Höhen.

Erfolgt dann auf einer höheren Leistungsebene Spielbeobachtung zur Ermittlung von Defiziten in der Rh-Ecke, sind standardisierte Bögen unter Berücksichtigung der verschiedenen Treffbereiche und der vorangegangenen Laufwege zu erstellen, und es sind Häufigkeiten zu zählen. Die spielgemäßen Situationen, die zu defizitärem Verhalten führen, sind möglichst präzise zu beschreiben. Sie gilt es im Training zu simulieren.

Bewertungskriterien – Beherrschen der Rückhandecke

6 Punkte (optimal)	Anspiel der Rh-Ecke, in welchen Treffbereich auch immer, kann Spieler nicht beeindrucken. Oft wartet er geradezu darauf, um den Ball mit einem Rh-Smash abwärts zu schicken. Der Rh-Clear erzielt auch im weiten Ausfallschritt aus Bodennähe befreiende Wirkung. Zur Zwischenschaltung von Ballhalte-Phasen oder bei der Absicht, mit den Kräften hauszuhalten, ist das Zurückspielen der Bälle mit Rh-Schlägen (statt LvK) dauerhaft zuverlässig. Andererseits versteht es der Spieler auch großartig, durch frühes Annehmen Hochspielen zu vermeiden. Sh-Drop werden wahlweise schnell oder langsam bzw. longline oder cross gespielt. Er macht auf diese Weise das Spiel so schnell, daß der Gegner auch aus dem flachen Anspiel der Rh-Ecke keinen Vorteil ziehen kann. Situationsangemessene Spielfortsetzung ist Standardverhalten. Ein Platzhirsch der Rh-Ecke.
1 Punkt	Beherrscht die Technik der Rh-Üh-Schläge nicht einmal in der Grobform. Anspiel in der Rh-Ecke führt meist zu Verlust des Ballwechsels.
2 Punkte	Rh-Üh-Schlag wird in der Feinstform beherrscht. Doch reichen die Fähigkeiten der Armkraftmuskulatur noch nicht aus, um weiten Clear zu schlagen. Rh-Drop mit hoher Fehlerquote. Stellung zum Ball oft ungünstig. Mängel sind noch derart gravierend, daß der Gegner sie spieltaktisch ausnutzen kann.
3 Punkte	Rh-Drop aus dem Üh-Bereich kommt sicher und zuverlässig. Dem Rh-Clear fehlt jedoch bei mehrfacher Ausführung noch Weite. Auch wenn Ball unter Schulterhöhe genommen werden muß, wird keine befreiende Wirkung mehr erzielt. Die Sh-Drop sind ein Unsicherheitsfaktor. Oft wird die Chance, den Ball früh anzunehmen, verpaßt. Spielfortsetzung nach Rh-Schlägen führt oft nicht in eine wirksame defensive Ballerwartungshaltung.
4 Punkte	Aus dem Üh-Bereich werden alle vier Ecken der gegnerischen Feldseite auch unter spielgemäßen Bedingungen dauerhaft zuverlässig angespielt. Muß der Ball allerdings aus Hüfthöhe geschlagen werden, kommt die notwendige Weite nicht zustande. Spiel aus Rh-Ecke hat immer den Charakter einer Befreiungsaktion. Bei den Drop-Bällen aus dem Sh-Bereich fehlt die cross-Alternative, ebenso wird noch nicht zwischen schnellen und langsamen Drop unterschieden.

5 Punkte	Eine der beiden beim Optimalfall beschriebenen zentralen Fertigkeiten ist noch nicht genügend ausgeprägt: die Befreiungsfähigkeit aus dem Sh- und Uh-Bereich oder die Fähigkeit, das Fallen des Balles durch schnelles Annehmen als Sh-Drop zu verhindern.

Es ist nicht einfach, den Anteil, den die Beherrschung der Rh-Ecke an der gesamten Spielgestaltung hat, richtig einzuschätzen. Darum muß in das Beobachtungsergebnis einfließen, in welchem Verhältnis uneffektive Rh-Lösungen zur Gesamtzahl aller Spielaktionen stehen. Die Gefahr, in der Rh-Ecke Defizite zu entdecken, ist groß, da (grobe) Technik-Fehler augenfälliger sind als z. B. solche aus dem Bereich der geistigen Spielführung. Das führt dazu, daß die Komponente «Beherrschen der Rückhandecke» als sehr defizitär eingestuft wird und gravierendere Defizite übersehen werden.
Bei der Abschätzung ist überdies das Leistungsniveau, auf dem sich der Spieler befindet, zu berücksichtigen. Ob ein schwacher Rh-Clear als leistungsbegrenzender Faktor bei einem Spieler anzusehen ist, hängt auch davon ab, ob die Gegner bzw. Gegnerinnen des betreffenden Leistungsplateaus aus dem Defizit Vorteile ziehen können.

Unterkategorien

1 2 3 4 5 6	Zuverlässigkeit beim Anspiel der vier Ecken
1 2 3 4 5 6	Spielfortsetzung nach Rh-Schlag
1 2 3 4 5 6	Befreiungsfähigkeit durch Sh-/Uh-Clear
1 2 3 4 5 6	Vermeiden von Hochspielen durch Sh-Drop

Die Bewertung, ob zu häufig Rh-Schläge statt LvK-Schläge eingesetzt werden, erfolgt bei der Begutachtung der Laufarbeit. Die Wirksamkeit des Rh-Befreiungsschlages fließt ein in die «Abwehrfähigkeit», die Wirksamkeit der Sh-Drop in die Komponente «Angriffsdruck».

Verbesserungsstrategie
Da es sich bei den erforderlichen Eigenschaften im wesentlichen um technische Fertigkeiten handelt, sind sie anhand der Techniken-Verzeichnisse Element für Element über die verschiedenen Entwicklungsstufen bis zur Verfügbarkeit unter variablen Umständen zu erarbeiten. Bedeutsam ist, in der Phase der spielgemäßen Umsetzung darauf hinzuwirken, daß Situationen geübt werden, in denen der Ball im weit nach hinten gerichteten Ausfallschritt geschlagen wird, der Balltreffpunkt also niedrig liegt (Hüft- bis Schulterhöhe). Dies ist die Anforderung, die das Wettkampfspiel meist stellt (vgl. Fotos 44, 52–54 im Unterschied zu Fotos 89, 95).

Nestor-Erwin Z., der große, alte Coach, lächelte wissend, als er sagte: «Der Kampf mit dem Gegner ist zuallererst ein Kampf mit dir selbst.»

Erzeugen von Angriffsdruck

Angriff ist die Seele des Spiels. Ob ein Spieler als «Angriffsspieler» gilt, wird üblicherweise daran gemessen, wie oft und wie gut er schmettert. Die Wirkung eines kraftvollen Smash ist für das Badmintonspiel von derart überragender Bedeutung, daß dessen Beherrschung als eigenständige Komponente zu betrachten ist. Der Smash wird deshalb (zunächst) aus der Untersuchung des erzeugten Angriffsdrucks ausgekoppelt.
Über das Schmettern hinaus bietet das Spiel andere Möglichkeiten, Druck auf den Gegner auszuüben. Verwiesen sei auf das «Badminton-Postulat» (vgl. S. 151), nach dem das badmintonspielerische Handeln darin bestehen muß, der Person jenseits des Netzes Aufgaben zu stellen, die diese nicht bewältigen kann. Schnelles Zurückspielen, Abfangen, Konterattacken, hohes Annehmen an der Netzkante, den Ball flach spielen, gepickte Drop sind andere Handlungen, mit denen Angriffsdruck zu erzeugen ist.

Unterkategorien

1 2 3 4 5 6	Wirkung des Smash
1 2 3 4 5 6	Frühes/hohes Ballannehmen in VF und MF
1 2 3 4 5 6	Aktionsschnelligkeit beim Abwärtsspiel aus HF
1 2 3 4 5 6	Spürbarer Wille, Druck auf Gegner auszuüben
1 2 3 4 5 6	Unberechenbarkeit der Angriffsaktionen (Variabler Einsatz verschiedener Angriffsschläge)
1 2 3 4 5 6	Aufrechterhalten des Angriffs bei neutraler Spiellage
1 2 3 4 5 6	Aufrechterhalten des Angriffs und Einleiten eines Gegenangriffs durch Spiel am Netz
1 2 3 4 5 6	Führen von Konterattacken bei gegnerischen Angriffsschlägen

Anders als bei der Komponente «Abwehrfähigkeit», wo auch von einem *Angriffsspieler* solide Abwehrfähigkeiten verlangt werden, kann von einem Spielertyp *Spieler/Techniker* nicht plötzlich überragende Schmetterkraft erwartet werden. Bei der Gesamtbewertung wird die Beurteilung, ob ein ggf. unterentwickelter Smash das Erzeugen von Angriffsdruck entscheidend behindert, sorgfältig geprüft werden müssen.

Anders sieht es beim Spielertyp *Defensivspieler/ausdauerstarker Ballverteiler* aus. Kann er nicht, seiner Spielstärke entsprechend, Angriffsdruck erzeugen, ist das als starkes Defizit zu werten. Wer nur zurückspielt und mit keinem Schlag selber punkten kann, wird bald an die Grenzen seiner Leistungsfähigkeit stoßen. Dies gilt für jedes Leistungsplateau wieder neu.

Bewertungskriterien – Erzeugen von Angriffsdruck

6 Punkte (optimal)	Angreifen heißt das Tun des Schlägers! Oberste Maxime: Jede Angriffschance für den Gegner vermeiden. Abwärts mit dem Ball, wann immer sich die Gelegenheit bietet. Und die Schläge kommen! Verfügt über Drop-Varianten und über wirksamen Halfsmash, die er nebeneinander einsetzt. Kaum zu überspielen, fängt hellwach die Bälle, die auf dem Weg zu seiner Grundlinie sind, ab. Sprünge und schnelle Wendungen bestimmen sein Spiel. Ein Rh-Smash im Ausfallschritt aus der Zentralposition ist ein herrlicher Überraschungsschlag. Ebenso ein explosiver Drive. Gleich in der Aufschlagphase wird Aggressivität spürbar. Fast nur kurze Aufschläge, um Hochspielen zu erzwingen. Hohes Annehmen, Drive-Bälle, Netzdrop halten den Gegner unter Druck. Steiles SpaN, Stop cr, flache Smash-Abwehr leiten, wann immer möglich, Gegenangriffe ein. Hervorragend entwickelte Unterarmkräfte erlauben harte Schläge auch ohne Körperunterstützung. Schnellkräftige Muskulatur. Eine Kampfmaschine!
1 Punkt	Spielt nur von unten nach oben. Man hat nicht den Eindruck, daß er das Spiel überhaupt gewinnen will. Viel Clear, auch aus Netzbereich vornehmlich Uhclear. Abwehr meist hoch.
2 Punkte	Greift zwar gelegentlich an, doch ist Smash einseitig sein Angriffsball. Eine geistige Angriffshaltung nicht erkennbar. Braucht sehr sichere Chancen, um sich durchzuringen. Spiel wirkt weich, zu lahm. Ist auch häufig, etwa beim Drop, mit Fehlern durchsetzt. Vielfach führen Angriffsschläge wegen schlechter Stellung zum Ball zu Mißerfolgen. Kaum Sprünge.
3 Punkte	Verfügt über ein solides Repertoire an Angriffsschlägen, die auch häufig eingesetzt werden, wenn eine Chance herausgespielt ist. Aber immer noch ist kein unbedingter Wille zum

	Angriffsspiel zu erkennen. Gefällt sich als «Ballverteiler». Nimmt Bälle oft zu spät an. Gegner wird nicht dauerhaft unter Druck gehalten. Mehr Aggressivität, ist der Zuschauer versucht, zu rufen. Muskulatur ist nicht auf schnellkräftige Aktionen trainiert.
4 Punkte	Verkörpert erkennbar Angriffswillen. Aber: Die Fehlerquote ist viel zu hoch. Macht darum all seine Mühen selbst zunichte. Bälle oft ins Netz. Gegen Abwehrspieler gelingt ihm oft keine brauchbare Spielfortsetzung. Planloses Draufhauen. Vielfach ins Aus. Hilflosigkeit in der Spielgestaltung. Dynamiker – leider ohne Badmintonschmalz.
5 Punkte	Einzelne der im Optimalfall angeführten Elemente sind noch nicht genügend ausgeprägt.

Ein schlagsicherer Defensivspieler wird viele Gegner müde spielen können, er wird jedoch immer wieder auf Angreifer treffen, die ihn Bälle aufheben lassen. Bis in die B-Klasse sind ausdauerstarke Spieler bekannt, die vor allem unterlegenen Gegnern den Eindruck ungeheurer Fitneß vermitteln. Spielen diese Spieler dann in einer höheren Klasse, werden sie unter Umständen auseinandergenommen, weil sie kein Mittel haben, um selbst Angriffsdruck auszuüben. Wer erfolgreich sein will, kommt um die Notwendigkeit, etwas zu unternehmen, um das Gegenüber zu besiegen, nicht herum. Bei jeder Handlung nach dem Badminton-Postulat zu handeln, erfordert allerdings viel Disziplin, zumal wenn die Ermüdung zunimmt. Prüfe jeder selber, wie oft er einfach nur schlägt...

Verbesserungsstrategie

Es handelt sich nicht primär um Anforderungen, die mit «Technik» zu tun haben. Vor allem sind es solche an geistige Zweikampfführung und spieltaktisches Handeln. Dennoch sind die Technik-Voraussetzungen nicht außer Betracht zu lassen. Es muß geprüft werden, ob die für Angriffsdruck benötigten technischen Fertigkeiten dem Spieler verfügbar sind (Sprünge, Sh-Schläge, Drop-Varianten, Halfsmash, Stop...). Ist das nicht der Fall, gilt es, diese Defizite aufzuarbeiten.

Doch erfahrungsgemäß ist es nicht die Bewegungsausführung, die unterentwickelt ist. Es fehlt am Bewußtsein, Schläge im Hinblick auf ihre spieltaktische Wirksamkeit einzusetzen. Hier hat der Übungsprozeß einzusetzen. Der Spieler muß den Netzdrop spielen *wollen*, weil er einsieht, daß der Uhclear dem Gegner den Angriff überläßt. Er muß durch Analyse von

Ballwechseln dafür sensibilisiert werden, wie oft er passive Schläge vollführt. Es ist die Grundhaltung zu beackern, aus der heraus ein Wettkampf geführt wird. Der Wille zum Angriffsspiel muß geschult werden.
Alle Übungen sollten äußerst spielnah ausgeführt werden, da das Erzeugen von Angriffsdruck mit Schnelligkeit zu tun hat und mit psychischer Gegnerbekämpfung. Das kann nicht in Schlagkombinationen geschult werden. Schlagsicherheit bei hohem Tempo ist von Bedeutung, auch ist ein großes Schlagrepertoire von Vorteil.
Da Angriffsspiel kraftraubend ist, sind begleitend die konditionellen Faktoren zu verbessern. Schnelligkeitsausdauertraining von spielgemäßer Dauer ist zu absolvieren. Wer konsequenten Angriff durchhalten will, muß fit sein. Daneben aber muß der Spieler auch lernen, seinem Spiel einen solchen Rhythmus zu geben, daß er zwischen den Ballwechseln möglichst ergiebige Pausen hat und nicht hektisch von einem Ballwechsel in den nächsten hetzt.

Nestor-Erwin Z., der große, alte Coach, erklärte einmal bei einer Trainingsmaßnahme in Regensburg nebenbei, als sei dies die selbstverständlichste Sache von der Welt: «Beim wahren Badmintonspieler ist der Körper nur ein Anhängsel am Schmetterarm!»

Wirkung des Smash

Die spektakulärsten Spielszenen im Badminton haben mit Smash zu tun. Als ideale Verkörperung des Badmintonspielers gilt ein schnellkräftiger Angreifer, der einen Meter hoch in die Luft steigt und einen knallenden Powersmash in Richtung Gegner losläßt.
Europäische Zuschauer sind begeistert, wenn sie asiatischen Spielern, die diesen Spielertyp häufig verkörpern, zuschauen. In asiatischen Hallen zeugt die Kreischkurve des Publikums von der spektakulären Wirkung solcher Sprünge.

Kreischkurve: Lautgebung eines asiatischen Badmintonpublikums während des Ballwechsels. Der Anstieg der Kurve ist signifikantes Maß für die Möglichkeit des einheimischen Spielers, einen Smash zu schlagen, die erreichte Phonzahl für die Höhe des Sprungs, die Steilheit des Abfalls für die Wirkungslosigkeit des ausgeführten Schlages. Konditionierungsmittel für Spieler.

Üblicherweise ist die Nutzung des Schmetterballes eingebettet in andere Maßnahmen zur Erzeugung von Angriffsdruck (s. S. 47). Es gibt jedoch Spieler, die die Fähigkeit, einen wirksamen Smash zu schlagen, so überdurchschnittlich entwickelt haben, daß dieser Schlag zu einem spielentscheidenden Faktor wird. Foto S. 1 zeigt mit Liem Swie King jenen internationalen Spieler, der Ende der siebziger, Anfang der achtziger Jahre den Powersmash par excellence verkörperte.
Dies ist durchaus auch auf niedrigerem Leistungsniveau zu beobachten. Es gibt immer Spieler, deren Schmetterball für die jeweils auf ihrem Leistungsplateau herrschenden Abwehrfähigkeiten überdurchschnittlich hart ist und die ihn darum zu spielentscheidender Wirkung bringen können.

Unterkategorien

1 2 3 4 5 6	Härte der Schläge
1 2 3 4 5 6	Dynamik der Sprung-Schlag-Bewegung
1 2 3 4 5 6	Vh-Smash im Sprung
1 2 3 4 5 6	LvK-Smash im Sprung
1 2 3 4 5 6	Nutzen von Smash-Chancen
1 2 3 4 5 6	Spielfortsetzung nach Smash

Bei der Bewertung der Komponente «Wirkung des Smash» ist auch die Komponente «Angriffsdruck» zu betrachten. Wenn der Spieler nicht gerade den oben beschriebenen Power-Angreifer verkörpert, ist zu bewerten, inwieweit unterentwickelte Schmetterfähigkeiten das Erzeugen von Angriffsdruck einschränken bzw. ob der Angriffsdruck durch Verbesserung dieser Fertigkeiten entscheidend gesteigert werden könnte. Der Rückhand-Smash wird in die Komponente «Angriffsdruck» einbezogen.

Verbesserungsstrategie
Überlegungen beginnen zweckmäßigerweise mit einer Zusammenstellung sämtlicher Smash-Techniken anhand der Techniken-Verzeichnisse für die Aufbau- und Leistungsausbildung (s. S. 235ff). Dann erfolgt eine kritische Prüfung jeder einzelnen Technik auf Bewegungsmängel.

- Sind die Bewegungsabläufe (Bewegungskette Hüfte/Schulter/Oberarm/Unterarm) in Ordnung, ist dem Umstand Rechnung zu tragen, daß für einen wirksamen Smash auch gut entwickelte konditionelle Faktoren notwendig sind:
  Durch geeignete Trainingsprogramme sind ggf. die Schnellkraft der Unterarmmuskulatur (schnellkräftige Pronation in Schlagphase Teil 2), die Rumpfmuskulatur (unterstützender Einsatz der Vorwärtsbewegung durch Oberkörper) und die Sprungkraft zu schulen.

- Liegen Bewegungsmängel bei einzelnen der Smash-Techniken vor, so ist mit dem Erarbeiten jeweils bei der Entwicklungsstufe anzusetzen, die nicht mehr angemessen beherrscht wird (bei verkrusteten unzweckmäßigen Bewegungen ggf. also mit dem Neuerlernen der Grobform).
  Die Übungszeiträume sind nicht zu knapp festzusetzen. Wer etwa die Wirksamkeit des LvK-Smash im Umsprung verbessern will, muß sich auf einen mehrmonatigen Trainingsprozeß einrichten. Vier Wochen bringen keinen leistungssteigernden Fortschritt.
  Ein Übungsprogramm zu einer solchen ‹Renovierung› findet sich auf den Seiten 54–58.
- Sollte gar eine umfassende Neuerarbeitung des Smash angestrebt werden – etwa durch die Erleuchtung, daß Badminton ein Angriffsspiel ist –, empfiehlt sich etwa folgende Vorgehensweise:
  Basis: Erwerben der genauen Bewegungsvorstellung. Dann Erlernen des wichtigsten Bewegungselementes des Smash: Abwärtsschlagen des Balles unter Betonung von Schlagphase Teil 2 mittels Powergriff.
  Schrittweises Erarbeiten jeder Einzeltechnik: Jede wird (nach dem Muster des LvK-Smash-Programms) aus der Phase der Grobkoordination bis zur Verfügbarkeit unter variablen Umständen hin erarbeitet. Empfohlene Reihenfolge: Smash aus Stemmschritt; Ük-Smash im Drehsprung; Ük-Smash im Umsprung; LvK-Smash im Umsprung; Vh-Smash im Chinasprung; LvK-Smash im Chinasprung; Smash im Senkrechtsprung.

Bewertungskriterien – Wirkung des Smash

6 Punkte (optimal)	Spieler verkörpert ideales Angriffsbadminton. Auf der Vorhand-Seite, links vom Kopf... wann immer sich eine Schmetterchance bietet, nimmt er sie wahr. Die Smash sind von kapitaler Härte. Es knallt prächtig. Sie verfehlen auch bei zunehmender Dauer des Spiels nur selten ihr Ziel: Linie lang, cross und auf den Körper – nach Belieben. Spieler verfügt über dynamische Sprungkraft, oft steigt er gleich aus der Zentralposition hoch zu beeindruckenden seitlichen Sprüngen. Gegner hat Mühe, den Ball überhaupt noch zu erreichen, ein kontrolliertes Zurückspiel ist darum oft nicht möglich. Auch die Spielfortsetzung ist aggressiv. Am Netz wird dichtgemacht und vollendet. Den Smash muß der Gegner nicht nur fürchten, er bekommt ihn auch zu spüren! Liem Swie King war jahrelang die bevorzugte ‹Videolektüre›.

1 Punkt	Smash kommt im Spiel kaum vor. Es ist nicht erkennbar, ob diese Grundtechnik beherrscht wird. Ebenso: Bewegung, mit der der Ball abwärts geschlagen wird, ist so unwirksam, daß jeder Mittelklassespieler den Ball mit der Mütze fängt.
2 Punkte:	Die Technik wird im Groben beherrscht. Aber: Wirksam ist der Smash nur, wenn der Spieler aus dem Stand schlagen kann. Koordination mit Sprüngen gelingt nicht. Smash wird nur angewendet, wenn der Gegner viel zu kurz zurückspielt. Ebenso: Spieler verliert nach Smash oft die Spielübersicht und kann den gegnerischen Return nicht verwerten. Ebenso: Smash ist trotzt korrekter Bewegungsführung nur ein jämmerlicher Smop (= Sm[ash-Dr]op).
3 Punkte	Spieler beherrscht den Smash zwar, aber da er kein Angreifertyp ist, kommt er nur selten zur Anwendung. Dann allerdings kraftvoll. Auch die Spielfortsetzung ist gut. Doch viel zu oft werden Smash-Chancen ausgelassen.
4 Punkte	Es gibt zwar schon bemerkenswerte Smash-Schläge, doch wird der Smash noch längst nicht in allen seinen Varianten benutzt. Vor allem das Smash-Repertoire in seitlichen Sprüngen und nach Lauf aus dem Vorderfeld ist noch nicht voll entwickelt. Ebenso: Die Zuverlässigkeit des Smash ist, bei aller Dynamik, die dahintersteckt, so miserabel, daß durch ihn dem eigenen Spiel kaum genützt wird.
5 Punkte	Einzelne der im Optimalfall angeführten Elemente sind noch nicht genügend ausgeprägt, wie etwa Höhe der Sprünge, Härte des Smash, Häufigkeit der Anwendung, zuverlässige Zielgenauigkeit, Spielfortsetzung... Aber der Spieler ist auf einem guten Weg.

Übungsprogramm zum Links-vom-Kopf-Smash

Aus der Zentralposition erfolgt mit dem rechten Fuß ein raumgreifender Schritt hinter den linken in Richtung LvK-Ecke. (Zusätzlicher Raumgewinn durch vorheriges Voransetzen des linken Fußes möglich.) Spieler befindet sich nun in der Ausholposition (in Rücklage). Absprung vom rechten Bein. Der Schlag erfolgt in starker Seitenbeugung des Rumpfes (vgl. Foto 90). Aufkommen nach dem Schlag mit dem linken Bein. Aus der Abfangbewegung soll sich unmittelbar ein Abdrücken Richtung ZP ergeben.

Abkürzungen:

LvK = Links vom Kopf
iU = im Umsprung
HÜZ = Hauptübungsziel
NÜZ = Nebenübungsziel
Üf. = Übungsform
A = Übender
Z = Zuspieler
vo A-linie = vordere Aufschlaglinie

Übungsdauer: jeweils 10 Minuten
3 Übungen pro Trainingseinheit

1. Schritt:
Überprüfung der Grobkoordination

1. Schlagsimulation LvK-Smash iU
HÜZ: Gesamtkoordination zwischen LvK-Schlag und Umsprung: Hintübersetzen des re Fußes, Absprung, Bogenspannung-Seitbeuge-Schleife, Balltreffen, Sprung links abfangen, Zurückdrücken (Richtung ZP).
NÜZ: Ausgeprägte Pronation (Diese muß beherrscht sein! Sonst zunächst üben.)
Üf.: ca. 20 sec Übung / ca. 30 sec Pause; 10 Durchgänge.

2. LvK-Smash iU – Schlagsimulationen durchsetzt mit ersten Smash am Ball
Üf.: Zuspieler, vor Wand, spielt mittels Uhclear einen in A's LvK-Bereich steil herunterfallenden Ball, den A gegen Fußleiste schmettert. A ca. 5 m Abstand.

3. LvK-Smash ohne Beinarbeit
HÜZ: Verbesserung der Seitbeuge des Oberkörpers
Üf.: Wie in 2. – Zuspiel erfolgt in den Grenzbereich, den A gerade noch mit dem Schläger erreichen kann.

4. LvK-Smash iU – Schlagsimulationen durchsetzt mit Smash am Ball
Üf: Zuspiel wie in 2., nur 6 m Abstand. 3 Simulationsschläge, 3 Ballzuspiele.

5. LvK-Smash iU auf standardisiertes Ballzuspiel im Feld
HÜZ: Gesamtkoordination wie in 1.
Üf.: A & Z, ½ Feld.

6. Schlagsimulation LvK-Smash iU
HÜZ: Abfangen des Sprunges und Zurückdrücken Richtung ZP
Üf.: wie in 1.

7. Doppel-Smash LvK
HÜZ: wie bei 6., ergänzt um unmittelbare Durchführung eines zweiten Schlages.
Üf.: A & Z, ½ Feld. A schmettert Z's Zuspiel, kehrt zu einer Markierung zurück und schließt unmittelbar eine Schlagsimulation LvK-Smash iU an.

8. LvK-Smash iU auf standardisiertes Ballzuspiel im Feld
Üf.: Wiederholung von 5.

2. Schritt:
Verbesserung der Feinkoordination

9. LvK-Smash iU cross
HÜZ: Re Fuß beim Zurücksetzen weiter nach links, veränderte Bewegungsführung in Schlagphase 2
Üf.: A & Z, ½ Feld, A aus und nach ZP.

10. Schlagsimulation LvK-Smash iU
HÜZ: Schulterunterstützung erhöhen
Üf.: wie in 1.

11. LvK-Smash iU Ll und cr
HÜZ: Umstellen, variieren
Üf.: A & Z, ½ Feld, A aus und nach ZP.
A schmettert abwechselnd Ll und cr.

12. LvK-Smash iU Ll und cr
Üf.: wie 11., nur: Z entscheidet durch späten Zuruf, ob A Ll oder cr schmettern soll.

13. Schlagsimulation LvK-Smash iU nach Schritt aus VF
HÜZ: LvK-Smash iU aus Laufbewegung
Üf.: Auf vo A-linie in der re Fh sind 8 Federbälle aufgestellt. A schubst mit Schläger im Ausfallschritt ersten Ball um, richtet sich wieder auf zur ZP und schließt unmittelbar LvK-Smash iU an.
20 sec Übung / ca. 30 sec Pause;
10 Durchgänge. ½ Feld.

14. LvK-Smash iU nach Schritt aus VF
HÜZ: LvK-Smash iU aus Laufbewegung
Üf.: Auf vo A-linie in re Fh ist ein kleiner Kasten aufgestellt. A steht im Ausfallschritt, mit dem Schläger den Kasten berührend, und wartet auf Z's Unterhandzuspiel, das er links vom Kopf Ll oder cr schmettert.

15. Schlagsimulation LvK-Smash iU nach Lauf aus VF im Malayenschritt
HÜZ: LvK-Smash iU aus Laufbewegung
Üf.: Wie in 13., nur: Federbälle sind in Netzecke re unterhalb des Netzes aufgestellt. Nach dem Umschubsen erfolgt zunächst Aufrichten in Lauerstellung, dann Felddurchquerung mittels Malayenschritt und LvK-Smash iU.
20 sec Übung / ca. 30 sec Pause;
10 Durchgänge. ½ Feld.

16. LvK-Smash Ll iU nach Lauf aus VF im Malayenschritt
HÜZ: LvK-Smash iU aus Laufbewegung
Üf.: Wie 14., nur: Kasten ist unter dem Netz aufgestellt (vgl. 15.).

17. LvK-Smash cross iU nach Lauf aus VF im Malayenschritt
HÜZ: LvK-Smash cross aus Laufbewegung
Üf.: Wie 16., nur: A schmettert cr.

18. LvK-Smash Ll iU nach Lauf aus VF im Malayenschritt
HÜZ: LvK-Smash aus Laufbewegung
Üf.: Wie 16., nur: Kasten ist in der li Fh unter dem Netz aufgestellt.

19. LvK-Smash cross iU nach Lauf aus VF im Malayenschritt
Üf.: Wie 18., nur: A schmettert cr.

20. LvK-Smash iU nach Lauf aus verschiedenen Feldpositionen
HÜZ: Festigung der Bewegung bei erschwerten Bedingungen
Üf.: A & Z, ½ Feld. A wartet auf Z's Zuspiel an beliebigen Positionen im Feld. Nach Zuspiel läuft er jeweils in LvK-Ecke und schmettert Ll und cr.
Achtung: Zeit lassen und Laufarbeit überprüfen.

21. Schlagsimulation LvK-Smash iU nach Lauf aus ZP
HÜZ: Sprunghöhe erhöhen, höheren Balltreffpunkt erreichen
Üf.: wie bei 1.

22. LvK-Smash iU nach Lauf aus ZP
HÜZ: Unterscheidung zwischen steiler (ins MF) und weiter (zur Doppel-Aufschlaglinie) Flugbahn
Üf.: A & Z, ½ Feld. Z reguliert A's Möglichkeiten durch Weite des Uh-Zuspiels. A aus und nach ZP.

23. LvK-Smash iU nach Lauf aus ZP
HÜZ: Sprunghöhe erhöhen, höheren Balltreffpunkt erreichen
Üf.: A & Z, ½ Feld, Uh-Zuspiel. A aus und nach ZP.

24. LvK-Smash iU nach Lauf aus Vh-Ecke
HÜZ: Aus Lauf durch gute Sprunghöhe Steilheit erreichen
Üf.: A & Z, 1/1 Feld.
Zuspiel in A's re Fh.
A Smash aus dem Stemmschritt
Z hohe Smash-Abwehr cross
A LvK-Smash – tot!
(Falls nicht – freies Spiel.)

25. LvK-Smash iU nach Schritt aus VF
HÜZ: Unterscheidung zwischen steiler und weiter Flugbahn
Üf.: wie 22., nur: A wartet an vo A-linie und Z ruft, ob steil oder weit.

26. LvK-Smash iU nach Lauf aus VF
HÜZ: Smash durchführen aus Lauerstellung
Üf.: A & Z, 1/1 Feld. Z spielt Uh-Drop, den A töten soll, oder Uhclear in A's LvK-Bereich, den dieser schmettern soll.

27. LvK-Smash iU nach Lauf aus Vh-Ecke
Üf.: Wiederholung von 24.

28. LvK-Smash iU nach Lauf aus VF
HÜZ: Aus Lauf durch gute Sprunghöhe Steilheit erreichen
Üf.: A & Z, 1/1 Feld.
Zuspiel in A's Netzbereich.
A Netzdrop
Z Uhclear in A's LvK-Bereich
A LvK-Smash – tot!
(Falls nicht – freies Spiel.)

29. LvK-Smash im Wechsel mit LvK-Drop
HÜZ: Kontrollierte Bewegungssteuerung
Üf.: A & Z, ½ Feld. A schlägt Z's Uh-Zuspiel Smash Ll oder Drop Ll, wobei er versucht, den Drop aus einer Smash-Auftaktbewegung zu schlagen.

30. LvK-Smash im Wechsel mit LvK-Drop
HÜZ: Kontrollierte Bewegungssteuerung
Üf.: wie 29., nur: Smash bzw. Drop werden cross geschlagen, 1/1 Feld.

3. Schritt: Stabilisierung zur Feinstkoordination

- Bewegungsschlagübungen zum LvK-Smash Ll (Beispiele)

31. A LvK-Smash Ll
P Kurze Abwehr Vh cr
A Uhclear Vh cr
P Zuspiel Ll zum LvK-Smash

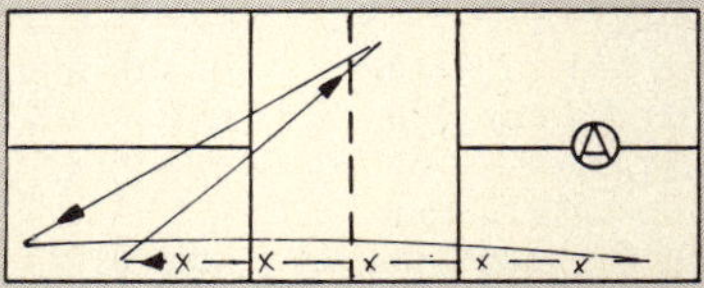

32. A LvK-Smash Ll
P Kurze Abwehr cr
A Uhclear Ll
P Smash Ll
A Kurze Abwehr cr… (…P Zuspiel)

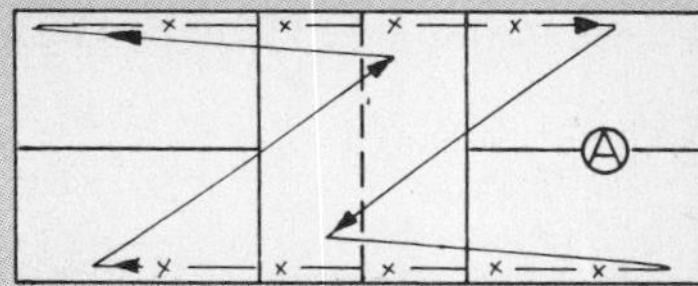

● Bewegungsschlagübungen zum LvK-Smash cross (Beispiele)

33. A LvK-Smash cr
P Kurze Abwehr cr
A Uhclear cr
P Zuspiel cr

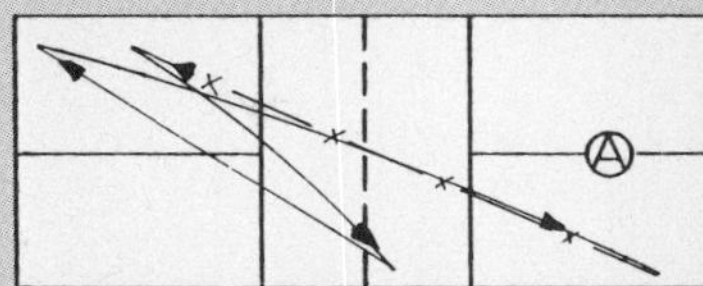

34. A LvK-Smash cr
P Flache Abwehr Ll
A Uhclear Ll
P Angriffsdrop Ll
A Stop Vh cr… (…P Zuspiel)

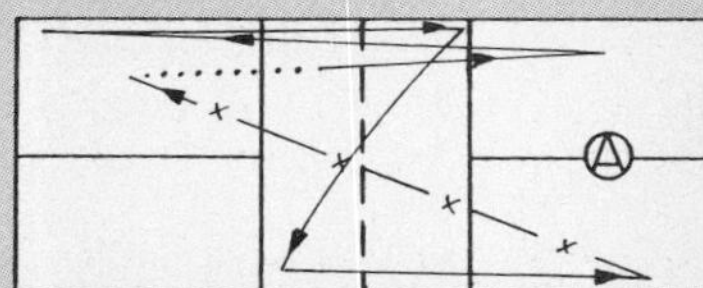

● Einfache Komplexübungen: LvK-Smash Linie lang oder cross (Beispiele)

35. A LvK-Smash Ll oder cr
P kurze Abwehr Ll
A Netzdrop Ll
P Uh-Zuspiel zum LvK-Smash

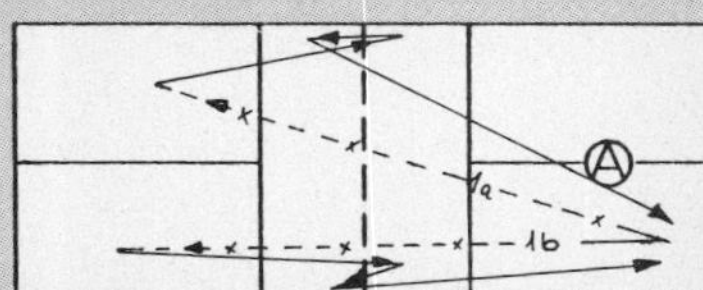

36. A LvK-Smash Ll oder cr
P Kurze Abwehr Ll oder cr
A Netzdrop Ll oder cr
P Uh-Zuspiel zum LvK-Smash

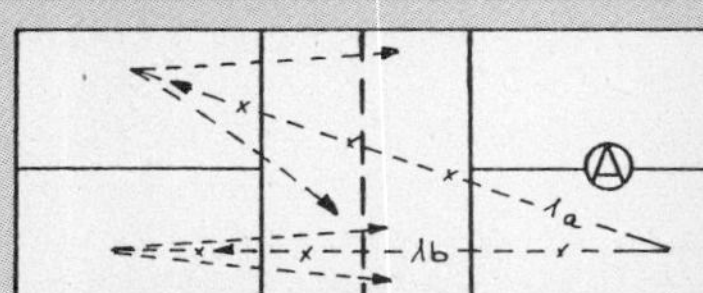

37. A LvK-Smash Ll oder cr
P Kurze Abwehr
A Beliebiger Schlag
P Zuspiel zum LvK-Smash

38. A LvK-Smash Ll oder LvK-Drop cr
P Ku Aw Ll P Uhclear cr
A Uhclear cr als Zuspiel
P Rh-Clear cr
als Zuspiel

4. Schritt: Verfügbarmachung unter variablen Umständen

● Komplexübungen (Beispiele)

39. A LvK-Smash Ll oder cr
P Ku Abwehr Ll oder cr
A & P SpaN bis
P Uhclear in A's LvK-Ecke
A LvK-Smash Ll oder cr

40. A LvK-Smash cross
P Ku Aw cr oder Fl Aw Ll oder Ho Aw Ll
A Netzdrop Ll A Netzdrop A Drop
P Zuspiel P Zuspiel P Zuspiel
A darf (Uh-)Clear zwischenschieben.

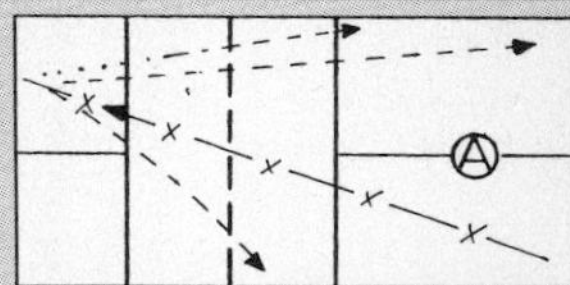

41. Sektorenspiel mit Einschränkung
Nur schraffierte Flächen dürfen angespielt werden.
A muß aus seiner li Fh jeden Ball schmettern.

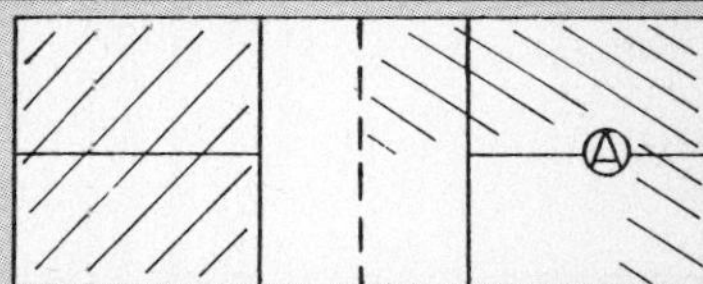

42. A & P beliebige Schlagfolge mit der Zielsetzung, keine Fehler zu machen. Gelegentlich streut P bewußt ein Zuspiel für einen LvK-Smash ein, den A dann durchführen soll (ggf. mit Ansagen). Variationen ergeben sich durch unterschiedliches Spieltempo. Aus-Bälle fallenlassen.

43. A & P Clear im Schlagfluß – bis A mit Drop cr
angreift: P Stop cr oder Uhclear in A's li Fh
A Uhclear A LvK-Smash
P Ku Aw in A's re Fh
A Uhclear

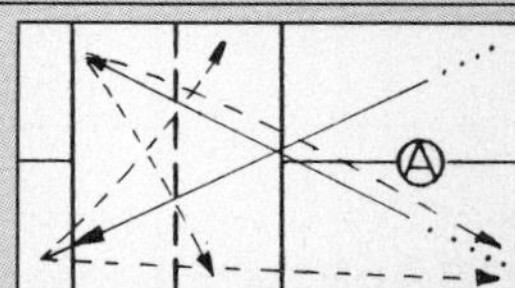

44. Einzel mit Einschränkung: A muß jeden hohen Ball, der in seine LvK-Ecke kommt, schmettern, sonst Fehler.
Varianten: P steuert Anspiel der Ecke, P versucht daraus Nutzen zu ziehen, Für P gelten die gleichen Bedingungen.

45. Freies Spiel mit Standard-Aufschlagphase
A Hoher (oder kurzer) Aufschlag in li Fh
P (Uh-)Clear cr
A LvK-Smash (Ll oder cr)
P Abwehrschlag...
(...A druckvoll fortsetzen)

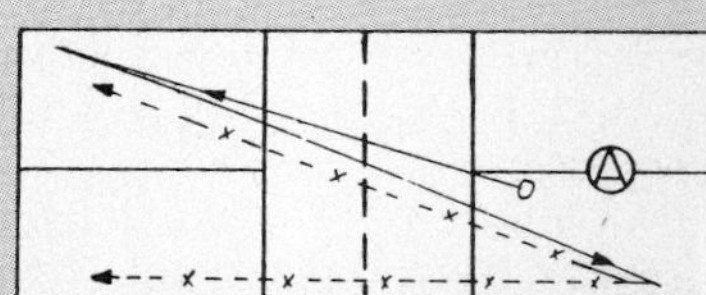

Gestaltung der Aufschlagphase

Eine Bewertung kann nur aus Wettkampfbeobachtung erfolgen. Tests der Art, daß 20 Aufschläge in einen Koffer geschlagen werden sollen, sind zur Veranschaulichung von Mängeln hilfreich, ihnen wohnt jedoch keine Aussagekraft inne, inwieweit die Aufschlagphasengestaltung bei einem Spieler zu Vor- oder Nachteilen führt.
Um dies herauszufinden, ist eine intensive strukturierte Beobachtung über mehrere Spiele notwendig. Der Nachweis, ob die Aufschlagphase eine Schwachstelle hat, hängt auch davon ab, ob der Spieler es mit einem Gegner zu tun hat, der die Mängel aufdeckt. Außerdem kann z. B. nicht Variationsarmut bemängelt werden, wenn der Spieler mit einem kurzen Vorhand-Aufschlag zur Seitenlinie erfolgreich ist und er diesen Schlag daher in einem Spiel gehäuft anwendet.

Unterkategorien

1 2 3 4 5 6	Sichere Ausführung des gewählten Aufschlages
1 2 3 4 5 6	Variabilität
1 2 3 4 5 6	Aktive Spielfortsetzung im dritten Schlag

Es könnte noch die Aufschlagannahme als Unterkategorie hinzugefügt werden, gehört auch sie zur Aufschlagphase. Dies ist aus Gründen der Übersichtlichkeit nicht geschehen. Es wird empfohlen, den Spieler als Aufschlagannehmer gesondert zu betrachten. Die Bewertungskriterien lassen sich sinngemäß auf die «Gestaltung der Returnspielphase» anwenden. Sie sind zu lesen mit dem Gedanken an das Zurückspielen eines Aufschlages.

Verbesserungsstrategie
Die Weiterentwicklung könnte folgendermaßen betrieben werden:
- Beweisführung über den Ist-Stand der Aufschlagphasengestaltung anhand von Wettkampfstatistiken.
- Gemeinsame Analyse der gesamten Aufschlagphase von Trainer und Spieler aufgrund der Beobachtungsergebnisse.
- Bewußtmachung seiner Defizite durch den Spieler, insbesondere der Notwendigkeit, den Aufschlag als Teil eines Ballwechsels zu sehen, anstatt ihn isoliert vor den Beginn des Ballwechsels zu stellen.
- Herausarbeitung des gröbsten Fehlverhaltens des Spielers. Hierarchisierung der Trainingsziele.
- Durchführen strukturierter Beobachtungsaufgaben bei Spielen von Spielern, die in bezug auf die Gestaltung der Aufschlagphase Vorbildcharakter haben. Vergleich der Beobachtungsergebnisse mit den Analyseergebnissen.

- Studium der Aufschlagtechniken aus den Techniken-Verzeichnissen für Aufbau- und Leistungsausbildung (s. S. 245 ff).
- Falls notwendig, Neuerarbeitung der zentralen Aufschlag-Techniken: hoher und kurzer Vorhand- (und Rückhand-)Aufschlag.
- Erarbeitung von zuverlässiger Plazierungssicherheit bei den zentralen Aufschlag-Techniken. Kontrolle bei Wettkämpfen.
- Erweiterung des Aufschlagrepertoires um Varianten I (z. B. kurze nach außen, Swip o. ä. nach Wahl aus dem Techniken-Verzeichnis).
- Spielbeobachtung: Sammeln von Aufschlagannahmen.
- Liste erstellen mit gebräuchlichen Aufschlagannahmevarianten zu den zentralen Aufschlag-Techniken.
- Einüben von variablen Returns zu den zentralen Aufschlägen.
- Aggressives Abfangen halbhoch zurückgespielter Returns.
- Aggressive Spielfortsetzung im Vorderfeld.
- Spielbeobachtung: Beschreibung von (unzweckmäßigen) Handlungen in der Aufschlagphase bei leistungsschwächeren Spielern.
- Üben von variabler Spielfortsetzung auf die Standardreturns.
- Gestalten der Aufschlagphase bei physischer Beanspruchung: Nach Konditionstrainingseinheiten werden Kurzspiele durchgeführt.
- Kontrollbeobachtung: Ermittlung des Aufschlagverhaltens bei Anspannung im Wettkampf durch den Trainer. Vorbereitung: Festlegung von Aufschlagphasenhandlungen in der Wettkampfzubereitung.
- Durchführung von Trainingsspielen mit Aufgabenstellungen aus dem Aufschlagbereich: nur ein bestimmter Aufschlag/Return darf ausgeführt werden; keine hohe Aufschlagannahme...
- Einüben von variablen Returns zu den Aufschlagvarianten I.
- Erweiterung des Aufschlagrepertoires um Varianten II (z. B. geschnittene o. a. nach Wahl aus dem Techniken-Verzeichnis).
- Spielbeobachtung: Beobachten von «dritten Schlägen» (d. i. nächster Schlag des Aufschlägers nach dem Return) bei Vorbildern. Beschreibung erfolgreicher Handlungen.
- Aufschlagphasentraining: Einüben aggressiver Spielfortsetzungen.
- Spielbeobachtung: Häufigkeitsverteilung erstellen über Aufschlagreturns bestimmter gegnerischer Spieler.
- Einüben von variablen Returns zu den Aufschlagvarianten II.
- Ermittlung solcher Aufschlagvarianten, die die Rückschlagmöglichkeiten einengen, und Vorbereiten entsprechender Eigenreaktionen.
- Bewußt-aktive Gestaltung der Aufschlagphase im Wettkampf: Jeder Ballwechsel soll mit anderem Aufschlag beginnen.
- Trainingswettkämpfe: A hat immer Aufschlag/ist immer Rückschläger. Tischtennis-Zählweise.
- Bewußt-aktive Gestaltung der Aufschlagphase im Wettkampf: Spieler versucht, jeden dritten Schlag antizipierend durchzuführen.

Bewertungskriterien – Gestaltung der Aufschlagphase

6 Punkte (optimal)	Sehr variabel, Einsatz von Vh und Rh, sicher in kurzen, hohen und flachen Aufschlägen. Fintenreich. Was kommt, ist vom Gegner kaum auszurechnen. Gespür für den wirksamen Einsatz von Varianten ist vorhanden. Auch nach langen Ballwechseln und in Stressituationen wird gut aufgeschlagen. Die Spielfortsetzung ist immer unmittelbar und aggressiv. Die Aufschlagphase wird mit all ihren Elementen bewußt gestaltet. Dabei wird der Aufschlag als erster Schlag zum Einleiten eines Angriffs verstanden. Ein Aufschlaghai!
1 Punkt	Hohe Aufschläge zu kurz, kurze schlecht. Einzelne oder mehrere technische Mängel. Kein Bewußtsein für die Bedeutung des Aufschlages. Regelfehler.
2 Punkte	Die verschiedenen Techniken werden grundsätzlich beherrscht. Aber: Unsicherheiten, hohe Nachteilsquote, sogar gelegentlich verschlagene Aufschläge. Keine Varianten. Aufschlag ist von dem Ballwechsel, den er einleitet, getrennt. Es erfolgt keine Verhaltensänderung bei Aufschlag-Mißerfolgsserien. Gedankenloses Ball-ins-Spiel-Bringen.
3 Punkte	Sicher in der Ausführung von hohen und kurzen Aufschlägen; sie sind selten vom Gegner sofort zu verwandeln. Aber: Zu stereotyp, zu wenige Varianten, keine Finten. Swip ist nicht wirksam. Breite des Anspielsektors wird nicht genügend einbezogen. Nach dem Aufschlag wird zunächst abgeschaltet, statt den Ballflug gedanklich zu begleiten. Phasen mit Konzentrationsverlust sind zu beobachten, dadurch wird mühsam erkämpftes Aufschlagrecht leicht wieder abgegeben. Aufschläge an Grenze zu Regelverstoß. Aufschlag ist eine Schwachstelle im Spiel. Aufschlag wird nicht als Beginn eines spieltaktisch gestalteten Ballwechsels gesehen.
4 Punkte	Mängel bei Aufschlaggestaltung in Stressituationen. Konzentrationsverlust nach langen Ballwechseln. Varianten reichen noch nicht aus bzw. nehmen mit Spieldauer ab bzw. werden mit hoher Fehlerquote gespielt. Wahrscheinlicher oder möglicher gegnerischer Return wird oft nicht berücksichtigt. Eigener Aufschlag führt – statistisch gesehen – selten zu spieltaktischen Vorteilen. Gegner wird nicht bereits durch die Gestaltung der Aufschlagphase psychisch bekämpft.
5 Punkte	Einzelne der im Optimalfall angeführten Elemente sind noch nicht genügend ausgeprägt.

Nestor-Erwin Z., der große, alte Coach, verblüffte einmal einen Spieler, der nach einem knapp verlorenen Spiel recht zufrieden mit seiner Leistung war, mit den Worten: «Im Badminton gibt es keine neuen persönlichen Bestzeiten!»

Geistige Zweikampfführung

Die Faktoren sind: Die innere Gestaltung des Spiels, die Auseinandersetzung mit dem Gegner und dessen Bekämpfung auf geistiger und psychischer Ebene, die Fähigkeit eines Spielers, konditionelle und/oder technische Überlegenheit gewinnbringend zu nutzen, die Befolgung des Badminton-Postulats.
Eine ausführliche Darstellung mit Verbesserungsstrategie findet sich im Abschnitt «Schlagwort Zweikampf» (S. 151).

Unterkategorien

1 2 3 4 5 6	Aufbau einer Herausforderungshaltung
1 2 3 4 5 6	Sichtbarmachen psychischer Gegnerbekämpfung
1 2 3 4 5 6	Einbringen spieltaktischen Handelns
1 2 3 4 5 6	Konstanz der Zweikampflage
1 2 3 4 5 6	Mobilisieren von Wettkampfhärte
1 2 3 4 5 6	Bekämpfen leistungsstärkerer Gegner
1 2 3 4 5 6	Aufrechterhalten über Turnierverlauf hinweg
1 2 3 4 5 6	Bei Trainingsspielen

Abzugrenzen ist gegenüber den Komponenten «spieltaktisches Handeln», «Wettkampfhärte» und «Wettkampfgestaltung im Umfeld».
Mobilisieren von Wettkampfhärte fließt mit ein, weil das Führen eines Zweikampfes nicht losgelöst gesehen werden kann vom Zuendeführen desselben bei gegnerischem Widerstand.

Bewertungskriterien – geistige Zweikampfführung

6 Punkte (optimal) Beeindruckende Persönlichkeit für jeden Gegner, auch bessere bekommen nichts geschenkt. Zweikampflagen genießt er. Sein Auftreten verkündet Siegesabsicht, Siegeswunsch kommt aus ihm selbst. Spielt vom ersten bis letzten Schlag in voller Spannung. Ihn zu bekämpfen fällt schwer, da andau-

	erndes Reagieren erforderlich ist. Seine Absichten sind kaum auszumachen. Denkt über Spielzüge nach, verbessert seine Handlungen. Wechselt den Rhythmus des Spiels, hält aber auch Marschrouten geduldig ein. Eigene Fertigkeiten werden bewußt zum Einsatz gebracht. Erfolglose Spielphasen, Beipack-Ereignisse werden überwunden. Sorgfältige Spielzubereitung aus Trainingsmaßnahmen. Hält Herausforderungshaltung im Turnierverlauf aufrecht. Ein Großmeister des Badminton!
1 Punkt	Spult gedankenlos Spiel herunter. Leistet bei drohenden Niederlagen kaum Widerstand. Eine geistige Bekämpfung des Gegners ist nicht erkennbar. Im Umfeld der Wettkämpfe werden keine Maßnahmen unternommen, die auf den Aufbau einer Herausforderungshaltung abzielen. Wettkampf wird eher als Bedrohung erlebt. Mißerfolgsorientierte, pessimistische Denkweise.
2 Punkte	Zielidentifikation, den Gegner zu besiegen, wird nur scheinbar aufgebaut. Er wird nur motorisch bekämpft, nicht psychisch. Führt also über Wettspiellage nicht hinaus, der Schritt vom Kämpfenwollen zum Besiegenwollen ist nicht vollzogen. Ebenso: gelegentlich lustlos (gegen bessere Gegner; tageweise...)
3 Punkte	Von schwächeren Gegnern läßt sich der Spieler nicht ins Bockshorn jagen. Die bekommen seine Siegesabsichten konsequent zu spüren. Gegenüber starken Gegnern aber wird Zweikampflage seltener aufgebaut. Sie flößen noch Respekt ein, trotz Bemühens werden gefaßte Pläne nicht verwirklicht. Ebenso: Regulierungsmaßnahmen nach Verlust unzuverlässig. Ab und an inneres Aufgeben. In kritischen Phasen kein Handeln. Nur eine spieltaktische Marschroute/Spielweise kann umgesetzt werden.
4 Punkte	Ein unerschrockener Kämpfer gegen jeden, der sich ihm gegenüberstellt. Aber das Badminton-Postulat wird noch nicht bei jeder Handlung erfüllt. Reagieren auf Maßnahmen des Gegners fällt schwer. Gegen Stärkere vermittelt er zwar den Eindruck eines druckvollen Spiels, aber vieles ist blanker Aktionismus. Das Umfeld der Ballwechsel wird zu wenig beeinflußt. Ein starker Gegner fürchtet sich nicht.
5 Punkte	Einzelne der im Optimalfall angeführten Elemente sind noch nicht genügend ausgeprägt.

Nestor-Erwin Z., der große, alte Coach, wiegte wissend den Kopf, als er sagte: «Einen harten Badmintonfight zu führen, heißt Gericht zu halten über sich selbst.»

Wettkampfhärte – Mobilisieren von Siegeswillen

Die Faktoren sind: Fortführung der geistig-psychischen Zweikampfführung im Grenzbereich der Leistungsfähigkeit; das Mobilisieren aller zur Verfügung stehenden Kräfte zu dem Zweck, den Gegner zu besiegen; das Entgegensetzen von psychischem und physischem Widerstand bei drohender Niederlage; das immer neue Aufbringen von Willensstoßkraft zur Dynamisierung der eigenen Aktionen; das zuverlässige Aufrechterhalten von Abschirmkonzentration gegenüber allen inneren und äußeren Einflüssen.

Unterkategorien

1 2 3 4 5 6	Erzeugen von Siegeswillen vor dem Wettkampf
1 2 3 4 5 6	Herbeiführen der Zweikampflage
1 2 3 4 5 6	Abschirmkonzentration nach innen
1 2 3 4 5 6	Abschirmkonzentration nach außen
1 2 3 4 5 6	Widerstand gegen psychische Gegnerausstrahlung
1 2 3 4 5 6	Aufrechterhalten von Willensspannkraft
1 2 3 4 5 6	Mobilisieren von Willensstoßkraft
1 2 3 4 5 6	Anspruch an die eigene Leistung
1 2 3 4 5 6	Überzeugungsaufbau durch Trainingsgestaltung

Eine ausführliche Darstellung mit Trainingsmaßnahmen und Übungsvorschlägen findet sich im Abschnitt «Eigenschaftswort Wettkampfhärte» (S. 161).

Bewertungskriterien – Wettkampfhärte

6 Punkte (optimal) Spieler hat bedingungslosen Kampfgeist auf seine Fahne geschrieben. Legt ab 10 einen Zahn zu und in der Verlängerung noch einen. Versteht es, sein körperliches Leistungsvermögen bis an die Grenzen auszuschöpfen. Abschirmkonzentration nach innen und nach außen hält sicher. Gegner weiß vorher, daß er sich auf einen Kampf auf Biegen und Brechen

	gefaßt machen muß. Darum fürchten auch stärkere Spieler die Auseinandersetzung. Wird für manchen Gegner im Wettkampfverlauf immer übermächtiger. Bei jeder Aktion Mobilisierung von Willensstoßkraft. Vorwärtsgerichtete Handlungswilligkeit bleibt bis zum letzten Ballwechsel erhalten. Ist für das Aufholen jeden Rückstandes gut. Hat die Geduld, Ballwechsel bis zum Herausspielen eines Vorteils in Gang zu halten. Umschalten auf Teilzielstreben in aussichtslosen Spielen. Ein Feldfighter!
1 Punkt	Erklärt zwar, er wolle dem Gegner einen harten Kampf liefern, rechnet jedoch schon vor dem Spiel nicht damit zu gewinnen.
2 Punkte	Kampfgeist entwickelt sich nur sporadisch. Wenn's hart wird, erfolgt auch bei bislang guter Zweikampflage Griff nach dem geringsten Beipack-Ereignis, um sich vor weiterer Anstrengung zu flüchten. Von 10 beide auf 10:13 bewirkt Mutlosigkeit.
3 Punkte	Gegen viele Gegner ist das Anzapfen eigener Reserven schon möglich. Doch bei ausgeprägter psychischer Wettkampfführung des Gegners wird schließlich doch nicht genügend Widerstand geleistet. Da wird sein Killerinstinkt weggepustet. Selbstregulierungsbefehle funktionieren noch nicht effektiv.
4 Punkte	Kann Wettkampfhärte durchaus erfolgreich mobilisieren, leider nur in besonderen Fällen und beim Zusammentreffen günstiger Umstände. Ansonsten bricht die Abschirmkonzentration gegen den inneren Schweinehund zu oft noch zusammen. Dadurch ergeben sich Leistungsschwankungen. Ebenso: Es fehlt in Endkämpfen an der Geduld, Ballwechsel auf Vorteilerarbeitung zu spielen; die Übersicht geht verloren. Ebenso: Ungenügendes Teilzielstreben bei Spielen gegen überlegene Gegner.
5 Punkte	Spieler will gegen jeden gewinnen, und er gibt auch nie auf. Seine Spiele sind attraktive Kampfspiele. Aber: Die Schwäche liegt noch darin, daß er in Schlußphasen schon mal seine Siegesüberzeugung verliert. Er bringt dann zwar noch volle Dynamik aufs Feld und hält gegen, reduziert jedoch sein spieltaktisches Handeln und die psychische Bekämpfung des Gegners. Dadurch wird er vom Agierenden zum Reagierenden, und das letzte Durchsetzungsvermögen entwickelt sich nicht.

Spieltaktisches Handeln

Spieltaktisches Handeln: (auch: spieltaktisches Verhalten) Generalisierender Begriff. Alle Handlungen, die vollzogen werden müssen, um eine Marschroute in der Wettkampfzubereitung zu erstellen und die beschlossene Marschroute – im Rahmen der für erfolgreiches Badmintonspielen zu vollbringenden übrigen «spieltaktischen Maßnahmen» – in Spielaktionen umzusetzen. – («Sein spieltaktisches Handeln war hervorragend, er hat eine wirksame Marschroute gefunden, sie auch umgesetzt, und als der Gegner darauf reagierte, durch geschickte Veränderung die Matchkontrolle behalten.»)
Zur Verdeutlichung der Vorgänge einige begriffliche Abgrenzungen:
Spieltaktischer Plan: Überlegungen, auf Grund welcher Stärken/Überlegenheiten ein Spieler glaubt, gegen einen bestimmten Gegner gewinnen zu können (z. B. Angriffsfähigkeit, die dessen Ausdauerfähigkeiten überlegen ist; bei der Gefahr, daß Kräfte durch vehementes Angriffsspiel zu früh verbraucht sind und Gegner am Ende Oberhand gewinnt).
(Taktische) *Marschroute*: Handlungsanweisungen für die Ballwechselgestaltungen. Aufgrund des spieltaktischen Planes zu vollbringende Spielhandlungen, die ein Wirksamwerden der Überlegenheiten mit sich bringen sollen. (Durch schnelles Annehmen unter Druck setzen, möglichst jeden Ball abwärts spielen, mit kurzen Aufschlägen Hochspielen erzwingen, nach Smash vorrücken und am Netz zumachen, Smash auf Körper zielen...)
Spieltaktisches Vorgehen: Situationsangemessenes Verhalten auf dem Spielfeld, d. h. Umsetzung bzw. Anpassung der Marschroute an die durch das Gegnerverhalten entstehende konkrete Spielsituation. Kann der erstellten Marschroute auch schon mal nicht folgen. (Angriffsschwung nicht zum Zwecke des Kräftehaushaltes zurücknehmen, sondern aufrechterhalten, da Gegner keine Gegenwehr zustande bringt.) Kluges spieltaktisches Vorgehen fordern vor allem solche Situationen, die im Rahmen der Wettkampfzubereitung nicht vorbereitet werden können.
Spieltaktische Maßnahme: Einzelne Handlung im Rahmen des spieltaktischen Vorgehens. (Bei 12:12 eine Unterbrechung durch Ballprüfung vornehmen bzw. nicht zulassen.)
Spieltaktischer Zug: Geplanter konkreter Schlag (Spielzug) innerhalb eines Ballwechsels (diesen Abwehrschlag cross zu spielen).
Spieltaktisches Handeln fließt ein in die Komponente «geistige Zweikampfführung». Diese kann durch die Fähigkeit des Spielers, spieltaktisch zu handeln, erst ihre volle Kraft entwickeln. Dort geht es um die psychische Bekämpfung des Gegners, hier um das Handwerkszeug, das ein siegreiches oder wenigstens ausgeglichenes Spielen ermöglicht: Welche Handlungen kann der Spieler vollbringen, um an seinen Gegner Anforderungen zu stellen, die dieser nicht bewältigen kann?

Ein wesentlicher Faktor innerhalb der Komponente ist «Spielen mit Handlungskonzentration» und damit auch «Aufbauen von Aktionskonzentration». (Vgl. dazu Abschnitt «Handlungskonzentration» S. 145.)
Die Bewertung dieser Komponente ist nicht einfach, weil spieltaktisches Handeln abhängig ist von den beim Spieler vorhandenen technischen Voraussetzungen («spielerisches Vermögen»). Immerhin kann ein technisch noch nicht voll ausgebildeter Spieler seine beschränkten Mittel durchaus klug einsetzen. Das Handeln ist dann höher einzuschätzen als die absolut erzielte Wirkung.

Unterkategorien

1 2 3	Kenntnisse über spieltaktische Vorgehensweisen
1 2 3	Beschäftigung mit spieltaktischen Fragen
1 2 3	Spielen mit Handlungskonzentration
1 2 3	Umsetzen grundlegender Marschrouten
1 2 3	Umsetzen komplexer Marschrouten
1 2 3	Defensiv spielen können ohne passiv zu werden
1 2 3	Umschalten können zwischen Ballhalten und Aggressivität
1 2 3	Aktiv, unberechenbar spielen, variieren in Standardsituationen
1 2 3	Dem Spiel durch Variieren des Tempos in den und zwischen den Ballwechseln einen Rhythmus geben können
1 2 3	Gegner in konditionelle Defizite bringen können
1 2 3	Gegner wenig Zeit zur Reaktion lassen
1 2 3	Befolgen der Grundsätze der «Gewinnertaktik»
1 2 3	Einbringen eigener Überlegenheiten ins Spiel
1 2 3	Den vorhandenen konditionellen Fähigkeiten entsprechend Spiel gestalten können
1 2 3	Volles Nutzen der vorhandenen technischen Fertigkeiten
1 2 3	In Stressituationen Übersicht über Marschroute behalten
1 2 3	Ausnutzen gegnerischer Schwächen bzw. berechenbarer Verhaltensweisen
1 2 3	Gegner seiner Stärken dauerhaft berauben können
1 2 3	Beschäftigung mit Gegnerbeobachtung
1 2 3	Im Spiel gegnerisches Vorgehen und gegnerische Marschroute erkennen und darauf reagieren können
1 2 3	Im Ballwechsel analysieren können, woher gegnerischer Vorteil rührt
1 2 3	Verfolgen des Grundsatzes: Agieren statt Reagieren
1 2 3	Zunahme des Spielgestaltungswillens zum Satzende hin

Bewertungskriterien – Einbringen spieltaktischen Handelns

6 Punkte (optimal)	Ein hervorragender technischer Ausbildungsstand, eine blendende Fitneß und ausgezeichnete Kenntnisse seiner Leistungsdeterminanten setzen Spieler in die Lage, auf dem Spielfeld seine optimale Leistung zu erzeugen. Kennt nicht nur die Anforderungen verschiedener Marschrouten, kann einige auch erfolgreich realisieren. Kann sogar verschiedene Spielstile kopieren. Kann während des Spiels Marschrouten umstellen und auf spieltaktisches Vorgehen des Gegners reagieren. Seine Fähigkeit, sein Spiel gegenüber dem Gegner durchzusetzen, ist hoch. Studiert Gegnerverhalten. Ball fliegt wie auf Laserbahnen. Ein Meister der Struktur!
1 Punkt	Taktische Spielgestaltung ist zwar kein Fremdwort, was sich aber im Badminton dahinter verbirgt, ist unbekannt. Gespielt wird intuitiv. Ebenso: Spieler kann mit einer spieltaktischen Aufgabe nichts anfangen, da eine Umsetzung nicht möglich ist.
2 Punkte	Weiß, daß es Verhaltensweisen gibt, deren Befolgung der eigenen Leistung nützt. Was er davon einhält, ist aber nicht mehr als taktisches Basisverhalten. Kann nur seinem ‹natürlichen› Spielstil gemäß spielen.
3 Punkte	Hat sich mit Spieltaktiken beschäftigt. Kennt die Ratschläge und die Notwendigkeiten spieltaktischen Handelns. Die Umsetzung ist jedoch nur der Versuch, das eigene Leistungsvermögen zu optimieren. Die spielerischen/konditionellen Fähigkeiten reichen – außer gegen schwächere Gegner – nicht aus, durchgehend eine Marschroute zu verfolgen.
4 Punkte	Ist fähig, auch Handlungen zur Einwirkung auf den Gegner ins Spiel einfließen zu lassen. Die Grenzen treten allerdings dann zutage, wenn er vom Gegner unter Druck gesetzt wird. Es fehlt an Durchsetzungsvermögen. Ebenso: Verlust der Marschroute in Stressituationen. Übt unterschiedliche Verhaltensweisen. Denkt über das Spiel nach. Hoffnungsvoll.
5 Punkte	Ausgezeichnete Kenntnisse über Handlungsnotwendigkeiten der verschiedenen Spielstile und Marschrouten weisen ihn als umfassenden Kenner des Badmintonspiels aus. Die Umsetzung leidet allerdings darunter, daß er nicht von seinem Spielstil herunter kann. Seine Spielstrategie setzt er ausgezeichnet um, eine andere Marschroute verfolgen kann er jedoch nicht. Ebenso: Defizite konditioneller Art hindern ihn, andere Marschrouten umzusetzen, obwohl er das Können dazu hätte.

Verbesserungsstrategie
Ein Spieler, der eine gründliche Erarbeitung der Fähigkeit zu spieltaktischem Handeln vornehmen möchte, sollte dies schrittweise vollziehen.

Schritt A: Bestimmen Sie Ihren spieltaktischen Iststand
Ermitteln Sie Ihre Defizite, was die Fähigkeit, spieltaktisch zu handeln, angeht.
Prüfen Sie die unter den Unterkategorien aufgeführten Handlungen eine nach der anderen (am besten im Gespräch), und bestimmen Sie, wieweit jede von Ihnen selbst durchdacht, berücksichtigt, verinnerlicht ist und inwieweit sie in Ihrem Spiel Niederschlag findet.
Beschreiben Sie die Mängel, die Ihr Spiel hat.
Beschreiben Sie übungshalber die Mängel eines Mannschaftskameraden.

Schritt B: Informieren Sie sich über das Spektrum spieltaktischen Handelns
Spieltaktische Entscheidungsfähigkeit setzt alternative Lösungsmöglichkeiten voraus. Listen Sie für Standardsituationen die verschiedenen Schläge auf, die taktisch sinnvoll sind. (Vgl. auch BOECKH-BEHRENS 1983, 113ff «4 Lernstufen der Vermittlung taktischer Fähigkeiten».)
Sammeln Sie alle taktischen Ratschläge, die Ihnen zu Ohren gekommen sind. Sortieren Sie sie nach «Maßnahmen zur Verbesserung des eigenen spielerischen Verhaltens» und «Maßnahmen zur taktischen Einwirkung auf den Gegner». (Vgl. KNUPP 1983, 96ff.)
Beschreiben Sie anhand der Spielweise eines Ihnen bekannten guten Spielers eine «Marschroute».

Schritt C: Prüfen Sie Ihre Elementar-Taktik
Prüfen Sie, ob Sie das spieltaktische Handeln der untersten Stufe kennen, von den technischen Voraussetzungen her beherrschen, spielerisch umsetzen und im Spiel siegbringend nutzen können: Rh-Ecke anspielen; Clear dauerhaft weit genug schlagen, um Gegner hinten zu halten; Gegner laufen zu lassen...
Prüfen Sie kritisch (evtl. unter Mithilfe eines Trainers), ob Sie bei Ihren eigenen Wettkämpfen
- die Aufschlagphase gedankenlos gestalten,
- den soliden Clear spieltaktisch nutzen,
- Fehler vermeiden, die sofort zu Nachteilen führen,
- Übergangsmöglichkeiten von Abwehr in Angriff nutzen,
- die Wirkungen ihrer Handlungen zwischen den Ballwechseln überprüfen,
- unerzwungene Fehler verfluchen,
- Situationsanalysen beim Ballwechsel mitdenken bzw. -sprechen.

Schritt D: Verbreitern Sie Ihre spieltaktische Basis
Wählen Sie aus den Unterkategorien 8 spieltaktische Handlungsweisen aus, und widmen Sie jeder eine Trainingseinheit.

Schritt E: Optimieren Sie Ihr eigenes spieltaktisches Vorgehen
Beschreiben Sie, worauf sich Ihre Vorteile gründen, wo Sie Ihre Stärken sehen.
Erarbeiten Sie eine Modell-Trainingseinheit, die ausschließlich der Vertiefung Ihrer gewünschten Spielweise dient.
Beschreiben Sie Standard-Fehlhandlungen, die die Effektivität Ihres Spiels mindern.
Beschreiben Sie gegnerische Marschrouten, gegen die Ihr spieltaktisches Vorgehen wenig Erfolg bringt.
Studieren Sie die Ausführungen zur Handlungskonzentration (s. S. 145f).
Arbeiten Sie die «20 Übungen zur Handlungskonzentration» (s. S. 147) durch.

Schritt F: Erarbeiten Sie eine zweite Marschroute
Dies erweitert nicht nur Ihre spieltaktische Handlungsfähigkeit, sondern macht Sie auch lernfähig.
Gehen Sie schrittweise vor, erarbeiten Sie das notwendige Handeln. Stellen Sie eine Zeitlang Leistungsentwicklung vor Erfolgsdenken, und wenden Sie die Marschroute auch in Wettkämpfen an. (Anwenden schult Denkvermögen, Durchhalten schult Wettkampfhärte!)
Schritte:

Beschreiben der Marschroute und des zugrundeliegenden Planes.
Beschreiben der notwendigen Handlungen auf dem Feld.
Beschreibung der Fertigkeiten, die notwendig sind.
Abschätzen und Ausprobieren, ob sie vorhanden sind.
Testen der Marschroute, beobachten und beschreiben, was zur Wirksamkeit fehlt.
Herausarbeiten von Schlüsselhandlungen (z. B. Spiel am Netz, Drop aus Sh-Bereich im Hinterfeld, Weite, bei hoher Abwehr, schlagsicher spielen, dauerhaft hohes Tempo spielen, ständiges Einnehmen von IGEA...).
Defizitminderung bei den Schlüsselhandlungen/Handeln an Schlüsselstellen üben («Spielzüge»).
Erneuter Test.
Erneute Defizitminderung.
Anwenden gegen unterschiedliche Spielertypen.
Weiterer Test.
Bilanz – Beschreibung der Nutzbarkeit.

Schritt G: Üben Sie noch eine weitere Marschroute ein
(Dieser Schritt kann ggf. auch weggelassen oder verschoben werden. Einüben einer Vielzahl von Marschrouten ist unzweckmäßig, da die Gefahr besteht, daß keine richtig beherrscht wird und sich die dynamischen Aktionen, die jede Marschroute benötigt, nicht richtig festsetzen können.)

Schritt H: Entscheiden Sie sich für Ihr eigenes Gegnerbekämpfungskonzept
(Schritt E auf hohem Leistungsniveau)
Wählen Sie aufgrund der mit den unterschiedlichen Marschrouten gemachten Erfahrungen jene spieltaktischen Vorgehensweisen aus, die Ihnen mittel- und langfristig die größten Erfolge versprechen.
Entwerfen Sie das Idealbild Ihrer «Badminton-Spielstrategie» («Spielstil», «Spielkonzept», «Spielweise»). Beschreiben Sie gewünschte Ballwechselgestaltungen.
Entwerfen Sie in Zukunft «spieltaktische» Pläne im Rahmen dieser Ihrer Spielstrategie.
Reduzieren Sie den Gesamtkatalog der spieltaktischen Fertigkeiten auf jene, die für Ihre Spielstrategie die charakteristischen bzw. benötigten sind.
Bilden Sie sich durch Verfolgung Ihrer Spielstrategie zu einer Spielerpersönlichkeit aus.
Überprüfen Sie die Wirksamkeit Ihrer jeweils entworfenen Marschrouten anhand von Wettkampfbeobachtung.
Achten Sie mit Hilfe regelmäßig erstellter Komponentenprofile darauf, daß Sie nicht leistungsbeeinflussende Komponenten im Training vernachlässigen.

Schritt I: Erarbeiten Sie komplexe Spieltaktiken
Schließen Sie neben dem Verfolgen der für ein bestimmtes Spiel entworfenen Marschroute in Ihr spieltaktisches Vorgehen auch vorbereitetes Reagieren auf gegnerisches Standardverhalten ein, das aufgrund von Ausspähungsmaßnahmen (s. S. 194ff) oder durch Gegnerkenntnis bekannt ist.

Wie bemerkte doch Nestor-Erwin Z., der große, alte Coach, einmal süffisant: «Wer ins Netz schlägt, hat wenigstens Pause.»

Spiel am Netz

Spiel am Netz ist für erfolgreiches Badmintonspiel in zweifacher Hinsicht von Bedeutung:
- als ein Schlüsselbereich für spieltaktisches Handeln,
- als sehr häufige Fehlerquelle.

Es ist daher sinnvoll, Spiel am Netz als eigenständige Komponente aufzuführen und es nicht etwa unter Schlagsicherheit unterzuordnen.
Die spieltaktische Bedeutung ergibt sich daraus, daß das Spiel am Netz bei vielen Marschrouten darüber entscheidet, ob sie durchgesetzt werden können. Vielleicht ist der Netzbereich für die Umsetzung von Marschrouten sogar der wichtigste Treffbereich. Gemäß Boeckh-Behrens' «Gewinnertaktik» (1983, 137ff) liegt der spielentscheidende Vorteil des Gewinners darin, daß er häufiger Balltreffpunkte «in günstigen Raumpunkten» (also oberhalb Netzkante) hat als sein Gegner. Dies herbeizuführen, dafür bietet Spiel am Netz die Schlüsselhandlungen. Durch präzises Ablegen des Balles hat ein Spieler die Möglichkeit, dem Gegner Hochspielen aufzuzwingen. Und wenn dieser sich wehrt und seinerseits Spiel am Netz aufrechterhält, so ist erneuter Wille gefordert, den Ball kurz zurückzuspielen usw.
Weil Weltklassespieler um den spielentscheidenden Vorteil der Netzbeherrschung wissen und daher dort äußerst aggressiv agieren, wird Spiel am Netz beispielsweise im Herrendoppel zunehmend gemieden. Im Einzel ist eine vergleichbare Aggressivität nicht möglich, weil vom Spieler ein größerer Feldbereich abgedeckt werden muß, er sich also nicht risikolos ganz weit nach vorne wagen kann. Schlagsicherheitsfehler beim Spiel am Netz sind besonders häufig dann zu beobachten, wenn Spieler aus dem Grundlinienbereich kommend, also im Anschluß an großmotorische Bewegungen, zu feinkoordinativem Spiel genötigt sind. Eine wichtige Fehlerursache für Netzfehler ist Gedankenlosigkeit bei der Schlagausführung.

Unterkategorien

1 2 3 4 5 6	Schlagsicherheit
1 2 3 4 5 6	Präzision
1 2 3 4 5 6	Variabilität
1 2 3 4 5 6	Aggressivität
1 2 3 4 5 6	Aufrechterhalten von SpaN
1 2 3 4 5 6	Einleiten von SpaN durch Stop
1 2 3 4 5 6	Einleiten nach gegnerischem Defensivschlag

Bewertungskriterien – Spiel am Netz

6 Punkte (optimal)	Sehr variabel, sehr sicher. Sehr hohes Annehmen. Bewußter Einsatz von Stechen und Schneiden. Präzises Ablegen bei SpaN-Kontern, die Gegner nur die Wahl lassen: oben oder gar nicht mehr. Mutig auch dann, wenn Gegner in Lauerstellung wartet. Schnelle Cross-Bälle. Schläge meist mit schneller Auftaktbewegung, was sein Spiel undurchschaubar macht. Zwingt Gegner durch steilen Ballfall bei Stop und bei kurzer Smash-Abwehr zum Hochspielen. Kann nach kurzem gegnerischen Aufschlag zuverlässig SpaN einleiten. Guter Schnitt, Ball trudelt. Hat Fintenrepertoire zur Verfügung. Feinmotoriker! Kaltschnäuzig!
1 Punkt	Unsicher. Viele Schlagfehler. Kann diese auch nicht abstellen. Immer die gleichen gedankenlosen Nachlässigkeiten. Koordinativ schlecht, zu großmotorische Bewegungen. Ebenso: Meidet aus Unsicherheit heraus SpaN oft.
2 Punkte	Schläger hinhalten und Ablegen des Balles kombiniert mit Swip sind die einzigen Varianten. Wird von mitdenkenden Gegnern oft durchschaut. Einfallslos. Keine Gestaltung der Spielsituation. In Stressituationen dazu noch anfällig, neigt dann zur ängstlichen Hochspielerei.
3 Punkte	SpaN solide, aber damit hat es sich. Seit langem festgefahren. Keine weiterführende Entwicklung erkennbar. Setzt sich theoretisch mit dieser Spielsituation nicht auseinander. Keine Geduld zum Üben. Aggressivität nur dann, wenn Gegner Chance zum Töten gibt. Lauerstellung wird oft nicht eingehalten. Anderes als Vertrautes führt meist zu Fehler.
4 Punkte	Einzelne Techniken werden gut beherrscht. Sogar gelegentlich äußerst wirksame Schläge darunter. Aber es mangelt an Variabilität, an Sicherheit, an Aggressivität. Oft wird Ball zu spät genommen. Wenig Cross-Bälle. Fintenversuche mit zu hoher Fehlerquote. Keine bewußte Unterscheidung zwischen Schneiden und Stechen. Steilheit der Flugkurve wird nicht erreicht. Vor allem Stopbälle und Abwehrbälle haben viel zu flache Flugkurve.
5 Punkte	Einzelne der im Optimalfall angeführten Elemente sind noch nicht genügend ausgeprägt. Im aggressiven Spiel am Netz schon ansprechend gut, im defensiven fehlt es manchmal an Mut. Wenn der Gegner harrt, ist die Sicherheit dahin. Zu hohe Fehlerquoten bei Finten, die darum auch nicht in Stressituationen geschlagen werden.

Verbesserungsstrategie

Vorbereitende/begleitende Übungen
- Sensibilisieren der Hand für feinkoordinative Bewegungen mit dem Schläger. Schläger vor Balltreffpunkt leicht absenken.
- Beim Spiel am Netz Ball mit Schläger ‹erfühlen›.
- Schneiden: Unterschnitte Vh, Rh, jeweils rückhandwärts, vorhandwärts.
- Einnehmen des Pinzettengriffs (vgl. Fotos 27,2) zum Stechen üben.
- Wichtige Übung: Spiel am Netz unmittelbar an großmotorische Bewegungen (Umsprung an der Grundlinie, Smash) anschließen.
- Zusammenstellung der Spiel-am-Netz-Techniken anhand der Techniken-Verzeichnisse für die Aufbau- und Leistungsausbildung (s. S. 244).
- Effektivierung einzelner Techniken anhand von Untertrainingsplänen.

Einleiten von Spiel am Netz
- Effektivieren der Techniken an den Schlüsselstellen, also dort, wo durch Spiel am Netz aus einer Abwehrsituation in Gegenangriff übergeleitet werden soll: Stop Vh, Rh; kurze Smash-Abwehr Vh, Rh; auch cross.
- Bewußtes Unterscheiden zwischen solidem (in Vorteilssituation, mit Sicherheitsabstand) und präzisem Spiel am Netz (bei Gegnerbedrohung).

Aufrechterhalten von Spiel am Netz
- Lockeres Spiel am Netz. Ball mit Blick verfolgen. (Hört sich leicht an, aber wird der Federkranz auch tatsächlich mit den Augen verfolgt?)
- Cross-Bälle schlagen mit stabiler Verbindung Schläger – Hand («Basic-Drehung»).
- Cross-Bälle schlagen nach Verdrehung des Schlägers in der Hand.
- SpaN nach eigenem Einleiten von Spiel am Netz durch Stop oder kurze Smash-Abwehr.

Beenden von Spiel am Netz
Durch hohes Annehmen:
- Sprung aus dem Mittelfeld, um den Ball an der Netzoberkante zu erreichen
  - weiter Ausfallschritt,
  - Hüpfer links, links während rechtes Bein in der Luft ist.

Durch Wischen/Töten:
- Aus eingenommener Lauerstellung (zur aggressiven Spielfortsetzung).
- Erarbeiten von antizipierender Aggressivität; durch Übungen vom Typ: A kurzer Aufschlag, P kurze Annahme (mit Netzdrop), A springt vor und wischt den Ball beim Überqueren des Netzes.

Laufarbeit

Die Ausprägung der Laufarbeit ist individuell und spielertypabhängig. Körpergröße, Konstitution, Zusammensetzung der Muskelfasern, motorische Begabung nehmen Einfluß. Große Spieler mit schwerem Körperbau können jedoch ebenso erfolgreich Badminton spielen wie kleine wendige Typen.
Nähere Ausführungen zu den Lauftechniken, den zu unterscheidenden Basissituationen, zu den Basiselementen und den zu beachtenden Prinzipien finden sich auf S. 250ff.

Unterkategorien

1 2 3 4 5 6	Laufökonomie aus ZP
1 2 3 4 5 6	Rückkehr aus ZP
1 2 3 4 5 6	Einsatz von Sprüngen
1 2 3 4 5 6	Stellung zum Ball beim Schlagen
1 2 3 4 5 6	Start aus ZP
1 2 3 4 5 6	Situationsangemessene Ballerwartungshaltungen
1 2 3 4 5 6	Gesamtkörperliche Bewegungsgewandtheit
1 2 3 4 5 6	Badmintonspezifische Aktionsgewandtheit

Die Effektivität der Laufarbeit steht im Zusammenhang mit Schnelligkeit und Schnellkraft. Beide konditionelle Fähigkeiten haben allerdings nur dienende Funktion. Weltrekordverbesserung im 10-m-Geradeauslauf zieht nicht zwangsläufig eine gesteigerte Badmintonleistung nach sich. Diese Schlußfolgerung ziehen auch Kollath/Bochow/Quade (1987, 25) aus einer beachtenswerten «Kinematischen Wettkampfanalyse im Badminton», in der sie Laufwege und Laufgeschwindigkeiten von Hochleistungsbadmintonspielern auf dem Spielfeld untersuchten: «Sprints in gerader Richtung über 30 Meter entsprechen zwar der Gesamtlaufstrecke eines längeren Ballwechsels, sind aber nicht mit der ‹spielspezifischen› Schnelligkeit zu vergleichen. Stark beschleunigte Antritte über 2 bis 5 Meter mit anschließendem Abstoppen und Richtungswechsel innerhalb einer halben Sekunde erfordern ein gesondert hierauf abgestimmtes Trainingsprogramm der Beinmuskulatur.»
Solchen Überlegungen trägt die Komponente «Badmintonspezifische Aktionsgewandtheit» Rechnung. In ihr werden Aktionsschnelligkeit und Laufgewandtheit mit dem «Prinzip der wendigen Schritte» verbunden. Der Beobachter hat zu prüfen, ob dort gefundene Ergebnisse sich in dem Eindruck bestätigen, den die Laufarbeit im Wettkampf hinterläßt.

Bewertungskriterien – Laufarbeit

6 Punkte (optimal)	Das gesamte Spektrum der lauftechnischen Elemente wird beherrscht und situationsgemäß genutzt. Höchste Startbereitschaft ermöglicht sofortige Aktion. Abwehrstellung scheint so verinnerlicht zu sein, daß dem Gegner kaum Punktgewinne durch überraschende Schläge gelingen. Bewegungen wirken elegant, flüssig und leichtfüßig. Situationsgemäßer Übergang von einer Bewegung zur anderen. Nach hinten fliegende Bälle werden durch Sprünge abgefangen. Schmetterchancen genutzt. Schläge und Sprünge sind perfekt koordiniert. Schnelligkeit, Schnellkraft und Gewandtheit sind ausreichend und ermöglichen wache Präsenz an jedem Ort des Feldes. Spielweise strahlt Dynamik aus. Athlet!
1 Punkt	Grundlegende Lauftechniken werden nicht beherrscht.
2 Punkte	Die Grund*techniken* werden beherrscht. Aber: Von Lauf*arbeit* kann noch nicht die Rede sein. Bewegungen wirken hölzern und abgehackt. Keine Ballerwartungshaltungen, keine Lauerstellung werden eingenommen. Rückhand statt links vom Kopf. Unter Druck geht die Koordination oft verloren. Konditionelle Fähigkeiten sind erkennbar unterentwickelt.
3 Punkte	Die im Verzeichnis der Aufbauausbildung aufgeführten technischen Elemente werden zwar alle beherrscht, aber ihre spielgemäße Ausführung ist mit deutlichen Mängeln behaftet: zu lahm und ohne Dynamik; Sprünge ohne Höhe; schneller Start wird oft verschlafen; Rückkehr zur ZP oft spät; Sprungchancen werden nicht genutzt. Aus dem Hinterfeld mehr Befreiungsschläge als Angriffsschläge. Beim SpaN nicht genügend Aggressivität. Einnehmen von Abwehrstellung nicht konsequent. Mangelnde Ausdauerfähigkeiten, daher ist ein Nachlassen der Bewegungseffektivität bei Ermüdung auffällig. Beherrschung gut, Nutzung vier minus.
4 Punkte	Laufarbeit scheint solide zu sein. Bei genauer Betrachtung zeigt sich allerdings, daß der Spieler einseitig festgefahren ist und von irgendwann an keine Weiterentwicklung betrieben hat. Er hat seinen Lauf- bzw. Spielstil gefunden, den er verfolgt. Entweder als ‹Renner›, dem aber dynamische Sprünge und der Wille zu Aggressivität fehlen. Oder er ist der ‹Ballerer›, dem jedoch solides Basisdefensivverhalten fehlt.
5 Punkte	Beeindruckend; jedoch sind einzelne der im Optimalfall angeführten Elemente nicht genügend ausgeprägt. Diese sind zu benennen.

Verbesserungsstrategie

Ökonomisierung der Laufarbeit

- Durch Einbau der im Leistungsbadminton entwickelten technischen Elemente zur Fortbewegung im Feld («Lauftechniken») kann die Feldbeherrschung verbessert werden. Diese technischen Elemente stellen zweckmäßige Lösungen für die vom Spiel gestellten Laufbewegungsaufgaben bereit. Als Basiselemente gelten Umsprünge, Ausfallschritte, Nachstellschritte, Überkreuzschritte.
  Ein Verzeichnis der Lauftechniken findet sich auf S. 253f. Ein Studium der Fotos in diesem Buch zeigt vielfach, welche Vorteile durch Anwendung bestimmter lauftechnischer Elemente erzielt werden. Beispielhaft genannt sei der *Chinasprung* (vgl. Fotos 45, 83), der benutzt wird, um Bälle, die in Richtung z. B. Vh-Ecke fliegen, frühzeitig abzufangen.
  Bei Spielern, denen Mängel in der Laufarbeit angekreidet werden, ist zunächst zu prüfen, ob sie die Lauf*techniken* in ihrem persönlichen Spiel benutzen oder ob sie individuelle Laufbewegungen entwickelt haben. Auf diese Weise können sie erfahren, ob ihre Laufarbeit kurzfristig zweckmäßiger zu gestalten ist. Techniken hinzuzulernen ist nicht schwierig, Veränderungen des typbedingten Bewegungsstiles (was in der Regel Erarbeitung von mehr Laufgewandtheit bedeutet) vorzunehmen, ist ein längerfristiger Prozeß.
- Das Erlernen von Lauftechniken geschieht gewöhnlich im Zusammenhang mit Schlagtechniken, da Schlagen und Laufen im Badminton eine Einheit bilden. Doch der Bewegungsablauf jeder Lauftechnik kann durchaus auch zunächst für sich erarbeitet werden.
  Beispiel für ein Vorgehen:
  1. Erlernen (z. B. des Chinasprungs) mittels methodischer Reihe.
  2. Automatisieren in Verbindung mit einer Schlagtechnik (z. B. Abfangdrop Ll) mittels Bewegungsschlagübungen (langsames Spieltempo).
  3. Effektivieren mittels Zuspielübungen (höheres Ballflugtempo).
  4. Anwenden in Komplexübungen (erschwerte Anwendungsbedingungen).
  5. Nutzen im Spiel – Kontrolle mittels Beobachtungsbogen.
     Beobachtungsaufgabe für Mitspieler oder Trainer: Ermitteln Sie, wie oft A die Standardsituation «Abfangen mittels Chinasprung» im Spiel realisiert, und bestimmen Sie gleichzeitig, wie oft er eine Chance, die Technik anzuwenden, ungenutzt vorübergehen läßt.
  6. Erweitern der Anwendung durch Anbinden an andere Schlagtechniken (z. B. Halfsmash).
  7. Anwenden in Komplexübungen.
  8. Nutzen im Spiel – Kontrolle mittels Beobachtungsbogen.

Effektivierung der Laufarbeit
Wenn die Lauftechniken ausreichend beherrscht werden, kann an die Verbesserung der Nutzung gegangen werden. Dabei empfiehlt es sich im nächsten Schritt nicht, die Ausführung einzelner technischer Elemente optimieren zu wollen (z. B. höher springen beim Chinasprung). Vielmehr sollte zuvor für eine geraume Weile (1 bis 2 Jahre beim Erwachsenen) das *Laufverhalten* als Ganzes (d. h. die für Badminton benötigten koordinativen und konditionellen Grundfertigkeiten) geschult werden.

1. Basiskenntnisse verinnerlichen
- Studieren der «Prinzipien der Laufarbeit» (s. S. 256f) und Bewußtmachen, was mit jedem Prinzip gemeint ist.
- Fußarbeit von guten Spielern im Rahmen von strukturierten Beobachtungen studieren.

2. Schulung der Fußarbeit («Footwork»)
Ziele: Koordinationsverbesserung, Prinzip des schnellen Starts, Prinzip der inneren Zentralposition. Prinzip der integrierten Rückkehr.
Übungen:
- Aus paralleler Ausgangsstellung Füße versetzen in alle Richtungen mit unmittelbarer Rückkehr. Geschieht auf der Stelle und mit höchstem Tempo. Seitlich, nach vorne und hinten, über Kreuz; ein Fuß in Aktion, beide Füße gleichzeitig; Sidesteps; weite Schritte, kurze Schritte; jeweils möglichst mit entgegengerichtetem Abdruckschritt.
  Hilfsmittel: Rhythmisches Klatschen, womit Tempo reguliert wird.
- Reifentreten: Zwischen drei/vier eng nebeneinanderliegenden Reifen Füße im Stakkato hin und her bewegen: treten, springen; einbeinig, beidbeinig; mit Ausfallschrittbein nacheinander in mehrere Reifen.
  Hilfsmittel: Reifen, Timer zur Zeitansage.

3. Schulung von Laufgewandtheit
Ziele: Koordinationsverbesserung, Schnelligkeit, Wendigkeit, abrupte Richtungswechsel («struggling speed», «stop and go»), Fußarbeit, Prinzipien der wendigen Schritte und der unmittelbaren Bodenberührung.
Übungen:
- Entlang der Linien und Diagonalen des Feldes
  Schnelle Schrittfolgen, vorwärts-drehen-zurück, vorwärts-seitwärts, rückwärts-seitwärts, vorwärts-rückwärts; mittels Nachstellschritten (rechter Fuß vor, linker wird nachgezogen), mit häufigen Wendungen; mit Körperdrehungen; Abstoppen zum Neustart, zum Lauf in Gegenrichtung.
  Hilfsmittel: Kommandos, Nachlaufen in Kleingruppen, Linien.

- Gewandtheitsläufe: Alle Arten von Hindernis- und Stangenparcours; nach Zeit oder auf Parallelkursen um die Wette. Hervorragend als Wettbewerbe zum Auftakt von Trainingseinheiten geeignet.
  Für Spieler mit hohen Gewandtheitsdefiziten: Nach Art des «Aktionsgewandtheits-Parcours» (s. S. 81) wird ein Standardparcour auf kleinstem Raum (½ Feld) entwickelt, in dem viele Wendungen und kleine schnelle Tritte vorkommen. Spieler soll die Durchlaufzeit im Rahmen eines Trainingsprogramms von drei Monaten von 35 auf 25 sec verbessern mit der Aufgabe, bei der Ausführung jeder Einzelbewegung Zeit zu gewinnen. Achtung: Erster Zeitgewinn kommt durch Kennenlernen, zweiter durch schludrigere Ausführung zustande.
- Hallenbahnenläufe: Aufgabenstellungen, die mit schnellem Antritt, hurtigen Wendungen, Vorwärts-, Rückwärts-, Seitwärtsschritten, Auf und Ab des Rumpfes, einbeinigem Hüpfen, Abbremsen, Ausfallschritten usw. zu tun haben.
- Bewegungsgewandtheit: Fuß- und Beinarbeit mit Rumpf- und Schlagbewegungen verbinden. Alle Schlagbewegungen und alle Schläge im Sprung, die auf dem Feld vorkommen, kombiniert in schneller Abfolge.

4. Verbindungen von Hinter- und Vorderfeld

Die Aneinanderbindung dieser beiden Feldbereiche ist wichtig für die Effektivität des Spiels, sie sollte daher bevorzugt geschult werden (vgl. «asiatisches» Vermittlungsmodell S. 212). Die Lauftechniken werden dabei in ihrer Funktion gesehen, nämlich als Hilfsmittel, den Ball schnell zu erreichen.

- Schattenbadminton: Eine Standardübungsform ist das allgemein bekannte «Schattenbadminton», bei dem Lauf- und Schlagbewegungen simuliert werden.
- Im Hinterfeld: Smash im Drehsprung – im Vorderfeld: Töten am Netz.
- Im Vorderfeld: Nach Stop in Lauerstellung warten – im Hinterfeld: Smash im Umsprung.
- Verschiedene Übungsformen des Schattenbadminton (z. B. Knupp 1983, 226f).

5. Beherrschen aller Feldsektoren aus der Zentralposition

Bei der Ausführung der Fortbewegungen auf dem Feld ist unbedingt darauf zu achten, daß Lauf‹arbeit› mehr ist als das Durchführen von Lauftechniken bzw. das Absolvieren von Laufwegen.

In die Laufbewegungen muß badmintonspezifische Gewandtheit einfließen, also – unter Beachtung der Prinzipien der Laufarbeit – schnelle Bewegungen, kleine Tritte, plötzliche Richtungsänderungen, explosive Antritte,

Abstoppen, auch Hüftdrehungen, Rumpfverwringungen, Fußdrehungen. Diese Anforderungen können besonders gut mit der Übungsform «Multi feeding» (Multi Shuttle, Ballmaschine) geübt werden:
Schnell aufeinanderfolgendes Ballzuspiel auf die Spielerseite durch einen auf einem mehr oder weniger hohen Kasten stehenden Trainer zwingt den Spieler, schnellstmöglich die Ecken anzulaufen, dort einen vereinbarten Schlag auszuführen und unmittelbar zur ZP zurückzukehren.
Wichtig für Trainer: Zu gewährleisten ist beim Multi feeding eine schnelle Schlagfolge möglichst vieler Bälle. Die Schlagfolge erhöht sich, wenn ein Spieler ihm die Bälle anreicht. Ansonsten sind in Fünferstapeln (mindestens hundert) Bälle auf einen neben dem Trainer stehenden Kasten zu plazieren.
Wichtig für Spieler: Er muß darauf achten, daß ihm vor lauter Laufgewandtheit die Kontrolle über seinen ausgeführten Schlag nicht verlorengeht. Schlagfehler vermeiden!
Auch die Übungsform des Schattenbadminton eignet sich natürlich für das Üben des Eckenlaufens. Die bekannteste Übung ist «Polizist», bei der ein Partner dem in der Zentralposition stehenden Spieler durch Ausstrecken des Armes anzeigt, in welche Feldecke er laufen soll. Durch vereinbarte Handzeichen werden die dabei jeweils auszuführenden Schläge gefordert.

6. Optimierung
Wenn die Laufarbeit soweit effektiviert ist, daß der Spieler mit ihr spielen kann – im doppelten Sinne des Wortes –, daß er sich ihrer also bedienen kann, um seinen Gegnerbekämpfungsplan (vgl. S. 66) zu verwirklichen, kann er an eine Optimierung denken. Jetzt befindet er sich im Leistungsbereich.
Hier müssen die Notwendigkeiten, um Verbesserungen herbeizuführen, genau analysiert werden. Weiterentwicklungen müssen in Abhängigkeit von der gewünschten Spielstrategie und von Defizitermittlungen, die etwa durch Erstellung eines Komponentenprofils zutage treten, vorgenommen werden. Die Ausdauerleistungsfähigkeiten sind zu erhöhen, die Sprünge sollten explosiver werden, das Spieltempo schneller, das Vor und Zurück geschwinder. Sämtliche konditionellen Fähigkeiten müssen auf ein höheres Niveau trainiert werden.

Badmintonspezifische Aktionsgewandtheit

Zur Überprüfung wird folgender Test vorgeschlagen:

Feldwendungs-Test

Überprüfte konditionelle Eigenschaften:
Aktionsschnelligkeit, Laufgewandtheit

Start: Auf hinterer Aufschlaglinie neben Markierung.
Vorwärtslaufen zum Netz.
1. Mit Schläger Netz berühren.
Rückwärts bis Markierung (Ballhülse) laufen.
2. Mit Schläger auf Kasten tippen im Ausfallschritt.
3. Mit Schläger auf Kasten tippen im Ausfallschritt.
Um Markierung laufen zu den beiden Reifen.
4. 10 beidbeinige Sprünge von einem Reifen zum anderen (hinein = 1, in den zweiten = 2, zurück = 3 usw.).
Zum Kasten laufen.
5. Mit Schläger auf Kasten tippen im Ausfallschritt.
Zurück zum Reifen, Brust zum Netz.
6. Mit rechtem Fuß (= Ausfallschrittfuß) hineintreten.
Zum gegenüberliegenden Reifen laufen, Brust zum Netz.
7. Mit rechtem Fuß (Ausfallschrittfuß) hineintreten.
Zum Kasten laufen, Brust zum Netz.
8. Mit Schläger auf Kasten tippen im Ausfallschritt.
Zum Kasten laufen, hinaufspringen.
9. 4 beidbeinige Sprünge in markierte Fläche auf Boden und zurück (runter = 1; hoch; runter = 2 usw.).
Nach viertem Abwärtssprung Kasten netzseitig umrunden.
10. Slalom um Kasten/Reifen/Kasten/Markierung.
11. Mit Schläger auf Kasten tippen im Ausfallschritt.
Zum Netz laufen.
12. Mit Schläger Netz berühren.

Bewertungskriterien (beliebig viele korrekte Versuche)	
	Herren
1 Punkt	27 sec
2 Punkte	26 sec
3 Punkte	25 sec
4 Punkte	24,5 sec
5 Punkte	24 sec
6 Punkte	23,5 sec
7 Punkte	23 sec
8 Punkte	22,5 sec
9 Punkte	22 sec
	Damen
1 Punkt	28 sec
2 Punkte	27 sec
3 Punkte	26 sec
4 Punkte	25,5 sec
5 Punkte	25 sec
6 Punkte	24,5 sec
7 Punkte	24 sec
8 Punkte	23,5 sec
9 Punkte	23 sec

Achtung: Es ist darauf zu achten, daß die einzelnen Aufgaben korrekt durchgeführt werden. Durch schludrige Ausführung etwa bei den beidbeinigen Sprüngen, bei Rückwärtslauf oder beim Hineintreten in die Reifen kann viel Zeit herausgeschunden werden. Test bei schlechter Ausführung abbrechen. Hinweis geben, daß das Badmintonspiel in der Schnelligkeit feinkoordinatives Handeln verlangt.
Maße: Kästen 70 × 50 cm, 40 cm hoch; Reifen 80 cm.

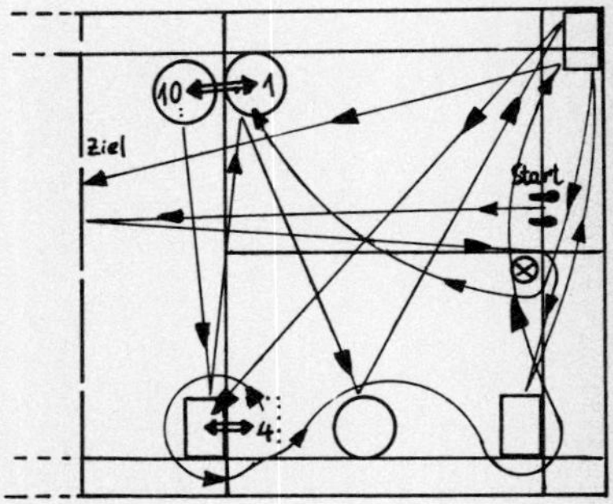

Verbesserung badmintonspezifischer Aktionsgewandtheit

(Aktionsschnelligkeit – Laufgewandtheit – Schnelligkeitsausdauer)

Schattenbadminton: Vorgegebene Laufwege sind zu durchlaufen. Die genaue Belastungsforderung erfolgt im Hinblick auf das angestrebte Trainingsziel.
Bei Betonung von Schnelligkeit: Timer wird auf 5 sec eingestellt. Laufweg muß vor Signal abgeschlossen sein. Auf korrekte Schlagausführung achten (5–12 sec Pause). Bei Betonung von Schnelligkeitsausdauer: 8–15 sec laufen, 8–15 sec Pause.

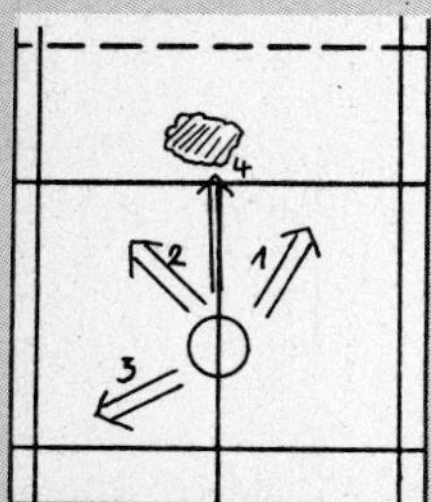

Zentralposition (ZP)
Uhclear Vh (Bodennähe)
ZP
Uhclear Rh (Bodennähe)
ZP
Lvk-Smash im Umsprung
Handtuch berühren

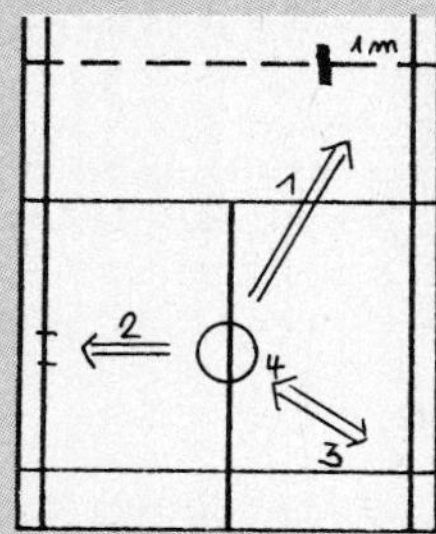

Zentralposition
In Netzecke rechts Netz berühren
In MF Rh auf Seitenlinie mit Schläger tippen
Vh-Smash im Chinasprung
ZP

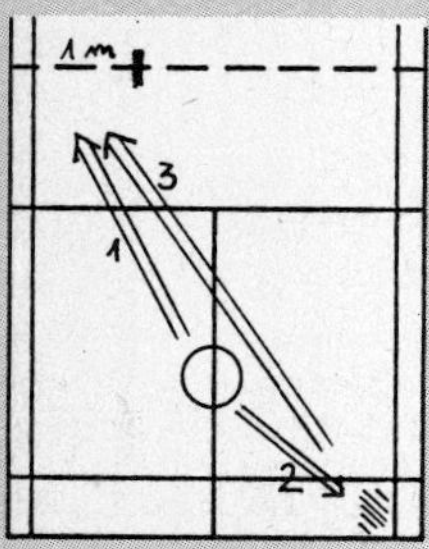

Zentralposition
In Netzecke links Netz berühren
In Vh-Ecke Boden mit Schläger berühren
In Netzecke links Netz berühren

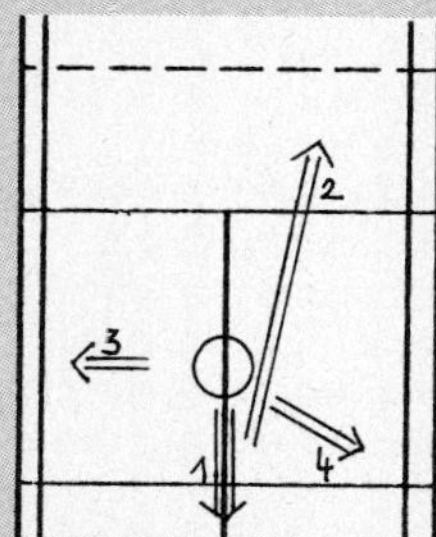

Zentralposition
Ük-Clear im Umsprung Grundlinie Mitte
Uhclear Vh (Bodennähe)
ZP
Smash-Aw Rh
Vh-Smash im Chinasprung

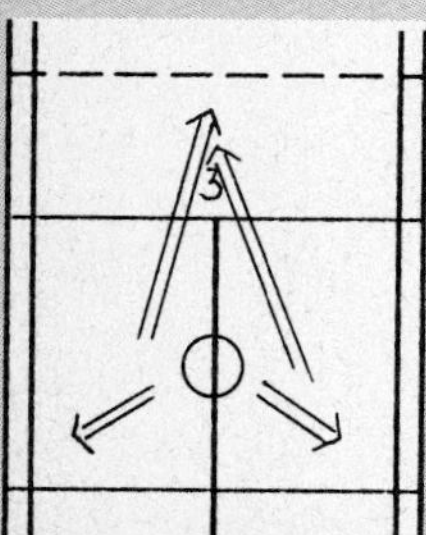

Start am T
Vh-Smash im Chinasprung
Lvk-Smash im Chinasprung
In Netzmitte Netz berühren
(Auch: Vh/LvK tauschen)

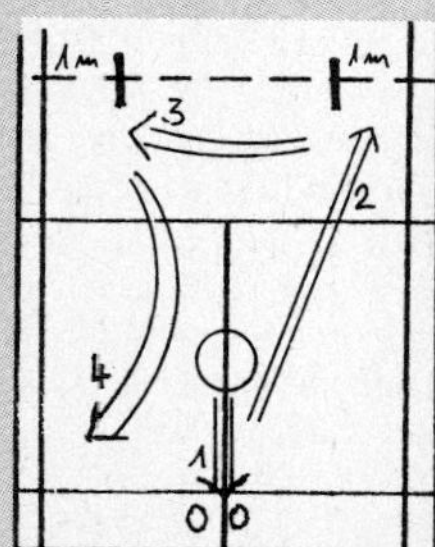

Aus ZP
Rückwärts mit beiden Füßen hinter hintere Aufschlaglinie
In Netzecke rechts Netz berühren
In Netzecke links Netz berühren
Lvk-Smash im Umsprung

Foto 4: ... stürmen

Foto 5: ... schlängeln

Aktionsgewandtheit heißt...

Foto 6: ... spreizen ...

Foto 7: ... und hechten

Kleine Wettbewerbe zur Schulung der Laufgewandtheit

Schneller Start aus der Zentralposition	A und B stehen nebeneinander im Mittelfeld. Auf Kommando von T starten sie zum Netz. Abdruckschritt beachten. Wer berührt zuerst Netz mit Schläger?
Gewandtheit Antritt	6 m Sprints. Alle 30 sec ein Lauf. A und B nebeneinander. Aus wechselnden Positionen (rückwärtig, sitzend usw.), die der Sieger jeweils bestimmt, starten sie auf Kommando. Wer tippt zuerst mit Schläger auf Kasten?
Antritt, Rückwärtslaufen	A und B nebeneinander Wettlauf zum Netz. Start Grundlinie, vorwärts um Markierung auf vorderer Aufschlaglinie, rückwärts um Markierung auf Grundlinie, vorwärts zum Netz. Wer berührt zuerst Netz mit Schläger?
Laufgewandtheit	A und P gegeneinander jeder auf einer Feldhälfte. Start vom Netz. Kommando. Jeder hat drei Reifen links und drei Reifen rechts im Feld liegen. In jeden ist (ein- oder beidfüßig, ein- oder zweimal) hineinzutreten. Wer ist zuerst wieder am Netz?
Bewegungsgewandtheit	A in Zentralposition mit Schläger. P auf Kasten hinter dem Netz. Er wirft 20 Bälle auf den Körper von A. A soll sie kurz übers Netz zurückspielen. Anschließend wechseln. Wer schlägt mehr Bälle zurück?
Laufgewandtheit	(4) Teilnehmer sitzen jeder auf einem Kasten unter dem Netz. (5) Federbälle sind vor jedem in jeder halben Feldhälfte verteilt. Startkommando. Jeder dreht seinen Kasten um, holt ersten Ball in seinen Kasten, holt zweiten Ball in Kasten usw. Zuletzt muß der nächstliegende geholt werden. Am Schluß wird der Kasten mitsamt Inhalt umgekippt, und wer zuerst aufspringt, ist Sieger.
Laufgewandtheit	4 Teilnehmer auf dem Feld, zwei laufen gegeneinander. Positionen hinter den Grundlinien. Auf jeder halben Feldhälfte sind aufgebaut: (2) Bälle auf vorderer Aufschlaglinie, (2) Bälle auf Grundlinie. Ein Schläger liegt auf der Seitenlinie. Auf das Netz ist ein Ball gesteckt. Startkommando. Spieler laufen zu ihrem Schläger, schubsen mit Schläger einen Ball auf vorderer Aufschlaglinie um, einen Ball auf Grundlinie, den zweiten auf vorderer Aufschlaglinie, den zweiten auf Grundlinie, laufen zum Netz und versuchen, den aufgesteckten Ball früher herunterzuwischen als der direkte Gegenüber.

Wie riet doch Nestor-Erwin Z., der große, alte Coach, einem ob seiner bescheidenen spielerischen Mittel verzagten Schützling: «Schaue nicht, ob du genial bist, schaue lieber, daß du genial wirst.»

Spielwitz

Eine schwierig zu fassende Komponente. Die Trainingslehre geht dem Begriff weitgehend aus dem Weg. Weder RÖTHIGS «Sportwissenschaftliches Lexikon» noch JONATHS «Lexikon Trainingslehre» nennen ihn.
Dennoch ist die Komponente im Badminton von leistungsbestimmender Bedeutung. Wer bewundert nicht die Shuttlekünstler aller Leistungsklassen, die mit ‹genialen› Schlägen den Ball immer genau an die ‹richtige Stelle› setzen, dorthin, wo die einzige Lücke in der gegnerischen Feldabdeckung ist, oder dorthin, wo weder Gegenspieler noch Zuschauer das Hinspielen des Balles erwarten.
Der Trickser und der Ackerer, zwei Antipoden. Selbst auf hohem Niveau sind die Eigenschaften selten in einer Person vereint.
Spielwitz ist in der Praxis ein wichtiges Mittel zur Kompensation. Oft gleicht er mangelhafte konditionelle Fähigkeiten aus. Wer dicklich ist und dennoch ein guter Badmintonspieler wurde, ist in der Regel flink mit dem Schläger. Er kann schnell reagieren, überraschende Schläge ausführen und gut täuschen.
Spielwitz hat viel mit Überfall zu tun. Der Gegner wird überrascht mit einer unerwarteten Situationslösung. Spielwitz hat auch mit Finten zu tun. Aber das Anwenden von Finten bedeutet noch nicht Spielwitz. Denn Anwenden sagt noch nichts über die Situationslösung aus. Spielwitz indes bewirkt einen überraschenden spieltaktischen Zug (eventuell unter Nutzung einer Finte), ist also zwingend gebunden an kluge (und gelungene) spieltaktische Maßnahmen im Ballwechsel.

Unterkategorien

1 2 3 4 5 6	Überraschende Situationslösungen
1 2 3 4 5 6	Berechenbarkeit von Schlagausführungen
1 2 3 4 5 6	Spielen mit Antizipation
1 2 3 4 5 6	Einbringen in Schlußphasen knapper Spiele
1 2 3 4 5 6	Beim Spiel am Netz
1 2 3 4 5 6	In der Aufschlagphase
1 2 3 4 5 6	Bei Ük-/Üh-Schlägen aus dem Hinterfeld
1 2 3 4 5 6	In Abwehr-Situationen
1 2 3 4 5 6	Nutzen von Finten
1 2 3 4 5 6	Ausführungssicherheit

Verbesserungsstrategie
Einiges an Spielwitz kann sich jeder Spieler erarbeiten. Spielwitz ist nicht nur eine Sache außergewöhnlicher motorischer Begabung. Mit Übungsdisziplin und Mut kann ein Spieler sich viel davon zusammenkratzen. Zu arbeiten ist in zwei Bereichen:

1. Variabilität erhöhen und parallele Verfügbarkeit antrainieren
Mehrere Bewegungsmuster müssen gleichberechtigt zur Verfügung stehen, wenn die Entscheidung für einen Antwortschlag getroffen wird.
- Studieren des Abschnitts «Repertoirepflege» (S. 280f). Verinnerlichen, was erfüllt sein muß, damit eine motorische Handlung schnellstmöglich erfolgen kann.
- Einüben von variablem Verhalten in möglichst allen Standardsituationen (Erwerb von Techniken).
- Für jede Standardsituation Automatisieren der erworbenen Techniken bis zur parallelen Verfügbarkeit; große Wiederholungszahlen bei ständiger Aktionskonzentration.
- Verfügbarmachen von Finten unter variablen Umständen.

2. Mit Handlungskonzentration spielen
- Studieren des Abschnitts über die «Handlungskonzentration» (S. 145ff). Bei aufgebauter höchster Aktionskonzentration wird in die Auswahl des Antwortschlages (die «Handlung») das Gegnerverhalten mit einbezogen.
- Spieler muß sich im Wettkampf zwingen, die parallel verfügbar gemachten Schläge auch ständig einzusetzen.
- Lernen, mit Überblick zu spielen. In Komplexübungen Mitsprechen von Spielsituationen und Vorausdenken vermutlich entstehender Lücken.
- In Komplexübungen versuchen, mit dem Schläger ‹zum Ball zu gehen›. Auch, gegnerische Schläge zu antizipieren und den Antwortschlag früh einzuleiten. In der Ausführungsschnelligkeit liegt ein Teil des Geheimnisses.
- Immer wieder parallel verfügbare Schläge mit Handlungskonzentration anwenden und somit weiter automatisieren. Mit zunehmender Variabilität wird sich so etwas wie Spielwitz mit der Zeit einstellen.

Bewertungskriterien – Spielwitz

6 Punkte (optimal)	Dem Spieler zuzuschauen ist ein Augenschmaus. Vielfach ist der für Spielsituationen gewählte Lösungsweg nicht vorherzusehen. Oft, wenn der Gegner ihn für ausgespielt hält, kommt noch ein Überraschungsschlag. Er beherrscht ein breites Schlagrepertoire, das er auch anwendet. Selbst bei knappen Spielständen schlägt er dreist schwierige Cross-

	Bälle. Seine Aufschlagphase gestaltet sich höchst variabel. Bei der Aufschlagannahme hat er verblüffende Varianten parat. Spiel am Netz bringt Ah, Oh und Kopfschütteln hervor. Hat beneidenswertes Fintenrepertoire. Durchschaut rasch gegnerisches Standardverhalten. Gute Reaktionsfähigkeit zeichnet ihn aus, darüber hinaus intuitives Erahnen gegnerischer Returns, manchmal provozierend spekulative Aktionen. Spielt überfallartig, wechselt unvorhergesehen sein spieltaktisches Vorgehen. Kurze feste Schleife, schnellkräftig ausgebildete Unterarmmuskulatur. Ein Courtfuchs!
1 Punkt	So etwas wie Spielwitz ist nicht zu entdecken. Scheint nicht mehr als die Grundschläge zu beherrschen.
2 Punkte	In einzelnen Standardsituationen werden alternative Situationslösungen eingesetzt. Swip beim Spiel am Netz wird beherrscht, ebenso verzögerter Angriffsclear. Ansonsten ist kein weiteres Bemühen erkennbar, das Schlagrepertoire zu erweitern und die parallele Verfügbarkeit zu erhöhen. Spielerisch phantasielos.
3 Punkte	Schlagerfassungsbögen zeigen, daß er aus Standardsituationen recht variabel spielt. Hat drei Finten so weit erarbeitet, daß er sie automatisiert beherrscht. Setzt sie im Wettkampf auch erfolgreich ein. Ein gegnerischer Spieler wird mit «Paß auf seinen... auf!» darauf hingewiesen. Bemüht sich fernerhin um Antizipation und variables Spiel am Netz. Arbeitet im Training an der Erweiterung seines Schlagrepertoires und bemüht sich im Wettkampf, die erlernten Varianten auch einzusetzen. Aber unter dem Strich gesehen ist die Fehlerquote viel zu hoch. Was mit dem einen Schlag gewonnen wird, zerrinnt mit dem nächsten zu oft wieder.
4 Punkte	Gestaltet sein Spiel durch variablen Einsatz eines breiten Schlagrepertoires. Gilt als «Techniker». Erreicht dabei solide Zuverlässigkeit, einerlei, ob bei der Abwehr, Überkopf von der Grundlinie oder beim Spiel am Netz. Reichhaltiges Aufschlagrepertoire. Ein Überraschungsschlag ist immer zu erwarten. Aber: es fehlt der Spielgestaltung an Brillanz. Kein Feuerwerk, keine Begeisterung. Kameraden beneiden ihn um sein technisches Können, aber kein Gegner klopft anerkennend auf die Bespannung. Ein Kunsthandwerker, leider kein Künstler.
5 Punkte	Einzelne der im Optimalfall angeführten Elemente sind noch nicht genügend ausgeprägt. Vor allem steigt die Fehlerquote bei sehr hoher körperlicher Belastung an.

Nestor-Erwin Z., der große, alte Coach, rief einmal bei einem Lehrgang in Altenbögge-Bönen: «Nicht wer nicht mehr kann, soll Finten schlagen, sondern wer kann!»

Nutzen von Finten

Finten sind nicht nur eine Bereicherung, sondern von einem bestimmten Leistungsniveau an eine Notwendigkeit. Ohne Finten bleibt das Spiel einfallslos und durchschaubar. Dennoch heißt es nicht «Einsatz von Finten», sondern «Nutzen». Es kommt nicht darauf an, durch die eine oder andere Finte gelegentlich mal den einen oder anderen Punkt zu erzielen. Das ist lediglich gut für die Moral und für den Beifall. In der Spielpraxis ist es leider häufig so, daß auf einen auf diese Weise gewonnenen Punkt zwei verlorene kommen. Das rührt daher, daß Finten zu oft als (spektakulärer) Finalschlag angewandt werden.
Gute Badmintonspieler wissen, daß es auf Dauer viel unangenehmer ist, gegen Gegner zu spielen, deren Schlagbewegungen keine Vorausberechnung erlauben, als gegen solche, die schon mal einen ‹tollen Trick› zeigen. Weil erstere immer zum Reagieren zwingen, der Gegenüber muß ständig auf der Hut sein und befindet sich in einer ständigen Nachteilsituation.

Unterkategorien

1 2 3 4 5 6	Beherrschen im Netzbereich
1 2 3 4 5 6	Beherrschen im Ük-Bereich
1 2 3 4 5 6	Beherrschen im Sh-Bereich
1 2 3 4 5 6	Arbeiten mit Körpertäuschungen
1 2 3 4 5 6	Verdecktes Schlagen
1 2 3 4 5 6	Nutzen, um auf Gegner Druck auszuüben
1 2 3 4 5 6	Sicherheit in der Anwendung
1 2 3 4 5 6	Häufigkeit im Spiel

Einige Standardfinten hat in der Regel jeder Spieler im Repertoire. Swip in Form von Aufschlägen oder um den Gegner von der Netzkante aus zu überspielen. Verzögerte Angriffsclear sind häufig anzutreffen. Auch Täuschungen am Netz, die meistens mit einem plötzlichen Richtungswechsel des Schlägers in Schlagphase 2 zusammenhängen. Dazu kommen dann «Individual-Spezial-Privat-Finten», mit denen gern Erfolge erzielt werden. Die Auseinandersetzung mit Finten ist für viele Badmintonspieler dennoch Zufallsprodukt. Als Ursache darf gemutmaßt werden, daß wieder Methoden des Anfängertrainings angewendet werden müßten und für diese Mühsal sich viele Spieler zu gut vorkommen.

Bewertungskriterien – Nutzen von Finten

6 Punkte (optimal)	Das Spiel ist voller Überraschungen. Ein Wirbel von Badmintontechniken. Kaum ein Schlag, der nicht fintiert ist, eine Augenweide. Finten werden nicht ‹eingesetzt›, sie sind vielfach fester Bestandteil der Schläge geworden. Für den Gegner wird das Spiel unberechenbar, er muß dauernd dem Ball nachlaufen, steht ständig unter Druck. Auch in Stresssituationen finden noch Täuschungshandlungen statt. Gegen Ende des Satzes werden bis dahin unbekannte Zauberschläge ans Licht geholt. Und alle, alle sind sicher geschlagen. Meister vieler Finten!
1 Punkt	So gut wie keine Finten sind im Spiel erkennbar. Ebenso: Was an fintenartigen Schlägen versucht wird, mißlingt.
2 Punkte	Einige Standardfinten wie Swip und Angriffsclear bilden das Repertoire. Spieler hat sich mit Finten nicht auseinandergesetzt. Scheint nicht zu wissen, daß sie erlernbar sind. Kein Interesse an Weiterentwicklung erkennbar.
3 Punkte	Die Standardfinten werden beherrscht und mit wechselndem Erfolg angewendet. Oft werden sie aber um ihrer selbst willen gespielt, wodurch Tempo verloren geht. Arbeitet schon mal zeitweilig am Erlernen neuer Finten, doch es geht nur mühselig voran. Dabei weiß der Spieler um die Bedeutung von Finten, kennt auch die Handlungen, auf denen ihre Ausführung basieren kann. Aber: leider keine Lerndisziplin!
4 Punkte	Spielt durchaus fintenreich und variabel. Allerdings ist ausreichend zuverlässige Schlagsicherheit nur bei einigen besonders beherrschten Finten vorhanden. Insgesamt leider zu häufig Schlagfehler, darum wiegen sich Vor- und Nachteile auf. Vor allem ‹final› eingesetzte Finten sind meist Fehlschläge. Ebenso: Finten werden nicht genutzt, um das Spiel schneller zu machen und Gegner somit unter Druck zu halten. Sie werden oft um ihrer selbst willen gespielt, als isolierte motorische Aktion, nicht um Wirkung zu erzielen. Daher fällt es schwer, dem Spieler «Spielwitz» zuzuerkennen.
5 Punkte	Glänzt nicht selten durch spektakuläre Schläge. Hat umfangreiches Repertoire. Aber das technische Raffinement dient der Kompensation anderer Defizite – die vornehmlich im konditionellen Bereich liegen. Daher ist seine Fintennutzung keine Bereicherung, sondern eine Notwendigkeit, damit der betreffende Leistungsstand überhaupt erreicht wird.

Verbesserungsstrategie

1. Iststandsbestimmung

- Studieren der Handlungen, auf denen Finten basieren können (s. Abb. 23, S. 265).
- Trainer und Spieler schauen bei Vereinskameraden Finten an und entschlüsseln die zugrundeliegenden Handlungen gemeinsam.
- Die Wirkung von Finten, auf die der Spieler im Wettkampf hereingefallen ist, wird beim nächsten Training nachvollzogen.
- Im bislang beherrschten Fintenrepertoire werden jene ermittelt, die auch im Wettkampf zuverlässig eingesetzt werden. Bei den übrigen wird die Entwicklungsstufe bestimmt, auf der sie beherrscht werden.
- Jene Feldsektoren erkunden, in denen der Spieler keine Finten parat hat.

2. Beschäftigung mit Fintentraining einleiten

- Unterschied erarbeiten zwischen Täuschung und Antizipationserschwerung.

Täuschung: Dem Gegner wird ein Schlag signalisiert, und wenn er mit der Reaktionshandlung begonnen hat, wird ein anderer ausgeführt.
Antizipationserschwerung: Die Zeit, die dem Gegner für seinen Reaktionsvorgang gelassen wird, wird verkürzt, indem ihm eine Vorausberechnung des gespielten Schlages aufgrund einleitender Signale (s. S. 141 Antizipation) erschwert wird.

- Zu beiden Absichten eine Finte des Repertoires perfektionieren.
  Versuchen Sie, beim Täuschen Gespür für den Zeitpunkt zu entwickeln, nach welchem der Gegner nicht mehr (angemessen) reagieren kann.
  Versuchen Sie, die Finte während einer Schläger-/Körper-Bewegung durchzuführen, die aktiv zum Ball geht.
- Spieltaktische Grundsätze des Finteneinsatzes erarbeiten. Vervollständigen der folgenden «Tips zur Fintenanwendung» durch den Spieler. Ergebnisdiskussion mit dem Trainer anhand von Spielerbeobachtungen:
  Gegner muß nicht ausgespielt werden, er soll in Nachteil kommen.
  Als Notschlag ist ein solider Befreiungsschlag besser.
  Daueranwendung nutzt ab.
  Laufend leichter zu leimen.
  Je schneller zum Ball, desto wirksamer.
  Keine Vergeudung wegen zweier goldener ‹Eier›.
  1 : 1 ist kein halber Erfolg, sondern eine unakzeptable Ausbeute.
- Idealvorstellung von der eigenen Technik ‹erträumen›.

3. Fintenerlernen üben

- Auswahl einer bislang nicht beherrschten Finte. Finte analysieren, Bewegungsablauf festlegen, bereits vorhandene Bewegungen vergessen.
- Grundsätze des Techniktrainings (s. S. 266ff) noch einmal durcharbeiten.
- Bewußtmachen, daß Fintentraining Techniktraining auf hohem Leistungsniveau ist und daß auch eine Finte bis zur Verfügbarkeit unter variablen Umständen erarbeitet werden muß. Festlegung eines Unter-Trainingsplanes, nach dem sie erarbeitet werden soll.
- Anfangen zu üben und zu tüfteln. Stetige gedankliche und praktische Beschäftigung mit der Finte gewährleisten.
- Prüfen, ob die körperlichen Eigenschaften, die für die Finte benötigt werden, vorhanden sind.
- Finte mental üben, wenn kein Training ist (z. B. durch Vollziehen der Bewegungen auf dem Schulweg oder am Büro-Schreibtisch).
- Beim Üben auf Bewegungswahrnehmung achten und nach gelungenen Schlägen noch einmal dem vollzogenen Bewegungsablauf mental nachspüren, bei mißlungenen Bewegungen ihn korrigieren.

4. Repertoireerweiterung

- Ständig am Fintenrepertoire arbeiten. Stets eine Finte in jeder Entwicklungsphase des motorischen Lernens in Arbeit haben:
  Finte A wird in der Wettkampfnutzung beobachtet, Finte B unter variablen Umständen stabilisiert, Finte C wird automatisiert, Finte D wird in der Grobform erarbeitet, Finte E wird vorbereitend analysiert.
- 1. Erweiterungsstufe: Perfektionieren der Standardfinten (s. S. 262).
- 2. Erweiterungsstufe: Zu jeder der Handlungen, auf denen Badmintonfinten beruhen können (s. Abb. 23), eine Finte erarbeiten.
- 3. Erweiterungsstufe: Stetige Repertoireergänzung, z. B. anhand des Verzeichnisses auf S. 263 oder anhand von Eigenbeobachtungen oder Eigenkreationen.

5. Nutzung im Spiel betreiben

- Sicherheit für die Ausführung einer Fintenbewegung schaffen durch häufige Anwendung, auch durch gedankliche Vorstellung.
- Verbindung zur Komponente Spielwitz herstellen, indem Finten in der «Orientierungsphase» (s. S. 280) neben anderen Schlagtechniken bewußt bereitgestellt werden und unter spieltaktischen Gesichtspunkten eingesetzt werden (Handlungskonzentration!).
- Fintenrepertoire pflegen mit ‹Briefmarkensammlermentalität›. Durch Betrachtung der ‹Schätze› im Rahmen regelmäßiger Checks wird eine stetige Auseinandersetzung gewährleistet. Dies dient der sicheren Anwendung, der Repertoirepflege und so der Bereicherung der Spielkultur.

Wettkampfgestaltung im Umfeld des Spiels

Die «erweiterte Taktik» geht über das spieltaktische Handeln (s. S. 66) hinaus. Unter diesem Begriff wird das Verhalten des Spielers im Umfeld eines Wettkampfes betrachtet. Auch während dieses Zeitraums kann er schwerwiegende «taktische Fehler» begehen, wenn er sich beispielsweise nicht angemessen aufwärmt oder noch eine halbe Stunde vor dem Spiel an einem prächtigen Zigeunersteak mit Pommes frites kaut.
Das erweiterte taktische Handeln soll bewirken, daß ein Spieler seine volle Leistungsfähigkeit auf dem Spielfeld entwickeln kann. Viele der Grundsätze, durch deren Nichtbeachtung Nachteile entstehen, erlangen allerdings erst bei zunehmender Spielfähigkeit spielentscheidendes Gewicht. Bis weit in den Fortgeschrittenenbereich hinein ist mangelnde Technik viel gravierender als Nichtdurchführen einer umfassenden Wettkampfvorbereitung. Hier eine Befolgung zu verlangen, hat neben dem Aspekt der Gesundheitsfürsorge (Aufwärmen) allenfalls den von subjektiver psychischer Stärkung. Die Entwicklung des spieltaktischen Planes sowie die Nachbereitung von Wettkämpfen gehören ebenfalls in den Bereich der erweiterten Taktik, sie werden jedoch in der Komponente «Weiterentwicklung der eigenen Spielfähigkeit» (S. 95) eigenständig begutachtet.
Das Verhalten während des Spiels wird bei «Geistige Zweikampfführung» (S. 62) und «Wettkampfhärte» (S. 64) betrachtet.

Unterkategorien

1 2 3 4 5 6	Ernährung
1 2 3 4 5 6	Wettkampfzubereitung
1 2 3 4 5 6	Körperliches Aufwärmen
1 2 3 4 5 6	Aufbau von Abschirmkonzentration
1 2 3 4 5 6	Anfälligkeit für Beeinflussungsfaktoren
1 2 3 4 5 6	Zustandebringen eines Psych-up
1 2 3 4 5 6	Materialpflege
1 2 3 4 5 6	Führen von Gegnerprotokoll/-kartei
1 2 3 4 5 6	Regenerationsmaßnahmen nach dem Spiel
1 2 3 4 5 6	Neuaktivierung während eines Turniers

Verbesserungsstrategie
Verbesserung bringt konsequentes Durchführen jeder einzelnen Verhaltensnotwendigkeit. Der Trainer kann hier (nur) bewußtseinsbildend wirken. Weitere Darlegungen finden sich im Abschnitt «Abschirmkonzentration» (S. 127). Ratschläge auch bei Knupp (1983, 97ff) «Sorge dafür, daß du psychisch auf den Wettkampf eingestellt bist».

Bewertungskriterien – Wettkampfgestaltung im Umfeld des Spiels

6 Punkte (optimal)	Konzentriert bis in die Haarspitzen. Körper, Geist und Wille sind aktiviert. Im Umfeld wird alles unternommen, um eine optimale körperliche Leistungsfähigkeit und einen brennenden Willen zur Gegnerbekämpfung aufs Feld zu bringen. Wettkampf beginnt schon am Abend vorher, bei wichtigen Turnieren führen die Trainingsmaßnahmen der ganzen Woche zum Wettkampfhöhepunkt hin. Ernährung, rechtzeitige Anreise, Materialvorsorge... – Spieler bedenkt alles eigenständig. Stellt sich auf Gegner ein, zeigt keinen Respekt, unterschätzt niemanden. Hat funktionierendes Aufwärmprogramm mit integriertem Psych-up. Läßt sich durch Beipackereignisse nicht beeinflussen. Kann improvisieren, ohne daß seine Spielfähigkeit Schaden nimmt. Ein ‹Tiger› geht auf Jagd!
1 Punkt	Leistet sich grobes Fehlverhalten in bezug auf grundlegende Verhaltensweisen, wie Ausgeruhtsein, intensives Aufwärmen, Konzentrationsaufbau, Ernährung usw.
2 Punkte	Bemüht, den Anforderungen nachzukommen. Ernährung, Aufwärmen usw. sind korrekt. Auf den ersten Blick ist nichts auszusetzen. Aber: Oberflächlich, routinemäßig. Es fehlt die Aktivierung der geistigen Komponenten: keine Wettkampfzubereitung, keine Marschroute, keine Herausforderungshaltung... Nur Funktionsfähigmachen eines Körpers.
3 Punkte	Bemüht sich sehr um ‹richtiges› Verhalten im Umfeld seiner Wettkämpfe. Doch die Grenzen sind durch dem Spieler innewohnende individuelle Fähigkeiten abgesteckt. Kann vieles leider nicht optimal verwirklichen. Defizite: Nervosität, neigt zur Hektik, fehlende Gelassenheit. Begreift manches nur an der Oberfläche, zieht falsche Folgerungen.
4 Punkte	Realisiert etliches von dem, was im Optimalfall aufgeführt ist, gut – aber leider nur jenes, was in der Halle erfolgt. Außerhalb keine Eigenständigkeit, bis hin zur Nachlässigkeit («Bespannung wird schon halten»). Nur wenn der Trainer ihn anhält, erfolgt etwa Zurechtlegung einer Marschroute. Es fehlt das letzte Verständnis für den Sinn mancher Dinge. Lieber einmal Schattenbadminton mehr als eine Wettkampfanalyse.
5 Punkte	Verhält sich weitgehend wie im Optimalfall beschrieben. Aber: Spieler ist Gefangener seiner Rituale. Verspätungen, Unwägbarkeiten, Beipackereignisse bringen ihn schon mal aus dem Konzept. Kein kaltes Blut.

Weiterentwicklung der eigenen Spielfähigkeit

Unterkategorien

1 2 3 4 5 6	Entwicklung von Trainingszielen aus der Beobachtung des eigenen Spiels
1 2 3 4 5 6	Zutreffende Analyse eigener Defizite
1 2 3 4 5 6	Kenntnisse in Trainingssteuerung
1 2 3 4 5 6	Lernen von Vorbildern/Verschaffen von Informationen/Entwickeln von Träumen
1 2 3 4 5 6	Eigenständige Verfolgung von Trainingsmaßnahmen
1 2 3 4 5 6	Durchhalten von Trainingsmaßnahmen
1 2 3 4 5 6	Wettkampfzubereitung erfolgt aus Trainingsmaßnahmen

Der Wettkampf als ein Schritt der Leistungsentwicklung. Er ist eingebettet in den Trainingsprozeß. Die Zielsetzungen fürs Training ergeben sich aus Wettkampfanalysen, die Wettkampfzubereitung aus der Trainingsarbeit. Die Komponente «Trainingssteuerung» fließt insofern ein, als daß die Qualität der durchgeführten Trainingsmaßnahmen zu betrachten ist. Eine ausführliche Darstellung mit Übungsvorschlägen findet sich im Abschnitt «Zeitwort Version» (S. 170).

Bewertungskriterien – Weiterentwicklung der eigenen Spielfähigkeit

6 Punkte (optimal) Wettkampf ist Fortsetzung eines Trainingsprozesses, Trainingsprozeß folgt aus Wettkampfanalysen. Als mitdenkender Spieler entwickelt er notwendige Trainingsziele aus Nachdenken. Er unternimmt selbst Analysen besserer Spieler, bringt eigene Ideen mit. Ständig ist eine neue Version seiner selbst in Arbeit. Trainer ist ihm Berater, Kontrolleur des eigenen Urteils. Hört zu und prüft Ratschläge. Ist experimentierfreudig. Trainiert systematisch in allen Bereichen, auch hier selbständig. Protokolliert. Kennt auch die sekundären Leistungskomponenten wie Konzentration, Wettkampfhärte und bemüht sich, deren Anforderungen einzuhalten. Macht morgens vor der Arbeit Konditionstraining. Achtet auf Progression. Kann sich quälen. Analysiert Stärken und Schwächen seiner Gegner, entwickelt spieltaktische Konzeptionen. Hat Spaß am Training als intellektuelle Herausforderung. Ein Badmintontüftler!

1 Punkt	Weiterentwicklung des eigenen Spiels erfolgt im Plauderton mittels Eindrucksanalyse nach dem Wettkampf. Gefühlsmäßig werden Ziele formuliert, die es unbedingt zu «üben» gelte. An den Trainingstagen geschieht dies jedoch eher zufällig-sporadisch oder wird vergessen. Keine Übernahme von Eigenverantwortung gegenüber der eigenen Leistung.
2 Punkte	Spieler arbeitet nur phasenweise. Halbherzig. Bereitet sich vor der Saison wie ein Leistungssportler vor, doch dann ist Flaute. Weiß um seine Schwächen, kann sich jedoch zu gesteuertem Training nicht durchringen. Ebenso: Hat in seiner Umgebung niemanden, der ihm hilft, Trainings-«Probleme» zu lösen. Ihm fehlen Sachinformationen.
3 Punkte	Arbeitet vorzüglich mit. Aber leider nur, wenn er einen Trainer hat. Es fehlt an Eigenständigkeit, an innerem Antrieb, die Leistung wirklich verbessern zu wollen. Die Theorie des Badminton interessiert ihn nicht. Nachdenken über Leistungssteigerung erfolgt nur, wenn der Trainer dies in einem Gespräch initiiert. So geschieht es, daß nach einem Jahr ‹seriösen› Trainings kaum Leistungsfortschritte erkennbar werden. Es mangelt dem Spieler an geistiger Kraft und Phantasie.
4 Punkte	Spieler trainiert konsequent das ganze Jahr. Bemüht sich redlich, sein Spiel zu analysieren und Trainingskonsequenzen daraus abzuleiten. Hat solide Kenntnisse in Trainingssteuerung, trainiert nicht falsch. Aber: seine Defizitanalysen sind in der Regel nur halbrichtig. Vordergründig. Hat niemanden, der wirkliche Ursachen erkennt, oder ist uneinsichtig. Darum sind Trainingsfolgerungen oft unwirksam. Er verstärkt gern, was er schon kann, ohne an den Schwächen zu arbeiten. Ist zwar besessen, doch leider nicht offen. Intellektuell mangelt es an Kreativität.
5 Punkte	In einem der im Optimalfall genannten Bereiche sind deutliche Defizite vorhanden: Der Spieler – kann sich nicht ständig bis zur Leistungsgrenze quälen; – gewichtet bei aller theoretischen Durchdringung falsch, kultiviert seine Spielweise, verbreitert sie nicht; – hat keinen Trainer als Gesprächspartner, darum erhält er wenige Anregungen, es erfolgt keine Außenkontrolle; – hat Mängel in Trainingssteuerung/-lehre; – hat (beruflich) so viel zu tun, daß er nicht ausreichend geistige Kraft in Leistungsentwicklung stecken kann; – fehlt die spielerische Leichtigkeit des Tuns, Training bedeutet Schweiß und Pflicht.

Nestor-Erwin Z., der große, alte Coach, ging einmal zu einem auf der Hallenbank plaudernden Trainingsteilnehmer und fragte wie zur Erinnerung: «Hast du eigentlich letztens gesagt ‹Ich will gut werden› oder ‹Ich möchte gut werden?›» – Als der junge Mann ihn daraufhin erstaunt ansah, fügte er an: «Nun, im ersten Fall vertraust du auf den Menschen, im zweiten auf Gott.»

Trainingssteuerung

Nach Röthig (1983, 424) bezeichnet Trainingssteuerung zusammenfassend die kurz- und längerfristige Abstimmung aller Maßnahmen bezüglich Planung, Durchführung, Kontrolle und Auswertung von Training und Wettkampf, die der Steigerung eines sportlichen Leistungsvermögens dienen.
Umfassende Trainingssteuerung ist im Badminton wie in allen Sportspielen schwierig. Da viele Kompensationsmöglichkeiten der einzelnen leistungsbestimmenden Faktoren untereinander bestehen, ist die planmäßige Verbesserung ausgewählter Fertigkeiten in ihrer Wirkung auf die Spielleistung schwer einzuschätzen. Andererseits ist es kaum möglich, alle Faktoren gleichzeitig zu trainieren. Hier muß sich im Rahmen des Leistungstrainings Jahr für Jahr ein breiterer Fundus an Informationen über die eigene Leistungsfähigkeit erarbeitet werden. Wichtigste Voraussetzung dabei ist das Nachdenken über das eigene Spiel. Warum und wieso und wie oft? Fragen werden gestellt. Antworten gesucht. Probleme werden sich zeigen, Aufgaben zu bewältigen sein. Trainer und Spieler können aber nur dann erfolgreich arbeiten, wenn der Spieler selbst einen Teil dazu beiträgt, die Leistungssteigerung zu erarbeiten.
Badminton ist ein Zweikampfsport. Spieler können darum nicht als ‹dressierte› Einzelakteure agieren. Sie müssen auf das reagieren, was der Gegner tut. Zug um Zug geht das Spiel. Ähnlich wie Schach. Deshalb wird es wenig erfolgreich sein, wenn der Spieler sich als ausführender Körper von Trainergedanken versteht (vgl. S. 172) – Badminton fordert den eigenständig denkenden Mensch. Und Badmintontraining fordert ihn auch. Ohne Mithilfe des Athleten und gegen dessen Einsicht ist auf dem Gebiet der Trainingssteuerung eine Weiterentwicklung kaum zu bewerkstelligen.
Als Nestor-Erwin Z. eine Bundesligamannschaft trainierte, hielt er es für notwendig, vor Beginn der ersten Wettkämpfe die Gruppe in einem Nebenraum zusammenzubitten und ein paar grundsätzliche Worte darüber zu sagen, daß es sinnvoll sei, nach Spielen ein paar Notizen über den Gegner zu machen, gleichzeitig noch einmal das eigene Spiel zu überdenken, um Mängel aufzulisten, deren Behebung in den Trainingsprozeß eingebaut werden sollte. Nach etwa zehn Minuten sprang einer der Spieler aus der Runde auf und sagte unwirsch: «Ich will jetzt endlich anfangen zu trainieren!»

Eine Szene wahrer Trainingsbesessenheit! (Oder offenbart sie einen Spieler, der die intellektuelle Auseinandersetzung mit seiner Sportart scheut?)

Bei der Trainingssteuerung wird folgender Handlungskreis immer wieder durchlaufen:

Setzen von Zielen
Einfluß darauf nehmen:
- Auswertung der Ergebnisse
- Anforderungsanalyse des Badmintonspiels
- Iststandsanalyse

Trainingsplanung
Einfluß darauf nehmen:
- Kenntnisse auf dem Gebiet der Trainingslehre
- Situative Bedingungen
- Dauer der Trainingsperiode

Durchführung des Trainings
Einfluß darauf nehmen:
- Geistige Begleitung des Trainingsprozesses
- Motivation des Spielers
- Störfaktoren (Verletzung, Regen, Hallenzeiten)
- Situative Bedingungen (Partner, Trainingsgruppe, Geräte)

Kontrolle der Ergebnisse
Einfluß darauf nehmen:
- Wettkampfanalysen
- Dokumentation der Trainingsdaten
- Leistungskontrolltests

Auswertung der Ergebnisse
Im Hinblick auf:
- Leistungssteigerung Badminton
- Leistungssteigerung einzelner Komponenten
- Funktionstüchtigkeit des Trainingsplanes

Setzen von Zielen . . .

Trainingssteuerung ist als Faktor der Komponente «Weiterentwicklung der eigenen Spielfähigkeit» (s. S. 95) zu sehen. Die umfangreichsten Kenntnisse und auch Maßnahmen greifen nicht, wenn sie nicht in Zusammenhang stehen mit einer aus Wettkampfanalysen gewonnenen Iststands-Beschreibung und der Festlegung von anzustrebenden Zielzuständen. Die Auswertung von Wettkampfanalysen stellt das Bindeglied zwischen Trainingssteuerung und Weiterentwicklung des Spiels dar.

Bewertungskriterien – Trainingssteuerung

6 Punkte (optimal) Weiß genau, woran er jeweils arbeitet. Gestaltet sein Training weitgehend selbst. Hat seine Konditionswerte im Kopf, formuliert angestrebte Zwischenziele sofort. Analysiert Videofilme, um seine Sportart zu studieren. Macht von sich aus Trainingsvorschläge. Hat immer Detaillernziele vor Augen. Und ein bewundernswertes Durchhaltevermögen. Und er kann zuhören. Wenn andere einpacken, werden noch 10 Minuten Bälle getauscht. Beschäftigt sich auch mit den psychischen Aspekten des Spiels.

1 Punkt Training? Nur das, was sich nicht umgehen läßt. Will spielen. Zum Saisonbeginn ein paar Waldläufe. Aber die Leistung durch systematisches Training steigern..., das muß nicht sein. Überdies gibt es auch schon mal wichtigere Termine als den Trainingsabend.

2 Punkte Trainiert, was vom Trainer ausgerufen wird. Theorie des Trainings ist uninteressant. Darum lassen auch das Hallentraining begleitende Maßnahmen sowie die konkrete Trainingsdurchführung zu wünschen übrig. Keine konstruktive Mitarbeit an der eigenen Leistungssteigerung.

3 Punkte Hat sich im Laufe der Jahre einige Kenntnisse über die Badmintontrainingslehre und deren Anforderungen erworben. Hält sich auch im Hallentraining daran, aber damit erschöpft sich die Trainingssteuerung. Ein intellektuelles Interesse an einer umfassenden eigenen Leistungsentwicklung ist nicht erkennbar. Bereiche wie Protokollierung, planmäßige Technikweiterentwicklung, planmäßige Minderung von Defiziten sind ihm nicht geheuer. Überläßt das Denken dem Trainer.

4 Punkte Besitzt sogar den Übungsleiterschein. Aber diese Kenntnisse werden nur halbherzig genutzt, denn: in der Trainingsgestaltung fehlt es an Kontinuität. Das Jahr ist eben lang. Viele Strohfeuer, aber kein dauerhaftes Leuchten. Trainingsplanung und deren Durchführung klaffen auseinander.

5 Punkte Beschäftigt sich viel mit dem Trainingsprozeß. Trainiert aber dennoch nicht das wirklich Notwendige. Hat Vorlieben und bewertet dadurch andere Leistungskomponenten unter. Das tiefe Begreifen des Ablaufs eines Badmintonzweikampfes und der daraus resultierenden Trainingsnotwendigkeiten ist leider noch nicht vollzogen. Für Trainer verhindert diese Uneinsichtigkeit paradiesische Zustände, denn der Spieler ist von Badminton besessen.

Unterkategorien

1 2 3 4 5 6	Kenntnisse im Bereich der Anforderungen, die Badminton in – technischer
1 2 3 4 5 6	– konditioneller
1 2 3 4 5 6	– taktischer
1 2 3 4 5 6	– psychischer Hinsicht verlangt
1 2 3 4 5 6	Kenntnisse der Trainingslehre in bezug auf Trainingsmethoden, -prinzipien und -maßnahmen für die – technischen
1 2 3 4 5 6	– konditionellen
1 2 3 4 5 6	– taktischen
1 2 3 4 5 6	– psychischen leistungsbestimmenden Faktoren
1 2 3 4 5 6	Entwicklung von Trainingszielen aus Beobachtung des eigenen Spiels und Festlegung von Trainingsinhalten
1 2 3 4 5 6	Kenntnisse über den jeweiligen eigenen Iststand
1 2 3 4 5 6	Protokollierung der Trainingsdaten
1 2 3 4 5 6	Durchführung von Leistungskontrolltests und Auswertung zum Zwecke aktualisierter Trainingssteuerung
1 2 3 4 5 6	Improvisationskunst bei sich unvermutet ändernden Trainingsbedingungen

Verbesserungsstrategie

Es geht um Kenntnisvermittlung und um Bewußtmachung. Es gilt, ein aktives Interesse an der Weiterentwicklung des eigenen Spiels durch Trainingsmaßnahmen wachzurufen bzw. wachzuhalten.

Die Arbeit mit Spielern, die von sich aus dieses Interesse haben, ist leicht. Sie bedürfen nur der Information. Seite für Seite wird ihnen die Trainingslehre gereicht.

Doch wie es in allen Bereichen des Lebens schöpferische und weniger schöpferische Menschen gibt, aktive und passive, handelnde und behandelt werdende, findet sich diese Vielfalt der menschlichen Natur auch unter den Badmintonsport treibenden Individuen wieder.

Dadurch darf sich der Trainer nicht zur Resignation verleiten lassen. Will er seinen Spielern wirklich helfen, ihre Leistung weiterzuentwickeln, muß er versuchen, sie dazu zu bringen mitzudenken. Mittel: Aufklären, Wissen vermitteln in kleinen Schritten, Wiederholen, Arbeitsblätter, Gespräche. Gemeinsames Erarbeiten von Ausführungsbestimmungen. Hinweise auf die Grenzen, an die der Trainer mit seinen Anordnungen stößt.

Erläutern von Maßnahmen, die der Spieler selber vollziehen muß (Intensitätsfestlegung, hohe Wiederholungszahlen herstellen, Konzentrationsaufbau, gedankliche Begleitung, Regelmäßigkeit...).

Weitere Maßnahmen, um Kenntnisse über den Trainingsprozeß im Badminton weiterzugeben:
- Immer wieder Begründungen für angewandte Trainingsmethoden liefern.
- Immer wieder kontrollieren bzw. erinnerndes Abfragen der genauen Ausführungsbestimmungen für Schnelligkeitstraining/anaerobes/aerobes Ausdauertraining...
- Gemeinsames Ausfüllen von Trainingsprotokollen.
- Ansetzen von Terminen für Leistungskontrolltests.
- Gemeinsame Festlegung von neuen Sollwerten und Besprechung der durchzuführenden Trainingsmaßnahmen.
- Detaillierte Besprechung von Mängeln und Herausarbeiten von daraus resultierenden Lernzielen.
- Gemeinsame Spielbeobachtung mit ausgewählten Zielsetzungen.
- Gemeinsame Analyse anderer Spieler.
- Angesetzte Trainingsinhalte immer in Bezug setzen zu den ermittelten Wettkampfdefiziten der Spieler.
- Formelhafte Rede für Ausführungsbestimmungen erarbeiten lassen.
- Fehlverhalten mit Schlüsselworten charakterisieren.
- Trainingsplanung besprechen.
- Begründungen für einzelne Trainingsmaßnahmen wiederholen lassen.
- Einsetzen von Spielern als Hilfstrainer bei Jüngeren.
- Erläutern lassen von grundlegenden Techniken vor Anfängern.
- In Gruppenarbeit ausgewählte Techniken zusammenstellen lassen. («Schreibt mal alle Lauftechniken auf, die ihr kennt.»)
- Anhand von ausgegebenen Checklisten gegenseitige Überprüfungen auf Beherrschung vornehmen lassen.
- 4-Wochen-Individualtrainingsplan ausarbeiten lassen.
- Eigenständig Konditionsblöcke gestalten lassen.
- Aufwärmprogramm durchführen lassen.
- Altersgemäße Literatur (z. B. Kindertrainingslehre) weitergeben.

Ideal wäre es natürlich, wenn die Athleten einen Übungsleiterkurs besuchen würden. Damit wäre ein nützlicher Schritt getan, damit der Trainingsprozeß durchdachter abläuft.
Der Trainer muß vor allem vorleben, daß Badmintontraining mit Nachdenken, Analysieren, Ausprobieren zu tun hat, daß es ein äußerst kreativer Prozeß ist.

Foto 8: Welchen Schlag spielte Han Aiping, Weltmeisterin 1985 und 1987?

Bewegungssehen mit den Weltmeistern (IV)

Foto 9: Welches Element der Lauftechniken ist Verawati Fajrin (geb. Wiharjo), der Weltmeisterin von 1980, in dieser Stellung zuzuordnen?

Anaerobe Ausdauer

Zur Überprüfung wird folgender Test vorgeschlagen:

5 Meter 18-Test

Überprüfte konditionelle Eigenschaft:
Anaerob-laktazide Ausdauer im Ausfallschrittbein
Der Test erfolgt in Wettkampfkleidung nach sorgfältigem Aufwärmen. Die Durchführungsbestimmungen sind genau einzuhalten.

Durchführungsbestimmungen:
Testanordnung: Auf dem Badmintonfeld (oder an einem sonstigen Ort) werden zwei hallenübliche «kleine Kästen» derart aufgestellt, daß sie 5,18 m (Einzelfeldbreite) auseinander stehen. Auf den rechten Kasten werden zwei Federbälle gelegt, auf den linken einer.
Durchführung des Tests: Der Spieler kommt aus der Zentralposition (ZP) zwischen den Kästen, macht mit dem rechten Bein einen Ausfallschritt zum rechten Kasten und greift einen der beiden Bälle. (Beschreibung gilt für Rechtshänder, Linkshänder machen ihre Ausfallschritte mit dem linken Bein.)

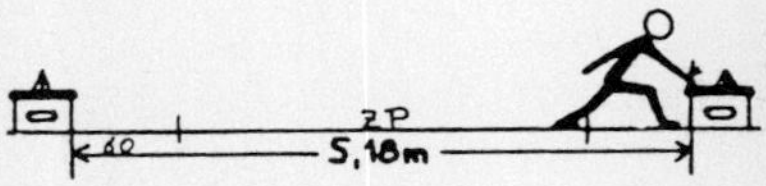

Startkommando! Der Spieler trägt seinen gegriffenen Ball auf den linken Kasten, wo er mit dem rechten Bein im Ausfallschritt ankommen muß. Dabei achtet er darauf, daß das hintere (linke) Bein nicht näher als 60 cm an den Kasten heranreicht. Auf dem linken Kasten legt der Spieler den transportierten Ball ab und nimmt statt seiner den dort liegenden. Diesen trägt er zum rechten Kasten, wo er ihn seinerseits austauscht ... usw.

Testdauer und Wertung: Das Niederlegen des Balles zählt 1 Punkt. Gezählt werden die Anzahl Punkte, die im vorgegebenen Zeitintervall erreicht werden.

Variante I: Bei Schwerpunkt auf Schnelligkeit/Abdruckkraft/anaerobe Ausdauerfähigkeit werden 20 Intervalle zu 20 sec mit jeweils 20 sec Pause dazwischen vorgegeben.
Variante II: Bei Schwerpunkt Kraftausdauer/aerob-anaerobe Ausdauerfähigkeit wird 5 min durchgehend belastet.

Hinweise:
- Die Körperfront bleibt stets zur gleichen Seite gerichtet (z. B. zum Netz). Nicht kreiseln!

- Nur eine Hand benutzen! Die Bälle brauchen nicht auf dem Federkranz aufgestellt zu werden. Die Technik des einhändigen Ablegens bei gleichzeitigem Aufnehmen des zweiten Balles kann durch Üben perfektioniert werden. (Feinkoordination bei hohem Tempo ist für Badminton wichtig!)
- Genaue Schrittfolge richtet sich nach Körpergröße. Es ist allerdings Wert darauf zu legen, daß das hintere Bein beim Aufrichten aus dem Ausfallschritt nicht vollständig nachgezogen wird!
- Tests nicht sogleich mit voller Belastung durchführen, sondern sich langsam an die individuelle Leistungsgrenze heranarbeiten.
- Da eine Steigerung um einen ganzen Weg hohen Leistungszuwachs voraussetzt, werden bei Variante I halbe Punkte (= Kasten – ZP) mitgezählt.

Bewertungskriterien

	Variante I		Variante II	
	Herren	Damen	Damen	Herren
1 Punkt	< 9,5	< 8,5	90	100
2 Punkte	10	8,5	105	115
3 Punkte	10,5	9	115	125
4 Punkte	11	10	125	135
5 Punkte	11,5	10,5	134	144
6 Punkte	12	11	142	152
7 Punkte	12,5	11,5	149	159
8 Punkte	13	12	155	165
9 Punkte	> 13	12,5	160	170

Übungsformen zur Schulung von anaerober Ausdauer und Kraftausdauer der Beinmuskulatur

Belastung je nach Leistungsstand, Trainingszustand und nach angestrebtem Trainingsziel (Übungsdauer etwa zwischen 15 und 45 sec). Ebenso Anzahl der Wiederholungen. Dosierung wird zweckmäßigerweise durch Trainingsprotokoll gesteuert.

1. Multi feeding: schnell aufeinanderfolgendes Ballzuspiel.
2. Kastenhüpfen: auf kleinen Kasten beidbeinig rauf und runter.
3. Bälle tauschen zwischen zwei Kästen (siehe 5 Meter 18-Test).
4. Bälle versetzen auf Feld: Bälle können von ZP aus gesehen in alle möglichen Richtungen aufgestellt sein.
5. Ausfallschrittbeinhüpfen: zweimal hüpfen, beim drittenmal in leichte Beuge gehen.
6. Hürdensprünge: 60 bis 100 cm, 3 bis 6 Hürden, in Reihe oder verwinkelt aufgebaut.
7. Schattenbadminton mit verschieden kombinierten Laufwegen und Schlägen.
8. Zwischen zwei Reifen, mit vier Federbällen dazwischen, hin- und herspringen.
9. In leichte Hocke gehen und über Seitenlinien von Einzel- und Doppelfeld wedeln.
10. Über Kastenreihen hüpfen (einbeinig, beidbeinig; drei, fünf Kästen).
11. Seilspringen (Einfach-, Doppelsprünge).
12. Schnelle Strecksprünge aus der Hocke, mit und ohne Hochreißen der Arme.
13. Sprungkraftzirkel mit verschiedenen Sprüngen (einbeinig, beidbeinig, anhocken, Spagat, Kosakentanz, Grätschwinkelsprung...)
14. Standardlaufwege im Feld: Badmintonspezifische Laufwege werden bestimmt (z. B. Clear in Vh-Ecke, Kastenberührung am T, Clear in LvK-Ecke). Spieler hat einen Ausgangswert, wie oft er den Laufweg in (20) Sekunden zurücklegt. Diesen Wert versucht er zwanzigmal hintereinander (20 sec Pause) zu wiederholen. Protokollieren.
15. Sprungbahnen: einbeinig, beidbeinig, mit und ohne Anlauf, mit Zwischensprung, auf Weite, auf Höhe, 3er-Hop, 5er-Hop, links, rechts...
16. Rhythmussprünge, einbeinig: links, links, rechts, rechts, links, links.
17. Weichmattenlaufen.
18. Hüpfen auf Kleintrampolin.
19. Linienläufe: Auf mehreren Feldern werden Linien bestimmt, die von einer Startposition nacheinander anzulaufen sind. Nach jeder Linienberührung zurück zum Start.
20. Kollath, Bochow, Quade (1987, 25) schlagen während der Wettkampfperiode in der Halle folgendes «spezifische Kraft- und Ausdauertraining nach der Intervallmethode» vor: «Der Spieler läuft dabei in einer vorgegebenen Zeit von ca. 6 Sekunden vier an den Eckpunkten des Einzelfeldes postierte Kleinkästen in beliebiger Reihenfolge badmintonspezifisch an (mit Ausfallschritt, Nachstellschritt) und berührt jedesmal mit seinem Schläger den Kasten. Anschließend erfolgt eine Pause von ca. 12 Sekunden in der Spielfeldmitte. Bei dieser Trainingsform ist es sinnvoll, vorwiegend ohne Ball zu trainieren, um die notwendigen langen Belastungszeiten von 20 bis 30 Minuten (Dauer eines Wettspiels) zu erhalten, die beim Training mit Ball aufgrund schlagtechnischer Fehler der Spieler nicht immer möglich sind.»

Aerobe Ausdauer

Zur Überprüfung wird folgender Test vorgeschlagen:

Cooper-Test

Auf einer Laufbahn (Stadion, Sportplatz) soll der Spieler in 12 Minuten eine möglichst große Strecke zurücklegen.
Hilfsmittel: Stoppuhr, Rundenzähler. Um genaue Messungen vornehmen zu können, ist es notwendig, daß die Abschnitte der Bahn vermessen sind. (Nicht jede Sportplatzbahn ist 400 m lang.) Pulsmessungen können durchgeführt werden. Vor dem Laufen erfolgt ein ausreichendes Aufwärmen. Die angestrebte Strecke bzw. das einzuschlagende Tempo (Zeiten pro 100 m) sollten vorher festgelegt werden.
Für Ungeübte im Absolvieren von Cooper-Tests oder Ausdauerläufen nach Zeit ist ein erster Test wenig aussagekräftig. Er sollte einen Tag später wiederholt werden, damit die Zufälligkeiten z. B. des eingeschlagenen Anfangstempos einer vorher geplanten Streckenbewältigung weicht. Nach Feststellung eines zuverlässigen Ist-Wertes ist im Rahmen der Trainingssteuerung festzulegen, ob die aerobe Ausdauer, die im Badminton die Grundlage darstellt, um alaktazides und laktazides Ausdauertraining und natürlich um temporeiche Wettkämpfe absolvieren zu können, ausreichend ist. Vor allem in den Sommermonaten sollte zur Vorbereitung auf die Saison über mehrere Wochen 2- bis 3mal pro Woche aerobes und auch anaerobes Ausdauertraining mit häufigen Zickzackläufen und Fahrtspiel durchgeführt werden (Vorschläge bei Kollath/Bochow/Quade 1987). Der Leistungszuwachs wird alle vier Wochen mit einem erneuten Cooper-Test überprüft. Während der Saison hängt es dann von der Belastung in Wettkämpfen und Training ab, ob noch eine zusätzliche Trainingseinheit «Waldlauf» angebracht ist. Für Spieler der unteren Leistungsklassen, die üblicherweise nicht täglich in der Halle trainieren können, empfiehlt es sich.

Bewertungskriterien

	Herren	Damen
1 Punkt	2500 m	2000 m
2 Punkte	2700 m	2250 m
3 Punkte	2900 m	2450 m
4 Punkte	3100 m	2650 m
5 Punkte	3200 m	2800 m
6 Punkte	3300 m	2900 m
7 Punkte	3400 m	3000 m
8 Punkte	3500 m	3100 m
9 Punkte	3600 m	3200 m

Trainingsprogramm zur Verbesserung der aeroben Ausdauer
(nach ALTENKIRCH/KNUPP)

Cooper-Test: Auf einer gut meßbaren Bahn soll in 12 min eine möglichst weite Strecke gelaufen werden. Die zurückgelegte Meter-Zahl wird gemessen.

Bisherige Bestleistungen:
Cooper-Test: ______ m
Wann:
Errechnete Leistung: ______ m/sec
1000-m-Lauf: ______ min
Wann:
Errechnete Leistung: ______ m/sec

Feststellen des Ist-Standes:

Testlauf: Cooper-Test
Datum:
Plan: ______ m/sec = ________ m
Tatsächlich erreicht: ________ m
Ermittelte Basis-Leistungsfähigkeit:
______ m/sec gelten als 100 % Intensität bezogen auf einen 12-min-Lauf.

Testlauf: 1000 m
(Kann irgendwann bis 10. TE zwischengeschoben werden)
Datum:
Plan: ______ m/sec = ______ min
Erreicht: ____ min = ______ m/sec

1. TE Minutenläufe

3-4-5-6-5-4-3 min	80 % Intensität
Dazwischen:	(bezogen auf
jeweils 2 min	12 min)
Trab- oder	
Gehpause	= ______ m/sec

2. TE Fahrtspiel
Dauerlauf (DL) + Fahrtspiel (FSP)

10 min DL (locker)	Beim FSP Geschwindigkeitswechsel nach individuellen Bedürfnissen. Immer wieder Steigerung bis Kurzatmigkeit.
10 min FSP	
3 min Gehpause	
10 min DL	
10 min FSP	

3. TE Tempowechselläufe

2 min locker	Dazwischen 1–2 min Gehpause mit Gymnastik. Auch auf 5-min-Abschnitt einer Waldlaufstrecke möglich, hin und her.
1 min scharf	
2 min locker	
= 5 min	
Insgesamt:	
6 5-min-Intervalle	

4. TE Dauerlauf

30 min Waldlauf	Unterwegs Pulsfrequenz messen. Sollte nicht unter 160 Schlägen/min liegen.
Locker laufen	

5. TE Dreiminuten-Läufe

7 × 3 min	Unterschiedliche Intensitäten:
Dazwischen:	75–90 %. Beabsichtigte Strecken vorher ausrechnen:
jeweils 2 min Pause	

1. 75 % = ____ m	5. __ % = ____ m
2. __ % = ____ m	6. __ % = ____ m
3. __ % = ____ m	7. __ % = ____ m
4. __ % = ____ m	

6. TE Intervalldauerläufe

4 × 10 min	Intensität vorher festlegen: ± 80 %
Dazwischen: jeweils 3 min Pause (P)	= ______ m
1. P: Gymnastik	
2. P: 20-m-Sprints	
3. P: 5 × 10 Hocksprünge	

7. TE Testlauf: 5000 m
(Aschenbahn)
Maximal erreichbare Zeit aufgrund Basis-Leistungsfähigkeit (12 min) errechnen: ___ : ___ min
Plan: ______ m/sec = ________ min
Durchgangszeit für ½ Runde: _______ sec
Tatsächlich erreicht: ___________ min
Ermittelte Basis-Leistungsfähigkeit:
_____ m/sec gelten als 100 % Intensität bezogen auf 5000-m-Lauf.

8. TE Intervalldauerläufe

3 × 3 min, je 2 min Pause	In Pausen lockeres Traben. Für die Intervalle Intensitäten vorher festlegen, z. B.
5 × 1 min, je 4 min Pause	3 min 90 % = _____ m
2 × 6 min, mit 2 min Pause	1 min 105 % = _____ m
	6 min 80 % = _____ m

9. TE Dauerlauf

35 min Waldlauf	Locker laufen. Unterwegs Puls überprüfen. Schlagzahl nicht unter 160 Schlägen/min.

10. TE Intervalldauerläufe

5 × 1000 m mit lohnender Pause (loP); loP ist beendet, wenn Puls auf 100–120 S/min abgesunken ist.	Beim Intervalltraining Pulsfrequenz als Anzeiger für Pausenlänge. Intensität ± 85 % (bezogen auf 1000-m-Zeit).

11. TE Dauerlauf

40 min Waldlauf	Locker laufen. Puls nicht unter 160 Schlägen/min.

12. TE Dauerläufe und Intervalldauerlauf (IDL)

10 min DL (locker)	IDL: 4 × 3 min mit jeweils 2 min Gehpause. Intensität aufgrund 5. TE:
3 min Pause	__ % = _____ m
20 min IDL	
5 min Pause	
10 min DL (scharf)	

13. TE Intervalldauerläufe

3 × 10 min Dazwischen: jeweils 5 min Pause	Intensität vorher festlegen: 90–95 % (bezogen auf 12 min). Vgl. 6. TE: = ________ m

14. TE Testlauf: Cooper-Test
Maximal erreichbare Strecke aufgrund Basis-Leistungsfähigkeit (1000 m) berechnen: = __________ m
Plan: ______ m/sec = ________ m
Durchgangszeit für 200 m: ______ sec
1. Lauf Haupttest = Max. Intensität
Tatsächlich erreicht: _________ m
Neue Basis-Leistungsfähigkeit:
_______ m/sec gelten als 100 % Intensität bezogen auf einen 12-min-Lauf.
Nach 15 min Gehpause:
2. Lauf = __________ m

15. TE Minutenläufe

4-5-6-7-6-5-4 min Dazwischen: jeweils 2 min Trab- oder Gehpause	80 % Intensität (bezogen auf 12 min) = __________ m/sec

16. TE Intervalldauerläufe

4 × 10 min Dazwischen: jeweils 3 min Pause 1. P: Gymnastik 2. P: 5 20-m-Sprints 3. P: 5× 10 Hocksprünge	Intensität vorher festlegen: ± 80 % = ________ m

17. TE Fahrtspiel

10 min DL (locker) 3 min Pause 20 min FSP 3 min Gehpause 10 min DL	In der 1. Pause 8 10-m-Sprints. Mindeststrecke für FSP festlegen aufgrund 16. TE

18. TE Rundenläufe (Sportplatz)

3-4-5-4-3 Runden Dazwischen: jeweils 2 min Pause Rundenlänge: 300 bis 400 m	90–70 % Intensität. Zeiten für die Strecken vorher festlegen.

19. TE Dauerlauf

45 min Waldlauf	Locker laufen. Puls nicht unter 160 Schlägen / min.

20. TE Fahrtspiel

15 min FSP 5 min Gehen 10 min DL 20 10-m-Sprints 15 min FSP	Sprints: 4 Serien à 5 Wiederholungen, Pause zwischen Serien 30 sec. Mindeststrecken für FSPe festlegen.

21. TE Testlauf: 5000 m (Aschenbahn)

Maximal erreichbare Zeit aufgrund Basis-Leistungsfähigkeit (12 min) berechnen: = ___ : ___ min

Plan: ____ m / sec = ________ min

Durchgangszeit für ½ Runde: _____ sec

Tatsächlich erreicht: _________ min

Ermittelte Basis-Leistungsfähigkeit:

______ m / sec gelten als 100 % Intensität bezogen auf 5000-m-Lauf.

Bewegungssehen mit den Weltmeistern (V)

*Foto 10:
Welch merkwürdige Verrenkung macht Rudy Hartono, der Weltmeister von 1980?*

*Foto 11:
Wo hat Han Jian, der Weltmeister von 1985, den Schläger versteckt?*

Optimiertes Wettkampfspiel

Der 20jährige Marcus S. gilt als durchaus talentiert, es macht Freude, seinem dynamischen Spiel zuzuschauen. Er ist auf regionaler Ebene gefürchtet, hat schon zu Jugendzeiten einige Erfolge erzielt und trainiert seit zwei Jahren geradezu besessen. In vielen Leistungsvoraussetzungen ist er längst besser als Uwe S. (31), Altstar der Mannschaft. Uwe hat dem Leistungstraining seit geraumer Zeit ade gesagt, und sein Training besteht aus dem Absolvieren regelmäßiger ‹Spielchen›. Marcus sprintet schneller, springt höher, schmettert härter, hat eine knallende Rückhand, ist bei Schnelligkeitsausdauertests überlegen. Im Halbfinale der Clubmeisterschaft aber verliert er gegen Uwe 12:15 und 7:15. Er kommt verzweifelt vom Feld, wirft den Schläger in die Ecke und giftet: «Ich bin kein bißchen kaputt, ehrlich! Der hat nichts drauf! Aber irgendwie ... ich weiß nicht ... irgendwas mach ich gegen den falsch ...»

Dieses Kapitel beschäftigt sich mit dem Wettkampfspiel. Dabei schauen wir jedoch nicht auf die technischen oder konditionellen Komponenten und auch nicht auf jene, die Spieltaktik oder taktisches Verhalten im Umfeld der Wettkämpfe betreffen. Es sollen vielmehr Aspekte beleuchtet werden, die bislang in der Trainingslehre des Badmintonspiels zu kurz gekommen sind und die darum auch in der Trainingspraxis oft nur am Rande besprochen werden. Sie entwickeln sich bei den Spielern eher zufällig und je nach individueller Veranlagung mehr oder weniger.

Warum hat es Marcus gegen den alten Hasen so schwer? Nicht weil er körperlich oder technisch schlechter ist. Er ist psychisch nicht trainiert. Ihm fehlt intensives ‹Kopftraining›. Er ist nicht in der Lage, sein Leistungsvermögen aufs Feld zu bringen. Er versteht es nicht, seine Schläge zu einer Gesamtaktion zusammenzufassen, die an seinen Gegner Anforderungen stellt, die dieser nicht bewältigen kann.

In mehreren Abschnitten soll hier der Versuch unternommen werden, diese «geistigen Komponenten» und ihre Wirksamkeit für das Spiel näher zu beschreiben. Und es soll gezeigt werden, daß es möglich ist, diese Eigenschaften systematisch zu trainieren. Kernige Aufforderungen wie «Konzentrier dich doch mal!», «Du mußt mehr kämpfen!» oder «Spiel nicht so blind!» sind wenig hilfreich, da sie keine konkreten Handlungsanweisungen geben.
Ein Sieg im Badminton ist leicht zu erringen. Man muß nur ‹besser spielen› als der Gegner. In aller Regel hat ein Spieler, der sich auf einem niedrigeren Leistungsplateau befindet, gegen einen auf einem höheren keine Chance. Doch wem machen ungleiche Wettkämpfe schon Freude? Weder dem unterlegenen Gegner noch dem Gewinner, noch den Zuschauern. Für den gewinnenden Spieler bringt es keine bleibende Selbstbefriedigung, für den verlierenden nicht das kathartische Gefühl der knappen Niederlage, für den Zuschauer keinen emotionalen Reiz.
Sportlicher Wettkampf ist das Messen von Kräften mit gleichwertigen Gegnern. Erst wenn zwei Spieler annähernd gleich stark sind, kommt es zu dem, was alle erleben wollen: Kampf auf Biegen und Brechen.
Dann allerdings entscheiden bei der Zweikampfsportart Badminton, wie unser Eingangsfall zeigt, Komponenten über Sieg und Niederlage, die sich nicht als athletische oder technische Fertigkeiten beschreiben lassen und die auch unter der Rubrik Taktik nur ungenügend aufgehoben sind. Von diesen Komponenten soll die Rede sein.
Am Ende des Kapitels wird der Leser vorgestellt bekommen haben
- das Zauberwort IGEA,
- drei Ausprägungen von Konzentration,
- wie Handlungskonzentration aus Aktionskonzentration erwächst,
- die Behauptung, daß Badminton Schlägerschach ist,
- das «Badminton-Postulat»,
- die Herausforderungshaltung,
- Begründungen, Trainingsspiele stets in Zweikampflage zu führen,
- die mehrfach wiederholte eindringliche Aufforderung, den Gegner psychisch zu bekämpfen,
- Maßnahmen, um Wettkampfhärte zu trainieren,
- ein Psych-up für die letzten drei Punkte,
- Nachlässigkeiten, die das Einüben von Siegeswillen unterwandern,
- Teilzielstreben,
- Nahzielstreben,
- Überzeugungstraining in vier Schritten,
- die Forderung, jeder habe von sich selbst «Versionen» herzustellen,
- die bittere Erkenntnis, daß der Trainer nur Sekundärakteur ist,
- 180 Übungsbeispiele zu den geistigen Komponenten des Einzelspiels,
- einige ihm bis dahin gänzlich unbekannte Begriffskreationen.

«... sie haben durch steten Gebrauch geübte Sinne»
(Hebräer, 5)

Zauberwort IGEA

Jedem Badmintonfreund ist die Situation vertraut: Ein Spieler hat sich gerade unter Einsatz aller Kräfte das Aufschlagrecht zurückgeholt, stellt sich hin, macht einen hohen Aufschlag... und ohne daß er auch nur einen Schritt nach vorne machen kann, liegt der Ball, als knapper Drop zurückgespielt, bei ihm auf dem Boden. Die ganze Mühe umsonst. «Das hältste im Kopf nicht aus! Hat der Glück!» tschilpt der Enttäuschte und schiebt mißmutig den Ball unter dem Netz durch.

Was ist geschehen? Waren die Badmintongötter am Werk, hielten sie, wie einst die Olympier über die trojanischen Helden, schützend ihre Hand über einen Liebling und lenkten den Flug des Balles wie weiland den der Speere? «O nein», können wir dem Hadernden zurufen. «Mitnichten Götter oder Schicksalsmächte, lieber Freund! Ursache dafür, daß du den Drop nicht erreichtest, war allein deine sträfliche Mißachtung der IGEA!»

Auch die folgende Situation ist jedem Badmintonspieler vertraut: Ein Clear wurde geschlagen, ein wenig zu kurz, ein Smash droht. Der Gegner holt gewaltig aus, schlägt jedoch fieserweise einen Angriffsclear. Der Ball fliegt über unseren auf Abwehr eingerichteten Spieler hinweg, ohne daß der überhaupt dazu kommt, sich zu rühren. «Mist!» flucht der Verstörte und muß erneut dem Gegner den Ball überlassen.

Ursache? Auch hier: Mißachtung des Gebotes der IGEA!

Noch eine dritte Spielsituation wollen wir uns ins Bewußtsein rufen: Mit einem wunderschönen Stop wird von unserem mittlerweile schon ein wenig schwermütigen Spieler eine Netzaktion eingeleitet. Er bleibt vorn in Lauerstellung stehen. Der Gegner hat Mühe, den Ball zu erreichen. Er schafft es soeben noch, aber sein Ball kommt etliche Zentimeter zu hoch über die Netzkante geflogen. Unser Spieler erkennt seine Chance, springt – und haut den Ball ins Netz. «Nein!» kreischt er entnervt. «Hab ich ein Pech!» – Er schleudert den Schläger in die Luft und tritt gegen den Ball.

Glück? Mist? Pech? Oder war die Ursache vielleicht auch diesmal Mißachtung der IGEA? Wir wollen uns dieses Zauberwort näher anschauen.

Isolierende – gespannte – erregte Aktionsbereitschaft (IGEA)

IGEA hat nichts mit taktischer Marschroute oder mit psychischer Wettkampfführung zu tun, auch nichts mit technischen Fertigkeiten oder gar mit konditionellen Eigenschaften, eher mit Wachen, Sinnen und Träumen. IGEA ist bei den notwendigerweise zu erfüllenden Basisanforderungen anzusiedeln, die das Badmintonspiel verlangt, wenn es erfolgreich gespielt werden soll, wie Unterarmdrehung, Laufgewandtheit, Clear im Umsprung. IGEA kann systematisch trainiert werden, was zu selten geschieht. Sie entwickelt sich bei vielen Spielern eher zufällig, bei manchen mehr, bei anderen weniger. Die ersteren werden dann halt die besseren Spieler. Drei Komponenten machen IGEA aus, drei Handlungen, die bewirken, daß der Badmintonspieler in geistiger und körperlicher Wachheit und Präsenz agieren kann – *unmittelbar* agieren kann. Nur wer visuell (Blick) – motorisch (Muskeln) – nerval (Nervenbahnen) voll aktiviert ist, kann den Anforderungen, die Badminton an die Reaktionsschnelligkeit stellt, genügen.

IGEA: Isolierende – gespannte – erregte Aktionsbereitschaft durch Isolieren des Balles, Spannen der Wadenmuskulatur, Erregen der Armmuskulatur. Verfahren zum Aufbau von Aktionskonzentration.

I wie isolierend: Der Blick auf den Federball

Alltagsszene: Halt an einer roten Ampel. Ein schöner Sonnentag, über die Straße hüpft ein hübschgelockter junger Mann. Im Straßencafé vorne rechts herrscht reger Betrieb. Die Ampel steht an einem Kastanienbaum. Über den Zebrastreifen trägt eine Dame mit Barett ein russisches Hündchen. Am Stamm der Kastanie wirbt ein gelbes Plakat für ein Trompetenkonzert in St. Nico... Oh, die Ampel ist ja schon grün. Dann los.
Der IGEA-vorgewarnte Leser hat vielleicht schon gemerkt, worauf der Bericht hinauslaufen soll: Man kann an einer roten Ampel auf zweierlei Weise warten. Einmal, indem man die gesamte Ampelszenerie anschaut, zum zweiten, indem man die Ampel anschaut... halt, nein, nicht die Ampel, sondern die grüne Scheibe der Ampel. Denn einzig die grüne Scheibe gibt dem Autofahrer das Signal, das er für seine Aktion braucht.
Aus der Fülle der Informationen, die dem auf den Rückflug des Balles wartenden Badmintonspieler durch seinen Blick geboten werden, muß er sich den Federball herausfiltern. Nicht die Farbe der Wand interessiert ihn, nicht irgendwelche Stangen, Seile, Transparente oder was sonst noch in seinem Blickfeld ist, und auch nicht die Bewegung des gegnerischen Schlägers oder die des dazugehörigen Körpers, nein, ihn interessiert einzig der weißgefiederte Freund.

Nanu, wird mancher Badmintonfreund ausrufen, welche Merkwürdigkeit steht da geschrieben? Selbstverständlich gucke ich den Ball an, was denn sonst! Vielleicht tut er's wirklich. Dann kann er den Absatz überschlagen. Aber geht es ihm nicht gelegentlich doch wie unserem Spieler im zweiten Beispiel? Ist ihm dieses «Mist!» noch nie entschlüpft? Spieler müssen kritisch prüfen, ob sie nicht allein das *Hinwenden ihrer Aufmerksamkeit* zur Aktion des Gegners fälschlicherweise schon für das *Isolieren des Balles* halten. Die Aufmerksamkeitszuwendung zur gegnerischen Aktion ist aber nur der erste Schritt zur «Konzentration» auf den Ball. Die einfließenden Informationen sind damit noch nicht ausreichend selektiert.

Das rechte Foto (in Abb. 3) verdeutlicht, was mit Isolieren des Balles gemeint ist. Er wird während seines Fluges so gut wie möglich mit dem Blick fixiert, er wird zu einem herausgehobenen Ausschnitt aus seiner Umgebung, auf den gleichsam der erleuchtende Strahl einer Taschenlampe fällt. Das Auge kann dann am schwierigsten Punkt der Flugkurve schnell wieder zugreifen: nach Verlassen des gegnerischen Schlägers, wo der Ball unter Umständen 250 km/h Geschwindigkeit hat. Wer jetzt nicht zupackt mit seinem Blick, der erwischt ihn erst wieder, wenn er schon über dem Netz ist. Da der Blick einem schnell fliegenden Ball nicht kontinuierlich folgt, sondern sprunghaft («sakkadisch»), aus physiologischen Gründen mit der Auslösung jeder Sakkade aber eine Totzeit für Informationsaufnahme verbunden ist, bedeutet das Verlieren des Balles bei sehr hohen Geschwindigkeiten eine enorme Ortsänderung des Flugobjektes, dem der Blick dann hinterhereilen muß.

Abb. 3: Prüfen Sie Ihr Spiel – Ein Federball, der gleich vom Gegner zurückgeschlagen wird, wie nehmen Sie ihn wahr?

Foto 12: Razif Sidek zeigt isolierende – gespannte – erregte Aktionsbereitschaft

Der Zeitgewinn für den Reaktionsvorgang durch frühzeitige Isolation des Federballs kann in der Trainingspraxis – nach Erlernen des Umschaltvorgangs – leicht selbst erfahren werden. Er wird aber auch durch wissenschaftliche Untersuchungen bestätigt. So kommt NEUMAIER (1985, 8), der die Chancen des Returnspielers beim Tennisaufschlag untersuchte, unter «Schlußfolgerungen und Empfehlungen für die Praxis» zu folgender «Strategie» für den Returnspieler bei der Aufschlagannahme: «Er richtet seine volle Konzentration auf den Ballanwurf und den Ball selbst. Dabei soll er aber nicht mit dem Blick nach Informationen suchend ‹umherspringen›, sondern mit ihm am Ball haften bleiben... Es ist nicht sinnvoll, den Schläger zu beobachten, da er während der Aushol- und Schlagbewegung z. T. nicht sichtbar ist und sich dann sehr schnell bewegt.»
Der Spieler muß die entscheidende handlungsrelevante Information (den Ballabflug vom Schläger) über das Auge aufnehmen. Dieses gilt es umzuschalten auf *Isolationsmodus*. Es wird dann die durch peripheres Sehen (Gegner steigt hoch zum Smash) und durch Handlungsantizipation aufgrund von Erfahrungen (auf diese Ausholbewegung folgt immer ein Smash) bereits gelieferte Vorinformation so frühzeitig ergänzt («Informationsphase» bei GROSSER, s. u.), daß für die übrigen Phasen des motorischen Handlungsvollzuges ein Zeitgewinn erarbeitet ist.

G wie gespannt: Die Füße am Abdruckpunkt

Auch hier eignet sich zur Veranschaulichung unser Autobeispiel. Sie haben das Signal Grün erhalten. Wie vorbereitet sind Sie auf das Losfahren? Müssen Sie etwa noch erst die Kupplung treten, den Gang einlegen, das Gaspedal heruntertreten? Oder spielen Ihre Füße bereits an Druckpunkt der Kupplung und Gaspedal?
Ähnlich ist es beim Loslaufen im Badminton. Der Gegner hat einen Drop geschlagen. Der annehmende Spieler müßte einen Ausfallschritt nach vorne machen, um den Ball zu erreichen. Wie schnell kann er beginnen? Steht er auf «Druckpunkt»? Kann er sich unmittelbar in Gegenrichtung abdrücken, um die gewünschte Bewegung einzuleiten? Wenn erst noch die gesamte Beinmuskulatur aktiviert werden muß, verzögert sich der Vorgang gewaltig. Ein Blick auf die Beinpartien der Spieler auf den Fotos 12 bis 14 zeigt, wie es aussehen soll: Situationsangemessene mehr oder weniger tiefe Hocke, die Fersen vom Boden, die Fußballen haben durch die Sohlen hindurch fühlenden Bodenkontakt.
Soll so die ganze Zeit gestanden werden? Nein, strenggenommen nur eine winzige Zeitspanne, genau dann muß die Vorspannung erzielt sein, wenn die Aktion benötigt wird, in jener Hundertstelsekunde also, in der der Ball den gegnerischen Schläger verläßt. Es kann durchaus ein Auf und Ab an Spannung geben, es muß sogar so sein, denn es ist Energieverschwendung, während der Zeit der Warterei die Muskeln unter Spannung zu halten.

Der Klarheit wegen ist noch anzufügen: Die einzuleitende Bewegung muß automatisiert sein. Wenn ein Anfänger über die Bewegungen, die der schnelle Start erfordert, erst nachdenken muß, ist kein Gewinn an Reaktionszeit zu erzielen. Voraussetzung ist, daß die für die Aktion notwendige Bewegung vom Bewegungsgedächtnis bereitgestellt worden («Orientierungsphase» bei Grosser, s. u.) und unter variablen Umständen verfügbar ist.

E wie erregt: Den Schläger zum Ball

Wenden wir uns den Armen und Händen zu. Bekannt ist das Schülervergnügen, bei welchem sich zwei Personen mit betenden Händen gegenüberstehen und der eine dem anderen so lange die Hand streichen darf, bis es jenem gelingt, sie wegzuziehen. Wer schläfrig ist, kann sich ganz schön rote Finger einfangen, wer allerdings in erregt-vibrierender Haltung den gegnerischen Schlag erwartet, dem wird es schon beim ersten Zucken des Gegenübers gelingen, seine Hände in Sicherheit zu bringen.

Diesen Zustand höchster Aktivierung betrachten wir, um das dritte Glied der IGEA zu veranschaulichen. Zusätzlich greifen wir einen Gedanken auf, den Rudel/Rudel (1987, 41) in einem Aufsatz über das Timing beim Tennis in bezug auf Wahrnehmung und Bewegung formulieren:

«...die Schlägerflächenbewegung muß der Bewegung des Balles als Objekt der Wahrnehmung räumlich und zeitlich zugeordnet werden.»

Diese Forderung muß auf Badminton übertragen werden. Es geht bei der Reaktion des Badmintonspielers ebenfalls um die Schlägerflächenbewegung! Nicht um die Bewegung der Hand oder gar die des Armes. Wann die *Schlägerfläche* sich dem heranfliegenden Ball entgegenbewegt, ist entscheidend. Die Schlägerflächenbewegung muß unmittelbar einsetzen, wenn die Richtung, in die die Bewegung zu geschehen hat, von den Sinnesorganen mitgeteilt wurde.

Foto 13: Gu Jiaming, die All-England-Siegerin von 1988 in IGEA

Nach GROSSER (1983, 168) gliedert sich der ungeheuer schnell ablaufende Vorgang des sportmotorischen Handlungsvollzugs in vier Phasen, die hier auf Badmintonbedingungen übertragen sind:

Informationsphase	Situationswahrnehmung mit Auge und Ohr aufgrund eintreffender Reize
Orientierungsphase	Überprüfung der Antwortschlagmöglichkeiten
Antriebsphase	Entscheidung für einen Schlag
Ausführungsphase	Befehl, diesen Schlag auszuführen

Die Informationsphase wurde schon oben angesprochen. Zur Funktion der Orientierungsphase für Badmintonschläge siehe Abschnitt «Repertoirepflege» (s. S. 280). In unserem Zusammenhang wichtig ist die Antriebsphase, also die Phase zwischen der Auswahl des Antwortschlages aus den vom Bewegungsgedächtnis bereitgestellten Möglichkeiten und der eigentlichen Bewegungsausführung. In ihr tritt «der Wille zur Ausführung am entscheidendsten in Aktion». Der Bewegungsentwurf, für den sich der Spieler als Antwortschlag entschieden hat, «wird nun im Gehirn den motorischen Zentren übertragen, und von hier aus entstehen Impulse, die durch Nervenbahnen in die betreffenden Muskeln geleitet werden, d. h., die Muskeln werden somit in Bewegung gesetzt (sie werden innerviert)» (GROSSER 1983, 163).
Wenn die Armmuskulatur aber bei Eintreffen der Impulse erst noch aktiviert werden muß, wenn die an der Bewegung beteiligten Muskelgruppen noch zusammengeschaltet werden müssen – etwa, indem erst der Schläger fest gegriffen werden muß, oder gar hochgehoben –, geht viel zuviel Zeit verloren. Diese Vorbereitungen haben – genau wie bei der Beinarbeit – längst abgeschlossen zu sein. Die Nervenbahnen müssen «freigeschaltet» sein, die Muskelfasern unter Hochspannung stehen, die Verbindung zu den Sinnesorganen kürzestmöglich sein. Der Schläger muß in der Hand vibrieren. Nur so sind die Voraussetzungen für superschnelles Reagieren gegeben.

Zusammenfassung
IGEA verlangt, die visuellen Informationen durch Isolieren des Federballes zu reduzieren, mit gespannter Wadenmuskulatur einer Laufbewegung und mit erregter Armmuskulatur dem Balltreffzeitpunkt entgegenzufie-

bern. Durch IGEA soll unmittelbar in die Flugbahn des gegnerischen Balles hineinreagiert werden können. Mittels IGEA wird optimale «Aktionskonzentration» aufgebaut. Sie ermöglicht dem Spieler, seine Reaktionsreserve voll auszuschöpfen.

Reaktionsreserve: Auf mangelnder Vorbereitung beruhende Zeitdifferenz zwischen dem tatsächlichen Beginn einer Reaktionshandlung und der dem betreffenden Spieler eigentlich möglichen. Wird erschlossen durch Aufbau maximaler Aktionskonzentration und Beachtung aller Erfordernisse der IGEA.

Fehlt nur eines der drei Glieder in der Aktionsbereitschaftskette, kann sie nicht optimal funktionieren. Wenn der Blick kein Signal hereinholt, können Muskeln noch so gespannt und erregt sein, sie werden nicht in Aktion gesetzt. Ist die Beinmuskulatur nicht gespannt, kann der Spieler noch so frühzeitig sehen und noch so sehr mit dem Schläger vibrieren, er wird nicht rechtzeitig an jene Position kommen, an der der Schlag benötigt wird. Schaut er gut und steht er bestens, läßt jedoch den Arm schlaff herabhängen, wird er nimmermehr den frühestmöglichen Balltreffpunkt erwischen.

Was verlangt IGEA vom Spieler?
1. Das Bemühen (oder die naturgegebene Fähigkeit), stets in ihr zu spielen.
2. Visuelle Selektion, Ausschnittblick.
3. Bereitstellung in Startschritt-Vorspannung.
4. Effektives Starten mit Abdruckschritt (als automatisierte Fertigkeit).
5. Situationsangemessene Schlägerpositionierung.
6. Die Aktivierung der Schlagarmmuskulatur.
7. Bereitliegende Schlagprogramme.

Was bringt IGEA dem Spieler?
1. Aktivierte Handlungsbereitschaft.
2. Gewinn an Reaktionszeit.
3. Möglichkeit zur Erhöhung der Schlagvariabilität.
4. Antizipationsgelegenheiten.
5. Hilfe zum Aufrechterhalten von Aktionskonzentration.
6. Gefahrenminderung vor gegnerischen Überraschungsschlägen.
7. Übernahme der Spielinitiative.

Was ermöglicht dem Spieler das Wissen um IGEA?
1. Tiefergehende Forschung nach den Ursachen eigener Mängel.
2. Richtige Fehleranalyse im Wettkampf.

3. Dynamisierung der Laufarbeit.
4. Aufbau einer soliden Konzentrationskonstanz.
5. Exaktere Formulierung von Trainingszielen.
6. Verbreiterung des im Spiel genutzten Schlagrepertoires.
7. Aggressivitätstraining.

Ein Blick aufs Feld

Natürlich kann man Badminton auch ohne Berücksichtigung der Erfordernisse der IGEA spielen. Aber, wie unsere drei Eingangsbeispiele zeigen, eben weniger erfolgreich. Dabei ist es keineswegs so, daß bei den üblicherweise ablaufenden Badmintonspielen ohne IGEA gespielt wird. Dann würden nicht so viele packende Ballwechsel zustande kommen. Aber erfahrungsgemäß sind vielen Spielern die Erfordernisse der IGEA nicht bewußt. Sie können sie darum nicht planmäßig aufbauen.

Vollautomatisierte IGEA als eigenständige Leistungskomponente und deren Verfügbarkeit unter variablen Umständen zu erwerben, ist ein Prozeß, der viel Trainingsdisziplin erfordert. Die Fertigkeit muß genauso erarbeitet werden wie das Beherrschen anderer technischer Elemente auch. Hierauf wird aus Unwissenheit zuwenig Aufmerksamkeit verwendet.

Gegen Ende von Wettkampfspielen sind bei ausgeglichenen Gegnern die Ballwechsel oft länger und dramatischer. Dies läßt sich dadurch begründen, daß die Spieler durch die Dauer des Spiels ‹voll aktiviert› sind. Die Sinne sind hellwach, die Bewegungsprogramme an die Oberfläche geholt und die Nervenbahnen freigelegt.

Die Gefahr für das Vernachlässigen der IGEA ist in Ruhesituationen (z. B. nach dem Aufschlag) erheblich größer als in Aktionssituationen. Wenn der Federball schnell hin- und herfliegt, wird die Muskulatur oft nicht aus ihrer Spannung entlassen, sie mündet von einer in die nächste ein. Auch leistungsschwächere Spieler bekommen unter solchen Umständen lange Ballwechsel zustande. Weil sie sich in ständiger Laufbewegung befinden, halten sie zwischen ihren einzelnen Schlägen unwillkürlich IGEA aufrecht.

Wenn wir unseren Blick bei der Beschreibung der IGEA vorzugsweise auf die Ballerwartungshaltung in Abwehrsituation gerichtet hatten, so darf das nicht zu der Annahme verführen, sie sei eine ausschließliche Defensiv-Verhaltensweise. Foto 14 zeigt Liem Swie King in einer offensiven Situation. Der in Lauerstellung bereitstehende dreifache All-England-Sieger befindet sich in IGEA mit allen Attributen. Man fühlt förmlich, wie er gleich vorstürzen wird.

Verbesserungsstrategie

Zunächst muß sorgfältig und kritisch überprüft werden, inwieweit der Spieler jede der drei Komponenten der IGEA vollführt oder nicht vollführt. Bei den Komponenten gespannte Beinmuskulatur / effektiver Start und aktivierter Arm ist das nicht allzu schwierig. Durch aufmerksame Beobachtung sieht der Trainer, ob der Weg zur Aktion unnötig lang ist oder ob Zeit bei der Reaktion verschenkt wird. Er hat allerdings zu beachten, daß er zu tatsächlich leistungsrelevanten Aussagen kommt. Diese kann er nicht bei (bewußt durchgeführten) Trainingsübungen gewinnen, sondern durch strukturierte statistische Wettspielbeobachtung aus nahem Blickwinkel.
Vor größeren Schwierigkeiten steht der Trainer bei der Untersuchung, ob der Spieler die Isolation des Balles tatsächlich vornimmt. Erfahrungsgemäß wird er mit seiner Überprüfungsaufforderung auf Skepsis stoßen. Viele Spieler behaupten, sie sähen «natürlich» den Ball an.
Da der Trainer dem Spieler nicht von hinten durch die Augen blicken kann, bleibt ihm nur die Rückschlußbeobachtung. Er beobachtet den Spieler in Training und Wettkampf und versucht anhand der Reaktionsschnelligkeit herauszufinden, wie früh die reaktionsauslösenden Reize wirksam werden. Mit geübtem Auge ist auf diese Weise zu bestimmen, ob ein Spieler den Ball isoliert hat. Wenn der Ball ins Feld einschlägt, ohne daß der Spieler sich hat rühren können, sind Zweifel angebracht.
Wenn Klarheit über die Defizite herrscht, wird mit dem Spieler noch einmal ausführlich besprochen, welche Erfordernisse den drei IGEA-Gliedern zugrunde liegen. Danach werden sie Schritt für Schritt erarbeitet.

Foto 14: Liem Swie King (rechts) in voll entfalteter IGEA

Für den Trainer besteht die Aufgabe darin, bei jeder Aktionsübung auf dem Feld, auch wenn sie andere Trainingsziele verfolgt, IGEA zu fordern und deren Vernachlässigung sofort zu reklamieren. Für den Spieler bedeutet das, er muß systematisch bei jedem Training immer wieder die Anforderungen erfüllen. Ziel muß sein, ihn dazu zu bringen, selbst zu bemerken, ob er eines der Glieder vernachlässigt hat. Diese Selbstanalyse setzt ihn in den Stand, im Wettkampfspiel Gegenmaßnahmen gegen seine eigenen Nachlässigkeiten zu ergreifen.
Zunächst wird IGEA bei den *Abwehrschlägen* erprobt werden, in dieser Spielsituation werden die Defizite am augenfälligsten. Es werden also solche spielgemäßen Handlungen geschult werden, die sich aus einer defensiven Ballerwartungshaltung ergeben können.
Wichtig ist auch, dem Spieler ein Gefühl für *Spannung und Entspannung* zu vermitteln, ihn einen inneren Rhythmus für sein muskuläres Tun finden zu lassen. Er kann nicht in immerwährender IGEA spielen. Entspannung bietet nicht nur die Pause zwischen den Ballwechseln. Auch innerhalb des Ballwechsels ist Entspannung möglich, bei weitem Ballflug nämlich. Erinnert sei etwa an den All-England-Sieger von 1980, Prakash Padukone. Wer ihm zuschaute, war tief beeindruckt von der Leichtigkeit, mit der er sich bewegte – und gleichwohl den Schläger stets am rechten Ort hatte.
Ein weiterer Schritt in der Verbesserungsstrategie wird der vermehrte Erwerb von *paralleler Verfügbarkeit* gewisser technischer Fertigkeiten (z. B. von Abwehrschlägen) sein. Bei der planmäßigen Technik-Ausbildung können schon ab der Phase der Feinstkoordination die Erfordernisse der IGEA berücksichtigt werden. Wenn die Anwendung dann unter variablen Umständen erarbeitet wird, kann gezielt darauf geachtet werden, daß die durch IGEA erschlossene Reaktionsreserve genutzt wird, um mehrere Schlagprogramme gleichberechtigt nebeneinander einzusetzen.
Schließlich wird die Erarbeitung von IGEA durchgeführt, um *Reaktionszeiten* in Standardsituationen zu verkürzen. Ständiges Herstellen von IGEA im Training führt allemal zu einem Gewinn. PÖPPEL/PÖPPEL (1985) fanden bei Squashspielern im Rahmen einer Studie, daß sich Reaktionszeiten bei einfachen motorischen Handlungen nicht an einem Tag ändern, nach einer vierwöchigen Trainingsphase jedoch «signifikant kürzer» geworden waren. Dies ist leicht nachvollziehbar. Die für die Bewegung benötigten Bewegungsmuster liegen nach einem Übungszeitraum präsenter an der Oberfläche. Sie können unmittelbar abgerufen werden, und sie laufen auf eingeschliffenen Bahnen schneller ab. Wird IGEA ernsthaft trainiert, wird sich die Reaktionszeit verbessern, unabhängig von der angeborenen Reaktionsfähigkeit.

30 Übungsbeispiele rund um IGEA

1. Diskutieren Sie und untersuchen Sie in der Praxis, welche Komponenten der IGEA bei den drei zu Beginn dieses Abschnittes geschilderten Beispielen jeweils vernachlässigt wurden.
2. Nehmen Sie nach jedem hohen Ball an die gegnerische Grundlinie bewußt die defensive Ballerwartungshaltung (BEH) ein.
3. Versuchen Sie in der Bereitstellung folgenden Rhythmus zu finden: Isolieren des Balles, dann Einnehmen des Ballenstandes und Suchen des Druckpunktes, dann Vorbereiten der Schlägeraktion. Erarbeiten Sie sich zunehmende Automatisierung.
4. Spielen Sie den Ball hoch in die gegnerische Vh-Ecke / Rh-Ecke, und versuchen Sie, die möglichen gegnerischen Angriffsschläge zu antizipieren. Rufen Sie dabei im Selbstgespräch in die gegnerische Schlagausführung hinein, und beginnen Sie gleichzeitig Ihren Gegenschlag.
5. Lassen Sie einen Partner schmettern, wobei er die Aufgabe hat, die Zielpunkte für seinen Smash über Ihre verschiedenen Körperbereiche zu streuen. Versuchen Sie, den Schläger dennoch jeweils hinter den Ball zu bringen.
6. Nehmen Sie die defensive BEH bewußt in Abhängigkeit von Weite und Position des Balles in der gegnerischen Feldhälfte ein. Weiter vorne oder hinten, schräg stehend, seitlich von ZP...
7. Üben Sie, aus defensiver BEH auf gegnerische Angriffsclear zu reagieren.
8. Beobachten Sie andere Spieler, und versuchen Sie zu bestimmen, warum jene ggf. einen Ball nicht bekommen haben.
9. Üben Sie die Aktivierung der Armmuskulatur in Drive-Duellen, wobei Sie sich bemühen, gleich nach dem vollbrachten Schlag mit dem nächsten zu beginnen.
10. Üben Sie das Umschalten der Aufmerksamkeit (Zupacken des Blickes, Isolieren eines Gegenstandes), indem Sie an einer Wand, an der viele Objekte hängen, auf ein Signal hin Ihren Blick für jeweils 3 Sekunden auf ein bestimmtes Objekt (oder ein Detail) konzentrieren.
11. Üben Sie das gleiche an bewegten Objekten: z. B. an einem Blatt eines im Wind wehenden Astes, an einem steil hochgeschlagenen und herabfallenden Groschen, an einem durch die Luft fliegenden Handball, Tennisball, Tischtennisball, Klicker.
12. Üben Sie das Einnehmen unterschiedlicher Ballerwartungshaltungen, indem Sie nach eigenen Clear und Drop defensive und offensive BEH in übertriebenen Posen (z. B. extrem breitbeinige tiefe Abwehrhaltung) einnehmen.
13. Nehmen Sie bewußt die defensive BEH in Abhängigkeit zur zu erwartenden Härte des bevorstehenden Angriffsschlages ein.
14. Verbessern Sie Ihren schnellen Start in alle Richtungen.
15. Üben Sie das Fixieren des Balles in verschiedenen Spielsituationen: Wenn er oben an der gegnerischen Grundlinie fliegt, nach eigenem Smash, beim Spiel am Netz. (Wichtige Übung, da erfahrungsgemäß der Ball nach Clear am leichtesten wieder einzufangen ist, Bälle im Vorderfeld dagegen mit größeren Schwierigkeiten.)

16. Schulen Sie die Bewegungswahrnehmung Ihrer verschiedenen Schlagbewegungen, indem Sie in den Arm hineinhorchen und bewußt die Dynamik steuern, mittels der Sie weiter oder weniger weit schlagen.
17. Schulen Sie Ihren IGEA-Rhythmus: Schwingen Sie mit dem Körper so in die Muskelspannung hinein, daß Sie im Augenblick des Knalls (Ball verläßt den gegnerischen Schläger) Druckpunkt und Schlägerstart erreichen.
18. Üben Sie Mitspielen. In einem Doppel stehen Partner in Abwehrstellung nebeneinander. Partner B wird angespielt. A aber vollzieht die Vorbereitungen zur Abwehr mit und soll in dem Augenblick, da die Entscheidung zugunsten von B fällt, ebenfalls mit seiner Abwehraktion beginnen. Er führt sie nicht vollständig aus, läßt sie vielmehr einmünden in einen Aktivierungsschrei für den Partner.
19. Bringen Sie die Vorteile der IGEA ins Netzspiel aus Lauerstellung ein.
20. Absolvieren Sie eine Bewegungsschlagübung zum Defensivverhalten. Lassen Sie sich von Ihrem IGEA-erfahrenen Trainer in die Ballwechsel hineinrufen, wann Sie hätten reagieren sollen. Überprüfen Sie die Aufforderung mit Ihrer eigenen Handlungsabsicht.
21. Üben Sie kurze und flache Smash-Abwehr auf dem halben Feld. Schließen Sie nach jedem Uhclear kurz die Augen bei abgewendetem Kopf, und versuchen Sie, dennoch rechtzeitig den Ball mit dem Blick wieder einzufangen.
22. Schulen Sie Ihr IGEA-Gefühl, indem Sie einem Mitspieler bei dessen Übung zurufen, wann die Schlagaktion beginnen soll, und beurteilen Sie, ob er nicht jeweils ein wenig schneller reagieren könnte.
23. Machen Sie mit einem Partner eine einfache Schlagkombination zur variablen kurzen Smash-Abwehr im Doppel. Werfen Sie nach jedem Uhclear Ihren Schläger in die Luft, und versuchen Sie, ihn rechtzeitig wieder aktionsbereit in den Griff zu bekommen.
24. Wehren Sie gegen zwei sich abwechselnde Angreifer dauerhaft ab (2 gegen 1, mehrere Bälle) bei Beachtung aller IGEA-Erfordernisse. Beobachten Sie, nach wieviel Minuten sich bei Ihnen die ersten Nachlässigkeiten einstellen.
25. Üben Sie als Vordermensch im Doppel «Hineingehen» in flache/hohe Smash-Abwehren, wobei Sie versuchen, den gegnerischen Abwehrschlag zu antizipieren und die Reaktion so früh wie möglich beginnen zu lassen.
26. Verbessern Sie die parallele Verfügbarkeit verwandter Schläge. Stellen Sie sich zwei oder drei Techniken zusammen (z. B. Stop cr und Stop Ll), und versuchen Sie im Rahmen einer Schlagkombination bei jeder Schlagausführung beide Bewegungsprogramme präsent zu haben.
27. Arbeiten Sie an der Verkürzung Ihrer Reaktionszeit, indem Sie im Rahmen einer Komplexübung auf variable Angriffsschläge «spekulierend» reagieren, wobei Sie sich den vermuteten gegnerischen Schlag im Selbstgespräch zurufen.
28. Üben Sie geistiges Mitspielen, indem Sie sich bei einem Einzel jeden Schlag, den Sie und Ihr Gegenüber machen, benennen.
29. Konzentrieren Sie sich auf ausgeprägtes Einnehmen der defensiven BEH, lassen Sie sich durch gegnerischen Clear überspielen, und befreien Sie sich durch Uhclear aus dem Sh- oder Uh-Bereich an der Grundlinie.
30. Zwingen Sie sich dazu, nach jedem nicht erreichten Ball Rechenschaft darüber abzugeben, warum Sie ihn nicht erreicht haben. (Wichtigste aller Übungen.)

TUNNEL
BLICK
Die Halle ist
versunken –
jetzt zählt
nur noch
der Gegner

*Blicke in Dich. In Deinem Innern ist eine Quelle,
die nie versagt, wenn Du nur zu graben verstehst.
(Marc Aurel)*

Schlüsselwort Konzentration

73er Endspiel bei den All-England Championships:
Rudy Hartono hat sich bei 14:10 im dritten Satz gegen Punch Gunalan bereitgestellt zum Aufschlag, als durch einen Schiedsrichterruf eine Spielunterbrechung wegen Zuschauerunruhe herbeigeführt wird. Hartono nimmt den Ruf zunächst gar nicht wahr, schrickt dann zusammen und starrt mit aufgerissenen Augen zum Schiedsrichter. Es scheint, als erwache er aus einem Trancezustand, als wäre er gewaltsam in die Wirklichkeit der Halle zurückgerissen worden.
Ein Paradebeispiel für das, was gemeinhin als Konzentration bezeichnet wird. Doch ist es nur eine der Ausprägungen, die Badminton verlangt. Das Einüben von differenziertem Konzentrationsverhalten gehört in den Trainingsprozeß des Badmintonspielers als ständiger Lehrinhalt hinein. Nach Röthig (1983, 202) ist Konzentration die «Fähigkeit, die Aufmerksamkeit aktiv und bewußt auf bestimmte geistige, seelische oder körperliche Tätigkeiten zu richten». Aufgrund unterschiedlicher Wirkungsweisen wird die Konzentration in drei Ausprägungen beschrieben, die wir Abschirm-, Aktions- und Handlungskonzentration nennen.

Abschirmkonzentration

Was Hartono um sich herum geschaffen hatte, war «Abschirmkonzentration». Der Spieler erlebt Konzentration als meditativen Vorgang. Er umgibt sich mit einem Mantel, spinnt sich ein in den «Kokon der Konzentration», taucht ein und bleibt eingetaucht in das Wesen des Spiels. «Es entsteht eine nicht mehr abreißende Konzentration, ein fließender ‹roter Faden›, der durch außerhalb des Spiels liegende Einflüsse nicht gestört werden kann. Dieser Vorgang läßt jene Selbstvergessenheit aufkommen, die jedem spielerischen Akt innewohnt.» (Rudel/Rudel 1987, 43).

Abschirmkonzentration: Ausrichtung der Sinne auf beabsichtigte Handlungen durch dauerhafte Einschränkung der Aufnahme nicht benötigter Informationen. Der Aufbau von A. soll sicherstellen, daß die Handlungsfähigkeit des Spielers nicht durch störende Einflüsse eingeschränkt wird. Durch A. wird die Voraussetzung geschaffen, daß er in einem Ballwechsel die Aufmerksamkeit sofort und ungeteilt auf das Objekt Ball richten und optimale Handlungen einleiten kann.

Ideal wäre es, wenn dieser Zustand während des gesamten Wettkampfes aufrechterhalten würde. Doch selbst bei Weltspitzenspielern bekommt der Kokon gelegentlich Risse. Es ist darum notwendig, Wege zur Hand zu haben, mittels derer verlorene Konzentration wiedererlangt werden kann.

Zentrale Abschirm-Forderung:
Lasse Dir Deine Handlungsfähigkeit nicht nehmen!
Cup-Finalrunde 1986 in Jakarta, Halbfinalspiel Indonesien gegen Japan. Im Dameneinzel führte Favoritin Sumiko Kitada gegen Ivanna Lie im ersten Satz über 6:3 mit 9:5. In dem Augenblick, da die Japanerin den neunten Punkt machte, der Satzverlust für Ivanna also gefährlich nahe rückte, steigerte sich das Toben und Brüllen der 8000 indonesischen Fans zu einer derartigen Aggressivität, daß Sumiko von einer zur anderen Minute zusammenbrach. Es war zu beobachten, wie sie die aufgebrachte Menge, die auf sie einschrie, plötzlich bewußt wahrnahm und erschrocken vor ihr zurückwich. Ihre Augen weiteten sich, ihre Bewegungen erschlafften. Sie wirkte wie unter die Dämonen gefallen. Sie war zu keiner geordneten Handlung mehr fähig. 9:12 2:11. Es war den Zuschauern gelungen, bei der Badmintonspielerin Kitada den Kokon der Abschirmkonzentration zu zerfetzen.
Die Beeinträchtigung der Handlungsfähigkeit aufgrund von Konzentrationsverlust kann aber nicht nur während des Wettkampfes erfolgen (Aktionsblockade), sie kann bereits vor dem Wettkampf eintreten (Vorstartnervosität). Sie braucht auch nicht unbedingt durch die Außenwelt bewirkt zu sein, häufig kommt sie aus dem Spieler selbst. Die Folgen: hektisches Verhalten, fehlende gedankliche Begleitung, mangelnde Kampfbereitschaft, taktische Handlungsunfähigkeit, Nichtbeachtung der Erfordernisse der IGEA...
Diesen Gefahren zu begegnen, muß der Badmintonspieler lernen. Statt sich ihnen auszuliefern, sollte er im Training die Voraussetzungen schaffen, damit seine Handlungsfähigkeit nicht eingeschränkt wird.

1. Abschirm-Forderung:
Reduziere die Gründe für Vorstartnervosität!
Äußere Anzeichen für aus dem psychisch-vegetativen Gleichgewicht geratene Spieler sind

- vegetativer Art: feuchte Hände, überhöhter Puls, Magen-Darm-Störungen,
- motorischer Art: Hyperaktivität, Verkrampfung, Schwereempfinden, Spannungslosigkeit,
- psychischer Art: Überdrehtheit, Erregbarkeit, Gesprächshektik,
- verstandesmäßiger Art: Gedächtnisschwäche, Konzentrationsunfähigkeit,
- sozialer Art: Aggressivität...

Als Maßnahme, um Vorstartnervosität zu verhindern, empfiehlt sich eine Bewußtmachung der ablaufenden Vorgänge und jeweils eine intensive, vor allem gedankliche Vorbereitung. (In Abb. 4, S. 132, finden sich in einer Selbstcheckliste Beeinflussungsfaktoren, die einen Spieler hindern können, Abschirmkonzentration zu finden oder aufrechtzuerhalten.)

- Bereite den Wettkampf sorgfältig zu!

Ziel ist es, den Spieler in ein subjektiv erlebtes Gleichgewicht zu bringen. Wenn er alles in der Wettkampfvorbereitung getan hat, was ihm möglich war, reduzieren sich die Gründe für Nervosität, denn konkrete Handlungsabsichten geben innere Stärke. Je umfassender mögliche Gefahren besprochen werden, desto widerstandsfähiger wird er gegen sie sein.

Wettkampfzubereitung: Festlegung aller Maßnahmen, die ein Spieler im Verlauf eines bestimmten Wettkampfes durchzuführen gedenkt.

Maßnahmen der Wettkampfzubereitung: Festlegen von Handlungsabsichten; Einüben motorischer Handlungsabsichten; Verinnerlichen psychischer Handlungsabsichten; Planen der Vor-Wettkampf-Phase; Versachlichen des Wettkampf-Ereignisses zu einem Problem, das es zu lösen gilt.

Die wesentliche Hilfe für den Spieler bei der Zubereitung des Wettkampfes bietet das initiierende Gespräch mit dem Trainer («Fremdregulation»). Für alle bedeutsamen Handlungsebenen wird das Verhalten abgesteckt. Der Trainer macht dem Spieler bewußt, was auf ihn zukommt. Soll ein solches Zwiegespräch fruchtbar sein, bedarf es

- eines stattfindenden Trainingsprozesses,
- eines mitdenkenden Athleten,
- eines an der Leistungsentwicklung des Spielers arbeitenden Trainers,
- einer vertrauensvollen Zusammenarbeit.

Foto 15: Verlust der Abschirmkonzentration – Sumiko Kitada wurde von indonesischen Zuschauern handlungsunfähig geschrien.

- Nimm unbeeinflußbare Beeinflussungsfaktoren als unbeeinflußbar hin!

Die Gefahren für Konzentrationsbeeinträchtigungen bei Badmintonwettkämpfen sind in drei zeitlichen Tiefen angesiedelt und vom Spieler in unterschiedlichen Graden zu beeinflussen.
Psychische Belastungen aus der *Vorbereitungsorganisation* eines Turnieres darf es nicht geben. Gefahren daraus sind leicht zu vermeiden, da der Spieler *umfassend Einfluß nehmen* und selbst für optimale Regelungen sorgen kann: Abschlußtraining/Wettkampfzubereitung, Fahrtweg, Unterkünfte, Anfangszeit, zu erwartende Belastungshäufigkeit, Anreise, Eigenverpflegung, Getränke, Betreuer, Schlägerservice...
Der zweite Zeitpunkt, an dem Konzentrationsbeeinträchtigungen auftreten können, liegt nach Eintreffen am Wettkampfort bei der Betrachtung der *Rahmenbedingungen in der Halle*. Was immer er hier antrifft, der Spieler muß sich mit innerer Gelassenheit dagegen abschirmen. Da er die situativen Bedingungen nicht beeinflussen kann, muß er sie entschärfen, indem er sie *emotionslos hinnimmt*.
Als wichtige Hilfe dient ihm seine Erfahrung. Hallenausstattung, Spielfeldmarkierungen/-matten, Bodenbeschaffenheit, Ballsorte, Ballgeschwindigkeiten, visuelle Bedingungen, Temperatur, Schieds-/Linienrichter, Zuschauer, Lärm in der Halle, fehlende Betreuer, mangelhafte Organisation, Proteste, unerwartete/berüchtigte/unbekannte Gegner, Disziplinwechsel... – all das sind typische variable Umstände bei Badmintonwettkämpfen.

Auf eine unerwartete Niederlage angesprochen, erklärte Willi K. am nächsten Trainingstag: «Wenn du das erlebt hättest... – also unter den Bedingungen, da wär dir auch alle Lust vergangen! Nee, so macht Spielen keinen Spaß, wirklich nicht. Schon die Halle – eine niedrige, damit hab ich es sowieso nicht. Dann hatten die den alten Brecher dabei, die ganze Saison spielt der nicht, nur gegen uns wird er reaktiviert. Die Linien hatten sie gelb geklebt, die Grundlinie drüben konntest du nicht sehen, ehrlich. Weil noch andere Mannschaften spielten, mußten wir ewig warten. Einschlagen ging auch nicht richtig. Es war eine Bullenhitze, klatschnaß mein Hemd, und ich hatte nur eins mit. Mit den Bällen konntest du Steinschleudern veranstalten. Die Zuschauer saßen direkt neben dem Feld und rannten dauernd rum... du, also – klar, ich hätt den gepackt, ich hab im zweiten Satz ganz knapp die Verlängerung verpaßt – aber trotzdem, irgendwie war ich überhaupt nicht richtig auf dem Feld.»
Bei alldem, was Willi K. zu bewältigen hatte, ist nur zu verständlich, daß ihm für das eigentliche Ziel seiner Reise wenig Geisteskraft übrigblieb.
Der dritte Zeitpunkt für eine Konzentrationsbeeinträchtigung liegt unmittelbar *vor dem Spiel*. Die hier auftretenden Gefahren zu bewältigen und sich nicht aus der Konzentration bringen zu lassen, dafür muß der Spieler

seine geistigen Kapazitäten freigehalten haben. Er muß sich (durch Handeln) kurzfristig *einstellen*, z. B. auf: schwache Auftaktspielleistung, unerwarteten Gegner (Ersatzspieler, Außenseiter), überraschenden/verzögerten Spielbeginn, gute/schlechte Vorform des Gegners, dumme Bemerkungen, kluge Ratschläge, aktuelle Licht-/Zugluftverhältnisse auf dem Feld, Imponiergehabe des Gegners, tatsächliche Ballgeschwindigkeit, schlechte Feldseite, Saitenriß beim Einschlagen, unsympathischen Schieds-/Linienrichter, unsportliches/lautes Zuschauerverhalten...

2. Abschirm-Forderung:
Schirme Dich vor den Einflüssen der Umwelt ab!
In der aktuellen Vor-Wettkampf-Phase soll die Abschirmkonzentration aufgebaut werden. Dazu wird die Aufmerksamkeit des Spielers von möglichen Beeinflussungsfaktoren (seine Umgebung, sein Inneres) fort auf konkrete Handlungen gerichtet. Eine in dieser Phase auftretende Spannung bzw. Erregung sollte als notwendig und positiv akzeptiert werden. Sie verhindert überdies ein Absenken des emotionalen Engagements bis zur Gleichgültigkeit oder Startapathie.

● Verrichte Vor-Wettkampf-Rituale!
Das Verfahren, nach dem die Abschirmung erfolgen soll, muß individuell auf den Spieler zugeschnitten sein und wird sich im Laufe der Jahre verfestigen. Als Inhalte sind allgemeine Aufforderungen («Laß dich nicht nervös machen») weniger hilfreich als konkrete Handlungsanweisungen («Setz dich in Droschkenkutscherhaltung in die Ecke und visualisiere die Laufarbeit zur ZP»). Je ausgefüllter die Wartezeit vor dem Wettkampf mit konkreten Aufträgen ist, desto weniger Gelegenheit wird der Spieler haben, sich durch Störeinflüsse beeinträchtigen zu lassen.
Die unmittelbare Spielvorbereitung schließt drei Bereiche ein. Die Bereitstellung des Materials (Schläger, Federbälle, Handtuch, Kleidung, Zubereiten von Energiedrinks, Zeichensprache...), Mobilisation des Körpers für Höchstleistung (Herz-Kreislauf-Funktion, Muskeltätigkeit und Muskelstoffwechsel, Bewegungsprogramme aktivieren, neuronale Steuerungsprozesse einstellen...) und psychische Einstimmung (Zentrieren von Informationsaufnahme und -verarbeitung, Entwickeln von Kampfbereitschaft, Wachrufen von festgelegten Handlungsabsichten...)
Empfohlene Rituale sind standardisierte Aufwärmprogramme.

Standardisiertes Aufwärmprogramm: Festgelegte Abfolge von Aktivierungsmaßnahmen, die dazu dienen, einen Spieler vor Wettkampf oder Training körperlich und psychisch zunehmend in höchste Leistungsbereitschaft zu versetzen.

Kenntnisse möglicher Demotivierungsursachen helfen bei der Regulierung

Mache dir die Belastungsfaktoren bewußt

	motiviert mich stark ←			→ zerstört meine Motivation		
	+3	+2	+1	0	−1	−2
01. Spiel im Rahmen eines Mannschaftswettkampfes						
02. Erstes Spiel eines Turniers						
03. Mehrere Spiele an einem Turniertag (im Siegfall)						
04. Folgendes Spiel nach einer langen Wartezeit						
05. Folgendes Spiel nach einer kurzen Pause						
06. Wöchentliche Wettkampffolge						
07. Anwesenheit eines Trainers						
08. Anwesenheit eines vertrauten Menschen						
09. Spiel gegen Gegner, den man mehrfach geschlagen hat						
10. Spiel gegen Gegner, gegen den man mehrfach verloren hat						
11. Spiel gegen unbekannten Gegner						
12. Spiel gegen unsympathischen Gegner						
13. Spiel gegen Mannschaftskameraden/Trainingspartner						
14. Als Favorit angesehen werden						
15. Spiel gegen einen als konditionsstark berüchtigten Gegner						
16. Vorausgegangene Serie schwacher Wettkampfleistungen						
17. Vorausgegangener mangelnder Trainingseinsatz						
18. Durchlaufen einer harten Trainingsphase						
19. Serie von Siegen in den letzten Wettkämpfen						
20. Chance, durch Sieg ein lange angestrebtes Ziel zu erreichen						
21. Zwang, ein Spiel unbedingt gewinnen zu müssen						
22. ‹Schlechte› Federbälle						
23. Saitenrisse						
24. Abwesenheit von Zuschauern						
25. Anwesenheit von Zuschauern						
26. Anwesenheit von unterstützenden Zuschauern						
27. «Beipack» Halle (Licht, Boden, Lärm ...)						
28. «Beipack» Spiel (Linien, Zwischenrufe, Störungen ...)						
29. «Beipack» Gegner (Verzög., Reden, Fuschen, Unzufriedenh.)						
30. Zustandekommen einer Verlängerung						
31. Gut gelungene Spielzüge des Gegners						
32. Gut gelungene eigene Spielzüge						
33. Entschlossener gegner. Widerstand trotz eigenen guten Spiels						
34. Rückstandvergrößerung von 8:11 auf 8:12 (4:8 auf 4:9)						
35. Deutliche Führung						
36. ‹Glücksbälle› des Gegners						
37. Hoher Rückstand zu Spielbeginn aufgrund eigener Fehler						
38. Bemerken eigener Konditionsmängel						
39. Bemerken des Nachlassens der Abschirmkonzentration						
40. Bemerken des Nichtaufbaus von Aktionskonzentration						
41. Lautes Äußern von Unzufriedenheit mit der eigenen Leistung						
42. Unstimmigkeiten mit Trainer, Sportkameraden, Funktionären						
43. Unstimmigkeiten mit Familie, Schule, Beruf ...						
44.						
45.						

Abb. 4: Für eine Untersuchung nach angewandten naiven psychoregulativen Selbstbeeinflussungstechniken bei Tennisspielern entwickelten MÜLLER/KRIEGER (1984) einen Fragebogen, der an Badmintonbedingungen angepaßt wurde.

In der Praxis benötigt der Spieler drei Aufwärmprogramme, die sich in Form, Zeitdauer und Inhalt unterscheiden. Die *Grundaufwärmung* (etwa 30 Minuten), mit der er vor dem Wettkampf eine optimale Funktionsbereitschaft aller Organsysteme und der Psyche herstellt. Es umfaßt Einlaufen, Dehnen, Einschlagen, Wachrufen vorher festgelegter Schlagbewegungen, Aufbau von Spielbereitschaft. Ein *Bereithaltungsprogramm*, mit dem er sich für einen bevorstehenden, jedoch zeitlich noch nicht genau feststehenden Einsatz bereithält. Hier muß er unter Umständen (dritter Satz) einen hohen Aktivierungsgrad wieder absenken, um ihn erneut aufzubauen. Ein «*Intensiv-push-up*» (5 bis 8 Minuten), mit dem er sich stimuliert, wenn er im Verlauf eines Turniers bereits mehrere Spiele gemacht hat. Hierbei müssen die Körperfunktionen, da bereits aktiviert, nur ‹hochgefahren› werden; bedeutsamer ist darum das psychische ‹Heißmachen›, da ein langer Wettkampftag oft eine gewisse Apathie bewirkt.

- Lege Dir einen Mantel der Konzentration um!

Die Aufmerksamkeitshaltung wird eingeengt, indem der Spieler von weit ausgerichteter Informationsaufnahme auf eine enge umschaltet. Dies läuft stufenweise ab. In Abb. 5 ist ein solcher Ablauf dargestellt.

Abb. 5: Stufenweises Einengen der Aufmerksamkeitshaltung in der Vor-Wettspiel-Phase

Der Mantel der Konzentration

Reduziere Deine Informationsaufnahme vor dem Wettkampf

Ziehe Deine Antennen stückweise ein: Im Hallenalltag wirst Du selbst in den letzten 10 Minuten vor einem Spiel den Kontakt zur Umwelt nicht völlig abbrechen können. Es stürmen noch jede Menge Signale auf Dich ein, Fragen, Tips, Verabredungen, Zwischenergebnisse, gute Wünsche, Begrüßungen, Gesichter, ganze Tragödien ... Nimm alles nur wahr – laß jedoch immer weniger davon in Dich eindringen.
Passiviere Dich in der Informationsaufnahme: Hilfsmittel: Walkman, standardisiertes Aufwärmprogramm, formelhafte Rede für vorbereitetes spieltaktisches Verhalten, Schlüsselworte für zu beachtende Fertigkeiten. Versuche, die Kommunikation mit zunehmender Spielnähe mehr und mehr einzuschränken und gefühlsmäßige Beteiligungen am Hallengeschehen abzuschalten. Enge Dein Aufmerksamkeitsfeld systematisch immer weiter ein. Wenn Du aufs Feld mußt:
Kappe die Antennen: Mache Dich unerreichbar für Außenreize. Das markerschütternde Buh-Konzert eines südostasiatischen Publikums, das auf Dich niederprasselt, wenn Du zum Spiel gegen einen einheimischen Gegner durch die Gasse schreitest, muß an Dir abprallen wie ein Tischtennisbällchen an einer Panzerplatte.

- Visualisiere beabsichtigte Handlungen!

Visualisierung: Geistiges Vorstellen von Situationen, in denen Handlungen bewußt gelenkt werden, um ein angestrebtes Ziel zu erreichen. – Schließt das Fühlen der vorgestellten Bewegungsfolgen mit ein, wodurch Signale über das Nervensystem an die Muskeln gesandt werden und die entsprechenden Nervenbahnen ‹gebahnt› werden.

Ein Beispiel für eine Vor-Wettkampf-Visualisierung zeigt Abb. 6. Eine ausführliche Anleitung findet sich bei Syer/Connolly 1987, 66ff. Es kommt darauf an, zur unmittelbaren Wettspieleinstimmung die bei der Wettkampfzubereitung festgelegten Handlungen noch einmal ‹anzufühlen›. Im Mittelpunkt stehen die Trainingsschwerpunkte, und zwar in ihrer badmintonspezifischen Aktionsform (nicht 5-m-Sprint, sondern dynamische Laufarbeit im Feld). Entscheidend ist, den Weg zu einem Ziel zu visualisieren, nicht das Ziel (bei zu kurzem Clear nicht «Weit!», sondern «Power Pronation!»). Visualisieren wird in körperlicher Entspannung und geistiger Konzentration durchgeführt. Es empfiehlt sich eine Sitzposition.

- Mobilisiere Kampfbereitschaft!

«Ich will! Ich werde!» lauten die Selbstaufforderungen. Keine bangen Sätze wie «Schaff ich das?» Schnellkräftige, aggressive Bewegungen werden vollführt, gedanklich den Gegner unter Druck setzende Handlungen vollzogen, eigene Stärken herausgestellt. Leistungsbereitschaft («Ich bin wahnsinnig gespannt!») und Erfolgszuversicht («Diesmal ist er fällig!») sind angesagt. In dieser Reihenfolge! Den Gegner in optimaler psycho-physischer Verfassung bewußt zum Zweikampf herausfordern, lautet die Devise.

3. Abschirm-Forderung:
Bleibe während des Wettkampfes abgeschirmt!

Äußere Anzeichen, an denen der Beobachter erkennen kann, wann ein Spieler ins psychisch-vegetative Ungleichgewicht geraten ist, sind

- motorischer Art: unkontrollierte Schlagausführungen, fehlende Dynamik,
- materialer Art: häufiges Wechseln von Schlägern und Federbällen,
- taktischer Art: Spielen ohne Plan, ängstlich-passives Spiel,
- reaktiver Art: Nichteinhalten der Anforderungen der IGEA,
- psychischer Art: emotionale Ausbrüche, Suchen von Fremdverschulden, Nichtaufbau von Abschirmkonzentration, resignative Gesten,
- verstandesmäßiger Art: Unfähigkeit, Auffangmaßnahmen durchzuführen, Aufgabe der gedanklichen Wettkampfbegleitung, fehlende Fehleranalyse,
- sozialer Art: Aggressivität gegenüber Schiedsrichter, Zuschauern,
- resultativer Art: Serie von Punktverlusten, zerfahrenes Spiel...

Werden Dir die Hände feucht? Klingelt der Darm?
Flattern die Nerven?
Dann hast Du nicht die richtige Einstellung zum Wettkampf.
Schaffe sie Dir.

Mache Dich auf den Badmintonwettkampf heiß
Erlebe die gespannte Aufregung als ganz normale Empfindung. Freue Dich auf das Spiel. Eine herbeigesehnte Gelegenheit zu sehen, wieviel Du vorangekommen bist nach dem harten Training. Schlage Dich gut warm, ende im Wettkampftempo. Sorge dafür, daß Du ins Schwitzen kommst. Aktiviere Deinen Organismus, und lege die gespeicherten Bewegungsmuster an der Oberfläche bereit. Wechsele das Hemd und setze Dich in einen Winkel. Schließe die Augen.
Stelle Dir vor, wie Dein Arm zu einem Clear ausholt. Führe die Unterarmdrehung mit festem Griff, steuere die angezielte Ecke an, führe den Schläger auch noch, nachdem der Ball getroffen ist. Drücke Dich nach dem Umsprung mit einem kräftigen Impuls wieder zur ZP. Gehe unmittelbar in Abwehrhaltung und achte darauf, daß der rechte Ellbogen Bewegungsfreiheit hat. Du erlebst, wie Du diese Stellung genießt, wie Du dadurch unbezwingbar wirst. Du weißt, wenn Du den gegnerischen Schlag in IGEA erwartest, bist Du durch keinen Ball auszuspielen. Du erlebst, wie Du hellwach bist und geradezu begierig auf die Aktion des Gegners lauerst. Du erlebst, wie Dein Selbstvertrauen wächst, wie Du an Sicherheit gewinnst, wie Du unbezwingbar wirst. Du achtest beim Annehmen gegnerischer Drop darauf, daß Du den Schläger unter den Ball führst, ja, unter den Ball führst, Vorhand, damit er steil fällt, auch Rückhand, Rückhand. Deine Sicherheit wächst, Körper und Geist erleben dieses Gefühl der Sicherheit. Es macht Dich stark. Es läßt Dich größer werden. Freude der Leistung steigt in Dir auf, Lust geradezu auf den bevorstehenden Zweikampf. Du erlebst, wie Du nach einem Fehler eine Schnellanalyse über dessen Ursache machst, wie Du Dein Spiel dadurch stetig perfektionierst. Du erlebst die Wolke, die Dich einhüllt. Du fühlst Dich jetzt ganz auf dem Spielfeld. Die Außenwelt ist versunken. Du fühlst, wie Deine Oberschenkelmuskeln zucken, explodieren, wie deine Beine sich bewegen wollen. Du erlebst, wie Du nach einem Vh-Smash sofort wieder Stand findest und auf die Cross-Abwehr achtest, die der Gegner liebt. Ja – diese vorausahnende Bereitschaft gibt Kraft und ein Gefühl der Überlegenheit. Du fühlst Dich stark. Stark genug zu siegen. Du genießt diese Stärke. Langsam verläßt Du das Feld, kehrst zurück in den Raum, der Dich umgibt. Du zählst bis drei und öffnest die Augen.

Abb. 6: Beispiel für ein individuelles Visualisierungsprogramm vor dem Wettkampf

Maßnahmen zum Aufrechterhalten der Abschirmkonzentration während des Wettspiels

- Enge das Wahrnehmen durch Denken ein!

Hilfreich, um Gegnergehabe und äußere Wettkampfsituation nicht wahrzunehmen, sind Aktionspläne und Handlungen. Ein volles Hirn hört nicht. Wer aufmerksam diesen Text liest, stellt fest, daß er die Musik im Radio eine ganze Weile nicht wahrnimmt, obwohl die Ohren sie vermutlich hören. Wer im Spiel Handlungsabsichten im Kopf hat, wer gefangen ist vom Vollbringen seiner Aufgabe, der wird für die Signale seiner Umgebung keinen Sinn (!) haben und weniger ablenkungsgefährdet sein.

- Bewahre das Gleichgewicht!

Wer im Wettkampfgeschehen steht, darf durch nichts von dem, was sich spielimmanent ereignen kann, aus dem Gleichgewicht gebracht werden. Jeder «Beipack des Spiels» kommt hundertmal vor. Der abgeschirmte Spieler betrachtet ihn so kühl und emotionslos, wie der naturalistische Dichter seine Figuren selbst dann noch betrachtet, wenn sie elende Tode sterben.

Beipack des Spiels: Ergebnisbeeinflussendes Ereignis im Badmintonspiel, das keine eigentliche Ballspielaktion darstellt, aufgrund seines alltäglichen Vorkommens jedoch als Spielelement angesehen werden muß. Einen B. stellen etwa dar: knappe Linienbälle, Fehlentscheidungen, Uneinigkeiten über Spielstand, Fuschversuche, Verhöhnungen, schnelle/langsame Bälle, rutschiger Boden, redende Gegner, Netzberührungen, einseitige Linienrichterentscheidungen, Aufschlagfehler...

Oft allerdings muß ein Beipack des Spiels als – willkommener – Anlaß herhalten für die innere Aufgabe. Aus Scham über die (drohende) Niederlage wird die ‹Schuld› dem Verursacher des Beipacks in die Schuhe geschoben.

- Festige Abschirmung gegenüber eigener Schwäche!

Ebenso gefährlich wie die Störeinflüsse von außen sind jene, die aus uns selbst kommen. Ein Spieler, der bemerkt, wie er anfängt, mißliche Umstände zu sammeln, die sein bestes Badminton verhindern, sollte einen Wecker schrillen hören. Wenn es ihm nicht gelingt, die Abschirmkonzentration gegenüber seinem inneren Schweinehund wieder aufzubauen, wird er bald das Handtuch werfen. Durch Müdigkeit, Konzentrationsschwäche, Fehlschläge, ‹Glück› des Gegners, störende Begleitumstände wird der Schirm aufgeweicht. Gefordert ist Wettkampfhärte – das Durchbeißen zum Sieg.

- Lenke Taten durch Selbstgespräche!

Wenn Aktionsblockade eintritt, die Matchführung also außer Kontrolle gerät, gilt es, die Handlungsabsichten neu zu sortieren. An in der Wettkampfzubereitung festgelegte Absichten ist sich zu erinnern, wirkungsloses Tun ist abzulegen und neue Prioritäten sind festzulegen. Eine Methode, dies zu schaffen, ist «Selbstregulation», d. h. positive Selbstgespräche. Durch Formulierungen mit Aufforderungscharakter können die Absichten herausgehoben werden aus dem Gedankengewirr. Gesprochenes prägt sich besser ein als Gedachtes. Jeder Spieler sollte in Selbstbeobachtung herausfinden, wohin in schwierigen Spielsituationen seine Gedanken enteilen. Aufgrund dieser Beobachtungen sollte er sich für den Wiederaufbau von Abschirmkonzentration ein ganz persönliches Auffangnetz knüpfen, ähnlich dem «Rettungscode WALADIN» (vgl. Abb. 7, S. 159).

- Suche einen gedanklichen Ruheraum!

Ein Spieler sollte über ein Verfahren verfügen, mit dem er während des Spiels höchste Konzentration zuverlässig aufbaut bzw. verlorene zurückgewinnt. Es kann darin bestehen, bis fünf zu zählen oder sich ein paar Züge lang auf die Atmung zu konzentrieren. Es kann auch das Aufsuchen eines Ruheraumes für die Gedanken sein: Er schließt seine Augen und lenkt für ein paar Sekunden (Ballwechselpause, Ballprüfung) seine Gedanken in einen Raum (Bild, entspannte Körperhaltung), der ihm Vertrautheit, Frieden vermittelt. Er läßt die Ruhe des Ortes auf sich wirken und Entspannung in sich eindringen. Einen solchen Raum muß sich der Spieler nach und nach schaffen, die Gedankenlenkung muß eingeübt werden.

30 Übungsbeispiele rund um die Abschirmkonzentration

1. Studieren Sie die Anforderungen, die Badminton an das Konzentrationsverhalten des Spielers stellt. Versuchen Sie durch kritische Selbstbetrachtung herauszufinden, welche der Anforderungen Sie wieweit erfüllen. Überprüfen Sie Ihr Urteil durch ein Gespräch mit einem Menschen, der Ihre Spielweise kennt.
2. Machen Sie sich klar, daß man Konzentrationsverhalten auch einüben kann, indem Sie diesbezüglich zu Ihrem nächsten Trainingsabend konkrete Verhaltensabsichten mitnehmen.
3. Listen Sie mögliche Gefahren für einen Verlust der Abschirmkonzentration auf.

4. Listen Sie mögliche Ursachen für den Verlust der Abschirmkonzentration auf.
5. Stellen Sie anhand der Selbstcheckliste aus Abb. 4, S. 132, Ihre Einschätzung darüber fest, wie welche Unbilden auf Sie wirken. Ziehen Sie Schlüsse daraus, und suchen Sie in Gesprächen mit Vertrauten besonders zu jenen Beeinflussungsfaktoren Gegenmaßnahmen, die Sie als stark motivationszerstörend bezeichnet haben.
6. Setzen Sie sich nach dem Ausscheiden bei einem Turnier auf die Tribüne, und schreiben Sie auf, welche von allen situativen Bedingungen Sie in der Halle gewöhnlich am negativsten beeinflussen. Überlegen Sie Maßnahmen zum Ausschalten dieser Störungen. (Indem Sie z. B. bewußt mit verhaßten Ballsorten liebevoll sprechen.)
7. Erforschen Sie, welche Ereignisse, die in der Einschlagphase unmittelbar vor dem Spiel geschehen können, bei Ihnen den Aufbau von Abschirmkonzentration am nachhaltigsten beeinträchtigen.
8. Stellen Sie vier Ranglisten der Negativwirkung möglicher Beipackereignisse auf Sie auf. Unterscheiden Sie dabei starke Gegner, schwache Gegner, Anfang des Spiels, Schlußphase des Spiels. Achtung: Machen Sie nicht die moralische Verwerflichkeit zur Grundlage, sondern die Gefahr für Ihre Abschirmkonzentration.
9. Nehmen Sie einen großen Bogen Papier, und denken Sie über die verschiedenen Bereiche nach, die für Ihre eigene Wettkampfzubereitung wichtig sind.
10. Formulieren Sie für Ihren nächsten Wettkampf in einem Bereich der Wettkampfzubereitung konkrete Handlungsabsichten.
11. Weiten Sie dies im Laufe der Zeit auf die anderen Bereiche aus.
12. Gehen Sie in sich, und versuchen Sie zu ermitteln, in welchen Fällen Sie ein positiv-konstruktives Verhältnis zu Wettkämpfen haben und in welchen nicht.
13. Untersuchen Sie alle Äußerungen, die Sie bei Abschätzungen von Wettkampfchancen hören (später auch: machen), danach, ob sie auf eine positive Wettkampfbeziehung deuten oder ob sie zu einem Mißerfolgsvermeider passen.
14. Suchen Sie aus den nachstehenden Selbstaufforderungen jene heraus, die mißerfolgvermeidend sind. «Der kriegt mich nie! Ich muß durchhalten! Hoffentlich packe ich den noch! Ich kann gleich nicht mehr! Ich komm schon noch! Jedesmal packt der mich! Wenigstens die Verlängerung will ich erreichen! O Mann! Tolles Spiel mache ich! Wie ich diesen Ballwechsel wieder gut gelaufen bin! Jetzt vorne noch etwas schneller an die Bälle ran. Läuft doch überraschend gut bisher!»
15. Analysieren Sie bei Ihren Mannschaftskameraden, ob diese sich bei schweren Wettkämpfen eher ihrem Gegner ausgeliefert fühlen oder ob sie ihn herausfordern.
16. Fühlen Sie sich durch einen starken Gegner eher bedroht, oder kitzelt es Sie, ihn/sie herausfordern zu dürfen? Analysieren Sie Ihre geistige Einstellung zur Herausforderung.
17. Diskutieren Sie im Freundeskreis, ob das Studieren des Biorhythmus vor einem Wettkampf eine Fluchtreaktion darstellt oder nicht.

18. Bauen Sie sich vor dem abendlichen Einschlafen einen Ruheraum, in den Sie sich zum Entspannen mit den Gedanken hineinbegeben. Wählen Sie ihn so, daß er für Kurzzeitbesuche geeignet ist. Üben Sie während des Tagesgeschehens immer wieder das schnelle Herstellen dieser Raumvorstellung (später: Hineinschlüpfen).
19. Bauen Sie sich positive Handlungsvorbilder auf, indem Sie sich einen Ihnen bekannten Spieler, der für Sie ausgezeichnete Konzentration im Spiel verkörpert, zum Vorbild nehmen und sein Erscheinungsbild intensiv studieren. Geben Sie sich in Phasen drohenden Konzentrationsverlustes bei geschlossenen Augen den Selbstbefehl: So ruhig wie M... möchte ich spielen.
20. Kaufen Sie ein Fachbuch über das Psychotraining von Sportlern, und studieren Sie die Abschnitte über Nervosität, Visualisieren, Konzentration, mentales Training, Entspannen. Üben Sie anhand einer ausführlichen Anleitung Visualisieren.
21. Erproben Sie die Droschkenkutscherhaltung oder eine andere Entspannungshaltung.
22. Üben Sie, bei Trainingsübungen bewußt Abschirmkonzentration einzuschalten.
23. Zählen Sie beim Spiel vor jedem Aufschlag bis drei, und denken Sie dabei an den folgenden Startschritt.
24. Zählen Sie anhand von 10 Wettkämpfen die sozialen Kontakte, die Sie in den letzten 10 Minuten vor dem Wettkampf haben, und prüfen Sie, ob es nicht zu viele sind.
25. Schaffen Sie sich ein Mobilisationsprogramm zur Erregungs- und Aktivationssteigerung vor dem Wettkampf. Üben Sie es auch in unbedeutenden Wettkämpfen ein. Beobachten Sie dann im Spiel, wann der Spannungsabfall eintritt.
26. Schaffen Sie sich eine innere Stimme, die beim Einschlagen Mobilisation aufgebaut hält.
27. Formulieren Sie sich Selbstregulierungsbefehle zu all jenen Spielsituationen (Erschöpfung, Verlängerung, schlechter Spielbeginn), in denen Abschirmkonzentration schon mal verlorengeht. Achten Sie darauf, daß in die Analysen und Formulierungen theoretische Erkenntnisse über das Entstehen bzw. den Ablauf der Situation mit einfließen.
28. Schneidern Sie sich das Umlegen des Konzentrationsmantels aus Abb. 5 auf Ihre eigene Person zu.
29. Legen Sie sich Selbstregulierungsmaßnahmen zurecht für Spiele, in denen Sie als Favorit gelten, weil Ihr Gegner einen objektiv niedrigeren Leistungsstand hat.
30. Versuchen Sie durch teilnehmende Beobachtung von Spielen anderer Spieler zu erfahren, wann im Wettkampf eine Aktionsblockade auftritt. (Später: Beobachten Sie sich diesbezüglich selbst.)

Aktionskonzentration

Hier können wir weitgehend auf die Ausführungen über die IGEA (s. S. 114ff) zurückgreifen. Zunächst sollen jedoch einige begriffliche Abgrenzungen helfen zu verdeutlichen, worauf es im Badminton entscheidend ankommt.
Reaktionsfähigkeit: Koordinative Fähigkeit, schnell und zweckmäßig auf bestimmte Reize und Signale zu reagieren (gegebene Voraussetzung).
Reaktionsschnelligkeit: Bezeichnung für den Vorgang vom Setzen eines Reizes bis zur ersten Muskelkontraktion (motorische Aktion).
Reaktionszeit: Gemessene Zeit, die dieser Vorgang benötigt.
Stabilität der Reaktionszeit: Reproduzierungsfähigkeit für erzielte Reaktionszeiten bei Wiederholungen.

Reaktionsleistung: Bezeichnung für eine erfolgreich durchgeführte zielgerichtete Handlung, die in einem durch eine Spielsituation vorgegebenen kurzen Zeitraum zu vollbringen war. (Spieler schlägt nach gegnerischem Smash mittels der Technik «Abwehr Vh cr» den Ball kurz hinters Netz.)

Im Badminton ist ein leistungsbestimmender Faktor nicht die Reaktionsfähigkeit, vielmehr die Reaktionsleistung, die tatsächlich erbrachte Handlung. Es fließt nicht ins Spiel ein, ob jemand gute Voraussetzungen hat oder ob er sehr schnell reagieren kann – von Belang ist, ob Handlungen, die er ‹reagierend› vollbringt, erfolgreich sind. Eine Abwehr in langsamerer Reaktionszeit von weiter hinten, die gelingt, ist vorteilhafter als eine schnellere, die vorne mißlingt.
Doch damit ist erst ein Leistungsfaktor beschrieben, noch nicht die entscheidende Leistungskomponente. Wichtiger als die Reaktionsleistung ist die Konstanz der Reaktionsleistung.

Konstanz der Reaktionsleistung: Vermögen eines Spielers, über die Dauer eines Spiels seine Reaktionsleistungen am Optimum zu halten.

Es kommt entscheidend auf das Vermögen an, eine vorhandene Fertigkeit so oft erfolgreich zu wiederholen, bis der Wettkampf (siegreich) beendet ist. Dies ist vor allem ein Konzentrationsproblem. Denn technisch wird die zu vollbringende Bewegung beherrscht, und konditionell stellen im Badminton die mit Reaktionsleistungen verbundenen Schlagbewegungen für die beteiligte Muskulatur keine beträchtlichen Belastungen dar. (Konditionelle Faktoren wirken indirekt ein.)
Pöppel/Pöppel (1985, 54) stellen in einer Untersuchung über «Veränderungen der Reaktionszeit und des Konzentrationsvermögens bei Squash-

spielern» beim Weltklasse-Squasher Geoff Hunt »...zwar nicht die kürzesten Reaktionszeiten, dafür aber die kleinsten Streuungen fest. Die Standardabweichung war derart gering..., daß man in der Tat von einem maschinenähnlichen Reaktionsvermögen sprechen muß, das durch äußere und innere Einflüsse nicht beeinträchtigt wurde».
Auch die Untersuchungen von MÜLLER/HOFFMANN zur «Trainierbarkeit von Reaktionsleistungen bei Badmintonspielern» zeigen, daß sich deren badmintonspezifische Reaktionsleistungen durch kurzfristiges, intensives Reaktionstraining nicht verbesserten. Die Autoren schlossen daraus, daß die spielspezifische Reaktionsfähigkeit bei leistungsstarken Spielern bereits sehr hoch ausgebildet ist (und leiteten daraus die «Hypothese» ab, Reaktionsschnelligkeit sei «ein spiel- und damit leistungsbestimmender Faktor im Faktorenkomplex des Badminton») (MÜLLER/HOFFMANN 1987, 35).
Wenn es also nicht ohne weiteres möglich ist, die Reaktionsfähigkeit zu erhöhen, so kann die Folgerung nur sein, die vorhandene maximal zu nutzen und die mit ihr erzielbare Reaktionsleistung so oft wie möglich zu reproduzieren. Praxisnäher formuliert: Die Anzahl der Konzentrationsverluste während der 20 bis 60 Minuten, die ein Wettkampf dauert, sind anzahlmäßig so gering wie möglich zu halten!
Wir beschreiben zwei Begriffe.

Aktionskonzentration: Schaffung der sinnlichen und körperlichen Voraussetzungen, daß der Informationsreiz, der eine beabsichtigte Handlung auslösen soll, so früh wie möglich wahrgenommen und so schnell wie möglich umgesetzt wird. Im Badminton wird durch A. erreicht, daß eine Gegenreaktion (Schlag) zu jenem Zeitpunkt eingeleitet werden kann, in dem der Ball den gegnerischen Schläger verläßt.

Antizipation: Die vorstellungsmäßige Vorwegnahme (Vorhersage, Prognose) vermutlich erfolgender fremder Bewegungen (Handlungen), die beim Bewegungsentwurf einer eigenen Bewegung berücksichtigt wird. Wenn ein gegnerischer Schlag «antizipiert» wird, erfolgt – zum Zwecke der *vorzeitigen* Durchführung einer Gegenreaktion – vor Abschluß jenes Schlages eine Hochrechnung/Trendrechnung, welches Ergebnis er wahrscheinlich/vermutlich hervorbringen wird. Diese Prognose basiert auf einleitenden Signalen (Auftaktbewegungen) sowie vorhandenen allgemeinen (mit den Badmintontechniken) und speziellen (mit jenem Gegner) Bewegungserfahrungen des antizipierten Spielers.

Bei der Aktionskonzentration geht es demnach um das Verkürzen der Reaktionszeiten nach tatsächlich erfolgten gegnerischen Bewegungen und nicht um das Prognostizieren noch nicht eingetretener Ereignisse.
In Analogie zur Reaktionsfähigkeit unterscheiden wir

Aktionskonzentrationsfähigkeit: Fähigkeit, A. (bewußt) aufbauen zu können.
Aktionskonzentrationsleistung: Der kurzfristige Aufbau von A.
Auch diesmal sind weder die Fähigkeit («Du beherrschst das Verfahren, aber du wendest es nie an») noch die Leistung («Bis 5 beide war deine Leistung ganz toll!») als jene Komponenten anzusehen, die für das Spiel benötigt werden. Benötigt wird

Aktionskonzentrationskonstanz: Fähigkeit, konstante Aktionskonzentration für die Dauer eines Spiels und unter gegnerischem Druck aufrechtzuerhalten bzw. immer wieder neu aufzubauen.

Wir formulieren die Zentralforderung der Aktionskonzentration: Schaffe durch dauerhafte Aktionskonzentration die Voraussetzungen für stetiges reaktionsschnelles Handeln (d. h. für Reaktionsschnelligkeit).

- Optimiere die Wahrnehmung und mache Reaktionsleistung möglich!

Erst mit einlaufenden Informationen kann die Informationsverarbeitung beginnen. Voraussetzungen für eine Reaktionsleistung sind weiterhin die Verfügbarkeit der benötigten Technik unter variablen Umständen, deren Bereitliegen im Bewegungsgedächtnis und die Erfüllung der Anforderungen der isolierenden – gespannten – erregten Aktionsbereitschaft. Die Vorgänge sind im Abschnitt IGEA beschrieben.

- Sorge für Konstanz der Aktionskonzentration!

Japanische Damen erzeugen beim Doppelspiel in europäischen Hallen nicht selten Belustigung. Lautstark spornen sie sich mit schrillen Schreien wechselseitig zur Aktion an. Spieler können diesem Verhalten einiges abschauen. Es ist IGEA in voller Pracht! Die gegenseitige Aktivierung fördert nämlich die Aufrechterhaltung der Aktionskonzentration. Wem dauernd der nadelspitze Schrei seines Partners in die Knochen fährt, der bleibt hellwach. Die Nachlässigkeit, die sich im Verlauf eines Spiels immer mal wieder in Gliedern und Sinnen breitmacht, wird weggekreischt.

- Wechsle bewußt zwischen Anspannung und Entspannung!

Schon bei IGEA wurde darauf hingewiesen, daß ein immerwährendes Aufrechterhalten der Anspannung von Sinnen und Körper nicht möglich ist. Dauerspannung würde im Spiel zu zunehmender Ermüdung führen und die Schlußphase, wenn Konzentration am nötigsten gebraucht wird, beeinträchtigen. Mentale Daueranspannung behindert außerdem die Motorik. Diese Erfahrung kennen Spieler bzw. Trainer aus der Praxis. Eine Untersuchung von SCHRODE/GABLER zu «Aufmerksamkeitsveränderungen beim Tennisspiel» liefert hierzu wissenschaftliche Teilergebnisse. «Hyperaktivierung des Gehirns, hervorgerufen durch Aufregung, Ärger, Anspannung,

übermäßiges ‹Scharfmachen› auf den Ball u. ä. oder körperliche Überlastung stehen diesem Ziel (gemeint ist die ‹Lockerheit›) entgegen und können zu mangelnder Bewegungsqualität führen, was sich in weniger guten Schlägen manifestiert» (Schrode/Gabler 1987, 29).
Die Autoren führen zur Verdeutlichung des statt dessen anzustrebenden Verhaltens zwei Formulierungen von Csikszentmihalyi an, der vom «Verschmelzen von Handlung und Bewußtsein» und «Fokussieren der Aufmerksamkeit auf wenige relevante Tätigkeitsaspekte» spricht.
Ein Spieler muß die Aktionskonzentration bewußt ein- und ausschalten können. Doch er sollte dabei nicht eine Vielzahl abgehackter Situationen schaffen, nicht das stöhnende Hauen eines Smash hinten und das ächzende Hangeln nach dessen Return vorne, nicht Augen auf, Augen zu. Bewahrt werden muß eine fließende Aneinanderreihung von Erregung und Ruhe, von Spannung und Entspannung, in die er und sein Gegner gleichermaßen eingebunden sind.

- <u>Baue die Aktionskonzentration mit System neu auf!</u>

Konzentration kann nicht erzwungen werden – aber Aktionskonzentration kann hergestellt werden. Dies ist ihr großer Vorteil. Sie aufzubauen, ist eher eine Frage des Willens als des Könnens. Der stufenweise Aufbau geschieht in drei Etappen. Diese sind im Abschnitt IGEA beschrieben.

- <u>Nutze das Wissen um Aktionskonzentration zur Fehleranalyse!</u>

Der Spieler muß für Aufmerksamkeitsschwankungen sensibilisiert sein. Er muß ein Defizit an Aktionskonzentration sofort bemerken, den Grund analysieren und Gegenmaßnahmen (Aufbau von IGEA) einleiten.
Wenn ein Spieler im ersten Satz die getäuschten Drop des Gegners erreicht, im zweiten jedoch nicht mehr, so kann das nicht am Schlag des Gegners liegen. Wenn eine Technik einem Spieler unter variablen Umständen zur Verfügung steht, ist ihre dauerhaft zuverlässige Reproduktion ‹nur› davon abhängig, ob er sich auf diesen Vorgang genügend konzentrieren kann.

- <u>Schaffe ein Verfahren zur Neuaktivierung im Verlauf eines Turniers!</u>

Ein Spieler, der sein viertes Spiel macht, ist geistig belastet. Benötigt wird ein individuelles Verfahren, mit dem er Wiederherstellung von Spannung betreiben kann. Was es vor allem aufzubauen gilt, ist Aktionskonzentration. Abschirmkonzentration, wenn sie einmal vorhanden war, umgibt ihn noch, er benötigt nur die geistige Kraft, sie zu intensivieren. Handlungskonzentration, wenn er über sie verfügt, wird sich im Spiel als Folge der Aktionskonzentration entfalten. Letztere jedoch muß über die Mobilisierung von Kampfbereitschaft aktiviert werden. Auf S. 133 raten wir zu einem «Intensiv-push-up». Ein solches Stimulierungsritual muß sich ein Spieler zusammenstellen und im Laufe der Jahre zur Wirksamkeit bringen.

20 Übungsbeispiele rund um die Aktionskonzentration

1. Versuchen Sie Ihren individuell-natürlichen Aufmerksamkeitsstil herauszufinden und abzuleiten, ob das Herstellen von Aktionskonzentration (A.) für Sie schwierig ist.
2. Überprüfen Sie, wie es sich mit Ihrem Aufmerksamkeitsverhalten bei innerer Anspannung verhält. Handeln Sie bei der Wahrnehmung noch aktiv oder automatisiert?
3. Beobachten Sie einen Kameraden beim Wettkampf. Versuchen Sie zu bestimmen, wie man Situationen erkennen kann, in denen er seine A. nicht aufgebaut hatte.
4. Machen Sie eine Abwehrübung von 20 Minuten Dauer 2 gegen 1. Zählen Sie die Anzahl der Konzentrationsverluste.
5. Verschaffen Sie sich durch Eigenbeobachtung Klarheit über Ihre A.skonstanz im Spiel. Notieren Sie auf Strichliste am Spielfeldrand jeden auftretenden Verlust.
6. Versuchen Sie, bei sich selbst die Ursachen für den Verlust der A. herauszufinden.
7. Wie steht es um Ihre A. bei Ermüdung nach längerem Spielverlauf? Spähen Sie nach Signalen für das Nachlassen in der Aufmerksamkeit.
8. Forschungsauftrag: Versuchen Sie zu erkunden, was «Vigilanzabfall» ist, und finden Sie dann heraus, ob Sie anfällig dafür sind.
9. Versuchen Sie – zu Lasten der Reaktionsschnelligkeit – bewußt darauf zu achten, daß Sie eine konstante Reaktionsleistung vollbringen, Ihr Level also zuverlässig bleibt.
10. Legen Sie sich Selbstregulierungsbefehle zurecht, für den Fall von A.verlust.
11. Üben Sie ganz bewußt den systematischen, stufenweisen Aufbau von A., und zwar so lange, bis Sie den Vorgang beliebig beherrschen.
12. Versuchen Sie das Wissen um die Bedeutung der Konzentration an sich umzusetzen, indem Sie keinen Trainingsballwechsel mehr ohne A. spielen. Dadurch wird die Belastungsintensität höher, und Sie können die Trainingszeiten verkürzen. Vertun Sie bei Trainingssätzen nicht Ihre Zeit, indem Sie bis 10 beide rumlullen.
13. Üben Sie jede der wichtigen Defensivtechniken planmäßig so lange, bis eine zuverlässige Konstanz der Reaktionsleistung garantiert ist.
14. Testen Sie die Stabilität der Reaktionsleistung, indem Sie zugeworfene Bälle als Netzdrop in eine abgeklebte Fläche zurückspielen. Setzen Sie 30 Minuten an und prüfen Sie, wann Ihre Konstanz der Reaktionsleistung merkbar nachläßt.
15. Diskutieren Sie mit einer Person Ihres Vertrauens bei einem Badehausaufenthalt, ob das Schlagen sicherer Bälle am Schluß des Spiels eine Fluchthandlung ist oder aus einer Mißerfolgsvermeidungshaltung heraus geschieht.
16. Machen Sie Schlagkombinationen von 20 Minuten, bei denen Sie versuchen, gedankenlose Automatisierung zu bekämpfen, indem Sie bei jedem Ihrer Schläge bewußt neu A. aufbauen.

17. Üben Sie das Wechseln von A.aufbau durch Aufmerksamkeitsverengung und deren Abschaltung, ohne beim Entspannen für Außenreize ansprechbar zu werden.
18. Stimulieren Sie beim Doppel Ihren Partner bewußt mit aufmunternden Rufen.
19. Legen Sie sich ein Aktivierungsprogramm zum «Intensiv-push-up» während eines Turniers zurecht und erproben Sie es.
20. Studieren Sie die 30 Übungsbeispiele rund um IGEA auf S. 124.

Handlungskonzentration

Im Augenblick der Aktionserfordernis alle benötigten Körperfunktionen maximal aktiviert zu haben und eine Reaktionsleistung zu vollbringen, ist noch nicht alles.
Da gemäß «Badminton-Postulat» (vgl. S. 151) das Zurückspielen des Balles in einer Weise erfolgen soll, die an den Gegner eine Anforderung stellt, die dieser nicht bewältigen kann, muß der Spieler seinen Aufmerksamkeitsbereich nach Herstellen der reinen Aktionskonzentration ausweiten: auf das *Gegnerverhalten* (andere Feldseite), die eigenen *Schlagmöglichkeiten* (Auswahl aus parallel verfügbaren Bewegungsprogrammen) und auf die vorbereitete *spieltaktische Marschroute* (intellektuelle Steuerung). Der Gegenschlag erfolgt nicht automatisiert-reaktiv, also zufällig, sondern bei jedem Schlag aufgrund einer mit vollem Bewußtsein getroffenen Entscheidung. Diese «spielimmanent ausgeweitete Aufmerksamkeit» nennen wir

Handlungskonzentration: Fähigkeit, in die Aufmerksamkeit über die Aktionskonzentration hinaus auch unter Druck weitere Aspekte des Spiels wirksam miteinzubeziehen. Dies sind: der Gegner, die eigenen Handlungsabsichten, die zur Verfügung stehenden Bewegungsmuster. Geschieht diese Einbeziehung dauerhaft, bzw. wird zwischen verschiedenen Aufmerksamkeitszielen oder -richtungen für die Dauer des Spiels angemessen hin- und hergeschaltet, sprechen wir von der *Konstanz der Handlungskonzentration.*

Durch die Handlungskonzentration wird die Aktion zur Handlung, die Absicht zur Tat. Der körperlichen Leistung wird die Klugheit hinzugefügt. Aus dem Badmintondynamiker wird der Badmintontaktiker, der eine Blitzanalyse macht und die klügste Gegenmaßnahme auswählt. Der Ball wird bei der Smash-Abwehr kurz in den freien Raum gespielt und nicht mit einem Reflex hoch zurückgeknallt.

Das bewußt spielimmanent ausgeweitete Aufmerksamkeitsfeld ist der geistige Raum, in dem «taktische Entscheidungsfähigkeit» bzw. «komplexe Spielfähigkeit» (Boeckh-Behrens 1983, 117ff) wirksam werden können. Wenn die Abschirmkonzentration perfekt ist und die Aktionskonzentration so automatisiert, daß der Spieler sich ganz darauf ‹konzentrieren› kann, seinen Gegner zu besiegen, wird diese höchste Entwicklungsstufe im Konzentrationsaufbau möglich: Handlungskonzentration wird der Aktionskonzentration hinzugefügt. Erstere ist ohne letztere nicht möglich. In der Handlungskonzentration liegt der Verknüpfungspunkt zum spieltaktischen Handeln.

Betrachten wir drei Aspekte der Handlungskonzentration:

Den Drop so auszuführen, daß der Ball übers Netz fliegt, ist zum einen eine Frage der automatisierten Verfügbarkeit einer Technik unter variablen Umständen, aber es ist auch eine Frage des bewußten Handelns, des ‹überlegten› Spielens. Darum wird sich bei einem Spieler mit aufgebauter Handlungskonzentration ein hohes Maß an *Schlagsicherheit* einstellen.

Parallele Verfügbarkeit als das Merkmal eines reichhaltigen Schlagrepertoires verlangt geradezu die spielimmanente Ausweitung der Aufmerksamkeit, denn sie wird nicht um ihrer selbst willen entwickelt. Zur Auswahl bereitliegende Schlagbewegungsprogramme können im Spiel erst ihren vollen Nutzen bringen, wenn die Handlungskonzentration voll aufgebaut ist. Was nützt es, wenn ein Spieler fünf Stop-Varianten beherrscht, sie aber nicht so einsetzt, daß der Gegner dauernd hoch zurückspielen muß.

Die *Beraubung eigener Stärken* vollziehen Spieler am Schluß von Wettspielen häufig selbst. Wenn Angst (das Spiel zu verlieren) aufkommt, neigen Menschen dazu, sich auf Handlungen zu verlassen, die ihnen vertraut sind. Es wird nicht mehr ‹taktisch› gespielt, sondern emotional. Die Fähigkeit, das Handeln bewußt und aktiv zu steuern, geht verloren, statt dessen werden ‹sichere› Bälle geschlagen. Letzteres ist zwar nicht als unklug zu bezeichnen, darf jedoch nicht zu passivem Spiel führen. Bei aufgebauter Handlungskonzentration reduziert sich die Gefahr, weil die permanente Suche nach vorteilbringenden Schlägen Emotionen in den Hintergrund drängt.

Das Spielen in Handlungskonzentration ist systematisch erlernbar

Goldrichtige Schläge werden nicht allein durch «Intuition» hervorgebracht, sondern auch durch trainierbare Fähigkeiten:

- Aufbauen von Aktionskonzentration (bringt Zeit zum Auswählen);
- Parallele Verfügbarkeit von möglichst vielen Techniken unter variablen Umständen (ermöglicht Auswahl zwischen Schlagalternativen);
- Erarbeiten einer Marschroute (bewirkt zielgerichtete Handlungen);
- Nutzen des peripheren Sehens (informiert über Gegnerverhalten);
- Konstanz von Reaktionsleistungen (hält Aktivität der eigenen Handlungen dauerhaft aufrecht).

20 Übungsbeispiele rund um die Handlungskonzentration

1. Versuchen Sie gedanklich und vorstellungsmäßig zu erfassen, was mit Handlungskonzentration (H.) gemeint ist. Beschreiben Sie es einem Kameraden.
2. Setzen Sie sich gründlich mit den Voraussetzungen auseinander, die H. verlangt.
3. Üben Sie von der Basis der Aktionskonzentration aus, Ihre Aufmerksamkeit spielimmanent auszuweiten.
4. Legen Sie sich aufbauende Trainingsziele für eine systematische Erarbeitung von H. fest.
5. Beschreiben Sie die Schwierigkeiten, die sich Ihnen beim Aufbau von H. bieten.
6. Versuchen Sie, durch Beobachten von Spielern bei einem Turnier herauszufinden, wer H. aufbaut und wer nur Aktionist ist.
7. Üben Sie bei zwei Schlägen parallele Verfügbarkeit, und machen Sie sich bewußt, was es bedeutet, zwei Bewegungsprogramme im Bewegungsgedächtnis bereitliegen zu haben.
8. Suchen Sie in Ihrem Spiel jene Standardsituationen, in denen Sie (nur) automatisiert-reaktiv reagieren.
9. Schaffen Sie in den bei Ü 8 gefundenen Situationen Alternativen.
10. Nehmen Sie jene Techniken, die Ihnen parallel zur Verfügung stehen, und wenden Sie sie in Komplexübungen an: z. B. 3 bei Smash-Aw Vh. Versuchen Sie, so früh mit der Schlagbewegung zu beginnen, daß Sie noch Ausführungsveränderungen vornehmen können.
11. Prüfen Sie, ob Sie Techniken, die im Training parallel verfügbar sind, auch unter Wettkampfbedingungen nebeneinander bereitliegen haben. Wenn nicht, warum nicht?
12. Legen Sie sich einfache Marschrouten fest, in denen Sie Techniken benötigen, die Ihnen zur Verfügung stehen. Üben Sie, jeden Ball bewußt zu spielen.
13. Schulen Sie peripheres Sehen anhand einschlägiger Übungen. (Vgl. Knupp 1983, 91.)
14. Gewöhnen Sie sich an, bei Komplexübungen den Gegner miteinzubeziehen in Ihre Gedanken.
15. Machen Sie Schlagsicherheitsübungen von 20 Minuten, bei denen Sie versuchen, jeden Ball mit vollem Bewußtsein zu spielen. Kratzen Sie sich am Hinterkopf, wenn Sie bemerkt haben, daß Sie ohne Nachdenken geschlagen haben.
16. Lassen Sie durch einen sachkundigen Beobachter bei Wettkampfspielen feststellen, ob Sie Ihr Schlagrepertoire in der Schlußphase von Sätzen oder Spielen einengen.
17. Beginnen Sie Trainingsspiele bei 10 beide, und setzen Sie einen kleinen Gewinn aus. Versuchen Sie, trotz des drohenden Verlustes Techniken vielfältig einzusetzen.

18. Experimentieren Sie im Training, wie Sie ermitteln können, wie oft Sie im Wettkampf H. nicht aufgebaut haben, obwohl es angebracht gewesen wäre.
19. Versuchen Sie, mögliche Ursachen dafür zu bestimmen, warum bei Ihnen in manchen Situationen kein Aufbau von H. vollzogen wird, obwohl Sie das Verfahren beherrschen.
20. Schaffen Sie sich ein Selbstregulierungsprogramm zum Wiederaufbau verlorengegangener H.

Verbesserungsstrategie

Schritt A: Bewußtmachen der Vorgänge

Als Einstieg empfiehlt sich die Erarbeitung der Merkmale der drei Konzentrationsausprägungen. Wahrnehmungen, die dem Spieler helfen können, gewisse Situationen selbst zu erkennen, müssen verdeutlicht werden. Er kann versuchen, anhand strukturierter Beobachtungen die Erscheinungsbilder von Konzentrationsverhalten an Mitspielern einzuordnen (z. B. indem er untersucht, welche der gebräuchlichen Selbstaufforderungen konstruktiv-aufbauenden und welche destruktiven Charakter haben).
Weiterhin muß er die Vorgänge, die bei ihm selbst ablaufen, beobachten. Es ist zu erforschen, wie er die unterschiedlichen Konzentrationsausprägungen handhabt, welche er schwerer herstellt, welche leichter. Die möglichen Ursachen für Konzentrationsverluste sind durchzuarbeiten. Der Trainer hilft mit Außensicht, mit Erläuterungen, entwickelnden Fragen. Der Begriff der Konzentrationskonstanz ist zu erarbeiten. In Übungen zu nicht beherrschten Konzentrationsausprägungen wird versucht herauszufinden, welche individuellen Faktoren den Aufbau beeinträchtigen. Vor allem anhand von Wettkämpfen ist zu überprüfen, wo Konzentrationsdefizite bestehen.

Schritt B: Konzentration als Trainingsziel wichtig nehmen

Ist das Bewußtsein geschaffen, muß die Erarbeitung von Konzentration systematisch in die Trainingsmaßnahmen einbezogen werden, gleichbedeutend neben z. B. Smash-Training oder Waldlauf. Der Spieler muß sich bei jeder Schlagübung bewußtmachen, welche große Bedeutung die Konzentration für das erfolgreiche Badmintonspiel hat. Trainer und Spieler müssen sich die Zeit nehmen, immer wieder die erbrachten Konzentrationsleistungen zu analysieren, die Schwachstellen herauszufinden und Verbesserungsmaßnahmen zu überlegen. Selbstbeobachtung wird ganz wichtig, Selbstkritik ist notwendig. Die Trainingsmittel werden erweitert um Sprech-, Vorstellungs-, Denk- und Kommunikationsprozesse.

Hinweise auf Bücher, Zeitschriftenartikel ermöglichen individuelle Weiterarbeit. Kurse können besucht werden, etwa über progressive Muskelentspannung oder andere Entspannungstechniken. Der Spieler muß sich Selbstregulierungsmaßnahmen für die verschiedensten Anlässe zusammenstellen, er muß Visualisieren üben, das Umschalten bei Wahrnehmungsprozessen, den Wechsel zwischen Spannung und Entspannung.

Schritt C: Konzentration im Training aufbauen

Die anzuwendenden Handlungsweisen sind nicht einfach mittels Durchsprechen und Bewußtmachen zu erwerben. Sie müssen in der Trainingspraxis Tag für Tag erarbeitet werden. Dies hört sich selbstverständlich an, stellt aber die größte Schwierigkeit in der Kette der durchzuführenden Maßnahmen dar, da die meisten Spieler eingefahrene Verhaltensweisen verändern müssen. Entsprechende Übungssituationen sind zu schaffen. Konkrete Detaillernziele sind zu formulieren («Konzentriere dich!» ist wenig hilfreich). Der Spieler muß genaue Verhaltensanweisungen bekommen. Er muß sich angewöhnen, stets mit hohem geistigen Einsatz zu spielen. Die Dauer von Übungen wird länger, die Intensität erhöht sich, im Training wird ‹konzentrierter gearbeitet›. Der Spieler muß sich positive Selbstaufforderungen erarbeiten, die die praktische Umsetzung erleichtern.

Schritt D: Für konzentrationsförderliche Umstände sorgen

Generell gilt, daß bei der Bewältigung von Konzentrationsproblemen das Sammeln von viel Wettkampferfahrung einbezogen werden muß. Der Spieler muß die Situationen, in denen er uneffektive Bewältigungsstrategien anwendet, in natura erleben. Sie müssen ihm bewußt werden, er muß das Geschehen bewerten und in Trainingsmaßnahmen einmünden lassen. Erfahrungsgemäß ist dem Spieler bewußt, daß zu einem Turnier körperliche Leistungsfähigkeit hergestellt werden muß, und er hält sich auch daran, etwa durch sein Ernährungsverhalten, Gestaltung des Vorwettkampfabends, durch Aufwärmmaßnahmen usw. Lernen muß er jedoch vielfach, Maßnahmen zu ergreifen, die ihm maximale geistige Kraft geben. Zum Beispiel, indem er für den Turnierverlauf Konzentrationsregeneration fest einplant. Darüber hinaus müssen erarbeitete Push-up-Programme auch durchgeführt werden, positive Wettkampfhaltungen aufgebaut und taktische Aufgabenstellungen beachtet werden. Nicht zu vergessen, daß vor allem die Abschirmmaßnahmen gegen die Schwäche des eigenen Selbst unnachgiebig betrieben werden. Bei diesem allem hilft ein guter Trainingszustand. Er stärkt das Selbstbewußtsein, Ermüdung tritt später ein, und die allgemeine und spezielle Aktionsfähigkeit wird erhöht.

Schritt E: Jeden Wettkampf auf seinen konzentrationsmäßigen Verlauf hin aufarbeiten

Ist der Trainingsprozeß zur Konzentrationserarbeitung angelaufen, muß es Selbstverständlichkeit werden, daß in die Wettkampfbesprechung die entsprechenden Faktoren einbezogen werden. Wichtig ist selbstkritische Berichterstattung. Auch positive Erlebnisse sind herauszustellen. Vor allem ist darauf zu achten, ob bei Verlust Gegenmaßnahmen ergriffen wurden. Der Vergleich Innen- zu Außensicht soll angestellt werden.

Deine geistige Wettkampfführung ist durchaus noch entwicklungsfähig, wenn…

…Du Deinem Gegner für jeden seiner Punkte bewundernd Beifall spendest.

…nicht allein der Ball im Mittelpunkt Deiner Betrachtungen steht.

…Dir der Mensch auf der anderen Netzseite als unbezwingbares Ungeheuer erscheint.

Sie können nicht durch einen Vorschlag bedroht werden, sondern nur durch das Ausführen eines Vorschlags.
(Dürrenmatt: Der Besuch der alten Dame)

Schlagwort Zweikampf

Denkspiel Badminton. Badminton ist Schlägerschach. Die Auseinandersetzung zweier Geister, zweier Gehirne, zweier Psychen, die sich gegenüberstehen. Der eine tut etwas, der andere muß darauf reagieren. Unmittelbar werden die Aktionen voneinander beeinflußt. Und nicht nur die Aktionen beeinflussen sich. Die Gegner belauern einander, suchen beim Gegenüber ein Zeichen der Schwäche, versuchen ihn zu reizen, ihn zu bedrohen, ihn einzuschüchtern. Was denkt er? Was macht er als nächstes? Alles geschieht Zug um Zug, erst ein weißer Bauer, dann ein schwarzer. Aus hoffnungsvollem Vorteil wird arge Defensive. Ballhalten, Angreifen, Spiel am Netz. Endkampf vorbereiten. Alles wird vom Denken bestimmt. Alles mit dem Ziel, den Gegner in Nachteil zu bringen, ihn zu schwächen, ihm die Fähigkeit zu rauben, zielgerichtet zu handeln. Ihn den eigenen Taten unterzuordnen, ihn zu hetzen. Ihn zur psychischen Aufgabe zu bringen.

Zentralforderung der «geistigen Zweikampfführung»:

Das Badminton-Postulat: Das badmintonspielerische Handeln muß darin bestehen, der Person jenseits des Netzes Anforderungen zu stellen, die diese nicht bewältigen kann.

Aufgrund dieses Postulates sind Wettkampf-Handlungen stets daraufhin zu überprüfen, ob sie gegnerbekämpfenden Charakter haben.
Mit «Anforderungen stellen, die der Gegner nicht bewältigen kann» ist nicht (nur) gemeint, so hart zu schmettern, daß der jenseits des Netzes zum Fliegenfänger wird. Eine Anforderung kann auch sein, ihn durch bewußtes Defensivspiel 30 Minuten lang immer wieder in ellenlange Ballwechsel zu zwingen, so daß er schließlich in konditionelle Defizite kommt und ungenau schlägt. Eine Anforderung kann es aber auch sein, ihm so viel Siegeszuversicht vorzusetzen, daß er nicht in der Lage ist, seine Leistungskraft zu mobilisieren. Alles ist – solange es im Rahmen der Regeln geschieht – legitim.

Die Herausforderung

Herausforderungshaltung: Innere Einstellung, die zu einem bevorstehenden Wettkampf eingenommen wird. Charakterisiert durch Herstellen von Leistungsbereitschaft mit der Absicht, alle Mittel, die zur Verfügung stehen, auszuschöpfen, um einen speziellen Gegner zu besiegen.

Eine Herausforderungshaltung muß vor jedem Wettkampf neu und gezielt aufgebaut werden. Dabei gewinnt entscheidende Bedeutung, was der Spieler leisten will – nicht, was er leisten könnte. Er muß sich mit dem Ziel, den Gegner zu besiegen, identifizieren (Aufbau einer Zielidentifikation). Der Spieler darf den Wettkampf – nach der Unterscheidung von LAZARUS (1981, 236) – nicht als Bedrohung empfinden, er muß für ihn zur Herausforderung werden.
«Bedrohung wird eher negativ, Herausforderung positiv erlebt.» (EBERSPÄCHER o. J., 30.) Wer einen Gegner herausfordert, fühlt sich nicht bedroht. Wer dagegen gegen einen Gegner spielen «muß», denkt die Bedrohung förmlich herbei. In der Bedrohung liegt die mögliche Schädigung für den Verlierer. In der Herausforderung ein möglicher Triumph bei erfolgreicher Problembewältigung.

Gründe, warum keine Herausforderungssituation aufgebaut wird
- Pessimistische Denkweise («Ich verlier ja doch immer.»)
- Angst («Was soll ich schon gegen den ausrichten?»)
- Mißerfolgsorientierte Gefühle («Ich fühl' mich heute irgendwie schlapp.»)
- Mißerfolgserlebnisse («Bei mir läuft derzeit überhaupt nichts.»)
- Imponiergehabe des Gegners («Gegen den soll ich gewinnen?»)
- Subjektiv erlebter schlechter Trainingszustand («Seit Wochen üben wir nur diesen dämlichen Drop.»)
- Beipack-Ereignisse («Sonntags morgens bring ich sowieso nichts.»)
- Schlechter Trainingszustand («Ich hab nix drauf.»)
- Unrealistische Zielvorgabe («Hab doch eh keine Chance.»)

Ratschläge für den Spieler, um eine Herausforderungssituation aufzubauen bzw. aufrechtzuerhalten

- Sieh den Wettkampf als Fortsetzung des Trainingsprozesses an!

Die beste Strategie, sich in eine Herausforderungshaltung zu bringen, ist, den Wettkampf als Fortsetzung eines systematischen Trainings zu sehen und daraus eine (positive) Überprüfungschance für das Leistungsvermögen herzuleiten (siehe «Zeitwort Version», S. 170). Aus dem Wettkampf werden Trainingsmaßnahmen entwickelt, aus den Maßnahmen wieder (erreichbare) Wettkampfabsichten usw. Nichts macht so heiß auf Wettkämpfe wie drei Monate Schinderei. Jeder will danach wissen, was er kann, einerlei gegen welchen Gegner. Aus der Herausforderungshaltung als der wahren Grundgesinnung des Sporttreibers kann Energie und positives Denken gewonnen werden.

- Baue die Herausforderungshaltung planmäßig auf!

Es darf nicht dem Zufall der Vor-Wettkampf-Situation überlassen bleiben, ob die Empfindung einer Bedrohung oder die einer Herausforderung eintritt. Die Herausforderungshaltung kann – im Unterschied zur Zweikampflage – im Rahmen der Wettkampfzubereitung aufgebaut werden.
Sie kann sich auf einen konkreten Gegner beziehen – falls ein solcher bekannt ist. Dann zieht sich der Aufbau über Tage hin und fließt – durch das Festlegen spieltaktischer Marschrouten – konkret in den Trainingsprozeß ein. Der Spieler berauscht sich geradezu daran, am folgenden Samstag diesen Gegner herauszufordern.
Bezieht sich die Herausforderungshaltung auf ein Ziel, etwa bei einem Turnier einen bestimmten Erfolg anzustreben, ergibt sie sich durch die Trainingssteuerung, die zu einem bestimmten Zeitpunkt einen bestimmten Leistungsstand vorsieht. In diesem Fall muß aus einer grundlegenden Herausforderungshaltung heraus für jedes Spiel eine personale Herausforderung ausgesprochen werden, die dann dem tatsächlichen Gegner gilt.

- Reduziere bei schweren Wettkämpfen Dein Streben auf Teilziele!

In aussichtslosen Wettkämpfen bedingungslos zu kämpfen, ist schwer, und eine Aufforderung dazu ist selten wirksam. Badmintonspieler wissen aus Erfahrung, daß Gegner, die auf einem höheren Leistungsplateau stehen, nur schwer zu schlagen sind. Dennoch sollte niemand Gelegenheiten, gegen einen besseren Spieler anzutreten, verschenken. Eine Maßnahme, um trotz widriger Erfolgsaussichten eine Herausforderungshaltung aufzubauen, ist das Formulieren von (erreichbaren) Teilzielen: Ich will gegen ihn zehn Punkte erreichen. Ich will versuchen, immer wieder Aktionskonzentration herzustellen, sein Drop soll mich keinmal überraschen. Ich will bei jedem Ballwechsel mindestens drei Ballkontakte haben...

- Drängele Dich nach schwierigen Aufgaben!

Wer an sich selbst Anforderungen stellt, wird an ihnen wachsen. Eine Spielerin, die z. B. Angst hat, das Einzel in der Mannschaft zu spielen, weil sie zu jung sei oder noch nicht gut genug oder weil sie nicht verlieren will oder weil sie sich nicht fühlt, hat noch nicht die notwendige Grundgesinnung des Sporttreibens verinnerlicht.

- Mache Dich unabhängig von Aufmerksamkeitszuwendung!

Ist ein Spieler nur dann zur Leistung befähigt, wenn er permanente Aufmerksamkeit und Wangentätscheln («externe Motivationsfaktoren») erhält, wird er nie die innere Entschlossenheit erwerben, um sich Gegnern dauerhaft entschlossen gegenüberzustellen. Badminton ist ein Zweikampfsport! «Extrinsisch motivierte» Sportler müssen sich aus der Knechtschaft der Galerie befreien. Statt «Mami?» oder «Trainer?» – «Ich!»

- Sichere eine aufgebaute Herausforderungshaltung gegen Zusammenbruch ab!

Auslöser für einen Zusammenbruch können etwa sein: Präsenz des Gegners, allgemeiner Turnierverlauf, Verlauf der eigenen Spiele, ärgerliche Beipackereignisse, Rahmenbedingungen in der Halle... (siehe «Abschirmkonzentration», S. 127). Der dortige Regulierungsansatz gilt auch hier: Wenn die Beeinflussungsfaktoren bekannt sind, kann der Spieler Maßnahmen unternehmen, der Gefahr zu begegnen. Solche Maßnahmen sind in erster Linie der Aufbau von Abschirmkonzentration und die Selbstregulation durch vorbereitete Rettungscodes und zuversichtliche Gedankenmuster für solche Situationen, in denen es (nach eigener Erfahrung) zu einer Krise kommen könnte: unerwarteter Gegner, demotivierende Zuschauer, durchzustehender Ärger, negative Wendung der Selbsteinschätzung...

- Übernimm Selbstverantwortung für Dein Training!

Selbstverantwortung zu übernehmen, schafft Selbstvertrauen. Aber nicht nur das. Je mehr der Spieler Trainingssteuerung und -planung beeinflußt, desto mehr wird er die Verfolgung der Trainingsziele geistig begleiten.

Der Zweikampf

Zweikampflage: Art der Führung eines Badmintonwettkampfes. Über das Einbringen motorischen und elementaren spieltaktischen Handelns hinaus erfolgt bei Z. der Einsatz aller geistigen Kräfte und psychischen Mittel zum Zwecke der Bekämpfung eines (gleichwertigen) Gegners. Die echte Z. ist charakterisiert durch ein Zug um Zug erfolgendes bewußtes Steuern der Wettkampfhandlungen durch zwei gleichwertige Kontrahenten mit Siegesabsicht.

Die echte Zweikampflage ist die höchste Stufe der Wettkampfführung. In ihr wird die durch die Herausforderungshaltung bekundete Absicht in tatsächliche Gegnerbekämpfung umgesetzt.

- Zwischen den Ballwechseln wird über Verlauf der Spielzüge nachgedacht, eigenes Fehlverhalten analysiert und ausgebessert.
- Strikte Beachtung des Badminton-Postulats, jeder Schlag im Ballwechsel wird «gestaltet», permanent wird Druck ausgeübt.
- Absolute Aufmerksamkeit auf die Aktion, kein Punkt wird verschenkt.
- Bewußter Einsatz der erworbenen eigenen Fertigkeiten, Möglichkeiten werden erzwungen, die eigenen Stärken ins Spiel zu bringen.
- Ausrichtung der Geisteskraft auf Gegnerbeherrschung, Siegesanspruch wird durch Auftreten verkündet.
- Gegner wird durch emotionale Kraft förmlich erdrückt (Die Posen des Triumphators).

Eine Zweikampflage ist nicht abhängig vom Leistungsniveau. Sie verlangt beiderseitige Siegesabsicht und leistungsmäßig angenäherte Partner, die einen ausgeglichenen Wettkampf führen. Ist er nicht ausgeglichen, ist von einer einseitigen Zweikampflage zu sprechen. Diese entsteht, wenn einer der Gegner ein wenig aufmerksamer, schneller, überlegter, entschlossener spielt und der andere dem nichts (mehr) entgegenzusetzen hat.

In Analogie zu Reaktionsleistung und Aktionskonzentration ist die Forderung nach der *Konstanz der Zweikampflage* aufzustellen, denn die Notwendigkeit, sie aufgebaut zu haben, steigt mit Näherrücken des Satzendes exponential. Wenn sich zwei Spieler zunächst mit Haken und Ösen bekämpfen, einer jedoch bei 8:9 in seinem Gegenhalten abbricht, hat er die notwendige Konstanz nicht aufgebracht. Er hat aufgegeben.

Unterhalb der Zweikampflage lassen sich zwei andere Arten der Wettkampfführung etwa wie folgt charakterisieren:

Wettspiellage: Mit körperlichem Einsatz und ernster Siegesabsicht geführter Wettkampf, der jedoch ohne Elemente geistiger Spielführung und psychischer Gegnerbekämpfung stattfindet. Wird bestimmt durch motorische Aktionen. Aus Fehlhandlungen werden unzureichende Konsequenzen gezogen.

Plänkellage: Spiel ohne Aufbau von Konzentration, ohne volle körperliche Aktivierung. Der Sieg ist nicht vornehmliches Ziel des Spielers. Einsatzlos-gedankenlos. (Aber vielleicht auch freudvoll-unterhaltsam.) Ein Spiel kann alle Wettkampflagen durchlaufen. Nach plänkelndem Beginn wird ernsthaft gespielt, und aus der Wettspiellage steigen Spieler durch Einbeziehung von psychischen und geistigen Gegnerbekämpfungsmaßnahmen zu Zweikampflage auf. Auch können sich Gegner in unterschiedlichen Lagen aufhalten. Allerdings ist der Aufbau einer Zweikampflage im allgemeinen nicht möglich, wenn einer der Gegner sich in der Plänkellage aufhält: Hier könnte es allenfalls zu einer *Pseudo*-Zweikampflage kommen, wenn ein schwächerer, voll aktivierter Spieler gegen einen plänkelnden überlegenen Gegner für sich eine Zweikampflage aufgebaut hat.

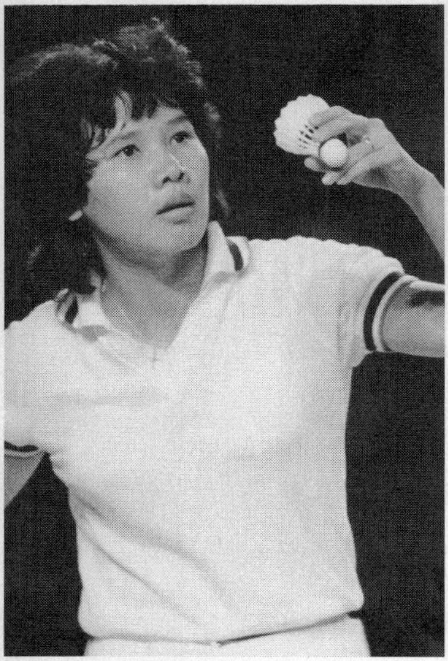

Foto 16: ... konzentriert

Foto 17: ... verzweifelt

Badmintonspieler ...

Foto 18: ... siegesgewiß

Foto 19: ... kampfbereit

Gründe, warum es nicht zur Zweikampflage kommt

- Außerhalb des Spielers liegende Gründe

Leistungsmäßige Überlegenheit/Unterlegenheit. Mangel an Ernsthaftigkeit. Inneres Aufgeben des Gegners. Die Zweikampflage ist geradezu dadurch charakterisiert, daß Siegesabsichten Widerstand entgegengesetzt wird. Geschieht dies nicht, kann ein Spieler nur versuchen, seine Wettkampf-Konzentration nicht deaktivieren zu lassen.

- Innerhalb des Spielers angesiedelte Gründe

– Ablaufende psychische Prozesse: Denken, Fühlen; Erfolglosigkeit, Gefühl dauernder Überforderung, Ablenkung durch persönliche Probleme, gestörtes Verhältnis zu Kameraden/Trainer/Betreuern, Angst vor Verletzung...
– Körperliche Prozesse: Einschätzung der körperlichen Leistungsfähigkeit, subjektiv schlechtes Empfinden...
– Motivationsprobleme aufgrund objektiv ungünstiger Umstände: Übergangsperiode, hohe Trainingsintensität, unbedeutender Wettkampf, zu lange Saison, Ablenkung durch Beruf/Schule/Ausbildung...
– Nichtbeherrschen der Aufstiegstechnik:
Es gelingt dem Spieler nicht, aus Wettspiellage in Zweikampflage aufzusteigen. Die Forderung, ein Spieler dürfe keinen Gegner unterschätzen, bedeutet im Turnieralltag nicht zwangsläufig Aufbau der Zweikampflage vor jedem Spiel. Ein Spieler, der ein Turnier gewinnen will, muß die ersten Runden überstehen, ohne seine ganze geistige Kraft zu benötigen. Er wird jeweils ‹nur› in der Wettspiellage beginnen. Sollte sich jedoch während eines solchen Spiels zeigen, daß der Gegner erbitterten Widerstand leistet, muß ein Spieler in der Lage sein, aufzusteigen in die Zweikampflage. Gerät er bei Rückstand in Panik, sieht's schlimm aus.

Gründe, warum ein Ausstieg aus einer Zweikampflage erfolgt

- Verlust des Glaubens an die eigene Stärke und damit an eine Siegchance

Davor sind selbst die besten Spieler nicht gefeit. Wir bemühten im Abschnitt «Abschirmkonzentration» das Beispiel der unglücklichen Sumiko Kitada, der es nicht gelang, das markerschütternde Gebrüll der indonesischen Fans ihrer Wahrnehmung vorzuenthalten, und die darum den Zweikampf gegen Ivanna Lie aufgeben mußte (S. 128). Ein anderes sei hinzugefügt, als kleiner Trost für all jene Aktiven, die tagtäglich auf unseren Badmintonfeldern erleben müssen, daß es bei ihnen ‹plötzlich nicht mehr läuft›. Hauptdarsteller ist der langjährige Erste der Grand-Prix-Rangliste Morten Frost, der nun wahrlich gegen niemanden auf der Welt einen Badmintonzweikampf fürchtet:
Thomas Cup 1986 in Jakarta, Spiel um den Gruppensieg zwischen Däne-

mark und Indonesien. Im ersten Einzel hatte Frost gegen Icuk Sugiarto anzutreten. Frost, der durch seine stets kontrollierte Matchführung eine ungewöhnliche psychische Stabilität ausstrahlt, geriet beim Stande von 7:6 ohne erkennbare Notwendigkeit bei einer knappen Linienrichterentscheidung plötzlich aus dem Häuschen, mit der unmittelbaren Folge einer völligen Zerfahrenheit seines Spiels und Satzverlust (7:15). Auch im zweiten Satz (6:15) gelang es ihm nicht, zu einem Zweikampf zurückzufinden. Er hielt geistig nicht mehr gegen und ergab sich in sein Schicksal. Allerdings: Icuk hatte zu Beginn des ersten Satzes eine spieltaktische Marschroute gewählt, die im unbedarften Beobachter den Verdacht aufkommen ließ, der Indonesier habe gar nicht die Absicht zu gewinnen. Er hielt nur den Ball im Spiel, spielte betont defensiv und zwang Morten in endlos dauernde Ballwechsel. Dies brachte dem Dänen zwar eine 6:1-Führung ein, laugte ihn jedoch bei den herrschenden 38 Grad Hitze und schweißtreibender Luftfeuchtigkeit konditionell extrem aus. Irgendwann fühlte Frost offensichtlich, daß er der Marschroute des Indonesiers nicht gewachsen war, und seine Hilflosigkeit und Verzweiflung bewirkten schließlich die beschriebene Reaktion.
Verärgerungen mit nachfolgendem Verlust der Matchkontrolle finden sich in unseren Hallen zuhauf: über Linienentscheidungen, Netzroller, Fehlschläge, Ballqualität... Der Anlaß des Ärgerns ist nur selten die Ursache. Die Gründe liegen tiefer. Zwei seien genannt: Ärgern aus *Hilflosigkeit*, weil der Spieler nicht mehr weiß, wohin er den Ball spielen soll. Der Gegner erdrückt ihn schier. Ärgern aus *Schwäche*, weil der Spieler konditionell erschöpft ist. Die Sinne sind nicht mehr hellwach, er kann keine Aktionskonzentration mehr aufbauen. Er handelt zu spät, verschlägt Bälle. Die Beine werden schwer. Er müßte sich zusammenreißen, aber die Energie fehlt.

- Überforderung

Wer im Verlauf des Wettkampfes merkt, daß er seinem Gegner nicht gewachsen ist, obwohl ein Sieg erwartet wird, tut sich schwer, sein Leistungsvermögen voll auszuschöpfen. Blamage droht, Angst vor Versagen steigt auf. Die Abschirmkonzentration gegen das eigene Innere wird löchrig. Emotionen bestimmen die Handlungen. Er wird kurzzeitig wütend – und gibt schließlich auf (siehe Abschnitt «Wettkampfhärte», S. 161).

Maßnahmen, um die Zweikampflage aufrechtzuerhalten

Samulski (1986, 6f) stellte bei einer Untersuchung über von Athleten im Leistungssport eingesetzte Selbstmotivierungstechniken drei «Grundstrategien» fest: Selbstinstruktion, Selbstargumentation, Selbstsuggestion. «Im Falle der *Selbstinstruktionen* werden durch selbstgegebene Handlungsanweisungen Ziele vorgegeben, neue Impulse gesetzt bzw. vorhandene verstärkt... In der Wettkampfsituation werden Selbstinstruktionen von

Leistungssportlern in erster Linie eingesetzt, um bei auftretenden Problemen die Wettkampfmotivation aufrechtzuerhalten.»
Zu unterscheiden sind «Initiierungstechniken» (Geh hin zum Ball!) und «Stabilisierungstechniken» (Halte durch!).
«Bei der *Selbstargumentation* werden Verhaltensziele über Argumente, mit denen man sich selbst zu überzeugen versucht, nahegelegt.» (Du bist besser vorbereitet als dein Gegner!)
«Durch *Selbstsuggestion* sollen affektgeladene Überzeugungen hervorgerufen werden. Hierbei appellieren Sportler unter anderem an ihr Selbstbewußtsein, an ihren Siegeswillen, an ihre eigenen Stärken und ihre eigene Überlegenheit.» (Heute ist er dran!)

‹Vorratskammern›, aus denen der Badmintonspieler sich – bei entsprechender Auffüllung – Kraft für das Aufrechterhalten der Zweikampflage holen kann:
Frühzeitig aufgebaute Herausforderungshaltung, Wissen um gut entwikkelte (einzelne) Leistungskomponenten, Beherrschen des Basisverhaltens zum Aufbau von IGEA und Konzentration, Wettkampfzubereitung, eigener aktuell-guter Trainingszustand, Beherrschen von Selbstregulierungs- und Selbstbekräftigungstechniken, Beherrschen von Kontrollverfahren zur Effektivitätsüberprüfung des eigenen Spiels (z. B. Rettungscode WALADIN, s. u.), Selbstsicherheit aufgrund bisheriger Siege gegen diesen Gegner, Wissen um Schwächen des Gegners.

Abb. 7: Beispiel für ein Kontrollverfahren zur Überprüfung der Effektivität des eigenen Spiels im Wettkampf

Rettungscode WALADIN
Wo hapert's ... wenn's im Spiel plötzlich nicht mehr läuft? Checken Sie sich selbst. WALADIN hilft Ihnen, das Match zu retten.

W wie weit: Schlage ich meine Clear weit genug nach hinten?
A wie abgelenkt: Bin ich mit meiner ganzen inneren Aufmerksamkeit (Abschirmkonzentration, Aktionskonzentration) beim Ballwechsel?
L wie langsam: Renne ich zu langsam?
A wie Ausrede: Fange ich schon an, Gründe für eine Niederlage bereitzulegen?
D wie Druck: Übe ich mit jedem meiner Schläge Druck aus auf meinen Gegner?
I wie IGEA: Erfülle ich die drei Anforderungen (Ball anschauen, Waden vorspannen, Arm aktivieren)?
N wie Netz: Steuere ich beim Spiel am Netz bewußt meine Schlagbewegungen?

Verbesserungsstrategie

Bewußtmachen, was geistige Gegnerbekämpfung bedeutet

1. Schritt: Erkennen, welche Vorgänge ablaufen

Spieler muß erarbeiten, welche Art von Handlungen über die Spieltaktik hinaus gegnerbekämpfenden Charakter haben und wie sie im Spiel wirksam werden. Er muß versuchen – falls ihm die Vorgänge fremd sind – den Aufbau einer Herausforderungshaltung aus eigenem unbewußten Erleben zu erspüren und die Weiterentwicklung zur Zweikampflage zu erahnen. Er muß begreifen, daß die Vorgänge im Training geübt werden können.

2. Schritt: Lernen durch teilnehmendes Beobachten

Spieler soll versuchen, durch Beobachten einzuschätzen, ob Mitspieler

- vor dem Wettkampf eine bewußte Herausforderungshaltung aufgebaut haben,
- im Wettkampf in eine Zweikampflage hineinfinden,
- die Zweikampflage jeweils bis zum Satzende aufrechthalten.

Er soll ferner bewerten, ob die subjektive Wettkampfauswertung von Mitspielern nach Niederlagen

- erleidend oder konstruktiv-zielsetzend ist,
- mit seinen eigenen Beobachtungen übereinstimmt.

Er soll äußere Kennzeichen für das Vorhandensein geistiger Gegnerbekämpfung beschreiben und Spieler mit ausgeprägter geistiger Wettkampfführung zum Vorbild wählen.

3. Schritt: Bewußtmachen durch Selbstbeobachtung

Spieler soll die Beobachtungserfahrungen aus Schritt 2 in Bezug setzen zu seinem eigenen subjektiven Wettkampferleben und auswerten. Er soll eigene Signale registrieren, auf seine Worte achten, soll lernen, seine Gefühle zu beschreiben. Er soll die Art seiner Wettkampfzubereitung betrachten, die Einflüsse, die im Spiel auf ihn einwirken, seinen Siegeswillen.

4. Schritt: Diskussion des Eigenverhaltens

Mit einer Person seines Vertrauens bespricht und analysiert er seine Beobachtungen. Beide versuchen, Konsequenzen für das Wettkampfverhalten des Spielers zu ziehen, und vor allem solche für seine Trainingsgestaltung.

5. Schritt: Konsequenzen ziehen durch Trainingsveränderung

Training wird so gestaltet, daß geistige Gegnerbekämpfung so oft wie möglich simuliert wird (s. u.).

Trainingsspiele nur in Zweikampflagen führen

Vom dreizehnfachen Deutschen Mannschaftsmeister 1. BV Mülheim (1968–1980) wird berichtet, die Herren hätten auf dem Höhepunkt ihrer Leistungsstärke im Training eigentliches «Schlagtraining» kaum gemacht. Sie hätten ‹nur› gespielt, sich dabei allerdings ‹bis aufs Messer› bekämpft.

‹Kampf bis aufs Messer› bedeutet aber nichts anderes als Einsatz psychischer Komponenten und Ausschöpfung des körperlichen Leistungsvermögens. Bei dieser Methode zu trainieren wurden also Eigenschaften geschult, die der Badmintonspieler dringend benötigt.
Wenn für einen Spieler Spielen im Training grundsätzlich mit Herstellen von Zweikampflagen verbunden ist, ist dies die intensivste Komplexübung. Leider ist bei Trainingsspielen zu oft zu beobachten, daß in Plänkellage begonnen wird und diese allenfalls in Wettkampflage überführt wird. In solchen Fällen wäre es besser, Spielen ganz zu unterlassen, denn der Spieler gewöhnt sich an, ohne geistige Spielführung zu spielen.
Nachteil der Mülheimer Zweikampf-Trainingsmethode ist, daß keine kontinuierliche Weiterentwicklung mehr stattfindet, da keine systematische Verbesserung der Leistungskomponenten bzw. Minderung der Defizite vorgenommen wird. Es ist gewissermaßen ein Abbruch des Trainings*prozesses* und ein Bewahren und optimales Anwenden der bis dato erworbenen Fertigkeiten.
Je härter Trainingswettkämpfe geführt werden, um so mehr helfen sie den Spielern bei der Weiterentwicklung. Dem Trainer muß es darum gelingen, für Trainingswettkämpfe eine Motivation zu begründen. Zum Beispiel, indem er eine Rangliste einführt, die eine qualifizierende Bedeutung hat (z. B. Turnierreise o. ä.).

Wettkampf ohne Siegeswillen
ist wie Sex ohne Liebe
(Heinz-Martin Knupp)

Eigenschaftswort Wettkampfhärte

Der achtfache All-England-Sieger Rudy Hartono antwortete auf die Frage, welchen von den Spielern, denen er in seiner Karriere begegnet sei, er für den besten halte: «Ohne Zweifel Svend Pri. Er war etwas Besonderes, so verschieden von den anderen. Mir ist niemals ein Spieler begegnet mit solch unglaublicher Willenskraft. Wenn er gegen mich spielte, versuchte er jedesmal mit 100 Prozent zu gewinnen. Das war gut für das Badmintonspiel, aber auch für mich, weil es mir geholfen hat, mich weiterzuentwickeln. Keiner konnte mich besser herausfordern als Svend.» (AHLSTROM 1981, 3.)

Wettkampfhärte: Fähigkeit, bei jedem Wettkampf dem Gegner in der entscheidenden Spielphase physischen und psychischen Widerstand entgegenzusetzen und dabei in der Lage zu sein, das eigene körperliche und geistige Leistungsvermögen zu mobilisieren und auszuschöpfen.

Wurde dieser bedingungslose Kampfgeist, dieser «eiserne Wille», denen, die ihn aufbringen, nun in die Wiege gelegt? Oder kann der Spieler trainieren, sich am Ende eines Satzes durchzubeißen?
Im Abschnitt «Schlüsselwort Konzentration» (vgl. S. 127) haben wir versucht zu zeigen, daß das Bewußtmachen von Abläufen den Spieler in den Stand setzt, Verhaltensweisen Schritt für Schritt zu erwerben, die er für das erfolgreiche Bewältigen gewisser Wettspielsituationen benötigt. Die gleiche Prämisse legen wir bei der Eigenschaft Wettkampfhärte zugrunde. Sie kann nicht angeordnet werden – sie kann jedoch aufgebaut werden.
Sich passiv damit zu begnügen, der Mensch unterliege nun einmal Schwankungen seiner Leistungsbereitschaft und es sei naturgegeben, daß ihn ‹seine Psyche› mal mehr und mal weniger gut spielen ließe, weist auf eine Haltung, die die geistigen Komponenten nicht als vollwertige Trainingsziele erkannt hat. Beim Erwerb der Technik des Clear begnügen sich der an Weiterentwicklung interessierte Spieler bzw. sein Trainer auch nicht mit dem Erreichen der Entwicklungsphase der Feinkoordination, in der der Schlag mal gelingt und mal nicht. Das muß besser werden, stimmen beide überein und üben.
Bei einer so wichtigen leistungsbestimmenden Komponente wie Wettkampfhärte ist dieses Bewußtsein nicht gleichermaßen ausgebildet. Hier verharren die Beteiligten allzuoft gleichsam im Anfängerstadium und begnügen sich damit, daß der Spieler gestern ‹gut drauf› war und heute leider nicht.

Willensschulung

Ziel muß die Entwicklung der speziellen Willensqualitäten sein, die für das bedingungslose Siegenwollen in der Schlußphase von Badmintonspielen benötigt werden. Zu unterscheiden sind:

Willensspannkraft: «Persönlichkeitseigenschaft, konstante Leistungsbereitschaft zu zeigen und innere und äußere Schwierigkeiten sowie auftretende Hindernisse zu überwinden. W. ist Voraussetzung zur Höchstleistung, besonders in Langzeitausdauersportarten.»
Willensstoßkraft: «Fähigkeit zur maximalen Mobilisation der Willensstärke als Voraussetzung für das Erreichen höchster Leistungen.» (JONATH 1987, 319)

Willensspannkraft ist das Weiterkämpfen-Wollen, auch wenn der Gegner mit dem vierzehnten, dem fünfzehnten, dem sechzehnten Punkt davonzieht, das Angespannthalten der psychischen Aggressivität. Aber es ist auch das Steigern der Spannung jenseits des zehnten Punktes, das Vorausberechnen einer gegnerischen Leistungssteigerung, das Ausbauen der Zweikampflage, das Schmerzverdrängen bei Erschöpfung, das Gegenhalten gegen einen zurückfightenden Gegner, das Weiterspielen mit kühlem Kopf bei Atemnot, das Bewahren des Glaubens an die eigene Stärke.
Doch der gespannte Bogen für sich reicht noch nicht für den Sieg. An das Dürrenmatt-Zitat über dem Abschnitt «Zweikampf» sei erinnert: Der Absicht muß die Tat folgen.
Willensstoßkraft ist der «Stoß», mit dem der Spieler seine Muskulatur antreibt. Mit ihr mobilisiert er die Körperaktivitäten vor jedem Aufschlag: «Auf!» Mit ihr zwingt er die Beine, den Jump-Smash auch wirklich einzuleiten: «Ab!» Mit ihr setzt er immer aufs neue die IGEA in Gang: «Steh!» Mit ihr streckt er den Arm, der den Schläger bis zur Netzkante zwingt: «Hin!» Mit ihr läßt er einen vierten Clear schlagen: «Nimm!»... und noch einen fünften... und einen sechsten...

Was kann der Spieler tun?

Vor dem Wettkampf

- Glaub an Dich!

Vor allem sollte der Spieler nicht auf einen Trainer harren. Oder nach Wunderkräften von Psychologen rufen. Er soll, kann und muß sein Siegen selbst in die Hand nehmen. Sein Ziel ins Auge fassen und darauf zusteuern. Er wird es schaffen, wenn er nur genügend will. So ist der Everest erstiegen worden und Grönland zu Fuß durchquert.

- Stimme Dich vor dem Wettkampf auf dessen Endphase ein!

Das Zehnergebot: Notwendigkeit, beim Badmintonspiel nach Erreichen von zehn Punkten die eigene körperliche und geistige Aktivierung durch einen bewußten Gedankenschub noch einmal zu erhöhen und gleichzeitig damit zu rechnen, daß der Gegner das gleiche tut.

Positive Anweisungen formulieren. Eine Stütze ist das Visualisieren erfolgreicher Erlebnisse; das Erinnern daran, das Anschauen von Dokumenten. Wichtig ist eine Bewußtmachung konkreter gewinnträchtiger Aktionen für die Phase jenseits von zehn Punkten. Der Spieler schließt die Augen und hört die Selbstbekräftigungen, die Anfeuerungen, die er sich zurufen wird; er versucht, eine Steigerung der Aggressivität aus der Zweikampflage zu erfühlen für den Fall, daß es zu einer Verlängerung kommt:

Bereite dich vor zu siegen!
Psych-up für die letzten drei Punkte

Ich stelle mir vor, wie es 12 beide steht, wie ich schnaufe, weil ich gerade einen langen Ballwechsel gegangen bin. Aber auch er schnauft. Gewaltig. Ich hole mir schnell den Ball, denn ich will weiterspielen, im Tempo nicht nachlassen, ran an die Bälle, ich muß ihn hetzen. Ich mache einen hohen Aufschlag, denn ich will nochmals einen langen Ballwechsel haben. Ich bin besser trainiert als er. Ich fühle, wie ich auf IGEA achte, «Steh!» denke und in die Hocke gehe. Ich spüre, wie ich jede Bewegungsungenauigkeit beim Spiel am Netz vermeide. Ich bin hellwach, mein Blick ist auf den Ball gerichtet, jeder Schlag in dem Ballwechsel ist mein Vorteil, jeder Schritt, den ich laufe, ist kraftvoll. Ich stehe sicher in der Verteidigung. Meine Reaktion setzt sofort ein, mein Schläger ist überall. Ich feuere mich an, ich bin stark, ich kann es schaffen, ich mach keine Verlegenheitsschläge. Ich freue mich über mich, ich bin stark . . .

Im Spiel

- Push Dich voran!

Positive Selbstbestätigungen nach gelungenen Aktionen stärken das Vertrauen in die eigene Leistungsfähigkeit. Bekräftigung durch das Ballen der Faust: «Ja!» So erlebt der Spieler hundertprozentig das Spiel mit.

Das merk-würdigste Badminton-Theorem: Nur dreißig (zweiundzwanzig) Fäuste für den Sieg!

Der Spieler muß sich darüber im klaren sein, daß bei einem harten Match Erfolgsabschätzungen zwischen Zuversicht und Zweifel wechseln können. Sonst wäre es nicht hart. Er muß das Zurückfighten des Gegners positiv erleben, weil es seine eigenen Taten aufwertet. Vorbereitete Selbstregulierungsbefehle müssen bei jedem Absinken der Aktivität sofort die Kampfbereitschaft wiederherstellen. Kein Punkt ist zu verschenken.

- Hoffe nicht auf geschenkte Siege!

Besonders im Zustand der Erschöpfung ist es im Badminton verführerisch, liniennahe Bälle fallen zu lassen. Der Glaube an himmlische Gaben setzt besonders in Schlußphasen die Zweikampfhaltung gelegentlich matt. Doch warum sollte der Gegner die letzten Punkte verschenken und die Bälle ins Aus schlagen? Den Sieg bringt die Einstellung: Ich habe ihn im Sack, nun muß ich den Sack auch zumachen. Außerdem: Warum sollte der Gegner bei 13 beide einen undefinierbaren Linienball nicht zu *seinem* Vorteil auslegen?

● Schotte Dich gegen den inneren Schweinehund ab!

Je quälender die Schritte werden, um so dünner wird die Abschirmkonzentration. Wer entdeckt, wie eine erste mögliche Erklärung für eine Niederlage seinen Kopf durchquert, ist an den Abgrund getreten. Wer plötzlich seismographisch die Glätte des Bodens spürt, einen Windhauch in der Halle, das zu laute (oder zu leise) Publikum, die zu helle (oder zu dunkle) Wand, das zu einseitige (oder zu vielfältige) Training... – der ist dabei, seine Handlungsfähigkeit zu verlieren.

Ist eine solch bedrohliche Situation eingetreten, hilft nur aktives, vorwärtsgerichtetes Denken. Die Überzeugung vom eigenen Können bildet die Basis. Das dreistufige Aufbauen von Aktionskonzentration ist z. B. eine konkrete Handlungsanweisung. Der «Rettungscode WALADIN» (s. S. 159) hilft zu analysieren. Das «Psych-up» zapft neue Energien an.

Im Abschnitt «Schlüsselwort Konzentration» zeigten wir, daß die Abschirmkonzentration von innen und von außen bedroht ist. In der Erschöpfung des Wettkampffinales erfolgt, wenn nicht besondere Umstände eintreten, der Abbau von innen. Es gibt den vielzitierten Satz von Atlantiküberquerer Hannes Lindemann (1958) «Ein Schiffbrüchiger gibt zuerst seelisch auf, dann erst folgen die Muskeln, und als letztes überlebt das Rettungsboot» (nach EBERSPÄCHER 1982, 211).

● Schalte in der Verlängerung um auf Nahzielstreben!

Jeder kennt vergleichbare Situationen: Stefan hat mit großem Einsatz die Verlängerung erzwungen, er feuert sich noch mal an. Ehe er sich jedoch versieht, liegt er wieder 13:16 hinten. Klüger als das allgemeine Ziel «Toll, jetzt gewinne nur ich!», ist es in solchen Lagen, ein Nahziel zu benennen: Das Nahziel nämlich, den *nächsten* Ballwechsel unbedingt gewinnen zu wollen. Stefan hatte zwar seine Willensspannkraft aufrechterhalten, er vergaß jedoch, für die folgenden Aktionen Willensstoßkraft aufzubringen.

Im Training

● Trainiere gut!

Wer mit sich selbst im reinen ist, wird stark. Konditionelle Fitness gibt innere Stärke. Wer gut trainiert hat, kann verlieren, wird aber nicht aufgeben. Wettkampfanalysen, Ableiten von Trainingszielen, Einüben, Wettkampfzubereitung... – ein Kreislauf, der Selbstvertrauen schafft. Der Gegner muß mindestens ebenso sorgfältig gearbeitet haben. Eine psychologische Stütze, um Selbstvertrauen zur eigenen Fitness zu haben, ist ein

Persönlicher Bestärkungstest: Von einem Spieler vor einem Wettkampf durchgeführter (vertrauter) Leistungskontrolltest, dessen Ergebnis ihm Auskunft gibt über den eigenen Konditionsstand.

Der Test muß eine badmintonspezifisch bedeutsame konditionelle Fähigkeit abprüfen, etwa Schnelligkeitsausdauer, evtl. auch aerobe Ausdauer (Cooper-Test, vgl. S. 106). Gut geeignet ist der «5 Meter 18-Test» (Knupp 1984, vgl. S. 103). Wichtig ist, daß der Spieler durch häufige Durchführung des Tests die Spanne seiner Leistungsfähigkeit ausgelotet hat. Erzielt er vor einem Wettkampf ein gutes Ergebnis, so wird ihm dies ein bestärkendes Gefühl für das Durchhalten in der Schlußphase geben.

- Schule Deinen Willen!

Übungen zur Willensschulung müssen regelmäßiger Bestandteil des Trainingsprogrammes sein. Wer nicht lernt durchzuhalten, wie soll er es im Wettkampf können? Eine Methode, den Willen zu schulen, ist das Durchführen der Konditionsarbeit bei stetig gesteigerten Anforderungen. Die vollbrachten Leistungen werden dokumentiert, und beim nächsten Mal werden die Ziele heraufgesetzt. Das macht fit und schult den Willen.

- Baue Überzeugung auf!

Basis des Durchhaltens ist die subjektive Überzeugung, daß die antrainierten Fähigkeiten und Fertigkeiten ausreichen zum Sieg. Wer sich mit negativen Attributen umgibt, wird in bedrohlicher Lage einer Rückzugreaktion nachgeben müssen. Wer sich für zu langsam, zu klein, zu ungeschickt, zu unbegabt oder zu schlecht hält, wie soll dieser elendige Wurm bei 11:13 daran denken, den Gegner doch noch zu verschlingen?
Es ist notwendig, mit gesundem Egoismus die Überzeugung von der eigenen Stärke aufzubauen. Dabei hilft das Durchhalten intensiver Trainingsarbeit. Wer dauerhaft hart und konsequent an der Verbesserung seiner Leistung arbeitet, der wird an seine Fähigkeiten glauben. Der bedingungslose Einsatz im Wettkampf wird eine fast zwangsläufige Folge sein.

Was kann der Trainer tun?

- Bewußtmachen, daß Wettkampfhärte erwerbbar ist

Indem der Trainer zum Beispiel mit dem Spieler diesen Text diskutiert, mit ihm Situationen analysiert, in denen Defizite erkennbar wurden, vordergründiges Verhalten und tieferliegende Ursachen unterscheidet, Ansatzpunkte für Trainingsarbeit offenbart.

- Ein Umfeld schaffen, in dem die Leistung des Spielers anerkannt wird

«Eine Leistung wird erst dann als solche bewertet, wenn ein Beobachter diese Art des Handlungsvollzuges als Leistung bewertet» (Beck 1987, 12). Ansehen und Anerkennung sind Triebfedern für außergewöhnliche menschliche Taten. Warum soll sich einer schinden, wenn «keine Sau Notiz von seiner Leistung nimmt»? (Haas). Der Trainer, der von seinem Schützling Einsatz im Grenzbereich seiner Leistungsfähigkeit erwartet, muß dafür Sorge tragen, daß dem Spieler öffentliche Anerkennung für seine Taten zuteil wird. Dies bedeutet nicht zwangsläufig gleich einen lokalen Pressewirbel. Es reicht manchmal auch miterlebende Freude, ausdrückliches Lob, Ehrung, Siegesfeier u. a.

- Leistungsbesessenheit vorleben

Nichts lehrt so leicht wie das Vorbild. Der Trainer kann das Wollen großer Taten seinen Spielern nicht durch Abgabe einer Erklärung einimpfen. Aber er kann ein Motor sein. Wenn der Trainer Verbesserungsbesessenheit vorlebt, wenn er selbst ein stetiger Antreiber beim Schaffen der Voraussetzungen für große Taten ist, so wird er auch Spieler finden, die seine Ideen zu den ihren machen. Und diese Spieler werden auch bereit sein, ihr Letztes zu geben, damit ein angestrebtes Ziel erreicht wird.

- Überzeugungstraining durchführen

Wenn Spieler im Training besser spielen als im Wettkampf, kann es nicht an den Voraussetzungen liegen. Sie verlieren nicht von Mittwoch bis zum Sonntag ihr Können, sie verlieren vielmehr die Fähigkeit, es einzusetzen. Die Wettkampfsituation raubt ihnen das Selbstvertrauen, die Einschätzung der Wirksamkeit ihrer Fertigkeiten, den Glauben an die eigene Kraft. Als Trainingshilfe für ‹Trainingsweltmeister› führen wir einen Vorschlag von EBERSPÄCHER (o. J. 68f) an. Er basiert auf der Analyse, daß es zwischen Training und Wettkampf im wesentlichen «zwei psychologisch begründbare Unterschiede» gibt: «1. Wettkampfsituationen sind nicht wiederholbar, besitzen also in der Regel den Charakter der Einmaligkeit; 2. Wettkampfsituationen gehen immer mit einer Prognose, d. h. mit einer Vorhersage über das erwartete Ergebnis einher.»

Das von EBERSPÄCHER aus dieser Analyse entwickelte *Überzeugungstraining* läuft über 4 Schritte ab. Es wird hier auf Badminton angewandt:
1. Schritt: Im Training muß die Situation von Einmaligkeit, Nichtwiederholbarkeit und Prognosedruck simuliert werden.
Beispiel: «Wir spielen jetzt zehnmal nur einen Ballwechsel. Der Gegner beginnt mit hohem Aufschlag. Du versuchst, die Initiative zu übernehmen.» Der Spieler muß seine beabsichtigten Handlungsziele («Ich will ihn mit bedingungslosem Angriff niederhalten.») und das Ergebnis prognostizieren.
2. Schritt: Es wird überprüft, ob das gesetzte Ziel erreicht, nicht erreicht oder verfehlt wurde.
«Du konntest deinen harten Angriff im Netzbereich nicht vollenden, weil der Gegner dich mit einer hohen Abwehr überraschte.»
3. Schritt: Die Ursachen für den Handlungsausgang werden sorgfältig und so objektiv wie möglich untersucht und benannt.

Beispiele: «Zu schwacher Smash/keine Feldabdeckung/gedanklicher Abbruch nach Schlag/Verlust von IGEA nach Schlag...»
4. Schritt: Hat ein Handlungsablauf nicht zum Ziel geführt, muß entweder das **Handeln** verändert werden – «Ich muß mich zwingen, nach meinem Smash...» – oder das **Ziel**: «Ich beginne nicht gleich mit hartem Smash, ich bereite erst mit Halfsmash vor.»
Wenn der Spieler im Verlaufe solcher Ballwechsel der gleichen Art erlebt, wie sein eigenes Handeln erfolgreicher wird, baut sich in ihm die Überzeugung auf, daß ihm zum Verwirklichen von spieltaktischen Zielen auch tatsächlich die Handlungsmöglichkeiten zur Verfügung stehen. «Generelles Ziel des Überzeugungstrainings ist es, Athleten systematisch dahin zu führen, daß sie lernen, sich selbst Ziele zu setzen und die Überzeugung aufbauen, daß sie ihre selbstgesteckten Ziele aufgrund eigener Fähigkeiten und Anstrengungen erreichen können. Dies ist die notwendige Voraussetzung des selbstbewußten, wettkampfstabilen Athleten» (EBERSPÄCHER o.J., 70).

- Alle Maßnahmen darauf ausrichten, den Glauben des Athleten an die eigene Stärke zu stärken

Um in schwierigen Situationen Durchsetzungswillen zu entwickeln, dazu muß der Spieler ein ungeheures Selbstvertrauen haben («Ich weiß, das schaff ich auch diesmal!»). Der Trainer muß Hilfestellungen geben, um solches Selbstvertrauen aufzubauen. Er muß dem Spieler Erlebnisse verschaffen, die dessen Glauben an sein Leistungsvermögen stärken: Wettkampfstabilität aufbauen durch Vorgabe erreichbarer Ziele; Konditionsanforderungen stellen, die Leistungsfähigkeitssteigerung erkennbar machen; dem Spieler auch schwierige Aufgaben zutrauen; ihm vorträumen, was er alles erreichen kann. Und er muß das Training gestalten gemäß dem Satz: *«Aus effektivem Training entwickelt sich erfolgreiches Handeln.»*

20 Übungsbeispiele rund um die Willensschulung

1. Formulieren Sie die Verbesserung Ihrer Willensqualitäten ausdrücklich als Trainingsziel.
2. Gewöhnen Sie sich an, bei allen Konditionsübungen «noch drei» Wiederholungen zu leisten, wenn's nicht mehr geht.
3. Zwingen Sie sich, Trainingswettkämpfe nur dann zu bestreiten, wenn Sie bereit sind, bedingungslos zu fighten.
4. Lassen Sie in der Trainingsintensität nicht nach, wenn der Trainer wegschaut.

5. Absolvieren Sie eigene Trainingseinheiten, ohne daß zugeschaut wird (Wald, frühmorgens).
6. Gewöhnen Sie sich den Aufbau von Abschirmkonzentration bei Trainingsübungen an.
7. Besiegen Sie das ‹Es›. Denken und sagen Sie nie mehr «‹Es› läuft nicht».
8. Geben Sie schwächeren Gegnern einen Vorsprung, dessen Aufholen Ihnen selbst letzten Einsatz abverlangt, z. B. 0:12. (Keinesfalls: selbst bei Minus anfangen.)
9. Schaffen Sie bewußt schlechte Trainingsspielbedingungen, und beißen Sie sich dennoch zum Sieg. (Schlechte Bälle, auf schlechter Seite, mit fremdem Schläger...)
10. Kaufen oder stellen Sie her: Cassette mit Selbstbestätigungsprogramm. Hören Sie jeden Abend vor dem Schlafengehen: «Ich bin stark... Ich schaff es... Ich kann alles, wenn ich will... In mir steckt eine große Kraft...»
11. Erproben Sie im Training bei auftretenden Unlustgefühlen oder Frustrationsphasen bewußt mit dem Walkman Selbstaktivierungsmaßnahmen zum Aufbau von Willensspannkraft.
12. Erleben Sie bewußt, wie sich bei stets erneutem Aufbau von Aktionskonzentration im Spiel Freude an der aktiven Spielweise in Ihnen breitmacht und – da Sie plötzlich Herrscher über Ihre Aktionen sind – langsam eine positive Selbstbewertung entsteht.
13. Beginnen Sie Wettkämpfe bei 12 beide, und üben Sie «Psych-up».
14. Versuchen Sie anhand eines Psychologie-Lexikons herauszufinden, welche der folgenden psychischen Eigenschaften für Wettkampfhärte von Bedeutung sind: Zielstrebigkeit, Entschlußkraft, Ausdauer, Selbstbewußtsein, Durchsetzungsvermögen, Selbstbeherrschung, Konzentrationsfähigkeit, Leistungsbereitschaft...
15. Suchen Sie Wettkämpfe gegen starke Gegner, und führen Sie sie in Zweikampflage.
16. Entwickeln Sie Eigeninitiative, wenn im Training die Anforderungen zu lasch sind.
17. Üben Sie das Aufbringen von Willensstoßkraft mittels Multi-feeding-Übungen, wobei Sie die Anzahl der zurückzuschlagenden Bälle (stetige Steigerung) vorher festlegen.
18. Absolvieren Sie Waldlauf und anaerobes Konditionstraining grundsätzlich nach Zeitvorgaben.
19. Planen Sie für alle Ihre Konditionsprogramme Leistungsvorgaben.
20. Begeistern Sie Ihre Trainingsgruppe und Ihren Trainer für «Rándori-Training»: Jeder gegen jeden bis 5 Punkte. Wichtig: Sanktionen für den Gesamtverlierer! Varianten: ein Satz/zwei Gewinnsätze/zwei Sätze mit Addieren der Punkte/in jeder Runde scheidet Spieler mit höchster negativer Punktedifferenz aus/mit zwei-, dreiminütiger Intensiv-push-up-Phase vor jedem Spiel/mit zwei-, dreiminütiger geistiger Vorbereitung vor jedem Spiel...

Wir sind zerschmettert und nicht nur zum Scheine!
Der einzige Ausweg wär aus diesem Ungemach:
Sie selber dächten auf der Stelle nach
Auf welche Weis dem guten Menschen man
Zu einem guten Ende helfen kann.
(Brecht: Der gute Mensch von Sezuan)

Zeitwort Version

Mitdenken

Über immer neue Versionen
Die Softwareindustrie liefert uns Anschauungsunterricht. Wenn der computernde Badmintonfreund zu einem bestimmten Zeitpunkt ein Computerprogramm kauft, erhält er eine bestimmte «Version» des Programms. Sie wird durch eine Zahl ausgedrückt, die dem Programmnamen angefügt ist. CUSTAV 1.1 beispielsweise (© Wessels). Die Zahl ist um so niedriger, je jünger das Programm ist. Während eine bestimmte Version der Öffentlichkeit zugänglich ist, werkelt beim Programmhersteller jedoch ein findiger Geist bereits an deren Verbesserung. Sie wird ein Jahr später erscheinen, heißt dann CUSTAV Version 2.0 und kann einiges mehr als ihre Vorgängerin. Funktionen wurden vereinfacht, Befehlsketten optimiert, ganze Strukturen verbessert, neue Leistungen hinzugefügt, es läuft schneller... Und so geht es Jahr für Jahr, und bei der Version 5.0 ist CUSTAV so leistungsfähig, daß es alle seine Konkurrenzprogramme in den Schatten stellt.
Mit den Versionen eines Computerprogramms ist die Entwicklung des leistungsorientierten Badmintonspielers zu vergleichen. Auch er sollte danach streben, in jeder Saison eine neue Version von sich auf die Felder der Nachbarschaft zu schicken. Hier mit abgestellten Mängeln, dort mit automatisierteren Funktionen. Und ebenso wie eine neue Programmversion nicht von selbst zustande kommt, sondern durch das Denken von Menschen, wird auch eine neue Version unseres Spielers durch Denken geschaffen.

Über die Notwendigkeit des Denkens
Denken heißt, ein Problem lösen. Nach Dörner (1979, zitiert nach Eberspächer 1982, 39ff) soll ein unerwünschter Ausgangszustand (z. B. Unfähigkeit, den Ball am Netz kurz zu halten) in einen erwünschten Zielzustand (sicheres Netzspiel) überführt werden. Zwischen beiden liegt eine Barriere, die das Überführen erschwert bzw. unmöglich erscheinen läßt. Die Überwindung dieser Barriere geschieht durch Denken. Dabei kann es sein,

daß «Aufgaben» oder «Probleme» zu lösen sind. «Aufgaben» sind Anforderungen, für deren Bewältigung Wege bekannt sind und zur Verfügung stehen (Durchführung eines vorliegenden Sensibilisierungsprogramms für die Feinkoordination der Hand). Sie erfordern *reproduktives* Denken. Ein «Problem» ist dann vorhanden, wenn Lösungen nicht bekannt sind, wenn Verfahren erst ausgedacht werden müssen. Problemlösen erfordert *produktives* Denken.

Entscheidend, ob das Überwinden einer Barriere ein Problem darstellt oder nur eine Aufgabe, hängt vom Informationsstand ab. Wer ein Spiel-am-Netz-Trainingsprogramm hat oder bekommen kann, hat nur eine «Aufgabe» (die der Umsetzung der Trainingsinhalte) zu lösen, wer keinerlei Kenntnisse besitzt, steht vor einem «Problem» (Trainingsmaßnahmen auszudenken).

Denken jedoch muß ein Spieler, der seine Version verbessern will, auf jeden Fall. Er kommt nicht darum herum, darüber nachzudenken, wie er die Weiterentwicklung betreiben kann. Er muß zunächst seinen Ist-Stand bestimmen. Er muß erforschen, welche Komponenten seines Spiels defizitär sind. Wo funktioniert seine Version gar nicht, wo umständlich, wo unzuverlässig? Er braucht Informationen. Die gewinnt er durch Nachdenken über die Wettkampfereignisse (vgl. Abschnitt «Komponentenprofil», S. 15).

Dann muß er über den angestrebten Zielzustand nachdenken. Er muß sich eine Vorstellung von dem verschaffen, was individuell möglich sein könnte. Einen Traum, eine Vision. «Ein Auto muß man zuallererst träumen», hat der greise Enzo Ferrari einmal die Vorgehensweise bei der Konstruktion eines neuen Wagens beschrieben. Die Zielvorstellung bildet sich durch Trainerempfehlung, Anschauen von Spitzenspielervideos, Reiseberichte, Übungsleiterausbildung, Überlegen, Schwärmen...

Der dritte Bereich – nach Ist-Stand und Zielzustand –, über den der Spieler nachdenken muß, ist, wie er die Barriere zwischen Wirklichkeit und Wunsch überwinden kann (vgl. Abschnitt «Verbesserungsstrategien» S. 25). Je mehr Informationen er über Badmintontraining hat (oder wie ihm von seiner Umgebung – z. B. durch einen Trainer – zur Verfügung gestellt werden können), desto weniger «Probleme» wird er haben. Er wird nur die «Aufgabe» haben, vorgeschlagene Trainingsmaßnahmen anzuwenden. Doch ob produktiv oder reproduktiv – ohne Denken geht nichts.

Der Spieler, der seine Leistung vorantreiben möchte, darf sich nicht zufälligen biologischen Weiterentwicklungen überlassen. Er muß sich überlegen, wie er seinem Spiel die Defizite austreibt. Gerät er beispielsweise zu Beginn eines Spiels oft in Rückstand, muß er darangehen, *diesen* Mangel abzustellen. Dazu braucht er aber nicht Smash zu üben, Schnelligkeit oder Flachhalten des Balles. Er muß vielmehr gegen den miesen Spielauftakt vorgehen. Das wäre ein tatsächlicher Schritt auf dem Weg zur Perfektion. Und dem muß der nächste folgen und wieder einer und wieder einer.

Die Weiterentwicklung des eigenen Spiels muß verstanden werden als ein kreativer Prozeß, in dessen Mittelpunkt ein denkender Mensch steht. Die Beschäftigung mit der eigenen Leistungssteigerung sollte als ein positives Erlebnis empfunden werden, als ein Stück Lebensqualität. Als ein Problem, für das es eine Lösung zu finden gilt.

Über den Sekundärakteur Trainer

Es ist bisher vom Spieler gesprochen worden, nicht vom Trainer. Dies geschah bewußt. Natürlich könnte das Gesagte auch für den mit dem Spieler verbundenen Betreuer/Übungsleiter/Trainer gelten. Auch für diesen ist das Bewirken von Leistungssteigerung ein kreativer Akt, auch er muß darüber nachdenken, wie Verbesserungen herbeizuführen sind, und auch bei ihm ist es vom Wissensstand abhängig, ob dies Probleme sind oder Aufgaben. Doch der Trainer ist nur Sekundärakteur. Denn für ihn läuft ohne den Spieler nichts. Die Arbeit des *Spielers* an der Leistungssteigerung ist entscheidend, denn in einer so komponentenreichen Sportart wie Badminton, deren Ausübung in einem Zweikampf stattfindet, kann nichts ohne das aktiv-konstruktive Mitdenken des Spielers bewirkt werden. Ein Spieler, dem alles gesagt werden muß, wird über den Gewinn eines Schüler- oder Verbandsklassenturniers nicht hinauskommen. Ein badmintonspielender Körper als Ausführungsorgan von Trainerdenken funktioniert nicht.
Natürlich werden viele Trainer sich in der Rolle als Sekundärakteur nicht gefallen, sieht es doch auf den ersten Blick so aus, als seien sie in ihrem lokalen Arbeitsbereich die große Antriebskraft. Doch wer aufmerksam schaut, wird feststellen, daß dort, wo der ganze Schwung vom Trainer kommt, nur Scheinblüten entstehen. «Könnte ich im nächsten Monat nicht... weil ich bei Guobao gesehen habe... und da wir doch dienstags noch Zeit hätten...» – solche Initiative fällt vielen Spielern erfahrungsgemäß schwer. Bequemer ist es, in die Halle zu kommen und zu fragen: «Was machen wir denn heute?» – Es wird alles so einfach, wenn man, wie es die vielfache Deutsche Meisterin Kirsten Schmieder einmal ausdrückte, «an die Hand genommen wird».
Das Ende ist Leistungsstandswahrung irgendwo im Mittelmaß. Wenn der ‹Motor› Trainer seine Kraft verbraucht hat, ist kein Eigenantrieb vorhanden, der eine weitere Leistungsfähigkeits-Version entwickelt.

Über das Besteigen von Bergen

Ein Spieler, der das Mitdenken scheut, der nicht analysiert, experimentiert, tüftelt, testet, muß sich im klaren sein: Der Weg führt zwar den Berg hinan, aber er führt nicht zum Gipfel. Den größten Teil des Weges muß der Spieler alleine gehen. Der Trainer kann mit ihm zum Basislager steigen, er kann ihn vielleicht noch zu Lager 1 hochdirigieren, aber dann muß er selbst Entscheidungen treffen, Wegstrecken analysieren, Routen erproben. Irgendwann muß der Spieler alleine siegen.

1. Drop von der Grundlinie sollen immer cross gespielt werden.
2. In der Vh-Ecke wenn eben möglich: Smash (cross) im Chinasprung.
3. Jeder Aufschlag soll anders gespielt werden.
4. Hat Gegner durch Stop Spiel am Netz eingeleitet, soll mit Netzdrop fortgesetzt werden.
5. Aus Netzbereich viel Swip an die gegnerische Grundlinie, um Druck auszuüben.
6. Nach jedem hohen Ball an die gegnerische Grundlinie bewußtes Einnehmen der defensiven Ballerwartungshaltung.
7. Bewußtes Erfüllen der Anforderungen der IGEA.
8. Cross schmettern und sofort die offene eigene Feldhälfte decken.

Bewerten bei spieltaktischem Handeln
Versuchen Sie in einem Spiel eine vorgegebene Marschroute zu verwirklichen. Beobachten Sie dabei zum einen, wie Ihnen die Umsetzung gelingt, und zum anderen, welche Folgen für den Ausgang der Ballwechsel sich ergeben. Zwingen Sie sich, mit Ihren Gedanken bei der Selbstbeobachtung zu bleiben, und bauen Sie vor allem Abschirmkonzentration gegen eigene resignative Gefühle auf.

1. Spielen Sie defensiv, ohne passiv zu spielen, und zählen Sie, wie oft Sie von Ihrem Gegner unentrinnbar unter Druck gesetzt werden.
2. Versuchen Sie ein kompromißloses Angriffsspiel aufzuziehen, und bewerten Sie, aus welcher Spielsituation Sie am schlechtesten schmettern.
3. Versuchen Sie bei jedem Ballwechsel sicherzustellen, daß seine negative Beendigung nicht mehr in den Einflußbereich der Aufschlagphase fällt.
4. Versuchen Sie möglichst viele Ballwechsel zu erzielen, bei denen Sie acht Ballkontakte haben.
5. Gestalten Sie zwei Ballwechsel bewußt defensiv, zwei aggressiv usw.
6. Brechen Sie einen Angriff, den Sie nicht durchbekommen haben, bewußt ab, und leiten Sie über in eine defensive Spielweise.
7. Spielen Sie aggressiv, ohne dies durch Schmettern zu erzeugen.
8. Spielen Sie systematisch die jeweils schlecht gedeckten Feldpunkte beim Gegner an (weite Wege schicken).
9. Versuchen Sie bei jedem Ballwechsel von Beginn an Druck auf den Gegner auszuüben.
10. Spielen Sie immer bei geraden Punkteständen zermürbend lange Ballwechsel.
11. Spielen Sie Ballwechsel locker und sicher wie bei einer komplexen Schlagübung. Warten Sie jeweils auf Fehler des Gegners. Bauen Sie auf den Zermürbungsfaktor, zwingen Sie sich zur Konzentrationskonstanz auch bei hohem Rückstand.
12. Wenden Sie nur kurze Aufschläge an, und versuchen Sie, jene Returns zu ermitteln, die Sie regelmäßig in Nachteilsituationen bringen.
13. Zwingen Sie sich zum Spiel am Netz, und beobachten Sie den Grad ihrer «Bewegungswahrnehmung» bei der Ausführung der Schläge.
14. Versuchen Sie, Rh-Üh-Schläge zu meiden und möglichst alles LvK zu nehmen. Beobachten Sie, wie oft es Ihnen nicht gelingt und ob Sie Situationen benennen können, in denen es Ihnen häufig nicht gelingt.

5. Versuchen Sie in Gesprächen mit Kameraden gegenseitig Defizite zu beschreiben.
6. Lassen Sie sich von Ihrem Vereinstrainer/-übungsleiter auseinanderpflükken, warum Sie seiner Meinung nach verlieren.
7. Betreiben Sie beim Vorstand Ihres Vereins die Engagierung eines Übungsleiters.
8. Wechseln Sie in einen Verein mit einem Übungsleiter.
9. Fragen Sie einen Ihnen bekannten Trainer, ob Sie sich mit ihm mal bei Kaffee und Kuchen über Training unterhalten können.
10. Besuchen Sie einen Übungsleiterlehrgang.

Erstellen eines Komponentenprofils

1. Wählen Sie einzelne Leistungskomponenten oder -faktoren des Badminton aus, und versuchen Sie innerhalb Ihrer Trainingsgruppe Ist-Stand-Vergleiche zu machen. (Spiel am Netz, Höhe Jump-Smash, Schlagsicherheit nach Intensivbelastung...)
2. Informieren Sie sich in Lehrbüchern über die Anforderungsanalyse des Badminton (z. B. bei Boeckh-Behrens 1983, 184).
3. Studieren Sie die Strukturierung der Badmintontaktik (z. B. bei Knupp 1983, 96ff).
4. Versuchen Sie von sich selbst ein Komponentenprofil zu erstellen, in welchem möglichst viele der Leistungskomponenten im Hinblick auf ihre leistungsbegrenzende Bedeutung für Ihr eigenes Spiel bewertet werden. Diskutieren Sie dieses Profil mit einem Trainer.
5. Spielen Sie Trainingsspiele nicht um des Gewinnens willen, sondern um Ihr Spiel weiterzuentwickeln. Nehmen Sie jeweils konkrete Aufgabenstellungen mit aufs Feld, die Sie aufgrund von Wettkampfanalyse und Komponentenprofil formuliert haben.
6. Beobachten Sie, inwieweit Sie Schwierigkeiten haben, die drei Ausprägungen der Konzentration zu verwirklichen, und ob etwaige Verluste leistungsbeeinflussende Bedeutung haben.
7. Konkretisieren Sie die Konsequenzen, die aus der Bewertung Ihres Konditionsstandes zu ziehen sind.
8. Gehen Sie mit sich selbst ins Gericht, und ordnen Sie die leistungsbestimmenden Komponenten des Badminton in folgende Reihenfolge: zuoberst jene Komponenten, die Sie am liebsten trainieren, und zuunterst die ungeliebtesten. Vergleichen Sie die Reihenfolge mit der Defizitbewertung Ihres Komponentenprofils.
9. Gründen Sie eine Trainingsgruppe.

Einarbeiten spielgestalterischer Elemente

Üben Sie das Spielen mit Bewußtheit, indem Sie in Standardsituationen bestimmte Techniken zum Einsatz bringen. Beobachten Sie sich selbst bei der Anwendung in bezug auf den Beherrschungsgrad, und versuchen Sie die Wirkung (des Schlages) zu bewerten. Fassen Sie hinterher Ihre Erfahrungen mit der Technik in positiven Aufforderungssätzen zusammen. Versuchen Sie darüber hinaus, den Grad der Beherrschung zu bestimmen und festzulegen, auf welcher Entwicklungsstufe sich jene Technik bei Ihnen befindet. Leiten Sie danach angemessene Trainingsmaßnahmen ein.

50 Übungsbeispiele rund ums Mitdenken

Auswerten eigener Wettkämpfe

1. Überprüfen Sie, inwieweit Sie Ihre eigenen Wettkämpfe überhaupt gedanklich begleiten. Setzen Sie sich nach einem Spiel hin, und schreiben Sie alles auf, an was Sie sich erinnern. Sortieren Sie die Stoffsammlung, und suchen Sie jene Erinnerungsfetzen heraus, von denen Sie glauben, daß daraus Trainingsziele abzuleiten sind.
2. Schauen Sie ein Spiel eines Kameraden an, und notieren Sie auf einem Zettel den Ergebnisverlauf mit Vermerk von Aufschlagwechsel. Versuchen Sie auf diese Weise tiefer in den psychologischen Ablauf von Wettkämpfen einzudringen und vordergründige Defizite (schwache Rh) von tiefergründigen (Schlagsicherheitsabfall nach 20 Spielminuten aufgrund Aktionskonzentrationsabbau wegen konditioneller Defizite) zu trennen. Setzen Sie sich nach dem Spiel mit dem beobachteten Spieler zusammen, und lassen Sie sich von ihm erzählen, wie er das Spiel erlebt hat. Prüfen Sie, inwieweit seine Aussagen mit Ihren Beobachtungsergebnissen übereinstimmen, und ziehen Sie daraus Schlüsse.
3. Versuchen Sie Ihr größtes Technikdefizit zu ermitteln, z. B., indem Sie einen Trainer Ihres Vertrauens bitten, sich ein Spiel von Ihnen anzuschauen, oder indem Sie sich anhand einer Checkliste überprüfen lassen. Versuchen Sie anschließend herauszufinden, ob die Nichtbeherrschung dieses Elementes leistungsbegrenzenden Charakter für Ihr Spiel hat.
4. Versuchen Sie bei der Selbstanalyse Ihres Spiels auch solche Komponenten zu beschreiben, die nicht motorischer Art sind.
5. Versuchen Sie während des Wettkampfes bewußt Ihre Wahrnehmung einzuengen und bedingungslos die Abschirmkonzentration aufrechtzuerhalten. Registrieren Sie die Ablenkungsgefahren.
6. Versuchen Sie bei einem Wettkampf festzuhalten, wie oft ein Ballwechsel noch/schon in der Aufschlagphase beendet wird. Bitten Sie einen Kameraden, das gleiche als Beobachter zu tun, und vergleichen Sie Ihre Ergebnisse.
7. Spielen Sie in bewußt unterschiedlichem Tempo, und beobachten Sie sich selber. Versuchen Sie herauszufinden, inwieweit Ihre jeweilige konditionelle Belastung auf Ihr Denken bzw. Ihr spielgestalterisches Handeln Auswirkungen hat.
8. Schalten Sie in einem Spiel bewußt defensive Ballwechsel zwischen, und versuchen Sie – falls der Ballwechsel verlorengeht – die (genaue!) Ursache zu bestimmen.
9. Lassen Sie einen Kameraden bei einem Ihrer Spiele zu vorher festgelegten Beobachtungszielen (z. B. Schlagfehler, Umsprung) eine Plus-Minus-Strichliste führen.

Verschaffen von Informationen

1. Studieren Sie die Badmintonlehrbücher.
2. Stöbern Sie in einem Trainingslehrelexikon.
3. Machen Sie eine Technik-Grundausbildung, und lassen Sie sich sichten.
4. Schauen Sie sich Videoaufzeichnungen von Spitzenspielern im Hinblick auf vorher festgelegte Fragestellungen an.

Nutzbringende Wettkampfbeobachtung

Die Faszination guter Badmintonspiele macht es schwer, sich von der Rasanz des Spielverlaufes abzuwenden und die Aufmerksamkeit auf Teilaspekte zu richten. Aus der Fülle der Informationen, die ein Spiel bietet, werden bei der Spielbeobachtung einige, zur Untersuchung einer vorher formulierten Fragestellung benötigte, ausgewählt. 13 Zielsetzungen für solche Fragestellungen werden in diesem Kapitel vorgestellt. Sie lenken den Blick auf betreute Spieler, auf zukünftige Gegner und auf Vorbilder. Sie reichen dabei von der orientierenden Beobachtung bis zur Vollanalyse einer Spielweise. Sie können getragen sein von dem Bemühen, die Geheimnisse des Badminton zu entschleiern, sie können aber auch darauf abzielen, zu überprüfen, ob das Smash-Trainingsprogramm der letzten sechs Wochen endlich im Spiel Früchte trägt.
Spielbeobachtung ist im Badminton keineswegs nur Sache der Trainer. Jeder Spieler, der mit seiner Leistungsfähigkeit vorankommen will, muß die Techniken der Spielbeobachtung beherrschen und anwenden. So saßen beim Thomas-Cup-Halbfinalspiel 1986 zwischen Indonesien und Malaysia die mit ihrer Mannschaft ausgeschiedenen damals amtierenden koreanischen Doppel-Weltmeister Joo-Bong Park und Moon-Soo Kim hinter dem Feld und notierten auf einem Bogen, wohin Bobby Ertanto/Liem Swie King ihre Aufschlagannahmen plazierten. Trainer sollten die Ausbildung in Spielbeobachtung fest in den Ausbildungsplan ihrer Spieler aufnehmen. Sie umfaßt die Vermittlung des Verfahrens der strukturierten Beobachtung mitsamt der Formulierung entsprechender Fragestellungen, den Umgang mit standardisierten Bögen, die Aufarbeitung von Beobachtungsergebnissen und ihre Umsetzung in Trainingsziele. Bei entsprechender Wahl der Beobachtungsobjekte wird der auszubildende Spieler seine Übungen an Vorbildern vollziehen, was gleichzeitig der Weiterentwicklung seiner Be-

wegungsvorstellung dient. Der entscheidende Gewinn ist jedoch darin zu sehen, daß er durch die verschiedenartigen Fragestellungen das Badmintonspiel nach und nach theoretisch durchdringt und eine Vorstellung bekommt für die verschiedenen Komponenten, aus denen sich eine gute Leistung zusammensetzt.

Übersicht Spielbeobachtung

Wer?
Trainer Spieler Betreuer

Wen?
Vorbilder betreuter Spieler Gegner

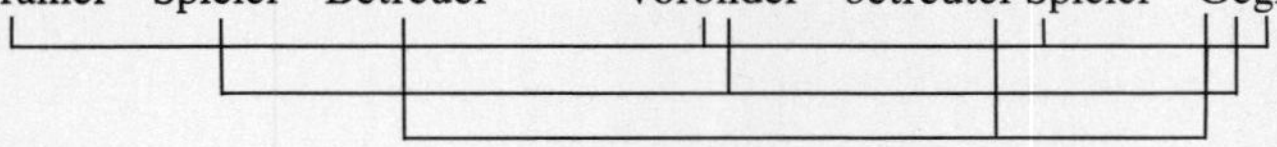

Womit?
Gedächtnis (Nachbereitung)
Videoaufzeichnung
Papier und Bleistift
Standardisierte Bögen
Speziell entwickelte Bögen
Computerprogramme
Diktaphon
Speziell entwickelte Verfahren
...

Was?
Detailfrage
Teilaspekt
Tendenzen
Ganzheitlich das Spiel

Warum?
Verhaltensstereotype finden
Schwächen entdecken
Coachen
Wettkampfeinstellung
Spielverlaufsanalyse
Umsetzen von Trainingsmaßnahmen überprüfen
Eigene Wissensmehrung
Spielertypbestimmung
Dokumentation
Statistische Ermittlung von Anforderungen
Erfolgreiches taktisches Handeln finden
Badmintonspiel erforschen
Disziplinspezialisten studieren
Wettkampfgestaltung miterleben

Am Ende des Kapitels wird der Leser vorgestellt bekommen haben:
- eine Fülle von Beobachtungsaufgaben,
- wie Trainer und Spieler durch Spielbeobachtung zu mehr Wissen gelangen,
- den Unterschied zwischen Trainer und Coach,
- unterschiedliche Beobachtungsbögen,
- wie er einen gegnerischen Spieler ausspähen kann,
- die dringende Empfehlung, nach eigenen Spielen Eindrucksbeschreibungen anzufertigen,
- Ratschläge zum Coachen,
- einige ihm bis dahin gänzlich unbekannte Begriffskreationen.

Beobachten

Beobachten unterscheidet sich vom Zuschauen durch Hinschauen. Durch Beobachtung kann man lernen, weiterentwickeln, unterstützen und bewahren, in allen Leistungsklassen.

Strukturierte Beobachtung: «Unter strukturierter Beobachtung versteht man eine nach streng festgelegten Beobachtungskategorien ausgerichtete Registrierung einer mehr oder weniger geplanten Situation» (Grosser/Neumaier 1982, 49).

Eine Spiel- bzw. Spielerbeobachtung im Badminton ist um so effektiver, je besser sie vorbereitet ist, je genauer der Beobachter weiß, was er beobachten soll. Es kommt zunächst auf die Klarheit der Fragestellung an. Die Zuverlässigkeit des Ergebnisses ist außerdem abhängig von der Kompetenz des Beobachters, der Intensität der Beobachtung, der Bestätigung von Ergebnissen unter anderen Bedingungen.
Wenn der Beobachter unkundig ist, wird er Schwierigkeiten haben, die festgelegten Beobachtungskategorien aus der Gesamtaktion herauszulösen. Wenn er nur gelegentlich hinschaut, nützt der kompetenteste Beobachter wenig. Und ein Beobachtungsergebnis, das aus einer einzelnen Beobachtung gewonnen wurde, ist nicht unbedingt zuverlässig, da individuelle Eigenheiten oder situative Bedingungen ein Verhalten beeinflussen.
Das Ergebnis wird eher gültig, wenn bei Fragen des Erforschens mehrere Spitzenspieler beobachtet werden, wenn bei der Defizitermittlung der betreute Spieler in verschiedenen Spielen beobachtet wird und wenn beim Versuch des Ausspähens der Beobachter den zu untersuchenden Spieler gegen unterschiedliche Gegner sieht.
Noch eine fünfte Bedingung sollte hinzugefügt werden: die Unvoreingenommenheit des Beobachters. Wer zur Beobachtung schreitet, um eine festumrissene These zu bestätigen, muß darauf achten, daß er nicht nur das sieht, was er sehen will. Diese Gefahr ist im Badminton vor allem bei der Defizitbestimmung nicht geringzuschätzen, da die Wettkampfbeobachtung manchem Trainer nur eine bereits getroffene Analyse bestätigen soll.
Auch wenn das ganzheitliche Spiel betrachtet werden soll, geschieht es nicht ohne eine Zergliederung. Die überwiegend angewandte Methode ist die der «standardisierten Wettkampfbeobachtung».

Standardisierte Wettkampfbeobachtung: «Die st. W. teilt den gesamten Komplex der Bedingungen und Faktoren eines Wettkampfes in verschiedene Felder und sucht darin nach leistungs- und wettkampfbeeinflussenden Merkmalen» (Martin 1980, 191).

Auch die *computerunterstützte Spielbeobachtung* hat im Badminton Einzug gehalten. Die Anfänge sind gemacht. Bochow/Weber stellten 1986 eine computerunterstützte Analyse zur Spielstruktur und Trainingssteuerung im Badminton verschiedener Leistungsklassen vor, und 1987 erschien von Bochow/Kaross eine weitere Untersuchung, in der eine mit Computerunterstützung erstellte vergleichende Analyse der Spielweise zweier Spitzenspieler vorgestellt wurde.
Auf einen wichtigen Aspekt der Spielbeobachtung ist hinzuweisen: Die treffendsten Beobachtungsergebnisse nützen wenig, solange sie sich nur im Kopf des Trainers befinden. Gewonnene Informationen müssen in den Trainingsprozeß einfließen. Darum gilt das

Rückflußprinzip der Wettkampfbeobachtung: Wettkampfbeobachtung ist immer erst abgeschlossen, wenn die Informationen zurückgeflossen sind an die Spieler.

Trainer und Spieler sollten durch ein festgelegtes Besprechungsverfahren sicherstellen, daß Spielbeobachtungsergebnisse vom Wochenende auch einfließen in die Trainingsarbeit der nächsten Woche und genutzt werden für die Weiterentwicklung der Leistung.

Beobachtungsbögen sind am einfachsten für den zu handhaben, der sie entworfen hat. Das gilt vor allem, wenn mit ihnen detaillierten Fragestellungen nachgegangen werden soll. Abb. 8, S. 189, zeigt einen solchen «speziell entwickelten Bogen».
Der Umgang mit «standardisierten Bögen» ist nicht schwierig und verlangt keine besondere Fachkompetenz. Die Handhabung muß allerdings geübt werden. Ein Bogen, wie jener aus Abb. 9, S. 197, kann nach entsprechender Einweisung auch von einer badmintonkundigen Begleitperson ausgefüllt werden. Der Beobachter muß sich einarbeiten, er muß sich vertraut machen mit Bogen und Standardsituation. Er muß
- die zu beobachtende Situation als solche erkennen,
- die Lösungsmöglichkeiten des Spielers kennen, um die tatsächlich ausgeführte zu bewerten,
- eine vorgesehene Codierung kennen,
- den Bogen kennen, damit er geschwind seine Notiz machen kann,
- sich dauerhaft konzentrieren können.

Je mehr Informationen ein Bogen aufnehmen soll, desto unmittelbarer müssen sie vom Beobachter codiert werden können. Wer erst lange das Kürzel für die «Smash-Abwehr Vorhand cross» suchen muß oder die Stelle, an der er seinen Strich macht, wird bei der schnellen Abfolge der Ballwechsel rasch nicht mehr mitkommen.

Nestor Erwin Z., der große, alte Coach, schubste einmal einen Burschen, den er mit offenem Munde bei einem großen Turnier sitzen sah, sachte an der Schulter: «Verehre die Meister nicht atemlos, schaue ihnen ab.»

Durch Beobachten lernen

Spielbeobachtung zum Gewinn neuer Erkenntnisse, zur Absicherung vorhandenen Wissens, zur Bildung von Normen

Spieler und Übungsleiter kennen das Problem: Man weiß nicht recht, wie ein bestimmtes technisches Element ‹geht›, wie also die optimale Lösung für eine Spielsituation aussieht. – Welches ist die günstigste Fortbewegung aus der Lauerstellung in Netzecke links zur LvK-Ecke? Die Zielsetzungen der ersten vier Spielbeobachtungen richten sich auf die Aneignung von mehr Wissen über Einzelheiten von hochklassigem Badminton. Als Beobachtungsobjekte dienen Spitzenspieler. Diese können, je nach eigenem Leistungsstand, etwa bei überregionalen Meisterschaften, bei Bundesligaspielen oder – die besten der Welt – alljährlich bei den «German Open» beobachtet werden. Auch Videoaufzeichnungen von hochwertigen Wettkämpfen eignen sich hervorragend, bieten sie doch den Vorteil, aussagekräftige Sequenzen in Zeitlupe eingehend studieren zu können.

An die Beobachtung kann mit zwei unterschiedlichen Voraussetzungen herangegangen werden: mit und ohne Vorinformationen. Wenn Vorkenntnisse vorhanden sind, wird vor der Beobachtung eine Vermutung formuliert. Diese gilt es zu bestätigen, zu modifizieren oder als nicht spielgemäß beiseite zu legen. Vorteilhaft ist es, wenn der Beobachter Fertigkeiten in «Bewegungssehen» erworben hat. Das Herausstrukturieren von Schlagbewegungen oder Schrittfolgen aus dem Spiel ist nicht ganz einfach, da die Badmintonbewegungen gewöhnlich sehr schnell aufeinander folgen.

Natürlich kann auch ohne eine Vermutung zur Spielbeobachtung ausgeschwärmt werden. Der Beobachter wird zum Forscher. Er muß eine Voruntersuchung machen, daraufhin eine Hypothese formulieren und diese in weiteren Beobachtungen bestätigen.

Das Ergebnis einer ersten Spielbeobachtung ist noch nicht als gültig anzusehen, da es sich um eine Individualtechnik des beobachteten Spielers handeln kann. Es gilt darum, in weiteren Beobachtungen das Wissen um die Spielsituation zu mehren und Varianten auszukundschaften.

In den Trainingsstunden der folgenden Monate werden die neuen Erkenntnisse durchdacht, erprobt, mit verschiedenen Spielstilen und Spielertypen in Beziehung gebracht – und vor allem wird mit frischen Impulsen geübt.

1. Studium der Badmintontechniken (grundlegende und spezielle)

- Zweck: Eigene Wissensmehrung.
- Ziele: Badmintontechnik kennenlernen bzw. erforschen, innere Anschauung der eigenen Technikbilder überprüfen, Technikbeschreibung der Weiterentwicklung im Spitzenbereich anpassen.
- Aufgabenstellung: Bewegungsnormen und -bandbreiten bei Detailproblemen aus dem Bereich der Schlag- und Lauftechnik erkunden.
- Objekt: mehrere (Welt-)Spitzenspieler (Vorbilder).
- Verfahren: strukturierte Beobachtung (vorher festgelegte Beobachtungsgegenstände).
- Beobachter: Trainer, Spieler, ggf. genau eingewiesener sachkundiger Betreuer.
- Hilfsmittel: Gedächtnis, Papier, Video.
- Einsatz der gefundenen Ergebnisse: Korrektur von Bewegungsabläufen in der Trainingspraxis, Erwerb von Sicherheit in der Beurteilung entsprechender Fragen, Trainerausbildung, Informationen zur Bildung von Bewegungsvorstellungen beim Spieler.

Beispiele:

Grundlagenwissen

Schleifengröße bei Drop und bei Clear.

Lauftechnik in die Netzecke rechts aus ZP nach gegnerischem Drop.

Lauftechnik an die Grundlinie beim Annehmen hoher Aufschläge.

Nachziehen des hinteren Beines beim Ausfallschritt am Netz, genaue Stellung des vorderen Fußes.

Fußstellung bei der Smash-Abwehr Rh im Einzel.

Klarheit gewinnen zum Rh-Clear: Bewegungsführung. Wo ist der Übergang von Aushol- zu Schlagphase 1? Wo liegt der tiefste Punkt der Schleife? Wo liegt Balltreffpunkt? Haltung des linken Armes. Unterschiede Damen und Herren. Welche ‹Hilfskonstruktionen› sind zu beobachten? Wie sind Unterschiede zwischen Rh-Clear und Rh-Drop zu beschreiben? Spektrum der individuellen Ausführungen ermitteln. Wer schlägt «Sollwert»-Rh?

Leistungsbadminton

Schnittechniken beim Spiel am Netz.

Armstreckung beim Drop aus dem Grundlinienbereich. Besteht beim Annehmen eines gegnerischen Drop ein Zusammenhang zwischen dem Balltreffpunkt (Höhe des Annehmens) und ausgeführtem Schlag?

Beinarbeit beim Annehmen von Swip-Aufschlägen im Doppel.

Drop-Varianten suchen.

Welche Finten werden aus Drive-Situation Rh (auch Rh-Smash-Aw) gespielt, worauf basiert jeweils ihre Wirkung?

2. Beobachtung allgemeiner badmintonspieltaktischer Verhaltensweisen

- Zweck: Eigene Wissensmehrung.
- Ziele: erfolgreiches spieltaktisches Handeln in den einzelnen Disziplinen herausfinden.
- Aufgabenstellung: Ballwechsel beobachten und die Schlagfolgen im Hinblick auf das Erzielen von (tendenziellen) Vorteilen analysieren.
- Objekt: mehrere (Welt-)Spitzenspieler, -paare (Vorbilder)
- Verfahren: Zunächst Eindrucksanalyse, dann:
  Einsatz von entwickelten Untersuchungsverfahren.
- Beobachter: Trainer (ggf. genau eingewiesene Hilfskräfte), Spieler.
- Hilfsmittel: je nach Stand der Forschungen Gedächtnis, Papier, Video, standardisierte Bögen, speziell entwickelte Verfahren.
- Einsatz der gefundenen Ergebnisse: Taktikschulung, Entwicklung von sinnvollen Spielkonzepten, Erwerb von Sicherheit in der Beurteilung entsprechender Fragen, Übertragung erfolgreicher Konzepte auf das eigene Spiel, Trainerausbildung.

Beispiele:
Ballberührungen bzgl. Netzkantenhöhe bei Siegern und Verlierern im HE. Aufenthaltsort der Dame im Mixed mit daraus resultierenden Vorteilen. Wann vollendet der Vordermann erfolgreich einen vom Hintermann begonnenen Angriff im HD? Verhältnis Clear zu Smash im DE. Wie erreicht im HE ein Defensivspieler seine Punkte?

3. Beobachtung konkreter taktischer Problemlösungen

- Zweck: Eigene Wissensmehrung, Normbildung.
- Ziele: Spezielle Situationslösungen studieren.
- Aufgabenstellung: (= 2. Beobachtungsziele sind spezifiziert); Verhaltensweisen von Spitzenleuten in konkreten Situationen erkunden.
- Objekt: mehrere (Welt-)Spitzenspieler, -paare (Vorbilder).
- Verfahren: strukturierte Beobachtung vorher festgelegter Spiellagen.
- Beobachter: Trainer (ggf. genau eingewiesene Hilfskräfte), Spieler.
- Hilfsmittel: Gedächtnis, Protokollpapier, Video, standardisierte Bögen.
- Einsatz der gefundenen Ergebnisse: Taktikschulung, Spielern vorbildliche Situationslösungen vor Augen führen, Erwerb von Sicherheit in der Beurteilung entsprechender Fragen, Trainerausbildung.

Beispiele:
Was tun Spieler, um Hochspielen zu vermeiden? Was machen gute Spieler, wenn sie hinten unten schlagen müssen? Wie werden Ballwechsel fortgesetzt nach LvK-Smash cr? Was macht Dame im Mixed, wenn sie nach hinten getrieben wurde? Welche Abwehrtechnik wird von einem Linkshänder im HD in der re Fh auf Smash cr angewandt?

4. Beobachtungen zum Zwecke statistischer Auswertung

- Zweck: Eigene Wissensmehrung.
- Ziele: Badmintonspiel erforschen,
  Spielabläufe internationaler Spitzenspiele kennenlernen.
- Aufgabenstellung: Statistisch gesicherte Erkenntnisse im Hinblick auf die (im internationalen Bereich) gestellten Anforderungen gewinnen.
- Objekt: mehrere Weltspitzenspieler, -paare (Vorbilder).
- Verfahren: Protokollierung, Auszählung.
- Beobachter: Trainer, Spieler, ggf. genau eingewiesene Hilfskräfte.
- Hilfsmittel: je nach Art der Forschungen Papier, Video (Zerlegung, Überprüfung), standardisierte Bögen, Stoppuhr, Diktaphon, speziell entwickelte Verfahren, Computerprogramme («computerunterstützte Spielanalyse»).
- Einsatz der gefundenen Ergebnisse: Trainingssteuerung im Hinblick auf die im Wettkampf gestellten (konditionellen) Anforderungen,
  Entwicklung von leistungsrelevanten Trainingskonzepten,
  Bewußtmachung von Leistungsanforderungen bei Spielern (Trainer),
  Beurteilung von Trainingsmaßnahmen, Trainerausbildung.

Beispiele:
Grundlagenwissen
Dauer der Ballwechsel.
Anzahl der Ballkontakte.
Dauer der Pausen.
Vergleich: Anzahl der Ballkontakte / Dauer der Ballwechsel bei Spielen auf unterschiedlichem Leistungsniveau.
Wie unterscheiden sich die Werte bei HE / DE und bei HD / DD / GD?
Schlaghäufigkeit bei Dame und Herr im Mixed.
Wie oft kommen bestimmte Standardsituationen im HD vor?
Lauftechnik an der Grundlinie. Wie häufig Stemmschritt, wie häufig Umsprung? In welchen Ausprägungen?
Leistungsbadminton
Verhältnis ermitteln zwischen schnellen und langsamen Drop.
Wie oft wird (im Sprung) geschmettert?
In welchen Situationen kommt wie häufig vor: Drehsprung in der Vh-Ecke / Uhclear Rh im weiten Ausfallschritt / ...?
Wie viele Schmetterbälle sind von einer Top-Dame im Verlauf eines ausgeglichenen DDs zu schlagen?
Wieviel IGEA-Situationen muß ein Spieler vollziehen?
Welche SpaN-Techniken kommen in Netzmitte wie häufig vor?
Häufigkeit des Rh-Clear im HE. Wo ist Treffpunkt, wohin geschlagen?
Wie oft werden im HD Ballwechsel schon in der Aufschlagsituation entschieden?

Durch Beobachten weiterentwickeln

Spielbeobachtung zur Beratung eines Spielers
Um die Rolle des Trainers bei Badmintonwettkämpfen genauer zu beschreiben, sollen drei Arten von Wettkampfbetreuung unterschieden werden:

- Begleitende Wettkampfbetreuung,
- Leistungsentwickelnde Wettkampfbetreuung,
- Coachen.

Ist genügend Kompetenz vorhanden, können alle drei Arten von einer Person gleichzeitig ausgeführt werden. Man könnte also auch von den drei Aufgabenbereichen des betreuenden Trainers sprechen.

Begleitende Wettkampfbetreuung

Von ihr sprechen wir, wenn ein Trainer (oder eine Begleitperson) dem Spieler organisatorische Aufgaben abnimmt und ihm auf diese Weise ermöglicht, sich ganz auf seinen Wettkampf zu konzentrieren. Bekanntgabe von Zeiten, Beruhigen vor dem Spiel, Reichen von Getränken, Vertreten von Interessen bei der Wettkampfleitung, Ermuntern vor dem dritten Satz, Belobigen ... – dies sind die üblichen Anforderungen, die an Betreuer gestellt werden, wenn etwa Jugendliche zu Ranglistenturnieren fahren, Mannschaften zu Auswärtsspielen usw. Es ist von Vorteil für die Spieler, wenn jemand da ist, der sich um all diese Dinge ‹kümmert›.
Gut vorbereitete und erfahrene Spieler erledigen die meisten der aufgezählten Aufgaben selbst und nebenbei. In der uneingeweihten Öffentlichkeit wird diese Art der Betreuung als die eigentliche angesehen. Besonders dem Gespräch mit dem Spieler vor einem dritten Satz wird magische Wirkung zugeschrieben. Es muß klar ausgesprochen werden: Die Wirkung wird überschätzt. Ihr Nutzen ist hauptsächlich in psychologischer Stützung (besonders von Kindern und Jugendlichen) zu sehen. Ratschläge vor einem dritten Satz können natürlich immer gegeben werden, die Chancen allerdings, daß sie wirksam umgesetzt werden, sind gering. Vom Elementar-Ratschlag «Spiel in die Rückhandecke!» abgesehen, können es im wesentlichen nur allgemeine Verhaltensweisen mit Erinnerungscharakter sein, wie «Stell dich beim Aufschlag richtig hin». Das Umsetzen von spieltaktischen Verhaltensanweisungen erfordert nämlich im Badminton ein beträchtliches schlag- und lauftechnisches Niveau (vom Betreuer daher Kenntnisse über dem Spieler unter variablen Umständen zur Verfügung stehende Techniken), und es erfordert Umgang mit dem Umsetzen von Ver-

haltensanweisungen. Und entgegen anderslautenden Meldungen ist es mit eindimensionalen Ratschlägen wie «Nicht soviel cross!» oder «Mehr cross!» nicht getan, da die Ursachen für Sieg oder Niederlage komplexer sind.

Leistungsentwickelnde Wettkampfbetreuung

Von der obigen Art abweichend ist eine Wettkampfbetreuung, bei der der Wettkampf als Fortsetzung des Trainingsprozesses gesehen wird und Wettkampfbeobachtung der Suche neuer Trainingsziele dient. Zum einen beobachtet der Trainer, inwieweit die während der letzten Trainingsperiode erarbeiteten Trainingsinhalte unter Wettkampfbedingungen umgesetzt werden und ob sie schon die Effektivität des Spiels erhöhen. Zum anderen versucht er aufzuspüren, wo weitere Defizite des Spiels liegen und welches die leistungsbegrenzenden Komponenten oder Faktoren sind. Hier beginnt die Betreuung effektiv zu werden für die Leistungsentwicklung, denn sie geht über den aktuellen Wettkampf hinaus und trägt der Langfristigkeit des Trainingsprozesses Rechnung.
Basis ist die Zusammenarbeit zwischen Trainer und Spieler. Je vertrauensvoller sie ist, je mehr «Arbeitsatmosphäre» herrscht, desto wirksamer wird sie sein. Wenn Spieler und Trainer am Wochenende gemeinsam das Ergebnis ihrer Arbeit überprüfen, wird das den Trainingsprozeß ungemein stützen. Wenn der Trainer seine Trainingsziele aus der Analyse des Wettkampfes gewinnt, wird er nicht nur effektiver arbeiten, er wird auch überzeugender sein, wenn er Unpopuläres vorschlägt.

Beobachtungsaufgaben
Somit dienen die nächsten drei Zielsetzungen, die eine Spielbeobachtung verfolgen kann, als Grundlage bei der Erarbeitung einer neuen «Version» des Spielers. Dabei wird der erfahrene Trainer sich zwar eine Beobachtungszielsetzung schwerpunktmäßig vornehmen, jedoch im Auge behalten, daß die Ursachen für Defizite nicht selten in mehreren Bereichen angesiedelt sind.
Wir haben dem besonders bei den Bereichen «Kondition» und «psychische Wettkampfführung» Rechnung getragen, indem beide zusammengefaßt wurden. Gerade die Komponenten der geistigen Wettkampfführung sind erfahrungsgemäß abhängig vom körperlichen Zustand, und die Bewertung einzelner Faktoren kann nicht ohne Blick auf andere geschehen. Bei den Beobachtungen zu den unvorteilhaften spieltaktischen Verhaltensweisen ist die Verbindung herzustellen zu den technischen Fertigkeiten. Es dürfen nicht technische Mängel als taktische Defizite deklariert werden. Ebenso sind auch hier die Einflüsse von geistiger Spielführung und konditionellen Fähigkeiten zu berücksichtigen.

5. Beobachtung zur Feststellung technischer Mängel

- Zweck: Leistungshemmende Defizite bei «Techniken» ermitteln.
- Ziele: Abweichungen von Sollbildern feststellen, die bei der Ausführung von Techniken unter Wettkampfbedingungen auftreten.
- Aufgabenstellungen:
  - Herausfinden, welche technischen Mängel im Bereich der Schlag- und Lauftechnik vorhanden sind,
  - Überprüfen, ob zwischenzeitlich geübte technische Elemente immer noch/wieder fehlerhaft ausgeführt werden,
  - Kontrollieren, ob bei der Ausführung Effektivität gegeben ist.
- Objekt: trainierter (bzw. zukünftig zu trainierender) Spieler.
- Verfahren: orientierende Beobachtung von Bewegungsabläufen, strukturierte Beobachtung (vorher festgelegte Beobachtungsgegenstände).
- Beobachter: im Sehen von Badmintonbewegungen geübter Trainer, sachkundig-problembewußter eingewiesener Betreuer mit gezielter Beobachtungsaufgabe, Spieler selbst, wenn er über gut entwickelte Bewegungswahrnehmung verfügt.
- Hilfsmittel: Gedächtnis, Protokoll, Video (Zeitlupenbeweise daheim), Diktaphon, Fotoapparat, kinästhetisches Empfinden.
- Einsatz der gefundenen Ergebnisse: Korrektur von Bewegungsabläufen in der Trainingspraxis, Erstellung eines Komponentenprofils, Festlegen von Trainingsmaßnahmen.

Beispiele:

Orientierende Beobachtung

Werden die Lauftechniken beherrscht?

Wie wirksam ist beim Smash im Umsprung Unterstützung durch Körpereinsatz?

Wie verhält sich Spieler in Defensivsituationen? Wird häufiger Stop oder Unterhandclear gespielt, häufiger hohe oder flache Abwehr?

Welche Techniken gelingen gar nicht?/Durchführen von «Distanzchecks».

Anwendungskontrolle

Wird beim Loslaufen das Prinzip des schnellen Starts beachtet?

Wie häufig kommt (letztes Trainingsziel) zum Einsatz: Vh-Smash im Chinasprung/LvK- statt Rh-Schlag/Töten des ku Aufschlagreturns...

Werden Trainingsziele von vor zwei Monaten noch beachtet?

Effektivitätsprüfung

Wie effektiv gelingt unter Wettkampfbedingungen...
- Befreiung beim Rh-Clear
- Angriffswirkung des LvK-Smash
- Spiel am Netz nach gegnerischem Spiel am Netz?

Wie optimal ist hohes Annehmen am Netz/Abfangen halbhoher Bälle/...

6. Beobachtung zur Feststellung konditioneller Defizite und von Mängeln im Bereich der psychischen Wettkampfführung

- Zweck: Leistungshemmende Faktoren in den Bereichen «Kondition» und «psychische / geistige Wettkampfführung» ermitteln.
- Ziele: Wettkampfführung in Wechselbeziehung zum konditionellen Zustand analysieren, Auswirkungen psychischer Faktoren auf die Wettkampfführung feststellen, Grad der geistigen Gegnerbekämpfung ermitteln.
- Aufgabenstellungen:
  - Beurteilen, ob vorhandene konditionelle Fähigkeiten ins Spiel eingebracht werden,
  - Beurteilen, ob und wann konditionelle Eigenschaften nachlassen,
  - Beurteilen, welche eigenen und welche gegnerischen Verhaltensweisen destabilisierend auf das Leistungsvermögen einwirken,
  - eigene ‹Fehler› auf ihre wirklichen Ursachen durchleuchten,
  - Herausforderungshaltung, Zweikampflage, Konzentrationsaufbau beobachten.
- Objekt: trainierter Spieler.
- Verfahren: miterlebende Intensivbeobachtung.
- Beobachter: erfahrener Trainer (ggf., aber selten, auch der erfahrene und ehrliche Spieler selbst).
- Hilfsmittel: Gedächtnis, Papier, Diktaphon.
- Einsatz der gefundenen Ergebnisse: Bewußtmachung von leistungsmindernden Faktoren bzw. Komponenten, Erstellung eines Komponentenprofils, Festlegen von Trainingsmaßnahmen, Ratschläge zu Veränderungen der Wettkampfführung.

Beispiele:

Nutzt Spieler seine Schnelligkeit?
Ab wann macht sich ungenügende Schnelligkeitsausdauer bemerkbar?
In welchem Maße verhindert innere Anspannung variables Spiel?
Ist Abschirmkonzentration erkennbar?
Wieviel Schlagsicherheit wird ins Spiel gebracht?
Sind Maßnahmen erkennbar, den Gegner zu beeindrucken?
Wird Aktionskonzentration aufgebaut?
Werden erfolgreiche Aktionen bekräftigt?
Gelingt Übergang von Herausforderungshaltung zur Zweikampflage?
Wird Ärger sichtbar? Niedergeschlagenheit?
Gelingt der Wiederaufbau nach einer Schwächeperiode?
Bleibt Willensspannkraft erhalten?
Warum wurde bei 10-beide der gegnerische Aufschlag ins Aus retourniert?
Wird Willensstoßkraft mobilisiert?

7. Beurteilen wiederkehrender unvorteilhafter spieltaktischer Verhaltensweisen

- Zweck: Leistungshemmende Faktoren im Bereich der spieltaktischen Verhaltensweisen ermitteln.
- Ziele: Vermeidung von Berechenbarkeit, Weiterentwicklung bewußter Ballwechselgestaltung, Ausmerzen wiederkehrender Fehlleistungen, Effektivitätserhöhung im Zusammenspiel bei Doppelpartnern.
- Aufgabenstellungen: Herausfinden
  - inwieweit Handlungskonzentration aus Aktionskonzentration aufgebaut wird,
  - stereotyper Spielzüge,
  - von Situationen, in denen nur beschränktes Schlagrepertoire eingesetzt wird,
  - der Ursachen sich wiederholender Nachlässigkeiten,
  - mehrfach nicht konsequent genutzter Vorteile,
  - von Lücken im partnerschaftlichen Zusammenspiel,
  - von Standardsituationen, die häufig zu Nachteilen führen.
- Objekt: trainierter Spieler, trainierte Doppel-Paarung.
- Verfahren: strukturierte Beobachtung (vorher festgelegte Beobachtungsgegenstände),
  orientierende Beobachtung (als vorbereitende Arbeit).
- Beobachter: sachkundiger Trainer.
- Hilfsmittel: Papier, standardisierte Bögen, speziell entwickelte Beobachtungsbögen (vgl. Abb. 8), Diktaphon, Video (Zeitlupenbeweise).
- Einsatz der gefundenen Ergebnisse: Bewußtmachung,
  Verbesserung des spieltaktischen Handelns, Erstellung eines Komponentenprofils, Festlegen von Trainingsmaßnahmen.

<u>Beispiele für Beobachtungsergebnisse:</u>

Swip aus der Netzecke rechts spielst du immer cross! Sieh: 7 cross, 0 Ll.
Auch bei guten Smash gehst du nie nach! Sieh: 0 Töten, 4 SpaN, 6 Uhclear.
Nach deinem Clear gehst du oft zu spät in die defensive Ballerwartungshaltung! Sieh: 4mal bekommst du den Smash nicht. 3mal den Drop.
Bei Aufschlagannahme stehst du zu entspannt! Sieh: 2 Returns ins Aus, 2 ins Netz, 4 vom Gegner verwandelt. Das sind 8 geschenkte Punkte.
Wird auf deine Rh-Seite geschmettert, kommst du oft zu spät an den Ball! Sieh: Von 7 Smash hast du 2 gut bekommen, 2 gar nicht, 3 halbhoch.
Wenn ihr feuereifrig angreift, haben eure Gegnerinnen oft gekontert! Seht: 14 Angriffe durchgebracht, 15mal aber durch Drive ausgespielt.
Daß ihr oft die eigene Aufschlagphase nicht übersteht, liegt nicht an O.s Aufschlägen, es liegt an M.s Schlafmützigkeit, der als Aufschlagsicherer gedrückte Bälle nicht bekommt! Sieh: 9mal kam Situation vor. 2mal Aufschlag zu hoch, 4mal hat M. sich nicht gerührt, 3mal halbhoch, 2mal gut.

Spielbeobachtungsbogen Doppel Standardsituation: Aufschlagphase

Beobachtungsziel: Qualität der Aufschlagsicherung durch Partner P des Aufschlägers A
Nebenuntersuchung: Qualität der Aufschläge des Aufschlägers A

Anzahl der durch A ausgeführten Aufschläge: Gesamt: +: −:
1. Satz: 2. Satz: 3. Satz:

Führte zu starken Vorteilen: (× = Punktgewinn)	
Führte zu neutraler Spielsituation mit Vorteil-Tendenz:	
Führte zu neutraler Spielsituation mit Nachteil-Tendenz:	
Führte zu starken Nachteilen (× = direkt verwandelt)	
Aufschlagfehler: kN, kA, SA, SK… (k = kurzer, S = Swip, N = Netz, A = Aus)	

Wievielmal mußte P eingreifen? 1. Satz 2. Satz: 3. Satz:

	3. Schlag	Nach Swip/ ho Aufschlag	5. Schlag
Führte zu starken Vorteilen: (× = Punktgewinn)			
Führte zu neutraler Spielsituation mit Vorteil-Tendenz:			
Führte zu neutraler Spielsituation mit Nachteil-Tendenz:			
Führte zu starken Nachteilen: (× = direkter Fehler)			
Chancenlos:			
Chancenlose Situation noch gerettet:			

Wohin war Ball, den P nehmen mußte, gespielt?

1	Auf Körper	Brust/Gesicht	
2		Hüfte/Fuß Vh	
3		Hüfte/Fuß Rh	
4	Mittelfeld/	Vh-Seite Brust und höher	
5	Seitenlinie	Vh-Seite Hüfte und tiefer	
6		Rh-Seite Brust und höher	
7		Rh-Seite Hüfte und tiefer	
8	Drive an	in Vh-Ecke	
9	Grundlinie	in Rh-Ecke	
10	Hoch an die Grundlinie		
11			
12			

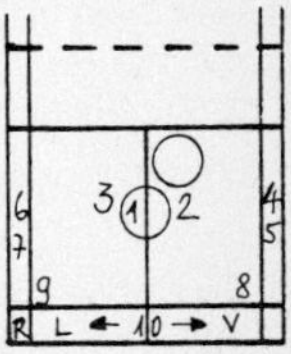

+ = Situation gelöst, − = nicht gelöst, o = nicht gelöst, aber Aufschlag schlecht,
× = direkte Punkte

Deutlichste Schwäche:

Partner P: Aufschläger A:
Gegner: Ergebnis: Datum:

Abb. 8: Beispiel für einen speziell entwickelten standardisierten Spielbeobachtungsbogen, mittels dem einer detallierten Fragestellung nachgegangen werden soll.

Coaching

Wer mag, kann die terminologische Unterscheidung zwischen Trainer und Coach so festlegen, daß der Coach der Wettkampfunterstützer ist, der dem Spieler hilft, so viel wie eben möglich von seinem Leistungsvermögen auf das Feld zu bringen. Langfristige Überlegungen zur Leistungssteigerung spielen jetzt keine Rolle. Spieler und Coach müssen mit dem auskommen, was vorhanden ist. Coachen dient der aktuellen spieltaktischen Hilfe und dem psychischen Beistand.
Arbeiten des Trainers, die in den Bereich der Spielererziehung gehören – also das Verhalten im Umfeld des Wettkampfspieles bezüglich Ernähren, Aufwärmen, Regenerationsmaßnahmen usw. –, müssen vom Coachen getrennt gesehen werden. Gerade im Umgang mit noch nicht ausgebildeten Spielern reduziert sich die Arbeit des Trainers allerdings leider oft auf das Ausstreuen solcher allgemeinen Verhaltensanweisungen. «Mach dich ordentlich warm! – Iß etwas! – Schau dir deinen Gegner an.»
Es ließe sich sogar eine Wechselbeziehung aufstellen: Je weniger ein Spieler fähig ist, spieltaktische Handlungen umzusetzen, desto gewichtiger wird für ihn die «begleitende Wettkampfbetreuung». Wenn sich eine derartig ungenügende Auffassung vom Wesen des Coachens vielerorts einnisten konnte, so tragen die Trainer selber mit daran Schuld. Sie sollten ihre Spieler besser in allgemeinem Wettkampfverhalten ausbilden und selbst intensiver die «leistungsentwickelnde Wettkampfbetreuung» betreiben.
Coachen muß ebenso gelernt werden wie gecoacht werden. Es muß im Training vorbereitet und in Zusammenarbeit erprobt sein.

Um wirksam coachen zu können, muß der Trainer
- eine sehr genaue, miterlebende Spielbeobachtung machen,
- erfassen, was spielentscheidend ist,
- die tieferliegenden Ursachen für Fehlhandlungen erkennen können,
- die Fertigkeiten des zu coachenden Spielers kennen,
- wissen, wieviel emotionale Zuwendung bzw. psychische Unterstützung der Spieler für die Entwicklung einer optimalen Leistung benötigt,
- über effektive Kommunikationsverfahren verfügen.

Beim Coaching im Badminton gilt es für den Coach zu unterscheiden:
Intra-Match-Coaching: Hilfen innerhalb eines Spiels,
Inter-Match-Coaching: Hilfen zwischen den Spielen eines Turniers.

Intra-Coaching
Der Spieler erhält vom Coach
- emotionale Unterstützung
  Bestätigung «Weiter so!», Miterleben, Anfeuern…

- Verhaltensinformationen etwa mittels...
- – Signalwort oder codiertem Ansporn: Wort, mit dem die Aufmerksamkeit des Spielers auf einen spieltaktischen Sachverhalt (z. B. Schwachstelle des Gegners) gelenkt wird. «Vorhand!» Soll beim Spieler eine Veränderung veranlassen;

Codierter Ansporn: Verhaltenshinweis, der in einer Beifallsbekundung verborgen ist. «Jaah, stell dich in gut!». Dient zur Erinnerung an in der Wettkampfzubereitung festgelegte Handlungsabsichten.

- – Zeichensprache: Hand abwärts führen: greif mehr an; Faust: spiel mit mehr Tempo. Dient bei ungünstigen Spielverläufen der Empfehlung einer Veränderung der bisherigen Marschroute bzw. der Erinnerung an eine vorher festgelegte;

- «Beratung vor 3. Satz
  Schnellinformation zur kurzfristigen Effektivitätserhöhung des Spiels (s. u.).

Zeichensprache, Umgang mit Signalworten und codiertem Ansporn verlangen eine intensive Zusammenarbeit zwischen Trainer und Spieler, eine umfangreiche Zubereitung, die Fähigkeit des Spielers, im Wettkampf intellektuell zu arbeiten und ein hohes Spielniveau, um gegebene Informationen umzusetzen. Wenn ein Trainer/Spieler-Paar dazu in der Lage ist, sind beide sehr weit. Und eine gegnerische Partei sollte das nicht überkritisch sehen, sondern sollte danach trachten, es ebensoweit zu bringen. Es gilt nämlich nicht nur: Je intensiver der Spieler spieltaktisches Handeln geübt hat, desto besser wird er einen Ratschlag nützen können. Es gilt auch: Je intensiver sich ein Spieler im Training mit spieltaktischem Handeln auseinandergesetzt hat, desto weniger wird er Ratschläge brauchen. Verwiesen sei auf Ausführungen im Abschnitt «Zeitwort Version» (vgl. S. 172), wo dargelegt wird, daß der Spieler den Gegner besiegen muß und ein Trainer immer nur Sekundärakteur ist.
Umfänglichere Möglichkeiten, die Erkenntnisse aus seiner Spielbeobachtung an den Spieler weiterzugeben, hat der Coach vor einem dritten Satz. Seine Handlungsanweisungen werden davon abhängen, wo er aufgrund seiner Beobachtungen noch Chancen für eine Steigerungsmöglichkeit sieht. Er wird dabei davon ausgehen, daß es sich aufgrund des Spielverlaufes nur um eine zeitweise Unterlegenheit des betreuten Spielers handelt. (Wenngleich diese Überlegung zwar im allgemeinen, nicht jedoch in allen Fällen richtig ist. Sie gilt nicht, wenn ein Satz – aus welchen Gründen auch immer – vom gegnerischen Spieler in Plänkellage geführt wurde.)
Der Coach hat zu beachten, daß die Aufnahmefähigkeit seines Spielers

unter den Stressbedingungen des Wettkampfes begrenzt ist. Schlüsselworte, formelhafte Rede sind zu favorisieren. Auch hier macht sich wieder gute Wettkampfzubereitung bezahlt. Viele Hinweise haben dann nur Erinnerungsfunktion, Handlungsanweisungen stellen eine Anpassung eines bereits vorhandenen Gerüstes an die aktuelle Spiellage dar.
Außerdem ist vom Coach zu bedenken, daß vom Spieler nur Handlungsanweisungen ausgeführt werden können, die trainingsmäßig vorbereitet sind. Wichtig ist daher, daß die Beobachtung durch den Trainer zum Zwecke des Coachens solche Ergebnisse hervorbringt, die im Zusammenhang mit Handlungen stehen, die der Spieler ändern kann.

Inter-Coaching

Bei der Beratung zwischen zwei Spielen ist in der Regel davon auszugehen, daß mit Siegern gesprochen wird, ein seelisches Aufrichten nach einer Niederlage also nicht notwendig ist. Dies ergibt sich aus dem üblichen Austragungsmodus (einfaches K.-o.-System) bzw. aus der Zusammensetzung von Mannschaftswettkämpfen. Es gibt Ausnahmen, etwa bei Mannschaftsturnieren, bei Turnieren nach doppeltem K.-o.-System oder bei Vorrunden in Gruppenspielen. Einfließen wird in die Besprechung ferner, ob es gegen den nächsten Gegner eine realistische Chance auf einen Sieg gibt. Spieler und Coach können die Auswertung des letzten Spieles und die Vorbereitung des nächsten etwa wie folgt strukturieren:

- Vergleich Innen- und Außenansicht (beiderseitiger Kurzbericht);
- Versuch, kritische Phasen bzw. besondere Ereignisse intellektuell aufzuarbeiten (Bewußtmachen, Ursachenfindung);
- Erinnern an vor dem Wettkampf geplante Verhaltensabsichten oder:
- Anpassen der Wettkampfzubereitungsüberlegungen an aktuelle Lage;
- Formulieren positiver Aufforderungen zur Beseitigung von Fehlhandlungen;
- Einstellung auf den nächsten Gegner anhand: Eindrucksanalyse / Ausspähung / Gegnerkartei;
- Planen von beabsichtigtem spieltaktischen Handeln;
- Hinweis auf mögliche Beipack-Ereignisse;
- Bestärkung des Siegeswillens, Mobilisieren von Einsatzbereitschaft;
- Sicherheit geben durch emotionale Zuwendung, Anreiz geben durch Verlockungen, Adrenalinstoß erzeugen durch Stimulanzien;
- Formulierung von Teilzielen bei aussichtslosen Spielen.

Was wie die Tagesordnung einer umfangreichen Besprechung ausschaut, wird sich bei zusammenarbeitenden Paaren in kurzer Zeit austauschen lassen, da die Hinweise in Kurzform gegeben werden und das Verhältnis so vertrauensvoll ist, daß der Spieler den Aussagen des Trainers Glauben schenkt und der Trainer in der Lage ist, die vorgetragenen Innenansichten des Spielers in seine Überlegungen miteinzubeziehen.

8. Coaching im Wettkampf

- Zweck: «Schnellinformation» in der Pause zum dritten Satz, Hilfe zwischen den Spielen eines Turniers.
- Ziele: Kurzfristige Effektivitätserhöhung des Spiels, Unterstützung bei der psychisch-geistigen Wettkampfführung, Hilfe bei der intellektuellen Aufarbeitung eines Spiels, Festlegung von Handlungsabsichten für das nächste Spiel.
- Objekt: trainierter Spieler, betreuter Spieler.
- Verfahren: miterlebende Intensivbeobachtung.
- Beobachter: Trainer (möglichst mit den Fertigkeiten des Spielers vertraut), erfahrener Spieler ggf. auch selbst (u. U. geschulter und eingewiesener Betreuer).
- Hilfsmittel: Gedächtnis, (Papier).
- Einsatz der gefundenen Ergebnisse zum...
  Bestärken bisheriger Verhaltensweisen,
  Erinnern an vorbesprochene Handlungsabsichten,
  Wiedererwecken untergegangener Verhaltensweisen,
  Modifizieren bisheriger Handlungsweisen,
  Neuaufbauen von Siegeszuversicht.

Aufgabenstellung:

Betrachtung des betreuten Spielers
Hat der Spieler sein eigenes Können optimal ins Spielfeld gebracht? Hat er unter Wert gespielt?
Konnte der Spieler seine Stärken ausspielen? (Wenn nein, ist erkennbar, warum nicht?)
Waren Mängel im Verhalten erkennbar (unerzwungene Fehler, Konzentration, IGEA, geistige Spielführung)?
Waren diese Mängel Ursache für eine zeitweise Überlegenheit des Gegners?
Sind diese Mängel inzwischen abgestellt?
Waren spieltaktische Handlungen des Spielers erkennbar (bewußte/unbewußte; vorteilhafte/unvorteilhafte Spielzüge; in der Wettkampfzubereitung beabsichtigte/waren diese wirksam)?
Welche konditionelle Reserve steht noch zur Verfügung?

Betrachtung des gegnerischen Spielers
Mutmaßungen über die konditionelle Verfassung.
Beschreibung seiner Stärken.
Möglichkeiten, ihn dieser Stärken zu berauben.
Waren deutliche Schwächen erkennbar?
Welche Handlungen sind von ihm zu erwarten?

Durch Beobachten unterstützen

Spielbeobachtung zur «Ausspähung» eines gegnerischen Spielers

Das ‹Anschauen› eines Gegners und das Ermitteln seiner bevorzugten Handlungsweisen bildet die dritte große Zielsetzung, derentwegen Spielbeobachtung betrieben wird. Die Tiefenschärfe geht von einer orientierenden Information über Alter, Spielertyp und Art der Kampfesführung bis hin zu einer umfassenden Untersuchung über möglichst viele Verhaltensweisen. Die Beschäftigung mit Person und Spielweise des Gegners ist Teil der geistigen Spielvorbereitung und bietet neben konkreten Handlungsanweisungen auch eine beträchtliche psychologische Stütze.

Bei der Verwertung der Beobachtungsergebnisse ist zwischen unmittelbarer und langfristiger Nutzung zu trennen: Bei einem Turnier müssen die Informationen, die eine Gegnerbeobachtung bringt, unmittelbar umgesetzt werden. Im Vorfeld von Wettkämpfen dagegen ermöglichen gesammelte Beobachtungsdaten bei der Wettkampfzubereitung nicht nur das (theoretische) Festlegen geeigneter Reaktionsweisen, sondern auch deren Einüben im Training. Wie umfänglich während eines Turniers die Nutzung von Beobachtungsergebnissen durch einen Spieler sein kann, hängt davon ab, wie viele Informationen beschafft werden können und wie viele davon der Spieler aufnehmen kann. Ein kompetenter Trainer, eventuell mit einem Helfer, kann bei einer mehrfachen strukturierten Beobachtung etliche Informationen zusammentragen. Es hängt dann vom intellektuellen Vermögen und vom technisch-taktischen Können des Spielers ab, ob er eine daraus resultierende Marschroute schnell genug erfassen und ohne Trainingsmaßnahmen umsetzen kann. Es wurde schon beim «Coaching» gesagt: Um wirksam spieltaktisch handeln zu können, muß ein hohes Spielniveau vorhanden sein.

Ihre volle Wirkung wird Gegnerausspähung allerdings erst entfalten, wenn sie in eine *Gegnerkartei* einmündet. Durch sie stehen dem Spieler Informationen zur Wettkampfzubereitung zur Verfügung, sobald ihm ein Gegner bekannt wird. Beim Turnier kann er die Gegnerkarteidaten aber auch zur Basis einer Kurzbeobachtung machen, die darauf hinausläuft festzustellen, ob der Gegner immer noch ‹so spielt›. Dies wird häufig der Fall sein, denn Spielertypen ändern sich selten und Verhaltensstereotype erfahrungsgemäß nur dann, wenn trainiert wird. Das Anlegen einer Gegnerkartei lohnt sich, denn üblicherweise ist es in allen Leistungsklassen so, daß ein Spieler sich lange in einem ‹Gegnerkreis› aufhält. Besonders effektiv wird die Arbeit, wenn die ganze Trainingsgruppe mitarbeitet, wenn also von mehreren Mitgliedern regelmäßig Beobachtungsergebnisse zusammengetragen und genutzt werden.

9. Beobachtung zur Spielertypbeschreibung

- Zweck: Einstellung des Spielers auf Wettkampf.
- Ziele: Eigenem Spieler bei einem unbekannten Gegner einen Eindruck zu geben von Persönlichkeit, Spielertyp, besonderen Verhaltensweisen.
- Aufgabenstellungen:
  Welchen Spielstil bevorzugt der Gegner?
  Welches sind seine stärksten Waffen/Schwächen?
  Wie ist seine konditionelle Verfassung?
  Hat er irgendwelche Macken?
- Objekt: als Gegner erwarteter Spieler.
- Verfahren: Kann von der flüchtigen Anschauung bis zur aufmerksamen Beobachtung mit verschiedener Tiefenschärfe durchgeführt werden.
- Beobachter: Trainer, Spieler, Betreuer.
- Hilfsmittel: Gedächtnis, Papier, entwickelte Standard-Fragebögen.
- Einsatz der gefundenen Ergebnisse:
  Psychologische Einrichtung auf einen Gegnertyp,
  Festlegung (mehr oder weniger) grobgefaßter Verhaltensabsichten.

Beispiele:
18 Jahre.
Rechtshänder, groß und schlank. Putzte dauernd die Brille. Solider Schmetterball.

Schaumann.
Laß dich nicht beeindrucken. Lackhöschen. Hält sich für den Größten. Trickser am Netz. Auch bei Aufschlägen. Von der Grundlinie kommt nicht viel Aggressivität. Redet gelegentlich im Ballwechsel. Sein Gegner hat ihm durch zahlreiche eigene Fehler viel Arbeit abgenommen.

Wieselflinker Renner.
Klein und wendig. Unglaubliche Schlagsicherheit – aber schmettern kann er nicht. Rotzt dauernd aufs Spielfeld. Um die fünfunddreißig. Mach dich auf langen Wettkampf gefaßt. Schlägt gelegentlich sehr hohe Clear. Stellte gegen Ende der Sätze auf Rh-Aufschläge um.

Linkshänderin.
Mitte Zwanzig. Ziemlich groß. Wirkte gegenüber ihrer Gegnerin sehr selbstsicher. Greift vor allem LvK flott an, aber so sehr fit scheint sie nicht zu sein. Hat am Schluß viele Schlagfehler gemacht. Aus ihrer Rückhand-Ecke (Achtung: die gewohnte Vh-Ecke) überraschend schneller Drop cr. Spiel am Netz hat sie nicht zugelassen, gleich Unterhandclear nach hinten. Macht schnell Aufschläge, oft flach. Versuche: nach Stop nicht in Lauerstellung zu verweilen, sondern ihren Uhclear selbst abwärts zu spielen.

10. Beobachtung zur Ermittlung von Schlagstereotypen

- Zweck: Einstellung auf einen Gegner.
- Ziele: Dem Spieler konkrete Detailinformation über wahrscheinliches Verhalten eines Gegners zu liefern.
- Aufgabenstellungen: (= Teilaufgabe des 11. Beobachtungsziels) Häufigkeitsverteilung ermitteln für Schläge, die in einer ausgewählten Standardsituation angewendet werden.
- Objekt: zu erwartender gegnerischer Spieler.
- Verfahren: strukturierte Beobachtung.
- Beobachter: Trainer, eingewiesene Betreuer mit gezielten Beobachtungsaufgaben, auch Spieler selbst.
- Hilfsmittel: standardisierter Beobachtungsbogen (vgl. Abb. 9).
- Einsatz der gefundenen Ergebnisse:
  Zum Ausdenken (ggf. und Erproben) vorbereitender Schlagfolgen, um vorausberechenbare Verhaltensweisen zu erzwingen.

11. Systematische Ausspähung

- Zweck: Fundierte Wettkampfeinstellung.
- Ziele: Der gläserne Spieler.
  Aufgrund umfassender Kenntnisse von wiederkehrenden Verhaltensmustern soll gegnerisches Verhalten berechenbar sein.
- Objekt: als Gegner erwarteter Spieler.
- Verfahren: mehrfache strukturierte Beobachtung.
- Beobachter: gleichzeitig mehrere eingewiesene Beobachter.
- Hilfsmittel: Standardisierter Beobachtungsbogen (vgl. Abb. 9), ggf. mehrere speziell entwickelte Bögen.
- Aufgabenstellungen:
  (= 10. Beobachtungsziel angewandt auf möglichst viele Standardsituationen)
  Die Verhaltensstereotype werden erforscht bei
  - Aufschlägen
  - Aufschlagannahmen
  - Spiel aus jeder der vier Ecken (Einzel)
  - Abwehrverhalten
  - Angriffsverhalten
  - Spiel am Netz
  - Abdecken der Räume im Doppel
  - Spezialschlägen
- Einsatz der gefundenen Ergebnisse: Planung von Marschroute (falls eine deutliche Schwäche entdeckt wurde) oder spieltaktischem Vorgehen aufgrund einer Berechenbarkeit gegnerischen Verhaltens in (einzelnen) Standardsituationen.

Spielbeobachtung Einzel				**Gesamtanalyse**
Beobachteter Spieler: Gegner: Beobachter: Veranstaltung: Datum: Wievieltes Spiel: Bedeutung: Beobachteter Satz: Ergebnis:	1. :	2. :	3. :	| = Schläge, die ihr Ziel erreichen ohne unmittelbaren Vorteil für eine Partei 0 = Eigener direkter Fehler und Schläge, die unmittelbar und zwingend zum Punktverlust führen × = Eigene direkte Punkte und Schläge, die unmittelbar und zwingend zum Fehler des Gegners führen L = In dieser Ecke nicht erlaufener Ball (Kommentar)

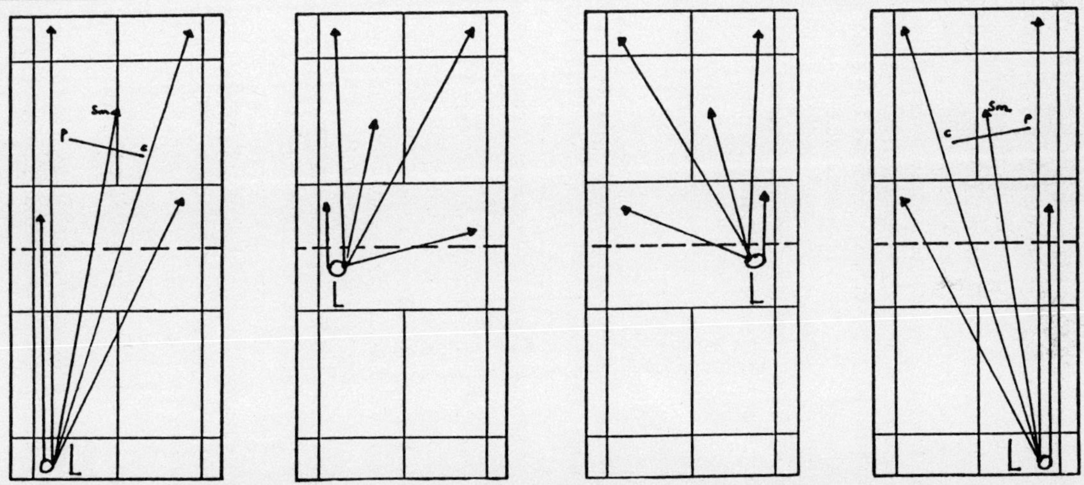

Abb. 9: Standardisierter Beobachtungsbogen zur Schlagerfassung aus den Spielfeldecken (nach WESSELS 1983, 181)

12. Vollanalyse

- Zweck: Optimale Wettkampfeinstellung.
- Ziele: Verhaltensweisen eines zu erwartenden Gegners sollen so umfassend wie möglich beschrieben werden.
- Objekt: als Gegner erwarteter gefürchteter Spieler.
- Verfahren: Mehrfachbeobachtung gegen wechselnde Gegner; bei sich wiederholenden und bei spezieller werdenden Fragestellungen.
  Nutzung verschiedenster Verfahren zur Gegnerbeobachtung bis hin zur Analyse von Videoaufzeichnungen seiner Spiele.
- Beobachter: Trainer, Mitarbeiter, die zu gezielten Beobachtungsaufgaben eingesetzt werden, vor allem auch der Spieler selber.
- Hilfsmittel: Papiere, standardisierte Bögen, Videoaufzeichnungen.
- Einsatz der gefundenen Ergebnisse:
  Umfassende Einstellung auf den Gegner,
  Festlegen von Marschrouten,
  Einüben spieltaktischer Handlungen,
  Aufbau einer gezielten Herausforderungshaltung.
- Aufgabenstellungen:
  Herausfinden,
  - wie es um seinen konditionellen Zustand bestellt ist,
  - wie er sich bei gegnerischem Defensivspiel verhält,
  - mit welchen Schlägen er häufig Vorteile herausspielt,
  - in welchen Standardsituationen welche Verhaltensstereotype auftreten,
  - wodurch seine Konzentrationsfähigkeit beeinträchtigt wird,
  - wie seine psychische Wettkampfführung abläuft,
  - wie er auf vorüberschreitende Frauen reagiert,
  - welches seine bevorzugte spieltaktische Vorgehensweise ist,
  - ob er wirksame Finten im Repertoire hat,
  - die Weite seiner Befreiungsschläge,
  - die Gestaltung seiner Aufschlagphase,
  - wie er auf rasche Spielfortsetzung reagiert,
  - wie dauerhaft seine Konzentrationskonstanz ist,
  - wie er auf Beipack des Spiels reagiert,
  - wie ihm konsequentes gegnerisches Angriffsspiel liegt,
  - wie er mit schnellem, flachen Spiel zurechtkommt,
  - ob er geistigen Widerstand gegen das Aufzwingen einer Spielweise leistet,
  - sein Verhalten bei hohen Rückständen,
  - seine Gestaltung von Verlängerungen,
  - wie jene Gegner vorgehen, die ihn schlagen,
  - usw.

Die Ausspähung eines gegnerischen Spielers kann gar nicht umfassend genug betrieben werden…

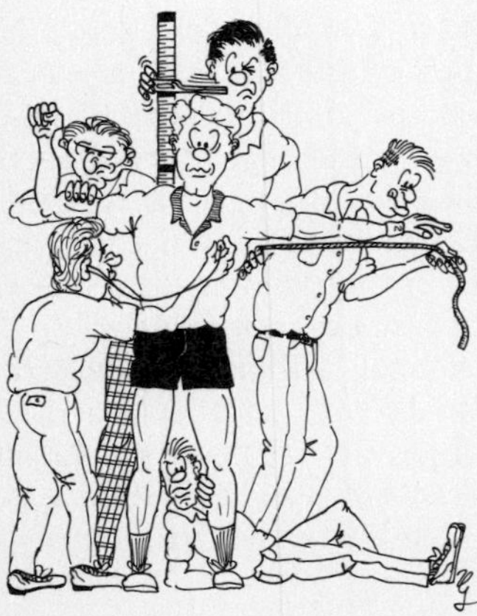

Durch Aufzeichnen bewahren

Nachbereitung eines Wettkampfes

Eine letzte Art der Spielbeobachtung sei vorgestellt. Sie wird vom Spieler selbst vorgenommen. Er zeichnet seine Wettkampferlebnisse auf. Steht dann ein erneutes Aufeinandertreffen mit dem gleichen Gegner an, verfügt er über eine nützliche Informationsquelle zur geistigen Vorbereitung. Sie ermöglicht ihm das Erinnern an erfolgreiche Marschrouten oder das Festlegen neuer Marschrouten, falls das Spiel einen unerfreulichen Verlauf nahm. Überdies kann der Spieler schon in der Nachbetrachtung des Spiels nützliche Vorbereitungsmaßnahmen für den Fall niederlegen, daß ein erneutes Zusammentreffen anstehen sollte.

Diese Spielbeobachtung ist die einfachste von allen. Dennoch wird sie leider zu selten genutzt. Mag jeder Leser selbst überprüfen, wie oft er sich nach einem Spiel fünf Minuten Zeit genommen hat, um ein paar Stichworte aufzuschreiben. Ein minimaler Aufwand, sich große Vorteile zu verschaffen.

Für Spieler, die regelmäßig am Spielbetrieb teilnehmen, lohnt es sich allemal, eine persönliche Gegnerkartei anzulegen, denn im Laufe der Jahre tauchen Gegner im regionalen Einzugsgebiet immer mal wieder auf. Dann wird die erste Aufzeichnung um die neuen Erfahrungen ergänzt, und mit der Zeit entsteht ein regelrechtes Dossier, und der Gegner wird zum ‹gläsernen Spieler›.

Spieler, die solche Eindrucksbeschreibungen konsequent vornehmen, haben aber nicht nur einen Nutzen für die geistige Spielvorbereitung im Falle eines erneuten Aufeinandertreffens. Es gibt einen nicht zu unterschätzenden Nebeneffekt für den Aufzeichnenden: Er wird gezwungen, sich mit seinem Spiel gedanklich auseinanderzusetzen. Das allein sollte jeden Trainer veranlassen, darauf zu drängen, daß die von ihm betreuten Spieler solche Eindrucksbeschreibungen regelmäßig machen. Notfalls muß er beim Training 10 Minuten dafür ansetzen. Allerdings darf er nicht erwarten, daß der (jugendliche) Spieler das Erstellen solcher Analysen beherrscht. Er muß es ihm zunächst beibringen. Er muß ihm eine Strukturierung vorgeben, muß sich mit jedem einzelnen hinsetzen und Eindrucksbeschreibungen beispielhaft erarbeiten, muß einem Spieler die ersten fünf ggf. in den Computer diktieren. Wenn es dann dazu kommt, daß ein Spieler aufgrund seiner Nachbetrachtungen auch über sein Training nachdenkt und vielleicht sogar von sich aus Vorschläge macht, was er trainieren könnte oder müßte, dann hat der Trainer mehr für die Entwicklung des Spielers getan, als wenn er ihn zum x-ten Mal eine Viertelstunde Kraftausdauertraining für die Beine oder Rh-Clear verordnet.

13. Eindrucksbeschreibung

- Zweck: Erfahrungen aus einem abgelaufenen Spiel beim nächsten Zusammentreffen mit dem gleichen Gegner nutzen.
- Ziele: Sich Stärken und Teufeleien des Gegners vor einem erneuten Zusammentreffen wieder vor Augen führen können.
- Objekt: gewesener Gegenspieler.
- Verfahren: schriftliche Nachbetrachtung.
- Beobachter: Spieler (Trainer).
- Hilfsmittel: Gedächtnis (kritisches), Gegnerkartei, Gespräch, Aufbewahrung einer Videoaufzeichnung.
- Einsatz der gefundenen Ergebnisse: Fundierte geistige Spielvorbereitung. Entwicklung spieltaktischen Verhaltens aufgrund eigener Erfahrungen. Geplante Handlungen ggf. im Training einüben können.
- Aufgabenstellungen: siehe Vollanalyse.
  Warum hat wer letztendlich gesiegt?

Beispiel:
Meisterschaftsspiel 12. 2. gegen Klaus in Wiebelskirchen (11:15, 16:17)
Schmettert von hinten grundsätzlich, was möglich ist.
Spielt gern anfangs einmal, oft zweimal in die Rückhandecke.
Läßt sich Zeit beim Aufschlagmachen bis zur Penetranz.
Geht seinen Schmetterbällen mit erhobenem Schläger nach, um am Netz zu töten.
Erreicht viele Bälle, auch wenn er ausgespielt zu sein scheint.
Sein Notschlag aus Vh-Ecke ist ein flacher Drop cross.
Fitness: Ich bin vermutlich etwas ausdauerstärker, aber durch seinen guten Smash beendete er viele Ballwechsel zu schnell, als daß ich daraus Vorteile hätte ziehen können.
Strahlt eine innere Zuversicht aus, obwohl er nicht berauschend spielt.
Ich selbst habe in der Schlußphase nicht aggressiv genug gespielt und ihm zuviel Inititative überlassen bzw. sein Vermögen unterschätzt, sie plötzlich an sich zu reißen. Im zweiten Satz hatte ich lange das Gefühl, ich spielte überlegen. 14:12-Führung.
Maßnahmen:
Beste Clears!
Nach gegnerischem hohem Aufschlag Drop.
Viel cross spielen, vor allem Drop cross aus LvK-Ecke.
Nicht nervös machen lassen durch seine Aufschlagverzögerung.
Smash-Abwehr cross.
Selbst schmettern? Cross?
LvK-Drop cr und Smash-Abwehr cr vor dem nächsten Spiel im Training an die Oberfläche des Bewegungsgedächtnisses bringen.

Bewegungssehen mit den Weltmeistern (VI)

Foto 20: Wohin hat Flemming Delfs, der Weltmeister von 1977, den Ball auf die Reise geschickt?

Foto 21: Wie ist wohl Li Lingwei in diese ungewöhnliche Spielsituation geraten, und was stellt die Weltmeisterin von 1983 an, um ihr Problem zu lösen?

Planmäßige Technik-Ausbildung

Das Badmintonspiel hat die Eigenschaft, daß es jeder sofort betreiben kann. Schläger in die Hand, Federball dazu und ab aufs Feld. Dies ist einer der Gründe für die zunehmende Popularität als Freizeit- und als Schulsport. Mühseliges Üben von eine Sportart erst möglich machenden Grundtechniken entfällt. Dennoch wird nach einer Zeitspanne des naiven Austollens von vielen Jung-Enthusiasten die Frage gestellt, ob man Badminton denn auch ‹richtig lernen› kann? Ein Ausbildungsplan ist also gefordert.

Dieses Kapitel stellt in seinem zentralen Teil einen Vorschlag für eine planmäßige Ausbildung im Bereich der Badminton-Technik vor. In einer differenzierten Zusammenstellung findet der Leser alle für die Spielpraxis relevanten technischen Elemente des Badmintonspiels aufgelistet. Es steht damit ein «Techniken-Verzeichnis» zur Verfügung, an dem sich sowohl der mit System ausbildende Trainer orientieren kann als auch der eigenständig arbeitende Spieler, wenn er seine Leistungsentwicklung vorantreiben möchte.

Die Technik-Ausbildung läuft über drei Stufen. In der *Grundausbildung* werden dem Anfänger die Grundtechniken vermittelt. In der *Aufbauausbildung* werden die bereits bekannten Schlagtechniken bis zur feinmotorischen bzw. variablen Beherrschung fortgeführt, daneben wird das Repertoire erweitert. Gleichzeitig werden die Lauftechniken erworben und erste Finten. Auf der Stufe der *Leistungsausbildung* werden die vertrauten Techniken der spielerischen Anwendung zugeführt. Das Techniken-Verzeichnis schließt in Sonderteilen ab mit den Techniken der Aufschlagphase, den Lauftechniken, einem Fintenverzeichnis und einer ersten Übersicht über doppelspezifische Techniken.

Für die praktische Arbeit ist es sinnvoll, die Ausbildungsstufen in Unterabschnitte zu untergliedern. Besonders für die Aufbau- und Leistungsausbil-

dung sind weitere Unterteilungen unumgänglich, da Trainingsprogramme gemäß der Leistungsentwicklung des einzelnen Spielers individuell zusammengestellt werden müssen. Das Vorstellen solcher individuellen Gesamttrainingsprogramme ist im Rahmen dieses Buches nicht möglich.
Wie schon im Kapitel «Systematische Leistungsverbesserung» dargelegt wurde, bildet die Technik nur einen der Bereiche, aus denen die Komponenten der sportlichen Leistung im Badminton stammen. Für die Dauer der Grundausbildung steht die Schulung im Bereich Technik allerdings obenan. Während der Aufbauausbildung reduziert sich die Technikarbeit allmählich, mit zunehmender Spielfähigkeit gewinnen die anderen Komponenten an Bedeutung.
In einem weiteren Abschnitt dieses Kapitels wird auf methodische Vorgehensweisen aufmerksam gemacht, die beim Techniktraining zu beachten sind. Sie werden einmal für Spieler und zum anderen für Trainer dargestellt. Auf diese Weise wird augenfällig gemacht, daß beide Beteiligte (Erwerber und Vermittler) sich an gewisse Grundsätze zu halten haben, wenn der Lernvorgang effektiv sein soll.

Am Ende des Kapitels wird der Leser vorgestellt bekommen haben:
- die Badmintontechniken in ihrer Vielfalt, vielfach illustriert,
- eine eindringliche Mahnung, Bewegungswahrnehmungsfähigkeit zu studieren,
- ein standfestes Gerüst für eine Grundausbildung,
- nützliche Tips für Anfänger, die systematisch die Badmintontechnik erlernen wollen,
- Hinweise für Trainer, die Anfängern Badminton beibringen müssen,
- Inhalte für eine Technik-Aufbauausbildung,
- Empfehlungen an Spieler auf höherem Leistungsniveau für die Durchführung von Techniktraining,
- Verhaltensweisen, die zu fiesen Badmintonfinten führen,
- Bewertungskriterien zur Beurteilung der Ausführungsqualität von Badmintontechniken,
- Prinzipien der badmintonspezifischen Lauftechnik,
- bemerkenswerte Empfehlungen zur Überwindung von Technikstillständen,
- Möglichkeiten, den Schläger zu halten,
- die wiederholte Aufforderung an Trainer, Techniktraining sorgfältig zu planen,
- Inhalte für eine Technik-Leistungsausbildung,
- einleuchtende Begründungen, warum jeder Spieler sein Technikrepertoire pflegen sollte,
- und abermals einige ihm bis dahin gänzlich unbekannte Begriffskreationen.

Übersicht über die Ausbildungsstufen der planmäßigen Technik-Ausbildung

Inhalte	Könnensgrad	Daneben zu erarbeiten
Grundausbildung Grundtechniken: Basiselemente der Schlagbewegungen, Grundschläge, Basiselemente der Laufarbeit. Umsetzen in gewinnträchtige/aggressive Spielaktionen.	Alle technischen Elemente wenigstens in Grobform. Einige sollten schon bis zur Feinform entwickelt sein. Kennen der Schlagbewegungsmerkmale und -prinzipien.	Terminologie. Voraussetzungen, um später konditionelle Fähigkeiten ausbilden zu können. Auf Verbesserung ausgerichtete Trainingshaltung.
Aufbauausbildung Die im Techniken-Verzeichnis der Aufbauausbildung aufgeführten technischen Elemente. Sämtliche Lauftechniken. Standardfinten. Vorteilbringendes Umsetzen in spielgemäßen Aktionen. Erarbeitung von Bewegungswahrnehmung und -sehen.	Möglichst viele der aufgeführten Techniken bis zur stabilen Feinform. Einige sollten bereits unter variablen Umständen beherrscht werden. Neuerworbene Techniken in Feinform. Beobachtete Bewegungen der Grundtechniken sollten phasenanalytisch zerlegt und bewertet werden können.	Gleichberechtigte Schulung der konditionellen Fähigkeiten. Anstrengungsbereitschaft. Grundkenntnisse der Wettkampfgestaltung. Zunehmende Spielfähigkeit. Grundkenntnisse in Trainingslehre.
Leistungsausbildung Die im Techniken-Verzeichnis der Leistungsausbildung aufgeführten technischen Elemente. Bewußte Verbesserung der Laufarbeit. Aufbau eines Fintenrepertoires. Einbringen jedes einzelnen Elementes in den Wettkampf. Beginn von Repertoirepflegemaßnahmen.	Möglichst viele der aufgeführten Techniken bis zur Verfügbarkeit unter variablen Umständen. Neuerworbene zunächst bis zur Feinstkoordination, dann auch Erarbeitung unter variablen Umständen. Stabilisierung gegen jegliche Störeinflüsse. Vorteilbringende Nutzung in Wettkämpfen. Bewegungswahrnehmung ist gut entwickelt.	Umfangreiche badmintonspezifische Konditionsschulung. Individuelle Trainingssteuerung. Erweitern der Kenntnisse in Trainingslehre. Beginn systematischer Leistungsverbesserung. Forcieren einer aggressiven Spielauffassung.

Hochleistungstraining
Technik: Stabilität unter variablen Umständen. Pflege des Repertoires, beachten der Wettkampfnutzung, erweitern um noch nicht im Wettkampf genutzte Techniken. *Gleichberechtigt daneben:* Umfassendes, periodisiertes, individuelles und intensives *Konditionstraining*. *Systematische Leistungsverbesserung* aufgrund individueller Defizitbestimmung z. B. mittels Komponentenprofil. *Intellektuelle Auseinandersetzung* mit Training und den Notwendigkeiten der *psychischen Wettkampfführung*.

Die Grundausbildung: «Vom Hin und Her zum Vor und Zurück»

Eine Auflistung zweckmäßigerweise zu erlernender «Techniken» (vgl. Abb. 10, S. 207/208) zeigt dem Anfänger: Das Badmintonspiel ist strukturierbar, die Spielfähigkeit ist nicht nur durch natürliche Weiterentwicklung zu vervollkommnen. Das Techniken-Verzeichnis gibt ein Gerüst für die Lerninhalte ab. Es sagt nichts über Reihenfolge und über Methoden der Vermittlung. Solche Entscheidungen hat der die Grundausbildung leitende Trainer zu treffen. Methodische Reihen für die Grundschläge sind in der Fachliteratur vorgeschlagen (Niesner/Ranzmayer 1988, 95; Boeckh-Behrens 1983, 34; Knupp 1983, 55; Fuchs/Sologub 1984, 78). Zur Anwendung kommende methodische Maßnahmen zeigen die Abbildungen 14 bis 16 (S. 211–215) (nach Willimczik/Roth 1983, 186). Dabei ist zu beachten, daß es durchaus Praxis ist, die Vorgehensweisen kombiniert anzuwenden.

Dauer der Grundausbildung
Bei begabten und gleichzeitig lerndisziplinierten Anfängern kann eine Grundausbildung in wenigen Wochen absolviert werden. Das Erlernen der Basisbewegungen in der Grobform beispielsweise kann bei entsprechendem Einsatz im Verlauf von ein oder drei Unterrichtseinheiten geschehen. Ein Lernvorgang, wie ihn etwa Abb. 14 darstellt, kann u. U. in einer halben Stunde bewältigt sein. Der Lehrstoff der Grundausbildung reicht aber bei der Trainingsarbeit mit Kindergruppen auch für zwei Jahre, weil dort aus derzeitiger Sicht die sportartspezifische Ausbildung nur einen Teil des Bewegungsangebotes ausmachen soll, das die Kinder erhalten. «Bewegungsvielfalt und eine vielseitige konditionelle Ausbildung haben Vorrang vor einer frühen Spezialisierung» (Deutscher Sportbund 1977).

Ausbildungswege könnten sein:
- Einführungskurse in den Badmintonsport an 6 Wochenenden;
- Anfängerkurse im Rahmen des Vereinstrainings, 3 Monate einmal wöchentlich 2 Stunden;
- Kompaktkurse für jugendliche (und erwachsene) Späteinsteiger, durch die – bei Wahl eines individuellen Lernfortschrittstempos – die Möglichkeit geboten wird, eine systematische Ausbildung im Schnellverfahren nachzuholen;
- Autodidaktische Trainingsarbeit, wenn gewährleistet ist, daß gelegentlich ein Trainer als Korrektor zur Verfügung steht.

Grundausbildung

Verzeichnis der Techniken, die erarbeitet werden sollten:

Uh- bis Sh-Schlag – Vh (Drive mit Schleife, von Feldmitte zu Feldmitte) ☐
– Rh (Drive mit Schleife, von Feldmitte zu Feldmitte)

Umgreifen zum Daumengriff beim schnellen Übergang zu Rh-Schlägen im Seithand-Bereich (Demo*) ☐

Uhclear – Vh im Ausfallschritt / Gesamtkoordination ☐

– Rh im Ausfallschritt / Gesamtkoordination ☐

– Beinarbeit bei Ausfallschritten im VF (Hineingehen und Zurückkehren) ☐

– Herausstellen der Schlagphase Teil 2 bei Uh-Schlägen Vh (Demo) ☐

– Herausstellen der Schlagphase Teil 2 bei Uh-Schlägen Rh (Demo) ☐

– Unterscheiden zwischen hohem und tiefem Ausfallschritt (Demo) ☐

Hoher Aufschlag ☐

Bewußtes Ansteuern: Weite bei Uh-Schlägen ☐

Bewußtes Ansteuern: Höhe bei Uh-Schlägen ☐

Kurzer Aufschlag ☐

Einnehmen der Ausholstellung («Ausholphasenendstellung») bei Überkopfschlägen (Demo) ☐

Clear – Schlag im Umsprung / Gesamtkoordination ☐

– Ausführung der Schleife ☐

– Herausstellen der Schlagphase Teil 2 (Demo) ☐

Beinarbeit beim Überkopfschlag im Umsprung: beidbeinige Landung (Demo) ☐

Beinarbeit beim Überkopfschlag im Umsprung: einbeinige Landung (Demo) ☐

Clear – Schlag im Üh-Bereich im Ausfallschritt zur Vh-Seite / Gesamtkoordination ☐

– Beinarbeit beim Überhandschlag im nach schräg hinten gerichteten (zur Vh-Ecke) Ausfallschritt (Demo) ☐

Clear – Schlag im nahen LvK-Bereich bei leichtem Umsprung / Gesamtkoordination ☐

* Demo = Bewegungselement demonstrieren bzw. überbetont herausstellen können

Smash – Schlag aus dem Stemmschritt mit integrierter Vorwärtsbewegung/ Gesamtkoordination	☐
– Umgreifen in den Powergriff beim Übergang zum Smash	☐
– Beinarbeit beim harten Überkopfschlag aus dem Stemmschritt (Demo)	☐
Smash – Schlag aus dem Umsprung/Gesamtkoordination	☐
Laufarbeit nach Smash: Aus HF ans Netz zum Töten (Demo auf ½ Feld)	☐
Drop – Schlag mit Schleife im leichten Umsprung/Gesamtkoordination	☐
Spiel am Netz – Heben Vh mit Hineingehen in den Ausfallschritt	☐
– Heben Rh mit Hineingehen in den Ausfallschritt	☐
– Beinarbeit beim freien SpaN (ganzes Feld)	☐
Laufarbeit zwischen VF und HF – mit Nachstellschritten (Demo auf ½ Feld)	☐
– mit Überkreuzschritten (Demo auf ½ Feld)	☐
Schlagsicherheit – 3 Minuten Spielen unter Anwendung aller Schlagarten (auf ½ Feld)	☐
Darstellen der Abwehrsituation – Spielen aus Abwehrhaltung gegen einen angreifenden Spieler (auf ½ Feld)	☐
Darstellen der Angriffssituation – Verwirklichen von Angriffsspielzügen (auf ½ Feld).	☐
Konditionelle Fähigkeiten, die erarbeitet werden sollten:	
5 min Seilspringen – 500 Sprünge beidbeinig ohne Zwischensprung.	☐
30 Rumpfeinroller – hintereinander, ohne zwischendurch auf Boden abzulegen, langsame Ausführung. Fersen sind auf Stuhl gelegt. (Abb. 11)	☐
30 Beinstrecker bei Bauchlage – hintereinander, langsame Ausführung. Oberkörper auf Kasten; Beine aus rechtem Winkel in Waagerechte strecken. (Abb. 12)	☐
50 Unterarmdrehungen in 30 sec – Supination/Pronation mit Badmintonschläger im Powergriff in schneller Folge (hin und zurück = 1). (Abb. 13)	☐

Abb. 10: Übersicht über die Lerninhalte für eine Badminton-Grundausbildung. In den Kästchen erfolgt die Bewertung. Kriterien: 0 Punkte = Idealbild nicht erahnbar; 1 Punkt = Hauptfunktionsphase ist falsch; 2 Punkte = unkoordinierte oder gänzlich fehlende Hilfsfunktionsphase(n); 3 Punkte = charakteristische Bewegungsmerkmale des Idealbildes vorhanden, Ablauf jedoch noch eckig oder uneffektiv; 4 Punkte = kleinere Unzulänglichkeiten; 5 Punkte = keine Korrektur nötig. Ab 3 Punkte darf eine Technik als «gekonnt» gelten.

Abb. 11: Rumpfeinroller
(Kräftigung der geraden Bauchmuskulatur) Fersen drücken auf Kasten/Stuhl. Hände und Füße nach oben gestreckt. Rumpf langsam aufrichten, Kinn zum Bauchnabel, Hände gegen Kasten schieben. So weit aufrichten, daß das Becken noch Bodenkontakt hat (= Hände etwa am Kasten). Wieder ablegen, doch nur bis zu Schulterblättern. Spannung der Bauchmuskulatur soll an Endpunkten nicht aufgehoben sein.

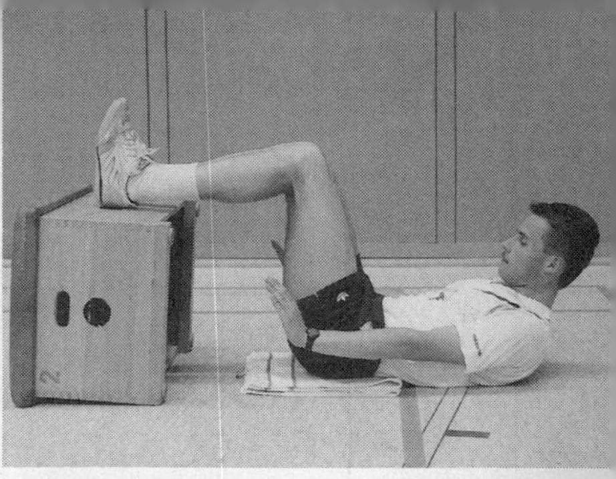

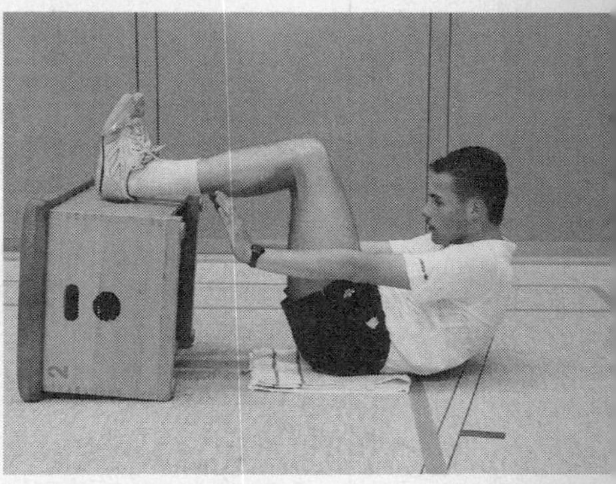

Abb. 12: Beinstrecker
(Kräftigung von tiefen Rückenstreckern und Gesäß) Bauchlage auf großem Kasten oder Tisch. Hände halten fest. Bekkenknochen liegen nicht auf, Hüftgelenk frei beweglich. Beine gemeinsam strekken bis zur Waagerechten. Dann absenken bis zum rechten Winkel im Kniegelenk. Spannung der Rückenmuskulatur soll an Endpunkten nicht aufgehoben sein.

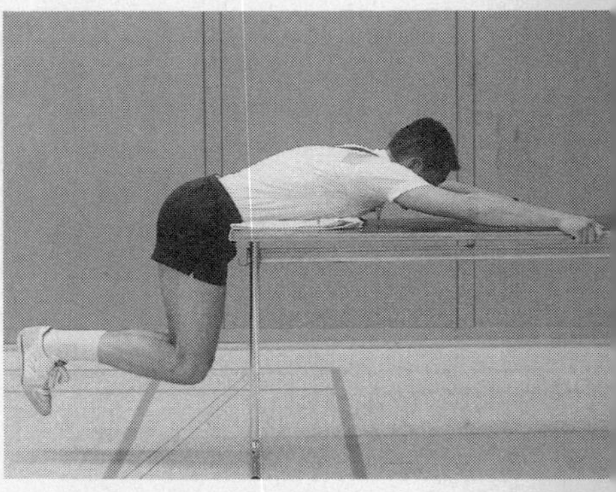

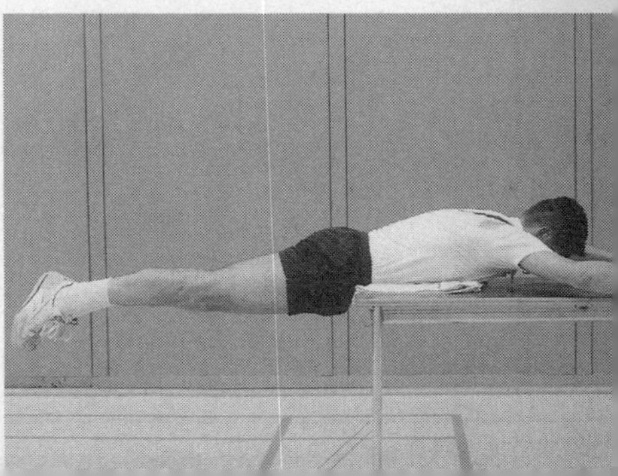

Abb. 13: Unterarmdrehungen

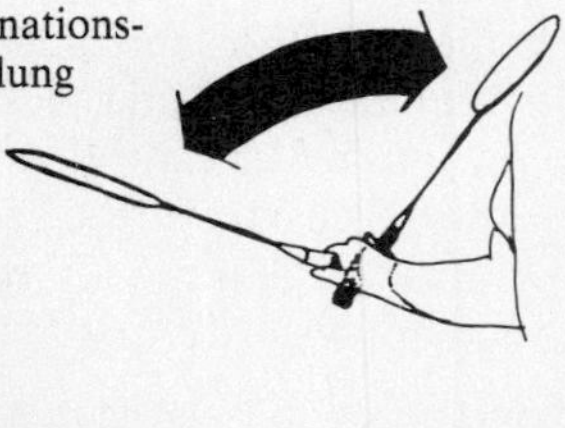

Die Grundausbildung ist beendet, wenn *alle* aufgeführten Techniken aus Abb. 10 wenigstens in der Grobkoordination ausgeführt werden können. Typische Erscheinungsbilder während der davor liegenden Lernphase («Erwerb der Grobform») sind:

- nur Teilbewegungen werden ausgeführt (nur Schlagphase Teil 2, Schleife ohne Unterarmdrehung, Unterarmdrehung ohne Schleife),
- schlechter (meist zu tiefer) Balltreffpunkt,
- zu voluminöse (Riesenschleife) oder zu zaghafte (Schläger fällt nicht hinter dem Rücken) Ausholbewegungen,
- unvollkommene Bewegungsvorstellung (Kontrollstellen des Schlages – wie Aufblitzen des Schlägerkopfes unter der linken Schulter, Schlägerstellung nach Ende der Schlagphase – werden noch nicht erkannt),
- unsensibles kinästhetisches Empfinden für die vollzogenen Bewegungen (Qualität der Schläge wird nach Wirkung beurteilt, nicht nach Ablauf),
- unzweckmäßiger Krafteinsatz (bei Körper oder Arm),
- ungenügende Kraftübertragung (Schläger zu locker in der Hand),
- nicht ineinandergreifende Abfolge der Teilbewegungen, woraus Störungen bei Timing oder Beschleunigung resultieren (Arm vor Schulter),

Koordination von Teilimpulsen: Das biomechanische Prinzip der K. v. T. (Hochmuth 1982, 172) verlangt eine derartige zeitliche und richtungsmäßige Koordination (Kopplung) der an einer Gesamtbewegung beteiligten Teilbewegungen (bei den harten Badmintonschlägen von Bein, Rumpf, Schulter, Ober- und Unterarm), daß das Endglied der kinematischen Kette (der fest mit der Hand verbundene Schläger) eine maximale Beschleunigung erfährt. (Vgl. dazu Boeckh-Behrens 1983, 28; auch Kollath/Bochow/Schwirtz 1985, Kollath/Bochow/Westermann 1986; «Prinzip der Phasenverschiebung» bei Niesner/Ranzmayer 1988, 33.)

- schwankende Ausführungsqualität bzw. unzuverlässige Reproduktionsfähigkeit (manchmal gelingt der Rh-Drive, dann wieder nicht);
- wegen unzureichender Koordinationsleistungen viele überflüssige oder sogar entgegengerichtete Mitbewegungen, was hohen Konzentrationsaufwand erfordert und zu schneller Ermüdung führt.

Bis bei jeder der aufgelisteten Grundtechniken die Feinform entwickelt ist, braucht nicht gewartet zu werden. Es dauert nämlich eine Weile, bis ein Spieler seine Feinkoordination so weit gefestigt hat, daß er eine Technik, die er am optimal zugespielten Ball bereits ansehnlich vollziehen kann, auch unter erschwerten Bedingungen auszuführen in der Lage ist. Ebenso nimmt die Harmonisierung der Bewegungsabläufe einige Zeit und viele

Prinzip der verminderten Lehrhilfe

Fertigkeit ist von Beginn an ganzheitlich, sie wird anfangs unter einfachen, dann unter immer schwieriger werdenden Bedingungen geübt. Die Hilfen werden also vermindert. *Vorgehensweise:* Vom Einfachen zum Komplexen.
Beispiel: Sh-Schlag Rh mit Schleife und Unterarmdrehung

Verlangsamte Ausführung	Üben am ruhenden Ball	Entwickeln der Bewegungsvorstellung
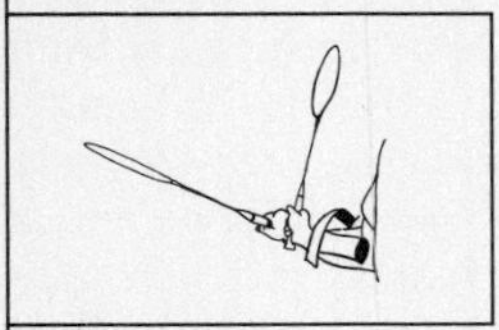	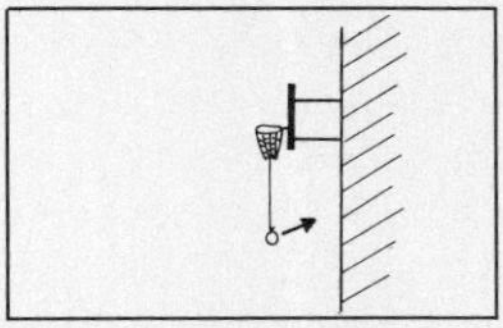	
Aus Hin und Her der Unterarmdrehung wird Schleife erarbeitet. Augen abwechselnd geschlossen und offen. Ohne Ball.	Bewegung wird mit kontrollierter Bewegungssteuerung zunehmend dynamisiert. Im Wechsel mit und ohne Ball.	– Bewegungsablauf durch Beobachtung studieren – Bewegungsablauf erfühlen – Bewegungsablauf durch Erklärung verstehen
Üben bei sehr kontrolliertem Ballflug	Festigen der Bewegung ohne Ball	Üben bei zunehmend variiertem Ballflug

Ball wird hochgeschlagen und mit Gesamtschlagbewegung gegen eine Wand geschmettert. Viele Wiederholungen.	Die zunehmend automatisierte Bewegung wird nebeneinander in verschiedenen Treffbereichen erprobt.	Von präzisem, gleichbleibendem Zuspiel ausgehend, wird es nach und nach in Plazierung und Dynamik verändert.

Abb. 14: Methodische Maßnahmen zur Unterstützung des Erlernens der Badmintontechniken I

hundert Wiederholungen in Anspruch. Ein knallender Smash mit explosivem Armeinsatz bei Körperunterstützung stellt höchste koordinative Anforderungen. Das kann und braucht von einem fortgeschrittenen Anfänger noch nicht erwartet zu werden. Entscheidend ist vielmehr, daß nicht einzelne der Grundtechniken vernachlässigt oder gar vergessen werden.

Einbringen der Techniken ins Spiel

Aller Erfahrung nach wollen auch Anfänger zwischendurch immer mal spielen. Dies sollte ihnen nicht verwehrt werden, denn die Techniken sind im Badminton nicht Selbstzweck. Die lehrfilmreifste Bewegungsausführung ist nichts wert, wenn sie nicht genutzt wird, um Punkte zu machen. Dieses Umsetzen hat BOECKH-BEHRENS (1985) in einer Gegenüberstellung zweier – von ihm mit «deutsch» und «asiatisch» bezeichneter – Vermittlungsmodelle verdeutlicht.

BOECKH-BEHRENS schlägt für die Badmintonvermittlung (vgl. dazu JANSEN 1985, zu ergänzen um DICK/MEYNERS 1987) von Anbeginn an eine Symbiose zwischen erlernten Techniken und dem «Kampfspiel» Badminton vor, also eine unmittelbare Umsetzung in (gewinnträchtige) Spielaktion. Er hat dieses Vermittlungsmodell «asiatisch» getauft, weil er Badminton in der Tradition asiatischer Kampfsportarten sieht und weil der schnelle asiatische Angriffsspielstil als international erfolgreichste Ausprägung der Sportart betrachtet werden muß.

Der Smash wird zum spielbestimmenden Schlag, der Ball wird zuvörderst abwärts geschlagen. Laufarbeit wird gleichberechtigt geschult, Schnellkraftfähigkeiten als äußerst wichtig angesehen. Von Beginn an erfolgt eine taktische Anwendung der Schläge im Hinblick auf die Entwicklung einer aggressiven, erfolgsorientierten Spielweise.

In Gegensatz dazu stellt BOECKH-BEHRENS das «deutsche» Modell, was er ein «pädagogisch-theoretisches Konstrukt» nennt. Es sei charakterisiert durch das *Mit*einander beim Spielen (Clear als zentraler Schlag), durch Lehrmethoden, die an den Lernschwächeren ausgerichtet seien, und durch eine Überbetonung der *Schlag*techniken, deren ständige Verbesserung im Vordergrund der Ausbildung stünde, wohingegen die *Lauf*techniken vernachlässigt würden.

Vergleichende Erfahrungen mit den beiden Vermittlungsmodellen, die im Rahmen einer Examensarbeit (THOMA 1984) dokumentiert wurden, ergaben, daß eine Gruppe von Schülern, denen (nur) beigebracht worden war, aggressiv und laufschnell zu spielen, den Ball also vornehmlich abwärts zu schlagen, nach einigen Wochen sehr viel erfolgreicher Badminton spielten als andere Schüler, deren Ausbildung während der gleichen Zeitspanne im Erlernen von Grundtechniken bestand.

Badmintonvermittlung nach dem «asiatischen Modell» und eine planmäßige Grundausbildung schließen sich jedoch nicht aus. Das asiatische Modell redet keineswegs einer technischen Verrohung das Wort. Es fordert lediglich gewisse Schwerpunkte. In der Reihenfolge: Smash statt Clear. In der Laufarbeit: Dynamik statt Statik. In der Zielsetzung: abwärts gerichtet, statt mit gepflegter Eleganz in die Lüfte.

Daß es unsinnig ist, viele Monate lang «Schläge» üben zu lassen und dabei das Wesen des Spiels zu vergessen, darüber braucht nicht gestritten zu wer-

Prinzip der Aufgliederung in funktionelle Teileinheiten

Die zu erlernende komplexe Bewegung wird zerlegt. Die Bewegungselemente werden einzeln (parallel oder nacheinander) erlernt. Dann werden sie zur Gesamtfertigkeit zusammengesetzt.
Beispiel: Smash im Umsprung (als grundlegendes Technik-Element gemäß «asiatischem» Vermittlungsmodell)

A. Schlagbewegung wird für sich erarbeitet	B. Umsprungbewegung wird für sich erarbeitet	C. Ük-Smash im Umsprung wird zusammengesetzt
Vermittlung erfolgt aufgrund des Lehrens nach Funktionsphasen (Göhner 1983). Gelernt wird nach der hierarchischen Bedeutung der Bewegungselemente für die Gesamtbewegung. 1. Die Hauptfunktionsphase Schlagphase Teil 2 wird zuerst geübt: – Pronation ‹trocken› (kurzer Powergriff), – auf Uh-Zuwurf, – auf Ük-Zuwurf/-spiel. 2. Die Hilfsfunktionsphase Schulter-/Oberkörpereinsatz wird vorgeschaltet. (Daraus resultiert vollständige Ausschwungphase.) 3. Eine weitere Hilfsfunktionsphase wird vorgeschaltet: durch Fallenlassen des Schlägers die Schlagphase Teil 1. – Simulation, – am Pendel, – auf Ballzuspiel. Geübt wird jeweils nach verminderter Lehrhilfe.	Die Vermittlung erfolgt nach dem Prinzip der graduellen Annäherung. 1 a. Stelle Füße in 40 cm Abstand auf eine Linie, li Fuß vorne. Li Schulter vorne. Brust ist seitlichem Betrachter voll zugedreht. 1 b. Springe hoch, drehe den Körper in der Luft, und setze die Füße so auf, daß der li Fuß hinten ist und der rechte vorne, beide aber wieder auf der Linie stehen. Blick über rechte Schulter Linie entlang. Betrachter sieht Rükken.  1 a 1 b 2 2. Versuche Landung durch zunehmende Verlagerung des Gewichtes so zu verändern, daß sie auf hinterem Bein erfolgt, wobei sofort beim Aufkommen eine Körperbewegung nach vorn zu machen ist. Re Bein bleibt gestreckt (Fotos 77, 100 e–i). Erst ohne, dann mit angedeutetem Schlag.	Vermittlung erfolgt nach dem Prinzip der verminderten Lehrhilfe. Da der erste Teil der Gesamtbewegung das Hochspringen zum Umsprung ist, ist es sinnvoll, dem Umsprung die Schlagbewegung hinzuzufügen. 1. (im Anschluß an B 2.) Zusammen mit dem Hochspringen beginnt Schlagphase Teil 1, im Vorwärtswenden des Oberkörpers beginnt Teil 2. Grobkoordination im Rahmen von Schlagsimulation erarbeiten. – Bewegungsausführung gedanklich erfühlen, – an einem fixierten Gegenstand erproben, – bei genauem Zuspiel erfahren, – mittels Schlagsimulation festigen, – in Bewegungsschlagübungen rhythmisieren, Feinkoordination festigen.

Abb. 15: Methodische Maßnahmen zur Unterstützung des Erlernens der Badmintontechniken II

den. Allerdings muß auch ein Trainer, der der Idee des asiatischen Vermittlungsmodells folgt, auf eine gediegene technische Ausbildung seiner Schützlinge achten. Wenn Spieler im Wildwuchs heranreifen, zeigt sich, daß gewisse Leistungsschwellen mit noch soviel «Kampf» kaum überschritten werden können. Die Ausbildung zum «Wett-Kämpfer» schließt nicht das Erlernen der Techniken aus und auch nicht den Einsatz von Vereinfachungsstrategien (vgl. Abbildungen 14–16), die die Komplexität zu erarbeitender technischer Elemente zeitweise reduzieren.
Bei der Mischung der Trainingsziele muß vom Trainer überdies bedacht werden, daß zu frühes Spielen den Techniklernprozeß hemmt, da bei nicht stabiler Technik Bewegungsfehler (wieder) entstehen, und viele Spieler sich – verführt durch das Spielerlebnis – schließlich gar nicht mehr die Zeit nehmen, gründliche Technikausbildung zu betreiben.

Ende der ‹Lehrzeit› mit Abschlußsichtung
Die Grundausbildung kann beendet werden, indem die Beherrschung der technischen Elemente Stück für Stück «gesichtet» wird.
Ausführungsbestimmungen: Der Spieler muß den Ball bei gutem Zuspiel in der geforderten Technik im Schlagfluß (mindestens zehnmal) von einem vorgegebenen Balltreffpunkt in einen vorbestimmten Sektor spielen. Dabei soll die benutzte «Technik» die für die Idealbewegung charakteristischen Bewegungsmerkmale aufweisen und den für alle Badmintonschläge beschriebenen Prinzipien folgen. Zu achten ist also darauf, daß die «Basic»-Drehung des Unterarms, das Schlagen mit Schleifenbewegung sowie das Verändern der Griffhaltung bei verschiedenen Schlägen verinnerlicht sind. In die Bewertung fließen auch Koordination von Schlag und Beinarbeit, Balltreffpunkt, Geschwindigkeit der Schleife und Erfolg des Schlages ein. Einfließen muß jedoch auch das motorische Ausgangsniveau des Spielers.

Konditionsarbeit vorbereiten
Obwohl die Grundausbildung im wesentlichen eine Technik-Ausbildung ist, sollte der Blick des Anfängers darauf gelenkt werden, daß zum Badmintontraining auch die Verbesserung der konditionellen Fähigkeiten gehört. Ein weitsichtiger Trainer wird bewußtmachen, daß Rundumfitness die beste Vorbeugung gegen Verletzungen ist. Im Bereich der allgemeinen Körperbildung muß Vorsorge getroffen werden. Ebenso bei der Stärkung des Herz-Kreislauf-Systems. Auch kann bereits nach und nach mit der Kräftigung der Armmuskulatur begonnen werden, was, wenn es in Form von Schlagsimulationen abläuft, koordinative Lernprozesse unterstützt. Dem Techniken-Verzeichnis ist aus diesen Gründen ein kleiner Basis-Fitnesstest angefügt, der vier Fähigkeiten aufführt, die bis zur Beendigung der Grundausbildung erarbeitet sein sollten.

Prinzip der graduellen Annäherung

Fertigkeit wird zunächst in einfachen, aber ähnlichen Varianten geübt. Dann erfolgen schrittweise Ausführungs- und Belastungsänderungen bis zur Zielbewegung.
Vorgehensweise: Vom Leichten zum Schweren; vom Bekannten zum Unbekannten
Beispiel: LvK-Smash nach Lauf aus VF (im Umsprung nach Malayenschritt, Ll)

Lvk-Smash im Umsprung (auf Partnerzuspiel)

Vgl. auch Foto 90

Smash, Umsprung, LvK-Schlag, Malayenschritt sind bekannt. Zuspiel in LvK-Bereich.

Lvk-Smash-Bewegung aus der Laufbewegung

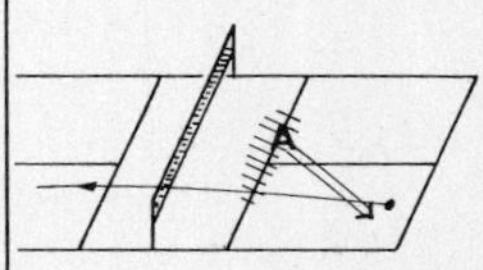

A läuft aus VF mittels Malayenschritt in LvK-Ecke und wirft im Umsprung einen Tennisball.

LvK-Smash nach Lauf aus VF (auf Partnerzuspiel)

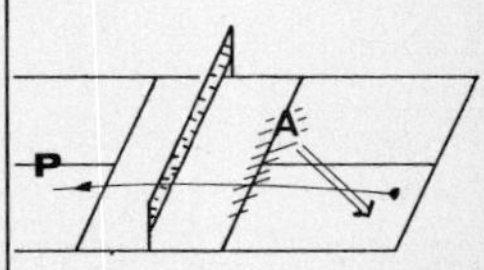

A startet aus VF auf Zuspiel von P und versucht den Ball in der LvK-Ecke zu schmettern.

Rhythmisieren im Bewegungsfluß

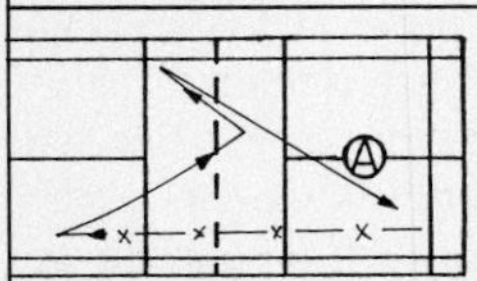

Bewegungsschlagübung
P Uhclear
A LvK-Smash
P Kurze Aw in Mitte
A Netzdrop cr usw.

Festigen bei hohen Wiederholungszahlen

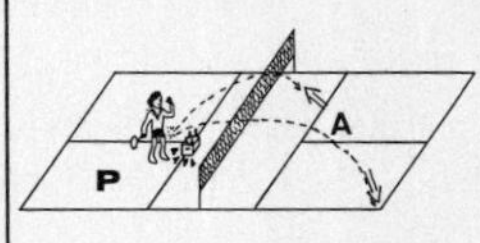

P hat viele Bälle. Er spielt Uh-Drop, den A töten muß, oder Uhclear in LvK-Ecke, den A schmettern muß.

Üben bei unregelmäßigem Anspiel zum Smash

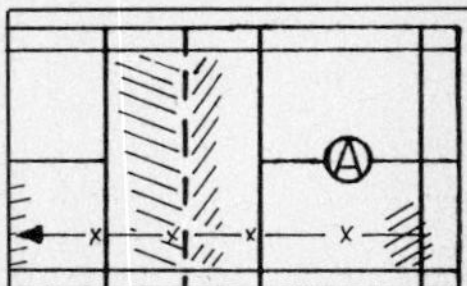

P darf nach seiner Smash-Aw beliebig viele Zwischenschläge machen, bevor er wieder hoch LvK-Ecke anspielt.

Abb. 16: Methodische Maßnahmen zur Unterstützung des Erlernens der Badmintontechniken III

Exkurs: Griffhaltungen / Schlägerstellungen

Foto 22: Universalgriff locker

Foto 23: Universalgriff fest (mit 1er-Verdrehung)

Foto 24: Powergriff

Die Weise, wie ein Badmintonschläger am Griff gehalten wird, und die Stellung, die Unterarm, Hand und Schläger zueinander einnehmen, ändern sich in verschiedenen Spielsituationen.

Der Spieler sollte die feinkoordinative Fertigkeit erwerben, beim Hingehen zum Schlag bzw. während der Ausholphase durch Drehungen des Schlägers in der Hand oder durch Umgreifen die günstigste Griffhaltung einzunehmen. Dabei ist es um so schwieriger, Drehungen vorzunehmen – diese werden in der Regel mit dem Daumen reguliert –, je dikker der Griff ist. Ein zu dünner Griff verhindert gute Kraftübertragung und kontrollierte Schlägerführung. Empfehlung: Der Griff muß die Hand füllen, aber er muß noch gut in ihr bewegt werden können.

Zur Beschreibung von Griffen und Schlägerhaltungen können Unterscheidungen in fünf Bereichen getroffen werden:

1. Art des Zupackens,
2. Stelle des Zupackens,
3. Verdrehung des Schlägers in der Hand,
4. Daumenseitiger Winkel zwischen Unterarm und Schläger,
5. Netzwärtiger Winkel zwischen Unterarm und Schläger.

Der Zeitpunkt der Beschreibung ist der Balltreffpunkt, da zu diesem Augenblick alle Manipulationen an Griff und Schlägerhaltung abgeschlossen sind.

Foto 25: Powergriff beim Smash

Foto 26: Powergriff bei Smash-Abwehr Vh

Foto 27: Pinzettengriff

Art des Zupackens

Drei wechseln sich ab

Der häufigste Griff zum Schläger geschieht mittels *Universalgriff* (Fotos 22, 23, 41). (Vgl. BOECKH-BEHRENS 1983, 37ff; FISCHER PETERSEN 1985, 15; ØSTHASSEL/SOLOGUB 1987, 32.) Der Universalgriff kann auch als Ausgangshaltung angesehen werden, von der aus ein ständiges situationsangepaßtes Variieren von Griffhaltung und Schlägerstellung vorgenommen wird. Für feste Schläge, vor allem für Smash, empfiehlt sich der *Powergriff* (Fotos 24, 25, 26, 28). Durch festes Zupacken kommt es zu optimaler Kraftübertragung.

Zum typischen 90°-Winkel zwischen Schläger und Unterarm vgl. die Fotos 25, 26, 28. Die Fotos 24 und 26 zeigen Spieler, die den Powergriff auch in anderen Spielsituationen als beim Durchführen harter Schläge anwenden.

Der *Daumengriff* (Fotos 30, 31, 32, 34, 58, 92) ist gekennzeichnet durch das Aufsetzen der vollen Daumenfläche auf die breitere Seite des Griffholzes. Er wird auch Rückhandgriff genannt, doch sollte diese Bezeichnung aufgegeben werden, da sie irreführend ist. Sie rührt daher, daß bei Rh-Schlägen

Foto 28: Powergriff beim Clear

Foto 29: Xu-Griff

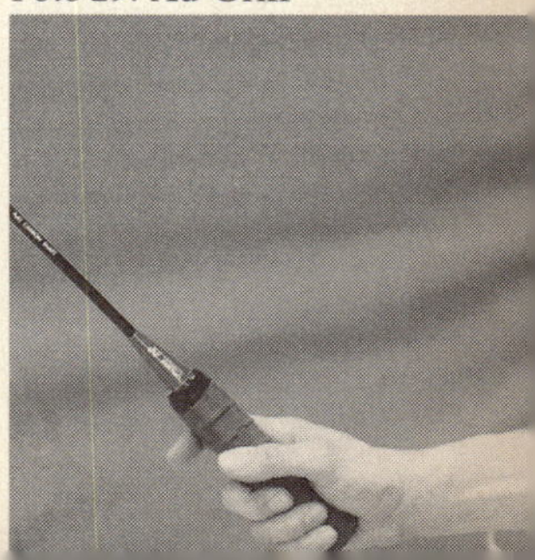

üblicherweise in den Daumengriff übergewechselt wird. Dies ist für Rh-Schläge aus dem Sh- und Uh-Bereich (Fotos 30, 31, 34, 66) auch unumstritten. Bei festen Rückhand-Üh-Schlägen (Rh-Clear) gilt als Alternative die Beibehaltung des Universalgriffs (d. h. Druck mit der zeigefingerwärtigen Kante des Daumens), was eine ungehinderte Schleifenausführung vor allem dann ermöglicht, wenn der Balltreffpunkt hinter dem Körper liegt. Wenn Spieler(innen) jedoch ungenügend ausgebildete Muskulatur haben, kann durch den Daumen eine zusätzliche Kraftübertragung und eine kontrolliertere Bewegungsführung erreicht werden. Eine empfehlenswerte Synthese stellt für den Rh-Clear das Aufsetzen des Daumens auf die Kante zwischen breiter und schmaler Seite des Griffholzes dar. Bei der Wahl der Bezeichnung muß auch bedacht werden, daß der Daumengriff keineswegs auf Rh-Schläge beschränkt ist. Er wird auch bei Vh-Schlägen eingesetzt (Fotos 32, 58). Einige Spieler bevorzugen ihn sogar generell, was indes bei festen Vh-Schlägen die Pronation in Schlagphase Teil 2 behindert.
Eine spezielle Art, den Griff zu fassen, ist der *Pinzettengriff* (Fotos 27, 2). Der Schläger wird hauptsächlich mit Daumen, Zeigefinger und Mittelfinger gehalten. Er kann bei manchen Netztechniken (z. B. Stechen) Anwendung finden. Auch wenn beim Spiel am Netz der Weg zum Ball sehr weit ist, können ein paar Zentimeter gewonnen werden, indem der Schläger von den Fingern nach vorne in den Pinzettengriff geschoben wird.
Ein anderer Spezialgriff ist der *Xu-Griff* (Fotos 29, 82). Es wird wie beim Powergriff fest zugepackt, jedoch ohne Einschluß des Zeigefingers. Der Daumen liegt also über dem Mittelfinger auf. Der Xu-Griff empfiehlt sich für Unterhand-Schläge aus der Vh-Ecke.

Foto 30: Daumengriff beim Spiel am Netz

Foto 31: Daumengriff beim Drive

Foto 32: Daumengriff bei Smash-Abwehr Vh

Stelle des Zupackens

Oben oder unten

Die Länge, die der Griff des Badmintonschlägers hat, bietet die Möglichkeit, ihn an verschiedenen Stellen zu fassen. Üblicherweise geschieht dies im *mittleren* Bereich (Fotos 23, 24 u. a.), so daß er oben und unten gleichmäßig aus der Hand herausragt.

Beim *kurzen* Griff (Fotos 33, 34) wird weiter oben zugefaßt. Er findet allgemeine Anwendung beim kurzen (Doppel-)Aufschlag, da die Nähe der Hand zum Schlägerkopf eine präzise Bewegungssteuerung erlaubt. Doch manche Spieler – insbesondere im Doppel – behalten ihn auch bei anderen Spielaktionen bei. Der kurze Griff schafft eine geringere zu beschleunigende Masse, was günstig für Schlagbewegungen ist, die reaktionsschnell ausgeführt werden müssen.

Dagegen bedeutet das Zupacken am *langen* Griff (Fotos 35, 36, 49, 77) einen längeren Kraftarm. «... je länger der Hebelarm ist, desto größer ist die am Hebelende erzielte Bahngeschwindigkeit.» (NIESNER/RANZMAYER 1985, 15.)

Dies kann etwa bei Rückhand-Überhandschlägen (Foto 36) von Vorteil sein. Dennoch ist der lange Griff nicht so verbreitet wie der kurze Griff, er ist eher als eine Haltung für besondere Aktionen zu sehen.

Die Stelle des Zupackens ist unabhängig von der Art des Zupackens. So ist der kurze Daumengriff die bevorzugte Schlägerhaltung bei der Smash-Abwehr im Doppel.

Foto 33: Kurzer Powergriff beim Smash im Doppel

Foto 34: Kurzer Daumengriff beim Uh-Drop im Einzel

Foto 35: Langer Griff

Foto 36: Langer Griff bei Üh-Rückhand-Schlägen

Foto 37: 11er-Verdrehung beim Rh-Drop cross

Foto 38: 11er-Verdrehung beim Uh-Drop cross

Verdrehen des Schlägers in der Hand

Von 9 Uhr bis 3 Uhr

Für besondere Schläge kann der Schläger in der Hand mittels der Finger verdreht werden. Dies kann bereits in der Ausholphase geschehen, ist jedoch auch in Schlagphase Teil 1 oder erst in Schlagphase Teil 2 möglich. Zur Bezeichnung des Verdrehungsgrades eignet sich das Zifferblatt der Uhr (vgl. FABIG/OLINSKI/SKLORZ 1982, 28 und ØSTHASSEL/SOLOGUB 1987, 35):

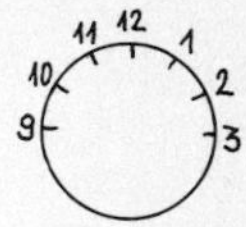

Als Bezugspunkt gilt der Universalgriff, bei dem der Schläger senkrecht in dem «V» steht, das Zeigefinger und Daumen bilden.

12er-Grundstellung des Universalgriffs

Von hier aus ist für die Ausführung gewisser Schläge (vor allem zum Spielen von Cross-Bällen und Schnitten, vgl. Fotos 37–40) ein Verdrehen des Schlägers in der Hand möglich.

Ermittlung des Verdrehungsgrades: Schlägergriff in Treffpunkthaltung fixieren, die Hand mitsamt Schläger vor den Körper führen und bei Universalgriffgrundstellung der Hand (!) von oben betrachten. Die Ziffer der gedachten Uhr, auf die die obere Kante des Rahmens zeigt, gibt die Verdrehung an.

11er-Verdrehung
(Fotos 37, 38)

Für den Daumengriff ergibt sich damit eine 2er-, unter Umständen sogar eine 3er-Verdrehung (Fotos 55, 81, 98).

Daumenseitiger Winkel zwischen Unterarm und Schläger

Rechtwinklig oder gestreckt
Der Winkel, den Unterarm und Schläger zur Daumenseite hin bilden, kann durch Abknicken des Handgelenks zur Daumenseite (Radialabduktion) und zur Kleinfingerseite hin (Ulnarabduktion) bei den verschiedenen Schlägen zwischen 90° und 180° liegen.

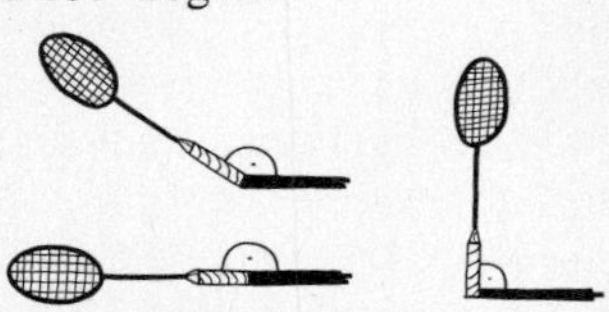

Je fester zugepackt wird (Powergriff), desto mehr geht er in der Regel gegen 90° (Fotos 25, 26, 28); allerdings ist Schlagen im Powergriff auch bei größerem Winkel möglich. Bei Universal- und bei Daumengriff liegt der Winkel zwischen etwa 110° (Fotos 61, 66) und vollständiger Streckung, also 180° (Fotos 41, 43, 65, 75).

Foto 39: Universalgriff mit 1er-Verdrehung

Foto 40: 9er-Verdrehung beim Drücken am Netz

Foto 41: Daumenseitiger Winkel Unterarm-Schläger = 180°

Foto 42: Netzwärtiger Winkel Unterarm–Schläger > 180°

Foto 43: Netzwärtiger Winkel Unterarm–Schläger = 180°

Foto 44: Netzwärtiger Winkel Unterarm–Schläger < 180°

Netzwärtiger Winkel zwischen Unterarm und Schläger

Im Vorder- oder im Hinterfeld

Noch ein anderer Winkel ist zu betrachten: der, den Unterarm und Schläger im Augenblick des Balltreffens an der dem Netz zugewandten Seite bilden. Er verändert sich bei Schlägen aus verschiedenen Feldpositionen, da der Balltreffpunkt mal vor (Foto 42), neben (Foto 43) und hinter (Foto 44) dem Rumpf liegt.

Abb. 17: Winkel zwischen Unterarm und Schläger in Abhängigkeit von der Feldposition des Balltreffpunktes (nach Østhassel / Sologub 1987, 36).

Bis auf die Rückhandecke (wo die natürliche Haltung des Universalgriffes – Foto 36 – zu einem Ll-Schlag führt), wird in den Ecken die Griffhaltung geändert, da sonst der Ball ins Aus bzw. cross fliegt. In der Vh-Ecke und in Netzecke links wird zweckmäßigerweise zum Daumengriff gewechselt (Fotos 58, 34). Um aus der Netzecke rechts Ll zu schlagen, muß der Schläger parallel zum Netz geführt werden (Fotos 40, 42), wozu z. B. das Griffholz verdreht oder vom Handballen gelöst wird. In allen Fällen bleibt die Handgelenkbeugung zum Handrücken hin (Dorsalflexion) mehr oder weniger ausgeprägt bestehen. Beugungen zur Handfläche hin (Palmarflexion) gelten als technisch unsauber.

Die Aufbauausbildung: «Spielen statt schlagen»

Für Spieler, die ein höheres Leistungsplateau erreichen wollen, und dies immer wieder aufs neue, darf mit der Grundausbildung das Vervollkommnen und Erweitern der technischen Fertigkeiten nicht abgeschlossen sein. Durch spielerisches Ausüben der Sportart allein werden viele der Voraussetzungen, die motorisches Lernen verlangt, nicht erfüllt.
Die Techniken, die im Verlauf der Aufbau- und der Leistungsausbildung zu erlernen sind, sind in den Verzeichnissen auf S. 231 ff nebeneinander dargestellt. Auf diese Weise können bei jeder Grundtechnik unmittelbar die Varianten überblickt werden. Das macht dem Spieler deutlich, daß der Lernprozeß mit Durchlaufen der Aufbauausbildung nicht abgeschlossen ist. Allerdings ist zu bedenken: Während in der Grundausbildung die Vermittlung der Techniken im Vordergrund steht, ist in den Stufen Aufbau- und Leistungsausbildung das Techniktraining nur ein Trainingsziel neben anderen. Die Verbesserung von Kondition und Spielfähigkeit sind als gleichrangig anzusehen.

Unterschiedliche Entwicklungsstände
Während der Aufbauausbildung ist unterschiedlichen Entwicklungsständen bei der Beherrschung der einzelnen Techniken Rechnung zu tragen. Ein Spieler, der aus der Grundausbildung kommt, wird bei den Grundtechniken die Entwicklungsphase der Feinkoordination erreicht haben. In der Aufbauausbildung sind jedoch nicht nur bereits erarbeitete Techniken zu verbessern. Im Verzeichnis sind auch eine Reihe neuer technischer Elemente aufgeführt, Rh-Überhand-Schläge oder die Smash-Abwehren seien genannt. Solche Techniken sind, wie bei den Grundsätzen des Anfängertrainings beschrieben, über methodische Wege zu erlernen. Sie werden über die Grobkoordination bis zur feinkoordinativen Beherrschung erarbeitet.
Bei ‹Quereinsteigern› werden erfahrungsgemäß einige Techniken bereits unter variablen Umständen verfügbar sein, weitere in der Entwicklungsphase der Fein- oder Feinstkoordination beherrscht werden, während bei anderen ein Umlernen erforderlich wird. Hier empfiehlt es sich, zunächst alles Bemühen auf die Veränderung uneffektiver Bewegungsabläufe zu richten. Es ist wenig gewonnen, wenn das Heben am Netz aus unterschiedlichen Treffbereichen verbessert wird, der Smash aber weiterhin ohne Einsatz der Unterarmdrehung dahinschmachtet.

Charakterisierung der Entwicklungsphasen beim Techniklernen

Feinkoordination – Fortgeschrittene Anfänger
Bei jenen Techniken, die in ihrer Entwicklung noch in der Phase der Feinkoordination stehen, gilt es zunächst, überflüssige Teilbewegungen und Muskelanspannungen zu beseitigen, die Bewegungsabläufe zu harmonisieren, sie mit geringerem Kraftaufwand durchzuführen; kurz: den Ball lockerer und eleganter zu schlagen.
Kontrollhinweise bietet die im Techniken-Verzeichnis aufgeführte Rubrik «Wiederkehrende Übungsziele», die die Aufmerksamkeit auf Schlüsselstellen der jeweiligen Technik lenkt und helfen soll, Nachlässigkeiten und Gewöhnungserblindung entgegenzuwirken.

Stabilisierung der Feinkoordination – Fortgeschrittenenstadium
Bei den beherrschten Techniken wird es im Verlauf der Ausbildung zu einer immer weitergehenden *Verfeinerung* der Bewegungsvorstellung kommen und zu einer *Festigung* der Bewegung bei zunehmend erschwerten Bedingungen: Die *Bewegungswahrnehmung* wird von der Hauptaktion zu den Nebenaktionen ausgeweitet. So wird beim Clear nicht nur der Armeinsatz erfühlt werden, sondern allmählich z. B. auch die Hüftdrehung. Die *Bewegungsausführung* wird zuverlässig reproduziert werden, sie wird nicht nur bei günstigem Zuspiel und guter Stellung zum Ball gelingen, sondern auch aus dem Laufen und aus gestreutem Treffbereich. Überdies wird geprüft werden, ob die *konditionellen* Anforderungen, die eine Technik verlangt, erfüllt sind (z. B. Armschnellkraft für Rh-Clear) oder ob ggf. ein spezielles Konditionstrainingsprogramm zur Unterstützung des Lernvorgangs durchgeführt werden muß.
Weiterhin werden im Fortgeschrittenenstadium die *Anwendungsbereiche* verbreitert. Die gewissermaßen positionsfreien Grundtechniken werden für die verschiedenen Feldsektoren eingerichtet und mit unterschiedlichen Lauftechniken kombiniert. Der Drop beispielsweise wird nun aus der Vh- und aus der LvK-Ecke geschlagen, er ist im Chinasprung, im Umsprung, im seitlichen Ausfallschritt zu erlernen, in den Varianten gepickter Drop und Abfangdrop und endlich als Drop cr mit Schnitt.
Noch allerdings werden sich bei den Techniken unter Wettkampfbedingungen, bei unerwarteten oder harten/schnellen gegnerischen Bällen, bei geistiger Ermüdung oder bei Konditionsschwierigkeiten mangelnde Zuverlässigkeit und fehlerhafte Ausführung zeigen. Diese zu beseitigen, wird eine Zielsetzung in der nächsten Entwicklungsphase sein.

Unter variablen Umständen – Könnensstadium
«Das Ziel des gesamten Lernprozesses bildet das Stadium der variablen Verfügbarkeit der Technik und ihre Festigung gegen Störeinflüsse in extre-

men Stressituationen (z. B. in schweren und wichtigen Wettkämpfen), also das eigentliche Stadium des Könnens» (GROSSER/NEUMAIER 1982, 107). Wir präzisieren den in der Theorie des motorischen Lernens (MEINEL) gebräuchlichen Begriff «variable Verfügbarkeit» mit «Verfügbarkeit unter variablen Umständen», weil diese Formulierung für Badminton den gemeinten Sachverhalt deutlicher wiedergibt und weil gleichzeitig dem oft auftretenden Mißverständnis mit dem Sachverhalt, den wir auf S. 281 unter dem Begriff «parallele Verfügbarkeit» beschreiben, vorgebeugt wird.

Variable Umstände: Sprachliche Verkürzung von «Verfügbarkeit unter variablen Umständen». Bezeichnet die höchste Entwicklungsstufe beim Beherrschen einer Badmintontechnik. Unter variablen (veränderlichen, unvertrauten, ungünstigen) Umständen muß eine Technik zuverlässig sicher beherrscht werden. Solche Umstände sind im Badminton: aus schnellem Lauf, aus Rücklage, nach verschiedenen Körperwendungen, Balltreffpunkt näher oder weiter vom Körper, bei gleichzeitigem Abdecken aller Feldsektoren, nach unterschiedlichsten Spielsituationen, mit wenig Reaktionszeit, bei steiler oder flacher Flugkurve, nach weich oder hart geschlagenem Ball, mit schnellen oder langsamen Bällen, von jeder Marke, bei unruhigem/weitem/hellem Hintergrund, in fremder Halle, bei allerlei Lichtverhältnissen...

An «Störeinflüssen in extremen Stressituationen», dem nach GROSSER/NEUMAIER (s. o.) zweiten Einflußbereich, gegen die eine Technik auf der Könnensstufe gefestigt sein muß, sind für Badminton nicht nur die bei Wettkampfereignissen üblicherweise auftretenden emotionalen Anspannungen und Ängste zu nennen, sondern auch äußere Einwirkungen wie Zugluft, Hallengeräusche, Zuschauerreaktionen, fuchtelnde oder fuschende Gegner, unklare Schiedsrichterentscheidungen, Federballdiplomatie, Wärmegewitter.

Federballdiplomatie: Sammelbezeichnung für alle spieltaktischen Maßnahmen rund um den Federball im Wettkampfspiel. Aufgabenbereich der F. ist es, der eigenen Person einen Vorteil zu verschaffen oder wenigstens doch der gegnerischen Person einen psychologischen Nachteil. Typische Maßnahmen: Bälle knicken, nicht knicken, wechseln, reklamieren, aufhäufen, nicht aufhäufen, durchschlagen...

Die Festigung gegen Störeinflüsse muß systematisch betrieben werden. Der Spieler muß sich Selbstkontrolle antrainieren, indem er bewußt unter stresshaften, schlechten Bedingungen, die ihn zur Selbstüberwindung zwingen, bis zur «Ultrastabilität» (RIEDER/LEHNERTZ o. J. 45) trainiert.

Ablauf der Aufbauausbildung und Sichtung

Die im Verzeichnis der Aufbauausbildung aufgeführten technischen Elemente werden in der Trainingspraxis nicht von oben nach unten Stück für Stück abgehakt werden. Dies wird unterstrichen durch den zeitlichen Rahmen, der für die Aufbauausbildung vorgesehen ist: Sie wird mitsamt den zusätzlich zu schulenden Fähigkeiten einen Zeitraum von drei bis vier Jahren einnehmen. Der Trainer muß darum aus dem Verzeichnis gemeinsam mit dem Spieler für jeden anstehenden Makrozyklus eine Auswahl treffen. Abb. 18 zeigt ein Beispiel für einen Untertrainingsplan. Dieser ist in den Gesamt-Trainingsplan zu integrieren. Es sind also immer wieder didaktische Entscheidungen zu treffen.

Sichtungen können in der Aufbauausbildung noch in jener Weise erfolgen, die für die Grundausbildung vorgeschlagen wurde. Nur sollten die Kriterien anspruchsvoller in bezug auf Harmonisierung des Bewegungsablaufes, auf Effektivität und auf Reproduktionsfähigkeit angesetzt werden. Es empfiehlt sich, den umfangreichen Stoff auf kleinere Sichtungen zu verteilen. So könnten die Techniken aus der Aufbauausbildung beispielsweise in sechs Halbjahrespakete geschnürt werden.

Technik-Untertrainingsplan

«Während der nächsten 3 Monate möchte ich verbessern bzw. neu erarbeiten...»:

Clear: Bewußtes Unterscheiden zwischen Angriffs- und Verteidigungsclear

Unterziele: Beschleunigung in Schlagphase Teil 2, Eindrehen zum LvK-Schlag beim Start in ZP, Schlagen aus starker Rücklage.

Lauftechnik: Verbesserung der integrierten Rückkehr bei Schlägen in der LvK-Ecke

Umsprung bei extremer Rücklage, Lauf mittels Malayensprung in die LvK-Ecke (nach Spiel am Netz).

Smash (Fortsetzung): Situationsangemessene Durchführung von Smash im Drehsprung in der Vh-Ecke nach Lauf aus jeder Feldposition

Unterziele: Wirksamkeitserhöhung beim Powergriff (Verbindung mit Armkraftzirkel), Ll und cr variabel anwenden, Spielfortsetzung nach dem Schlag, vor allem Angriffsfortführung in Mittel- und Vorderfeld.

Stop Ll: Unterscheidung der Techniken «Heben», «Stechen», «Schneiden» (Vh und Rh)

– grob- bis feinmotorische Bewegungsführung,

– Erarbeitung der Ausfallschritthaltung.

Aufschlagphase: Swip-Aufschlag Rh beim Einzel

Drücken gegnerischer kurzer Aufschläge mit Rh in diverse Zielsektoren.

Abb. 18: Beispiel für eine Auswahl aus dem Techniken-Gesamtverzeichnis für einen Trainingsabschnitt während der Aufbauausbildung

Die Leistungsausbildung: «Beherrschen statt gehetzt werden»

In der Leistungsausbildung tritt die individuelle Steuerung der Leistungsentwicklung in den Vordergrund. Die Trainingsmaßnahmen müssen von den angewandten Fertigkeiten des Spielers ausgehen. Persönliche Defizite müssen zu persönlichen Trainingszielen führen, die in Technik-Untertrainingsplänen festgelegt werden. Diese Defizite müssen aus Wettkampfbeobachtungen gewonnen werden. Das Bestreben, das Techniken-Verzeichnis möglichst komplett ‹durchzuüben›, darf sich nicht verselbständigen. Die Leistungsausbildung wird in aller Regel von Spielern begonnen werden, die schon drei bis fünf Trainingsjahre hinter sich haben und einen ansprechenden spielerischen Leistungsstand aufweisen.

Entwicklungsphasen der Techniken in der Leistungsausbildung
Der Technikerwerb befindet sich auch während der Leistungsentwicklung in allen Entwicklungsphasen. Längst vertraute technische Elemente gilt es zu perfektionieren, aber ebenso sind etliche neu zu erlernen.
An Techniken aus der Smash-Familie (s. S. 235f rechte Spalte) soll dies beispielhaft verdeutlicht werden (Übergänge sind fließend):

- Rh-Smash = neue Technik; Anfängerstadium.
- Smash im senkrechten Sprung = bekannte Technik mit neuem Sprung kombiniert, was Neulernen nötig macht, Teilbewegungen (Schlag) können genutzt werden; dennoch: Grobkoordination, Anfängerstadium.
- Verstärkung des Körpereinsatzes beim Smash im Chinasprung = Hinzufügen neuer Bewegungselemente, Harmonisierung; Feinkoordination, fortgeschrittener Anfänger.
- Halfsmash = vornehmlich wird Bewegungswahrnehmungsprozeß geschult, ein beherrschter Bewegungsablauf wird verfeinert, er soll dosiert ablaufen; Feinkoordination, Fortgeschrittenenstadium.
- Bewußtes Schlagen von Smash in alle spielgemäßen Zielbereiche = Erweiterung der Anwendung; Stabilisierung der Feinkoordination, Fortgeschrittenenstadium.
- Erarbeiten größerer Sprunghöhe bei den verschiedenen Sprungtechniken = Technikerwerb muß unterstützt werden durch Absolvieren eines Konditionstrainingsprogramms; Stabilisierung der Feinkoordination, Fortgeschrittenenstadium.
- Bewußter Einsatz von Smash unterschiedlicher Härte bei den verschiedenen Sprungtechniken = Je nach Übungsauswahl bzw. Detaillernziel Anwendungsverbreiterung oder schon Anwendung unter variablen Umständen.

- Aggressives Wahrnehmen von Smashchancen = In Feinstform beherrschte Techniken werden spielgemäß, d. h. unter unterschiedlichen Bedingungen verfügbar gemacht; Anwendung unter variablen Umständen, Könnensstadium.

Gegen Ende der Leistungsausbildung wird jede Badmintontechnik (hoffentlich) so perfekt beherrscht, daß
- sie voll automatisiert abläuft: wodurch die Aufmerksamkeit von der Ausführung gelöst und dem taktischen Einsatz zugewendet werden kann;
- sie absolut reproduktionszuverlässig ist: wodurch jeder, aber auch jeder Ball ins Feld trifft und weit genug fliegt;
- sie auch bei Ermüdung noch stabil gelingt: wodurch es auch in Phasen hoher Belastung nicht zu unerzwungenen Fehlern kommt;
- sie rasch angepaßt werden kann an wechselnde Sportgeräte: wodurch die Einstellung auf Bälle mit unterschiedlicher Geschwindigkeit gelingt;
- ihre Teilbewegungen noch während des Ablaufes reguliert werden können: wodurch z. B. ein Clear trotz Not-Umsprung zuverlässig bleibt;
- der Spieler selbst kleinste Abweichungen in der Ausführung wahrnimmt: wodurch er schon bei der Schlagausführung merkt, daß der Ball seitlich aus geht;
- sie bis in die Bewegungsausführung hinein variierbar bleibt: wodurch bis in Schlagphase Teil 1 die Möglichkeit zwischen LvK-Drop und LvK-Angriffsclear offenbleibt;
- sie resistent ist gegen Störeinflüsse: wodurch auch bei Zugluft die Bewegungssteuerung, die den Ball ins Feld befördern soll, funktioniert;
- ein blitzschnelles Umreagieren möglich ist: wodurch trotz des eingeleiteten Starts nach hinten der getäuschte Drop des Gegners noch erlaufen wird.

Sichtungen

Auch in der Leistungsausbildung halten planmäßig durchgeführte Sichtungen den Ausbildungsprozeß in Gang, schaffen Motivation, strukturieren das Jahr in Abschnitte. Wenn ein Spieler sich eine Technik so weit angeeignet hat, daß ihre Beherrschung auf der Könnensstufe anzusiedeln ist, müssen sich die Bedingungen, unter denen er sie vollführen muß, verschärfen. Er wird sie in spielnahen Übungen bei spielgemäßem Zuspiel dauerhaft sicher anwenden müssen. Dem Trainer steht es frei, in die Bewertung einer Technikbeherrschung auch die Nutzung im Wettkampf einzubeziehen. Wenn er sichtet, daß ein Spieler eine Technik zwar in einer komplexen Schlagübung beherrscht, sie aber im Wettkampf bei zwei Anwendungen zweimal verschlägt, dann ist nach den Anforderungen der Könnensstufe ihr Erwerb noch nicht vollständig gelungen. Denn Technikerwerb macht nur Sinn, wenn er hilft, Spiele zu gewinnen.

Techniken für die Aufbau- und Leistungsausbildung

Die benutzte Terminologie für die technischen Elemente ist die in der Ausbildungs- und Trainingspraxis des deutschen Badminton übliche. Sie wird auch in den Lehrbüchern und Fachveröffentlichungen verwandt und darf als bekannt vorausgesetzt werden. Von einigen der aufgeführten Techniken bzw. deren Benennung ist allerdings anzunehmen, daß sie noch nicht Allgemeingut sind. Sie sollen daher kurz vorgestellt werden.

Abfangdrop: Ball wird (meist von ZP aus im Chinasprung) angesprungen und durch Hineinhalten des Schlägers in die Flugbahn am Weiterflug gehindert. Da ohne oder mit sanfter Schleife geschlagen, sind A. langsame Drop. Fotos: 83, 85.

Däninnen-Rückhand: Fester Rückhandschlag etwa aus Schulterhöhe, bei dem die Beschleunigung des Schlägers dadurch erzielt wird, daß der ganze Arm (Schulter) nach vorne gerissen wird. Ersatztechnik für Rh-Technik mit Schleife und Unterarmdrehung.

Drehsprung (Arbisprung): Umsprung mit beidbeiniger Landung, der meist in Verbindung mit einem kraftvollen Smash eingesetzt wird. Kann durchgeführt werden, wenn es dem Spieler gelingt, vor der Schlagausführung hinter den Ball zu kommen. Foto 79.

Chinasprung: Sprung mit beid- oder einbeinigem Absprung mit Auftaktschritt aus ZP nach schräg hinten; hauptsächlich in die Vorhand-Ecke (vgl. Abb. 21, 22, S. 255, Fotos 45, 46, 83), aber auch zur LvK-Seite möglich. Fotos 47, 85.

Schlagen im Chinasprung

Foto 45: Ende Schlagphase Teil 1 – Ardy B. Wiranata

Foto 46: Ausschwung der Unterarmdrehung – Steve Baddeley

Foto 47: Ausschwung beim LvK-Smash – Morten Frost

Links-vom-Kopf-Drop

Foto 48: Ausschwung der Unterarmdrehung – Sompol Kukasemkij

Foto 49: Abdrücken zur ZP am Ende der Ausschwungphase – Susi Susanti

Foto 50: «Überdachen» beim Angriffsdrop (cr) – Morten Frost

Abb. 19: Ausholstellung

Gepickter Drop: Drop mit kleinster Schleifenbewegung geschlagen. Bei fast gestrecktem Arm wird nur kurz der Schlägerkopf zurückgenommen und sofort wieder nach vorne beschleunigt («gepickt»). Wirksam vor allem, wenn am Ende der *Aushol*phase der Schlägerkopf nach vorne zeigt.

Malayenschritt (Malayensprung): Lauftechnik zum Erreichen der LvK-Ecke von einer Position im VF, wobei das charakteristische Bewegungselement ein zweimaliges Hüpfen auf dem linken Fuß ist (leichter Raumgewinn) bei gleichzeitiger halber Körperdrehung. Diese mündet unmittelbar in die Ausholstellung, und es schließt sich sofort ein LvK-Schlag im Umsprung an. (Auch aus ZP möglich, doch von dort ist raumgreifender Linksschritt mit unmittelbar angeschlossenem Schlag im Umsprung günstiger.)

Aufbauausbildung*	**Leistungsausbildung***
Überkopf- und Überhandschläge	
Clear *Aus Vh-Ecke:* – nach Lauf aus ZP im Umsprung (Ll und cr) – nach Lauf aus ZP im Drehsprung (Ll und cr) – im nach schräg hinten gerichteten Ausfallschritt (Ll) – im Chinasprung (Ll und cr) – Bei Aufschlagannahme aus dem Stemmschritt Situationsangemessene Durchführung dieser Techniken nach Lauf aus jeder Position[1] (= aus jeder Feldposition, von jedem Feldpunkt) *Aus LvK-Ecke:* – nach Lauf aus ZP im Umsprung (Ll und cr) – nach Lauf im Malayenschritt aus Vorderfeld (Ll) Situationsangemessene Durchführung dieser Techniken nach Lauf aus jeder Position Unterscheidung zwischen – Angriffsclear – Verteidigungsclear Verzögerter Angriffsclear *Wiederkehrende Übungsziele:* – Runde, schnelle, kraftvolle Schleifenbewegung – Beschleunigung in Schlagphase Teil 2 (Pronationsbewegung) – Günstige Schlagvorbereitung Schlagen aus Ausholstellung (= «Ausholphasenendstellung») – Dynamischer Körpereinsatz – Treffen in optimalem Treffpunkt (Timing) – Koordination von Lauf und Schlag – In ZP Eindrehen zum LvK-Schlag (statt zur Rh) – Unmittelbare (integrierte) Rückkehr zur ZP	**Clear** Vh-Clear cr im nach schräg hinten gerichteten Ausfallschritt LvK-Clear – nach Lauf im Malayenschritt aus Vorderfeld (cr) – nach Lauf aus Vorderfeld in starker Rücklage (Ll und cr) Sichere Weite beim Clear in Verbindung mit sämtlichen Lauftechniken Clear in den unterschiedlichen Sprungtechniken von allen Positionen des Hinterfeldes als – Angriffsclear und – Verteidigungsclear Clear von allen Positionen des Hinterfeldes bei hohem Lauftempo Befreiungsclear von allen Positionen des Hinterfeldes aus starker Bedrängnis (Rücklage) Erarbeiten von kürzeren Schwungschleifen Wirkungserhöhung des verzögerten Angriffsclear 1 Der Begriff «Position» bezieht sich auf einen Ort im Feld, der Begriff «Bereich» wird im Zusammenhang mit der Höhe des Balltreffpunktes verwendet
* Lehrinhalte der Fachübungsleiter-Ausbildung	* Lehrinhalte der B-Trainer-Ausbildung

Sticksmash: Smash, der ohne jegliche Körperunterstützung geschlagen wird (bzw. werden muß). Oft aus MF in Rücklage. Schlägerbeschleunigung nur durch Unterarmdrehung. Gewöhnlich im Powergriff. Foto 51.
Lauerstellung: Ballerwartungshaltung auf vorderer Aufschlaglinie, die eingenommen wird, wenn zu erwarten ist, daß der Gegner aufgrund eines steil fallenden Balles denselben als Netzdrop zurückspielen wird. Foto 14.
Push: Drive ohne Ganz-Schleifenbewegung. Durch Vorwärtsführen des gesamten Armes wird Schläger nach vorne bewegt. Der Ball wird gedrückt/geschoben. Häufig im Mixed/Doppel von Mittelfeld zu Mittelfeld oder im Einzel aus Vorderfeld (Netzhöhe) an die Grundlinie.
Stop: Gehört wie kurze Smash-Abwehr und Netzdrop zur Gruppe der Unterhand-Drop. Kurzes Zurückspiel eines aus dem gegnerischen HF gespielten langsamen oder schnellen Drop. Fotos 61, 80.

Foto 51: Sticksmash LvK, Ausschwungphase – Mike Tredgett

Rückhand-Überhand-Schläge

In Wettspielsituationen liegt der Treffpunkt bei Rh-Üh-Schlägen oft deutlich tiefer als bei idealtypischer Ausführung, die Foto 36 zeigt. (Vgl. auch Foto 44.)

Foto 52: Beginn Schlagphase Teil 2 – Icuk Sugiarto

Foto 53: Balltreffpunkt – Nick Yates

Foto 54: Ausschwungphase – Morten Frost

Aufbauausbildung	**Leistungsausbildung**
Überkopf- und Überhandschläge	
Aus Rh-Ecke: Rh-Clear Ll Rh-Befreiungsclear Ll aus Schulterhöhe Situationsangemessene Durchführung dieser Techniken nach Lauf aus jeder Position *Wiederkehrende Übungsziele:* – Schnelle, kraftvoll beschleunigte Schleifenbewegung – Günstige Schlagvorbereitung (Ausholstellung) – Ggf. Umgreifen zum Daumengriff – Beschleunigung in Schlagphase Teil 2 – Treffen im *spielgemäßen* Treffpunkt (hinter dem Körper in Schulter-/Kopfhöhe) – Treffen in günstigem Abstand vom Körper (unterschiedliche Reichweite des Ausfallschrittes) – Koordination von Lauf- und Schlagbewegung (Fußaufsetzen etwa bei Balltreffen)	*Aus Rh-Ecke:* Rh-Clear cr Ausreichende Weite beim Rh-Clear aus den verschiedenen Treffhöhen (Bodennähe bis Überhand) Sichere Weite beim Rh-Clear nach Lauf aus jeder Position Schlagen der Rh-Clear wahlweise als – Angriffsclear und als – Verteidigungsclear Sofortige Rückkehr nach Rh-Befreiungsclear zur ZP in defensive Ballerwartungshaltung
Drop *Aus Vh-Ecke:* – Im Chinasprung (Ll) – nach Lauf aus ZP im Umsprung (Ll und cr) – im Ausfallschritt nach hinten (Ll) – Gepickter Drop (im Chinasprung) (Ll) – Abfangdrop Ll im Chinasprung Situationsangemessene Durchführung der Techniken nach Lauf aus jeder Position Drop cr mit Seitschnitt im Vh-Bereich rückhandwärts rhw *Aus LvK-Ecke:* – nach Lauf aus ZP im Umsprung (Ll und cr) – nach Lauf im Malayenschritt aus Vorderfeld (Ll und cr)	**Drop** *Aus Vh-Ecke:* – im Chinasprung (cr) – im Ausfallschritt nach hinten (cr) – Gepickter Drop (im Chinasprung) (cr) Sichere Bewegungsführung beim Drop nach Lauf aus jeder Position in situationsangemessener Lauftechnik (= Präzise Bewegungswiederholung als Voraussetzung für Schlagsicherheit) *Aus LvK-Ecke:* Drop (Ll und cr) aus starker Rücklage (nach Lauf aus Vorderfeld) Drop Ll mit Seitschritt Vh vorhandwärts vhw (genauer: netzwärts) Drop cr mit Seitschritt Vh im Rh-Bereich rhw

Defensive Ballerwartungshaltung: Vgl. Abschnitt IGEA, S. 114ff.
Offensive Ballerwartungshaltung: Bei zu erwartendem Unterhandschlag des Gegners nach eigenem Angriffsschlag kann die defensive Ballerwartungshaltung aufgegeben werden zugunsten einer Aktionsbereitschaft, die das Ausführen eines Üh-, Ük-(Angriffs-)schlages vorbereitet. Schläger wird etwas angehoben, Position im Feld aufgrund der eingeengten Rückschlagmöglichkeiten des Gegners verändert (Fotos 9, 96, 97). Die o. B. ist kein vergleichbar deutlich sichtbares Element wie die defensive Ballerwartungshaltung, da nach eigenen Angriffsschlägen in der Regel der Ballwechsel aggressiv weitergeführt wird (bzw., wegen des schnellen Zurückspiels, werden muß). Es gibt keine durch eine lange Ballflugdauer bedingte Zeit, um sich ‹hinzustellen›. Ausnahme bildet die Lauerstellung im VF nach Einleiten von Spiel am Netz, die eine typische o. B. ist.
Stechen: Netztechnik (Vh und Rh) zum Abstoppen eines Balles (der meist aus MF oder HF kommt). Schläger verlängert Arm nach vorn. Er wird mit stechender Vorwärtsbewegung (rechtwinklig zum Netz und fast waagerecht) unter den heranfliegenden Ball geschoben. Dadurch wird dem Ball der Vorwärtsschwung genommen. Er fliegt in steil ansteigender und abfallender Flugkurve knapp hinters Netz. Treffbereich Netzober- bis Netzunterkante. Foto 27.
Swip: Standardfinte. Flacher Unterhandclear mit kleinster, blitzschneller Schleife, gleichermaßen Vorhand wie Rückhand. Wird üblicherweise aus Treffbereich Netzober- bis Netzunterkante geschlagen. Auch als Swip-Aufschlag und als geswipter Smash-Abwehr üblich.
Wischen: Abwärtsspielen an der Netzkante, wenn Ball über das Netz geflogen kommt. Schlägerführungsstrecke parallel zum Netz. Foto 56.

Foto 55: Ideale Ausgangshaltung für Push, aber auch für Swip – Steve Baddeley

Foto 56: Ausschwungphase nach Wischen am Netz Vh – Jan-Erik Antonsson

Aufbauausbildung	Leistungsausbildung
Überkopf- und Überhandschläge	
Situationsangemessene Durchführung dieser Techniken nach Lauf aus jeder Position Unterscheidung zwischen – schnellem Drop (Angriffsdrop) und langsamem Drop (Verteidigungsdrop) Erproben: Drop aus Clear-Auftaktbewegung *Wiederkehrende Übungsziele:* – Runde, schnelle Schleifenbewegung – Hoher Balltreffpunkt – Schlagsicherheit beim Drop aus dem Laufen und bei Rücklage *Aus Rh-Ecke:* Rh-Drop Ll Rh-Drop cr Rh-Abfangdrop (Ll und cr) Situationsangemessene Durchführung dieser Techniken nach Lauf aus jeder Position *Wiederkehrende Übungsziele:* – Ggf. Umgreifen zum Daumengriff – Treffen im spielgemäßen Treffpunkt (hinter dem Körper in Schulter-/Kopfhöhe) – Treffen in günstigem Abstand vom Körper (unterschiedliche Reichweite des Ausfallschrittes)	Angriffsdrop cr mit schneller, großer Schleife Abfangdrop im Chinasprung aus ZP Angriffsdrop im Chinasprung aus ZP (Ll und cr) Sichere Bewegungsführung beim Drop nach Lauf aus jeder Position in situationsangemessener Lauftechnik Bewußter Einsatz von – schnellen Drop und – langsamen Drop in den verschiedenen Sprungtechniken von allen Positionen des Hinterfeldes Bewußtes Schlagen von Drop mit verschieden großen Schleifen Wirkungserhöhung des Drop aus Clear-Auftaktbewegung Ll und cr) *Aus Rh-Ecke:* Rh-Drop mit verschieden großen (schnellen) Schleifen Schnelle Rh-Drop cr aus Schulterhöhe Bewußter Einsatz von – schnellen Rh-Drop – langsamen Rh-Drop Sichere Bewegungsführung beim Rh-Drop bei hohem Spieltempo und in starker Bedrängnis *Aus Mittelfeld / Vorderfeld:* «Abdroppen» zu hoch zurückgespielter Bälle – (Sicherheits-)Drop statt riskantem Smash (Üh, vor dem Körper) – Finte: Üh-Drop aus Auftaktbewegung zum Töten
Smash Einsatz von Powergriff und sehr ausgeprägter Unterarmdrehung beim Schmettern *Aus Vh-Ecke:* – im Drehsprung (Ll und cr) – im Chinasprung (Ll)	**Smash** Vh-Smash im Chinasprung (cr) Verstärkung des Körpereinsatzes bei Smash im Chinasprung LvK-Smash gepickt

Seithand- und Überhandschläge in der Vh-Ecke im nach hinten gerichteten Ausfallschritt

Foto 57:
Lius Pongoh (links)
Foto 58:
Morten Frost (links unten)
Foto 59:
Xiong Guobao (unten)

Abb. 20: Lauf in die Rh-Ecke zum Unterhandschlag Rückhand

Aufbauausbildung	**Leistungsausbildung**
Überkopf- und Überhandschläge	
– im Ausfallschritt nach hinten (Ll) – im Umsprung (Ll und cr) – aus Stemmschritt mit Vorwärtsbewegung Situationsangemessene Durchführung dieser Techniken nach Lauf aus jeder Position *Aus LvK-Ecke:* – im Umsprung (Ll und cr) Situationsangemessene Durchführung nach Lauf aus jeder Position *Im Mittelfeld:* Smash im Sprung (Verwandeln halbhoher Bälle) – zur Vh-Seite – Überkopf – zur LvK-Seite *Im Vorderfeld:* Smash im Sprung (Verwandeln halbhoher Bälle) – zur Vh-Seite – zur LvK-Seite Töten am Netz (siehe «Spiel am Netz») Erproben: Variieren der Schlagdynamik (Härte) Erproben: Variieren der Flugbahn in – Steilheit und – Richtung Fortsetzen eines Smash-Angriffs im Mittelfeld und Vorderfeld Rückkehr zum Abdecken der ungedeckten Feldhälfte (Fh) nach eigenem Smash *Wiederkehrende Übungsziele:* – Umgreifen zum Powergriff – Schlagen mit ausgeprägter Pronationsbewegung – Optimale Kraftübertragung im 2. Teil der Schlagphase – Gesamtkoordination mit Sprungbewegung – Dynamischer Körpereinsatz – Hinter den Ball laufen – Entwickeln von Angriffswillen	LvK-Smash im Chinasprung (Ll und cr) – im Mittelfeld (Angriffsvollendung) – aus dem Hinterfeld Halfsmash (Ll und cr) – Vh – LvK Smash im senkrechten Sprung (Ll und cr) – in li Fh – in re Fh Bewußter Einsatz von Smash unterschiedlicher Härte bei den verschiedenen Sprungtechniken (= Variieren der Schlagdynamik) Bewußtes Schlagen von Smash in alle spielgemäßen Zielsektoren (= Bewußtes Variieren der Flugbahn in bezug auf Steilheit und Richtung) Erarbeiten von größerer Sprunghöhe bei den verschiedenen Sprungtechniken Aggressives Wahrnehmen von Smashchancen – Wahrnehmen von Sprungmöglichkeiten – Lauf hinter zu kurz gespielte gegnerische Bälle – Verstärken des unbedingten Angriffswillens Rh-Smash (aus vorderem Hinterfeld) – Ll – cr Rh-Smash aus dem Mittelfeld Situationsangemessenes – Befreien und – Angreifen mittels Rh-Schlägen Aggressives Wahrnehmen von Angriffschancen mit der Rh

Unterhandschlag Vorhand

Foto 60: Am Übergang von Schlagphase Teil 1 zu Teil 2 kann ein technisch versierter Spieler noch Uhclear und Stop spielen. – Gerhard Treitinger.

Stop Vorhand

Drive Vorhand

Foto 61: Im hohen Ausfallschritt nach Balltreffpunkt – Sally Podger

Foto 62: Drive Vh, Ende der Ausholphase – Gillian Gilks

Foto 63: Drive Vh, Beginn Schlagphase Teil 2 – Andy Goode

<table>
<tr><th>Aufbauausbildung</th><th>Leistungsausbildung</th></tr>
<tr><td colspan="2">Seithand- und Unterhandschläge</td></tr>
<tr><td>Drive
(Treffpunkt: Hüft- bis Schulterhöhe)
Aus Mittelfeld zur Grundlinie:
Scharfer Drive
– Vh (Ll und cr)
– Rh (Ll und cr)
Erproben: Aus Hinterfeld Ll in Richtung Grundlinie (sehr scharfer Drive):
– Vh
– Rh
Aus Mittelfeld hinters Netz:
Push Vh (Ll und cr)
Push Rh (Ll und cr)
«Däninnen-Rh», auch als Clear (Befreiungsschlag)
Situationsangemessene Durchführung dieser Techniken nach Lauf aus jeder Position
Drive auf der Rh-Seite
– mit
– ohne Übersetzen des Schlagarmbeines
Wiederkehrende Übungsziele:
– (Schnelle) Schleifenbewegung bei den festen Schlägen
– Unterscheidung zwischen festen und gepushten Schlägen
– Früher Balltreffpunkt
– Erreichen von Drive-Flugbahnen</td><td>Drive
Aus Hinterfeld / von der Grundlinie hinters Netz:
Seithand Vh (Ll und cr)
Seithand Rh (Ll und cr)
Aus Bodennähe
– Uh-Drop Vh (Ll und cr)
– Uh-Drop Rh (Ll und cr)
Sh-Drop (Ll und cr) mit großer Schleife im Chinasprung aus vorderem Hinterfeld
Aus Hinterfeld zur Grundlinie:
Vh Ll (Treffbereich: Sh)
Rh Ll (Treffbereich: Sh)
Aus Hinterfeld ins Mittelfeld:
Vh cr
Rh cr
Aus Vorderfeld ins Hinterfeld (von Netzkante zur Grundlinie):
Push Vh (Ll und cr)
Push Rh (Ll und cr)
Sichere Bewegungsführung bei diesen Schlägen nach Lauf aus jeder Position in situationsangemessener Lauftechnik und bei hohem Tempo
Erarbeiten von kürzeren Schwungschleifen bei festen Drive
Überkopf-Drive aus der Kniebeuge / Hocke
– Spielfortsetzung bei Drive-Serie
– Spielfortsetzung nach eigenem Smash</td></tr>
<tr><td>Stop (auf gegnerischen Drop)
Vh (Ll und cr) im Ausfallschritt
Rh (Ll und cr) im Ausfallschritt
Unterscheiden der Techniken «Heben», Stechen», «Schneiden»
Situationsangemessene Durchführung dieser Techniken nach Lauf aus jeder Position
Einnehmen der Lauerstellung</td><td>Stop
Stop cross mit sehr kurzer schneller Schleife (Vh und Rh)
Erzielen von steil abfallenden Ballflugkurven
Sichere Bewegungsführungen bei unterschiedlichen Treffhöhen und aus verschiedenen Abständen vom Netz (= auf unterschiedlich schnelle / genaue gegnerische Drop)</td></tr>
</table>

Smash-Abwehr auf der Rückhand-Seite

Foto 64: ... ohne Übersetzen des Schlagarmbeines – Lius Pongoh

Foto 65: ... mit Übersetzen des Schlagarmbeines – Gu Jiaming

Kurze Smash-Abwehr Rückhand bei auf den Körper gezielten Bällen

Foto 66: Auf die Beine gezielt – Morten Frost

Foto 67: Auf die Brust gezielt – Ib Frederiksen

Aufbauausbildung	**Leistungsausbildung**
Seithand- und Unterhandschläge	
Wiederkehrende Übungsziele: – Ballerwartung in Vorspannung – Frühes Annehmen des gegnerischen Balles – Aufrechthalten des Oberkörpers – Ausfallschrittausführung (Kniewinkel > 90°) – Feinmotorische Schlagausführung – *Unter* den Ball schlagen – Schlagen von Crossbällen mit einfacher Unterarmdrehung (Basicdrehung) Spielfortsetzung aus Lauerstellung (siehe unter «Lauftechniken»)	Bewußter Einsatz des Stop auch bei hohem Lauftempo Einsatz des Stop cr mit einfacher Unterarmdrehung als vorteilerhaltender Sicherheitsschlag. Bewußter Einsatz der Techniken Stechen, Heben, Schneiden. Stop Ll aus Uhclear-Auftakt Sichere Beherrschung sämtlicher spielgemäßer Spielfortsetzungen nach eigenem Stop (in rechter und in linker Feldhälfte)
Unterhandclear Vh (Ll und cr) im Ausfallschritt Rh (Ll und cr) im Ausfallschritt Situationsangemessene Durchführung dieser Techniken nach Lauf aus jeder Position *Aus oberem Netzbereich:* Swip aus Netzdrop-Auftaktbewegung – Vh – Rh *Wiederkehrende Übungsziele:* – Durchführung der gesamten Schleifenbewegung – (Situationsangemessenes) Aufrechthalten des Oberkörpers – Ausfallschrittausführung – Beschleunigung in Schlagphase Teil 2 – Frühes Annehmen der gegnerischen Bälle – Unterscheiden zwischen Ll und cr	**Unterhandclear** Vh (Ll und cr) aus Bodennähe (Befreiungsschlag) Rh (Ll und cr) aus Bodennähe (Befreiungsschlag) Situationsangemessene Durchführung dieser Techniken nach Lauf aus den entfernten Feldpunkten Sichere Unterscheidung von Uhclear Ll und cr jeweils in bezug auf – schlagtechnische Ausführung – Schlagdynamik zum Erzielen von sicherer Weite Sichere Weite bei Schlägen aus unterschiedlichen Treffhöhen und aus unterschiedlichen Abständen vom Netz (= auf unterschiedlich scharfe/genaue gegnerische Schläge) Sichere Weite bei den (bodennahen) Uhclear-Befreiungsschlägen Uhclear aus Stop-Auftakt (geswipter Uhclear) – Vh (Ll und cr) – Rh (Ll und cr) Sichere Weite beim Swip aus Netzdrop-Auftaktbewegung (Vh und Rh) Beim Swip: Bewußter Einsatz, ob Ll oder cr *Aus Hinterfeld (Befreiungsschlag aus Sh-Bereich bis Bodennähe):* – Vh (Ll und cr) – Rh (Ll und cr)

Heben am Netz aus Bereich Netzunterkante

Foto 68: Rückhand – Han Aiping

Foto 69: Vorhand – Katrin Schmidt

Netzdrop Vorhand cross

Foto 70: Chung Myung-Hee – Balltreffpunkt

Unterhand-Drop Rückhand cross

Foto 71: Ausschwungphase – Jens Peter Nierhoff

Hohes Annehmen am Netz

Foto 72: Netzdrop Vh im weiten Ausfallschritt – Christina Bostofte

Aufbauausbildung	**Leistungsausbildung**
Seithand- und Unterhandschläge	
Smash-Abwehr Hohe Smash-Abwehr – Vh (Ll und cr) – Rh (Ll und cr) Flache Smash-Abwehr – Vh (Ll und cr) – Rh (Ll und cr) Kurze Smash-Abwehr – Vh (Ll und cr) – Rh (Ll und cr) – Rh (bei auf Körper gezielten Bällen) Smash-Aw auf der Rh-Seite – mit – ohne Übersetzen des Schlagarmbeines Situationsangemessene Durchführung dieser Techniken aus jeder Position *Wiederkehrende Übungsziele:* – Einnehmen einer bewußten Abwehrhaltung («defensive Ballerwartungshaltung») – Schneller Wechsel in unterschiedliche Griffhaltungen – Ausführung einer dynamischen Schlagbewegung bei flacher und hoher Abwehr – Einnehmen einer situationsangemessenen Abwehrposition im Feld – Frühes Annehmen der gegnerischen Bälle – Entwickeln von Konterwillen (Mut zu netznäherer ZP)	**Smash-Abwehr** Sichere Weite bei der hohen Aw aus sämtlichen spielgemäßen körpernäheren und -ferneren Treffpunkten (Vh und Rh) Sichere schlagtechnische Unterscheidung und bewußter Einsatz von – hoher Aw Ll – hoher Aw cr Hohe Aw mit kleiner, aber schnellkräftiger Schleife (geswipte Smash-Aw) (Vh und Rh) Hohe Aw Rh von auf den Körper gezielten Bällen Entwickeln des Willens zur Konterabwehr Aggressives Zurückspielen gegnerischer Smash durch – flache Aw Ll – flache Aw cr Konterabwehr cr in den gegnerischen Smash hinein (Vh cr und Rh cr, halbhoch) Flache Aw bei gegnerischem Smash cr in ungedeckte – Vh-Feldhälfte – Rh-Feldhälfte Bewußtes Anspielen netznäherer und -fernerer Zielsektoren bei der kurzen/flachen Abwehr Erzielen von steil abfallenden Flugkurven bei kurzer Abwehr (Vh und Rh) Sicherer Einsatz von blockender kurzer Abwehr aus ZP-Stellung (Vh und Rh) *Wiederkehrendes Übungsziel* – Bewußtes Einnehmen der defensiven Ballerwartungshaltung in jeder Defensivsituation

Aufbauausbildung	**Leistungsausbildung**
Seithand- und Unterhandschläge	

Spiel am Netz (SpaN)
Unterscheiden der Techniken «Heben», «Stechen», «Schneiden»
Heben an der Netzoberkante * (Netzdrop)
– Ll (Vh und Rh)
Heben aus Bereich Netzunterkante
– Ll (Vh und Rh)
– cr (Vh und Rh)
Heben aus Bodennähe
– Ll (Vh und Rh)
– cr (Vh und Rh)
Stechen im Bereich Netzunterkante
– Vh (Ll)
  – nah am Netz
  – entfernt vom Netz
– Rh (Ll)
  – nah am Netz
  – entfernt vom Netz
Unterscheiden der Schnittmöglichkeiten vorhandwärts und rückhandwärts bei Unterschnitt
Schneiden an der Netzoberkante
– Vh mit Unterschnitt rhw/vhw
– Rh mit Unterschnitt rhw/vhw
Schneiden an der Netzunterkante
– Vh mit Unterschnitt rhw/vhw
– Rh mit Unterschnitt rhw/vhw
Wischen (knapp über Netzhöhe)
– Vh
– Rh (in allen Netzsektoren)
Töten am Netz (über Netzhöhe):
– mit Vh im Sprung ans Netz
– mit Rh im Sprung ans Netz
Töten beim Spiel am Netz
– mit Vh
– mit Rh
Unterscheiden zwischen «Drücken» und «Töten» beim Spiel (knapp) über Netzhöhe
 	
* Unterschiedene Treffbereiche: «über Netzhöhe», «knapp über Netzhöhe», «Netzoberkante», «Netzunterkante», «Bodennähe»
	Spiel am Netz
	Netzdrop cr (Vh und Rh) an der Netzoberkante, aus den Positionen rechts, Mitte, links)
	– aus Ll-Auftaktbewegung
	– unmittelbar aus Ausholbewegung
	Bewußt unterschiedener Einsatz der Techniken
	– Heben
	– Stechen
	– Schneiden
	aus dem Treffbereich Netzunterkante
	Unterscheidung von Schlägen mit Schlägerstellung
	– senkrecht zum Netz
	– parallel zum Netz
	Wirksamkeitserhöhung sämtlicher Netztechniken
	Plazierungssicherheit beim Ablegen aus allen Positionen und Bereichen des Vorderfeldes
	Plazierungssicherheit beim Ablegen aus eigenem hohen Lauftempo
	Plazierungssicherheit beim Ablegen verschieden scharfer gegnerischer Schläge
	Wischen bei knapp über die Netzoberkante gespielten Bällen
	Netzdrop an der Netzoberkante trotz akuter Gegnerbedrohung
	Verstärken des Willens zum aggressiven SpaN
	Erweiterung der Schnittmöglichkeiten um die Schlägerbewegung «netzwärts» (Schlägerstellung parallel zum Netz)
	Bewußter Einsatz der verschiedenen Schnitte
	Annehmen geschnittener Bälle beim SpaN
	– als Netzdrop
	– als Uhclear

Aufbauausbildung	Leistungsausbildung
Seithand- und Unterhandschläge	
Situationsangemessene Durchführung dieser Techniken nach Lauf aus spielgemäßen Positionen Situationsangemessene Laufarbeit nach Einleitung von Spiel am Netz Swip beim SpaN (siehe unter «Unterhandclear») *Wiederkehrende Übungsziele:* – SpaN im (situationsangemessenen) Ausfallschritt – Ausnutzen der Reichweite – Entspannte Schlägerführung (gefühlvolles Schlagen) – Bewegungsausführung als Abrufen stabilisierter Bewegungen – Gedankliche Fortführung der Spielsituation (Blickkontakt zum Ball halten) – Unterscheiden der Anwendungsmöglichkeiten der verschiedenen Netztechniken und deren bewußter Einsatz – Schlagen von Crossbällen mit Unterarmdrehung – Entwickeln von Aggressivität	Erarbeiten von Antizipationserschwerungen – Ablegen aus großschleifigen Auftaktbewegungen – Nutzen von Körpertäuschungen – (Systematisches Erweitern des Fintenrepertoires)
Techniken der Aufschlagsituation	
Aufschläge (Jeweils aus linker und rechter Feldhälfte) Hoher Aufschlag Vh – Schleifenbewegung – Schlagen in unterschiedliche Höhen – Schlagen in die unterschiedlichen Zielsektoren Hoher Aufschlag Rh Kurzer Aufschlag (Einzel) – Vh (nach innen und zur Seitenlinie) – Rh (nach innen und zur Seitenlinie) Prinzip des Swip-Aufschlages – Vh und Rh	**Aufschläge** Aufschläge in Zwischenzonen – an vo Aufschlaglinie Mitte – an Mittellinie – auf Körper Geschnittene Aufschläge – Vh – Rh Durchführung einer einheitlichen Aufschlagauftaktbewegung für alle kurzen Aufschläge Stabilisierung der Präzision bei kurzen Aufschlägen Kurzer Aufschlag aus Auftaktbewegung für hohen Aufschlag

Aufbauausbildung	**Leistungsausbildung**
Techniken der Aufschlagsituation	
Drive-Aufschlag Vh (vor allem aus re Fh) Einnehmen einer konzentrationsfördernden Aufschlaggrundstellung Durchführen einer konzentrierten Aufschlagbewegung Arten der Spielfortsetzung nach den verschiedenartigen Aufschlagtechniken Besonders: Einnehmen der defensiven Ballerwartungshaltung nach hohem Aufschlag Erproben: Ausgewählte weitere Aufschlagvarianten	Sicherheit bei hohen Aufschlägen in bezug auf Weite und beabsichtigte Höhe Wirksamkeitserhöhung der Swip-Aufschläge Erarbeiten von sicherer Feinkoordination bei hoher Belastung Erarbeiten von paralleler Verfügbarkeit von Aufschlägen Sichere schlagtechnische Beherrschung und bewußter Einsatz von Aufschlagfinten Sichere Beherrschung sämtlicher spielgemäßer Spielfortsetzungen nach eigenem Aufschlag – in defensiver Spielsituation – in offensiver Spielsituation – Automatisieren der spielgemäßen lauftechnischen Anforderungen – Herstellen innerer Bereitschaft zur Erwiderung fintierter Aufschlagannahmen – Herstellen unmittelbarer Aktionsbereitschaft nach eigenem Swip-Aufschlag Bewußtes Gestalten der Aufschlagphase als Beginn des eigenen Angriffs
Aufschlagannahme (jeweils aus linker und rechter Feldhälfte) Hoher gegnerischer Aufschlag als: – Clear Ll und cr – Smash Ll und cr – Drop Ll und cr Drive- oder Swip-Aufschlag als: – Smash im Umsprung auf Aufschläger – Abfangdrop – Clear Ll und cr	**Aufschlagannahme** (jeweils in allen spielgemäßen Zielsektoren) *Nach hohem Aufschlag:* Annahme eines hohen Aufschlages mit Einbau einer Finte – große Schleife beim Drop – verzögerter Angriffsclear – Vh-Halfsmash cr aus signalisiertem Smash Ll oder Clear – geschnittener Drop – ... Bei Annahme durch Smash – Erhöhung der Wirksamkeit – Vorrücken und vollenden – Abdecken der ungedeckten Feldhälfte

Aufbauausbildung	**Leistungsausbildung**
Techniken der Aufschlagsituation	

Kurzer Aufschlag als:
– Netzdrop zur Netzmitte (Vh und Rh)
– Gedrückter Ball Rh
  – auf Aufschläger
  – in LvK / Rh-Ecke
– Uhclear in Vh- und LvK / Rh-Ecke
Sichere Weite beim Plazieren von Aufschlagannahmen in die LvK / Rh-Ecke des Aufschlägers
Einnehmen einer konzentrationsfördernden Aufschlagannahme-Grundstellung
Bewußtes Schlagen des Aufschlagreturns in bezug auf
– schlagtechnische Ausführung
– Plazierung
– Einleiten einer Defensiv-Situation
– Einleiten einer Offensiv-Situation
Erproben: Ausgewählte Beispiele von Varianten
	Nach Swip:
	Beherrschen der Swip-Annahme in allen spielgemäßen Positionen
	Bewußt gespielte, situationsangemessene Anwendung der diversen Annahme-Techniken
	Wirksamkeitserhöhung bei Swip-Annahme mit Smash
	– in bezug auf Rückwärtsreichweite beim Umsprung
	– in bezug auf Schlaghärte
	– durch bewußtes Plazieren der Smashbälle in verschiedene Zielsektoren
	Rh-Befreiungsclear aus überspielter Situation
	
	Nach Drive:
	Automatisieren der diversen Techniken zur Annahme der spielgemäßen Drive-Varianten
	Bewußt gespielte, situationsangemessene Anwendung der Annahme-Techniken
	Wirksamkeitserhöhung bei Drive-Annahme mit Smash
	
	Nach kurzem Aufschlag:
	Annahme mit Einbau einer Finte
	Ins Hinterfeld:
	– Swip aus Netzdrop-Auftakt (Vh und Rh)
	– Drive aus Netzdrop-Auftakt (Vh und Rh)
	– Geswipter Uhclear aus Netzdrop / Stop-Auftakt von Netzunterkante
	– ...
	Ins Vorderfeld:
	– Netzdrop mit großschleifiger Auftaktbewegung (Ll und zur Seitenlinie)
	– Netzdrop aus großmotorischer Vorwärtsbewegung des Körpers
	– Netzdrop cr zur Seitenlinie aus Netzdrop Ll-Auftakt in Netzmitte
	– ...

<table>
<tr><th>Aufbauausbildung</th><th>Leistungsausbildung</th></tr>
<tr><td colspan="2">Techniken der Aufschlagsituation</td></tr>
<tr><td>
Foto 73: Kurzer Aufschlag im Einzel
Thomas Kihlström hält regelgerecht bis zum Balltreffpunkt einen Teil jedes Fußes an der gleichen Stelle.</td><td>Gedrückte Aufschlagannahme
– in Richtung Vh-Ecke
– in Richtung LvK / Rh-Ecke
– auf Körper des Aufschlägers / Hintermenschen
– Aggressives Hineingehen
Annahme als Netzdrop mit unterschiedlichen Schnitten
– Vh-Seite und Rh-Seite
– Unterschnitt, Frontalschnitt, Seitschnitt
– vorhand-, rückhand-, netz-, aufwärts
– ...
Bewußt gespielte, situationsangemessene Annahme der Zwischenzonen-Aufschläge
– aus Vorderfeld
– aus Mittelfeld
Automatisieren der diversen Techniken zur Annahme der spielgemäßen Schnitt-Varianten
Herstellen von «Vorspannungs-Dissoziation» bei erwarteten fintierten Aufschlägen</td></tr>
</table>

Aufbauausbildung	Leistungsausbildung
Besonderheiten der Doppeldisziplinen	
Aufschläge (Standort jeweils vordere innere Ecke des rechten und linken Aufschlagfeldes) Kurzer Aufschlag Vh nach innen Kurzer Aufschlag Rh nach innen Swip-Aufschlag Vh Swip-Aufschlag Rh Drive-Aufschlag aus re Fh **Aufschlagannahme** (Jeweils aus linker und rechter Feldhälfte) Einnehmen der konzentrierten Aggressivhaltung Annehmen kurzer Aufschläge als Netzdrop Ll in allen spielgemäßen Netzsektoren Aggressive Aufschlagannahme mittels Drücken Aggressive Aufschlagannahme mittels Töten Flaches Anspiel der gegnerischen Rh-Ecke aus allen spielgemäßen Annahmebereichen Durchführen eines Schlages im Umsprung unmittelbar aus Aggressivhaltung (starke Rücklage) Annehmen von Swip mittels Smash im Umsprung **Aufschlagphase** Unmittelbares Abwehren geschmetterter Swip-Aufschläge durch Aufschläger Unmittelbares aggressives Erjagen von als Netzdrop zurückgespielten kurzen Aufschlägen **Im Vorderfeld** ViD (Vordermensch im Doppel): Abfangen von halbhohen gegnerischen Bällen situationsangemessen mit Abfangdrop oder Smash – li Fh (LvK, Rh-Drop) – re Fh	**Aufschläge** Kurzer Aufschlag Vh zur Seitenlinie Plazieren beim Swip-Aufschlag – Vh (nach innen und zur Seitenlinie) – Rh (nach innen und zur Seitenlinie) Kurzer, flacher Aufschlag Vh / Rh gegen Brust / Hüfte (Sehr) hoher Aufschlag Vh Aufschlagfinten: z. B. Kurze Aufschläge mit Schnitt Kurze Aufschläge mit plötzlicher Richtungsänderung (außen statt innen) Ausführung ohne Konzentrationszeit Von Standort rechte Fh, vorne außen: Kurzer Aufschlag Vh Drive-Aufschlag Vh **Aufschlagannahme** Situationsangemessene Durchführung von aggressiver Aufschlagannahme in allen Netzsektoren Drücken ku Aufschläge auf gegnerische Spieler Drücken ku Aufschläge ins MF an Seitenlinie Drücken ku Aufschläge in die Ecken des HFes Annehmen nach außen gespielter kurzer Aufschläge als Netzdrop cr Zurückspiel nach innen gespielter kurzer Aufschläge zur Seitenlinie Annehmen von Swip mittels Smash im Sprung in allen spielgemäßen Positionen Nach Überspieltwerden durch Swip – Rh-Befreiungsclear – Uh-Befreiungsclear Vh Aufschlagannahmefinten: z. B. Netzdrop mit Schnitt / aus schneller Auftaktbewegung / mit Täuschungshandlung

Aufbauausbildung	Leistungsausbildung
Besonderheiten der Doppeldisziplinen	
Im Mittelfeld HiD (Hintermensch im Doppel): Drive und Push Ll ins MF Sh-Drop Ll ohne Schleife (Vh und Rh) In aggressiver Rh-Abwehr-Stellung (Schlagarmfuß vorne; Position Richtung Netz vorschieben): Flache Smash-Abwehr Rh Ll (aus re und aus li Fh) **Im Hinterfeld** Sichere Bewegungsführung bei allen für das Einzel erarbeiteten Ük-/Üh-Schlägen jeweils aus dem für das Doppel typischen seitlichen Laufweg – Smash, Drop, Clear in li Fh – Smash, Drop, Clear in re Fh Plazieren von Smash aus seitlichem Lauf – in Zielsektor Mittellinie – auf zurücklaufenden Gegner	**Im Vorderfeld** Rh-Smash beim Abfangen durch ViD Uh-Befreiungsclear nach Lauf aus HF Sprung ans Netz zum Drücken/Töten/Netzdrop aus Abwehr-Stellung im MF **Im Mittelfeld** Unterscheidung der Abwehr-Stellungen «Rh-Stellung» «offene Stellung», «Vh-Stellung» Smash-Abwehr bei jeder Aw-Stellung aus sämtlichen spielgemäßen Treffbereichen – Hohe und flache und kurze Smash-Aw Smash-Aw Ük in der Hocke Uh-Befreiungsclear zum Neutralisieren (Vh und Rh) Sh-Drop cr (Vh und Rh) durch HiD **Im Hinterfeld** Befreiungsclear Ll aus Sh-/Uh-Bereich (Vh und Rh) Einsatz des Smash aus dem Grundlinienbereich Drop aus Smash-Auftakt

Lauftechniken

Sämtliche Elemente der Lauftechnik sind bereits Inhalte der Aufbauausbildung. Im Unterschied zu den Schlagtechniken werden in der Leistungsausbildung keine neuen Laufvarianten hinzugefügt, vielmehr werden beherrschte verbessert, effektiviert, dynamisiert.
Die Abweichung ergibt sich daraus, daß im Badminton – von der Aufschlagphase abgesehen – aus der Laufbewegung geschlagen wird. In der Spielpraxis sind auch in unteren Leistungsklassen alle unterschiedlichen Lauftechniken zu beobachten. Dies ist leicht erklärlich, sollen doch die Lauftechniken zur Ökonomisierung des Bewegungsaufwandes beitragen.

Darum ist es wenig sinnvoll, einzelne dieser Techniken den in der Aufbauausbildung befindlichen Spielern vorzuenthalten.
Die Reihenfolge, in der die Elemente der Lauftechnik eingeführt werden, hängt zusammen mit der Abfolge, in der die Schlagtechniken eingeführt werden. Lauftechniken werden nicht isoliert und um ihrer selbst willen erlernt, sondern in Verbindung mit Schlägen. (Ausnahme ist das Erlernen in der Grobform.)
Schlagtechniken ihrerseits sollten, wenn die Entwicklungsstufe der Grobkoordination verlassen wird, in Verbindung mit einer dem situationsgemäßen Einsatz angemessenen Lauftechnik geschult werden. Der Drop cross also beispielsweise nicht stehend von der Grundlinie, sondern im Umsprung aus Rücklage nach Lauf aus Richtung ZP.
Bei der Einführung jeder Schlagtechnik wird somit zwangsläufig auf Lauftechniken hingewiesen werden müssen, mit denen sie zu kombinieren ist. So sieht der Drop aus der Vh-Ecke beispielsweise den Chinasprung, den Umsprung und den Ausfallschritt nach hinten als Kombinationsmöglichkeit vor. Beim Smash wird die Ausführung aus dem Stemmschritt und im Drehsprung angesprochen werden, und auf diese Weise wären die Lauftechniken in der Vh-Ecke ‹nebenbei› eingeführt.
In dem Verzeichnis der Lauftechniken auf S. 253 werden für die Verbindung der Feldsektoren keine starren Laufwege (etwa: Schrittfolge soundso für Laufweg aus LvK-Ecke in Netzecke rechts) festgelegt. Es werden Verhaltensmöglichkeiten in «Basissituationen» aufgezeigt und einzuhaltende «Prinzipien». Die Entscheidung, keine vorgeschriebene Aneinanderreihung von «Basiselementen» vorzugeben, sondern individuellen Lösungen Raum freizuhalten, ist aus der Einsicht gewachsen, daß es ‹die› Laufarbeit nicht gibt. Bewegungen auf dem Feld sind körpertypabhängig, spielstilabhängig und ausbildungsbedingt. Ein massiger ‹Wikinger› steht anders im Feld, als sich ein wendiger Malaye darin bewegt. Ein Spieler, der eine chinesische Grundausbildung genossen hat, wird explosiver herumspringen als ein englischer Kamerad, der während der Ausbildung zwanzigtausendmal die Diagonale rechts vorne nach links hinten zu durchtapsen hatte.
Dies darf jedoch nicht zu dem Irrglauben führen, jeder könne im Badmintonfeld herumlaufen, wie es ihm beliebt. Genau wie bei der Schlagtechnik, gibt es auch bei der Lauftechnik allgemeingültige Bewegungselemente, die bei allen Spitzenspielern zu beobachten sind («Basiselemente»). Und es gibt Prinzipien, die zu befolgen bzw. anzuwenden die Laufarbeit effektiver, schneller, dynamischer macht und die beachten sollte, wer erfolgreich sein will.

Foto 74: Umsprung mit vorbildlichem Spreizen der Beine – Steve Butler

Foto 75: Umsprung auf der Stelle – Han Jian

Foto 76: Umsprung bei starker Rücklage – Helen Troke

Foto 77: Landung auf hinterem Bein beim Umsprung – Kirsten Larsen

Foto 78: Umsprung in der Vh-Ecke mit Vorwärtsbewegung – Chen Changjie

Foto 79: Beidbeinige Landung beim Drehsprung – Zhao Jianhua

Foto 80: Hoher Ausfallschritt – Steve Baddeley

Foto 81: Tiefer Ausfallschritt – Zheng Yuli

Foto 82: Seitlicher Ausfallschritt – Yao Fen

Aufbauausbildung *

Lauftechniken

Unterscheidung der Basissituationen:
- Ballerwartungshaltungen
- Fortbewegung im Feld
- Bewegungen an den Umkehrpunkten

Unterscheidung der Basiselemente:
- Nachstellschritte
- Überkreuzschritte
- Ausfallschritte
- Sprünge

Beachtung der Prinzipien:
- Schneller Start
- Unmittelbare Bodenberührung
- Integrierte Rückkehr
- Innere Zentralposition
- Wendige Schritte

Basiselemente

Nachstellschritte (Sidesteps)
- vorwärts
- rückwärts
- seitwärts

Überkreuzschritte
- vorwärts
- rückwärts (nach links und rechts)

Ausfallschritte
- «Ausfallschrittbein»
- hohe und tiefe
- Richtung Netz
- seitliche
- nach hinten

Sprünge
- Umsprung
  - mit beidbeiniger Landung (= Drehsprung)
  - mit Landung auf hinterem Bein
  - mit Landung bei extremer Rücklage
- Chinasprung
  - zur Vh-Seite
  - zur LvK-Seite
- Senkrechtsprung
- Netzsprung (zum Töten)
  - aus Lauerstellung
  - aus ZP oder aus Hinterfeld kommend

Basissituationen

Ballerwartungshaltungen (BEH) und deren Auflösung:

Ausholstellung für Ük-Schläge
- Hineinlaufen und Einnehmen
- Vorbereitende Körperdrehung

Auflösen der BEH beim Schlag
- Verwringung, Körpereinsatz
- Übersetzen des Stemmschrittbeines
- Umsprünge auf der Stelle
- Umsprünge mit Vorwärtsbewegung

Ballerwartungshaltungen in ZP
- defensive Spielsituation
- offensive Spielsituation
- Bereitstellen nach den Erfordernissen der IGEA

Auflösen der BEH bei Aktionserfordernis
- Schneller Start
- Antizipierende Schlägerführung
- Nutzen der Reaktionsreserve

Ballerwartung im Vorderfeld in Lauerstellung
- Hineinlaufen und Einnehmen
- Körperhaltung

Auflösen der BEH in Lauerstellung
- nach vorn und zur Seite
- nach hinten bei hohen gegnerischen Schlägen
- nach hinten bei flachen gegnerischen Schlägen

Bewegungen an den Umkehrpunkten:

Prinzip der integrierten Rückkehr
Abfangsprünge
Umsprünge
Ausfallschritte
Rückkehr aus Ausfallschritten
- aus hohen
- aus tiefen

* Die Lauftechniken sind sämtlich Lehrinhalte der Fachübungsleiter-Ausbildung

Aufbauausbildung

Lauftechniken

Fortbewegung im Feld:
Prinzip des Spielens aus innerer ZP
Prinzip der Einbringung von Laufgewandtheit
Aus ZP in die Feldecken
- in Lvk-Ecke (mit Varianten)
- an die Grundlinie Mitte
- in Vh-Ecke (mit Varianten)
- ins Vorderfeld Rh-Bereich
- ins Vorderfeld Vh-Bereich (mit Varianten)
- zur Smash-Aw (mit Varianten bei Rh-Schlägen)

Aus Vorderfeld ins Hinterfeld
- mittels Malayenschritt in die LvK-Ecke
- in Rh-Ecke (d. h. zum Rh-Schlag)
- in die Vh-Ecke
  - mit Überkreuzen zum Schlag im nach hinten gerichteten Ausfallschritt (defensive Laufarbeit) zum Schlag im Chinasprung (offensive Laufarbeit)
  - zum Schlag im Umsprung
- zum Schlag im Drehsprung (vornehmlich in re Fh)
- an die Grundlinie zum Schlag im Umsprung

Aus Hinterfeld ins Vorderfeld
- nach Smash zum gegnerischen Cross-Abwehrball
- nach Smash zum Töten
- nach Drop zum Spiel am Netz

Aus Hinterfeld zur ZP
- nach Verteidigungsschlag in defensive BEH
- nach Angriffsschlag in offensive BEH

Foto 83: Abfangen im Chinasprung auf der Vh-Seite – Eddy Kurniawan

Foto 84: Senkrechtsprung – Liem Swie King

Foto 85: LvK-Schlag im Chinasprung – Helen Troke

Abb. 21: Lauf mit Überkreuzschritt aus der Zentralposition in die Vh-Ecke zum Schlag im Chinasprung

Abb. 22: Lauf mit Nachstellschritt aus der Zentralposition in die Vh-Ecke zum Schlag im Chinasprung

Foto 86: Schneller Start – Charlotta Wihlborg drückt sich zum Lauf in die LvK-Ecke kraftvoll mit dem rechten Fuß ab.

Die Prinzipien der Laufarbeit:

Prinzip des schnellen Starts (Boeckh-Behrens 1984): Beim Loslaufen erfolgt mit dem Fuß, der den ersten Schritt tun soll, zunächst ein kurzer schneller Auftaktschritt (1 bis 15 cm) in die Gegenrichtung (!) zur angestrebten Laufrichtung (wer in die LvK-Ecke will, also nach rechts vorne). Auf diese Weise wird die Unterstützungsfläche unter dem Körperschwerpunkt weggenommen und ein leichteres Loslaufen möglich. Ein aktives Abdrücken des Fußes beim Auftaktschritt unterstützt schnellkräftiges Starten. Die vorherige Fußstellung (ob parallel oder versetzt) spielt keine Rolle.

Selbstcheck für Spieler: Ist das Loslaufen in die verschiedenen Richtungen tatsächlich so effektiviert, daß keine Zeit durch Scheinstartschritte (auf der Stelle, in falsche Richtung, beide Füße) verlorengeht?

Prinzip der unmittelbaren Bodenberührung: Füße, die sich in der Luft befinden, können keine Impulse geben für Richtungsänderungen, für Start, für Beschleunigungen, für Absprünge... Sie können nicht einmal Vorspannung aufnehmen. Die Zeit, die zwischen Signal («Ab nach links zur RhAw») und Abdruck (des rechten Fußes zum Übersetzen des rechten Beines) vergeht, wird um so kürzer sein, je schneller der Fuß, der diesen Abdruck bewirken soll, Bodenkontakt findet. (Vgl. auch «IGEA», S. 117.)

Selbstcheck für Spieler: Kann die eigene Beschleunigung während der Basissituation «Fortbewegung» nicht erhöht werden, indem die Füße aktiven Bodenkontakt suchen?

Prinzip der integrierten Rückkehr: An den Umkehrpunkten (also am Netz, an der Grundlinie, an den Seitenlinien) soll die auswärts gerichtete Laufbewegung auf eine Weise beendet werden, die – möglichst mit dem Schlagschwung – eine unmittelbare Rückkehr in Richtung ZP einleitet.

An der Grundlinie ist dazu die Umsprung-Technik entwickelt worden. Bei den seitlichen Sprüngen soll das nach außen gestellte äußere Bein nicht nur Körpergewicht und Schwung abfangen, sondern aus der Abfangvorspannung den Körper möglichst sofort wieder zurückschnellen. Beim Ausfallschritt am Netz wird der Ausfallschritt nicht zu groß gemacht und das hintere Bein etwas angezogen, damit über dieses Bein zusätzlich Abdruckkraft für die Rückkehr gewonnen werden kann.

Selbstcheck für Spieler: Kommt es auch bei hohem Lauftempo nicht zu abfangenden Stabilisierungsschritten im Bereich der Außenlinien?

Prinzip der inneren Zentralposition: Laufbewegungen in die Feldecken sind gleichsam ‹Ausflüge›. Der Spieler läßt einen Zipfel seines Bewußtseins in der Zentralposition zurück. Dies ermöglicht unmittelbare Rückorientierung zu jenem Punkt, von dem aus jeder Sektor der eigenen Feldseite gleichermaßen gut zu erreichen ist und den frühzeitig innezuhaben Feldbeherrschung bedeutet.

Selbstcheck für Spieler: Bildet die ZP auch im Spielgetümmel immer das

Defensive Laufarbeit | ***Offensive Laufarbeit***

Prüfen Sie Ihr Spiel
Angeln Sie im nach hinten gerichteten Ausfallschritt nach dem Ball wie Pernille Nedergaard (Foto 87 links) oder fangen Sie ihn bereits im Vorbeifliegen mittels Chinasprung ab wie Atsuko Tokuda (Foto 88 rechts)?

Befreien Sie sich in der linken Grundlinienecke ächzend mit Rh wie Jens Peter Nierhoff (Foto 89 links) oder nehmen Sie den Ball links vom Kopf aggressiv mit der Vorhand wie Ib Frederiksen (Foto 90 rechts)?

Erreichen Sie den Ball an der Netzunterkante zum Uhclear wie Uwe Scherpen (Foto 91 unten) oder stürzen Sie ihm bereits an der Netzoberkante zum Uh-Drop entgegen wie Liem Swie King (Foto 92 rechts)?

Bewegungszentrum, aus dem die Schläge (manche mit ein paar Schritten vor- und hinterher) ausgeführt werden?

Prinzip der wendigen Schritte: Badminton ist charakterisiert durch vor und zurück, abstoppen, antreten, Fuß nach links, nach rechts, Sprung nach oben. In rasch wechselnden Situationen ergibt sich ein Nebeneinander verschiedener schneller Fuß- und Beinbewegungen, je nachdem, ob ein gegnerischer Ball höher oder niedriger, härter oder weicher geschlagen ist. Laufgewandtheit ist ein leistungsbestimmender Faktor, eine wichtige Fertigkeit, der Rechnung zu tragen jeder Übende von Anfang an angehalten werden sollte.

Selbstcheck für Spieler: Wird das Badmintonspiel mit seinen schnellen Antritten, seinen vielen Wendungen, der Folge von Nachstellschritten, Überkreuzschritten, einbeinigen oder beidbeinigen Sprüngen tatsächlich als ein freudvoller, lebhafter, tollender Vorgang wahrgenommen? (Wahrnehmen im Sinne von Bewegungswahrnehmen; vgl. S. 271.)

Foto 93: Netzsprung zum Töten – Michael Kjeldsen

Ausfallschritt in die Rückhandecke

Fotos 94, 95: Morten Frost beim Rh-Üh-Schlag. Als Anschluß s. Fotos 89, 54

Offensive Ballerwartungshaltung

Foto 96: Lius Pongoh
Foto 97: Cun Cun
Siehe auch Foto 9.

Netzsprung zum Töten

Foto 98: Aus Zentralposition Harald Klauer
Foto 99: Aus Hinterfeld – Sumiko Kitada

YONEX

Nestor-Erwin Z., der große, alte Coach, rief einmal: «Finten hat man nicht etwa – Finten lernt man!»

Finten

«Als Finte wird in den Spiel- und Kampfsportarten eine Täuschungshandlung bezeichnet. Die Täuschung besteht in der Veränderung der einer normalen Bewegungsausführung zugrundeliegenden Bewegungsstruktur» (RÖTHIG 1983, 133). Wodurch im Badminton Gegner getäuscht werden, verdeutlicht Abb. 23, S. 264. Dort sind Badmintonfinten im Hinblick auf die ihnen jeweils innewohnenden Täuschungshandlungen analysiert.
Finten sind im wesentlichen Bestandteil der Leistungsausbildung. Hier werden sie geschult, um die Effektivität des Spiels zu unterstützen. Sie in der Aufbauausbildung beiseite zu lassen, hieße jedoch, praxisfremd zu handeln. Badmintonspieler entwickeln im Verlauf des Erlernens der Techniken ‹von selbst› Finten. Wie alle Aktiven aus (leidvoller) Erfahrung wissen, sind solche handgestrickten Finten gelegentlich – ohne daß sie je systematisch mit den Methoden des Techniktrainings geübt worden wären – sehr wirksam. Sie werden durch ihre Meister im Verlauf der Jahre immer weiter perfektioniert und können schließlich sogar gegen Spitzenspieler erfolgreich angewandt werden. Durch die stetige Nutzung sind sie auch unter variablen Umständen einsetzbar und im Bewegungsgedächtnis derart präsent, daß ihr Anwender bei 14 beide z. B. auf die Verlängerung verzichtet und sich mit einer Annahmefinte den Aufschlag zurückholt.
Für die Aufbauausbildung empfiehlt sich die Erarbeitung von 6 bis 10 Finten, wobei die Auswahl so zu steuern ist, daß es eine Grundausbildung in Fintentechniken wird. Hierbei sind Standardsituationen (Aufschlag, Aufschlagannahme, Spiel vom Netz, Spiel im Überkopf-/Überhandbereich) abzudecken und die Prinzipien, auf denen die Finten beruhen, bewußtzumachen. Der Perfektionierung weniger Finten ist ein höherer Stellenwert einzuräumen als der dilettantischen Anwendung vieler.
Ob sich das Fintenlernen für die Kinderausbildung anbietet, muß im Einzelfall entschieden werden. Hier können die sensitiven Phasen genutzt werden, wenn die technische Grundausbildung abgeschlossen ist und für motorisch begabte Kinder noch Freiraum bleibt.
Im Leistungstraining muß der Spieler planmäßig sein Repertoire erweitern. Die aufgelisteten Finten bieten nur Anregungen. Die Auswahl kann aus einem durch die vielen Kombinationsmöglichkeiten reichhaltigen Reservoire getroffen werden.

Foto 100 a–i (links): Lauf mittels Überkreuzschritt aus Vorderfeld ins Hinterfeld und Überkopf-Smash im Umsprung mit einbeiniger Landung – Zhao Jianhua

Foto 101: Finte beim Spiel am Netz. Zurückspiel eines Netzdrop Ll wird eingeleitet, die Bewegungsrichtung des Schlägers aber in Schlagphase Teil 2 geändert, so daß nicht unter, sondern seitlich gegen den Korkfuß geschlagen wird, worauf der Ball zur rechten Seitenlinie fliegt – Darren Hall.

Aufbauausbildung *

Standardfinten

Unterscheidung verschiedener Handlungen, auf denen Finten beim Badminton basieren	Standardfinten als Beispiele für unterschiedliche Täuschungshandlungen und Anwendungsbereiche
Täuschungshandlung in Ausholbewegung oder in Schlagphase Teil 1: – Prinzip des verdeckten Schlagens – Prinzip des irreführenden Signalschlages – Prinzip der Körpertäuschung *Täuschungshandlung in Schlagphase Teil 2:* – Prinzip der Geschwindigkeitsänderung der Schlagbewegung – Prinzip der plötzlichen Richtungsänderung – Prinzip des Anschneidens (Schnittfinten) Begreifen und Anwenden von Finten als Vorbereitungs- (statt Final-)schlag * Lehrinhalte der Fachübungsleiter-Ausbildung	Swip-Aufschlag (Vh und Rh) Aufschlagannahme als Netzdrop aus angedeutetem Drücken (Töten) im Vorwärtssprung Swip aus Netzbereich (Vh und Rh) Netzdrop cr (oder Stop Vh cr) aus signalisiertem Schlag Ll Smash-Aw cr (oder Stop Rh cr) mit plötzlicher Schlägerdrehung nach kurzer Schleife Verzögerter (Angriffs-)Clear Erproben: Drop aus Clear-Auftaktbewegung *Schnittfinten:* Einführung in die Terminologie Drop mit xx-Schnitt (z. B. Vh-Drop cr mit Seitschnitt rhw) Schneiden am Netz (siehe «Spiel am Netz»)

Leistungsausbildung *

Finten

Umgang mit Finten

Wirkungserhöhung beim Einsatz der im individuellen Stamm-Repertoire angewandten Finten
Situationsgemäß bewußter Einsatz einer jeden Finte
Stetiges und planmäßiges Erweitern des beherrschten Fintenrepertoires
- für die Offensive
- für die Defensive
- für jeden Feldsektor
- für die Aufschlagphase

Gestalten des eigenen Spiels durch planvollen Einsatz von Finten
Aufrechterhalten der parallelen Verfügbarkeit sämtlicher Finten des persönlichen Repertoires
Erarbeiten von lauf- und schlagtechnischen Reaktionen zum Neutralisieren gegnerischer Standardfinten

Erweiterung des Fintenrepertoires (Beispiele)

Im Vorderfeld:
Stop aus Auftaktbewegung mit großer Schleife (Uhclear wird signalisiert, Stop gespielt)
Ablegen am Netz aus
- Auftaktbewegung mit großer Schleife
- dynamischer Vorwärtsbewegung des Körpers

Netzdrop / Stop Vh Ll signalisieren – Rh Swip cr spielen
An Netzkante: Aus Netzdrop-Haltung Swip mit minimaler Schleife
An Netzkante außen: Drive / Push cr signalisieren – Drive Ll spielen
In re Fh: Netzdrop / Stop Vh / Rh Ll signalisieren – Netzdrop / Stop Rh cr spielen

* Lehrinhalte der A-Trainer-Ausbildung

In re Fh bis Netzmitte: Netzdrop Vh cr durch schrägstehenden Schläger signalisieren – Netzdrop Vh Ll (zur re Seitenlinie) spielen
Schnittfinten am Netz aus Auftaktbewegung mit großer Schleife
...

Im Mittelfeld:
Üh-Drop aus Auftaktbewegung zum Töten
Ku Smash-Aw Ll signalisieren – hohe (geswipte) Aw Ll / cr spielen
Ku Smash-Aw signalisieren – gepeitschten Drive cr spielen
Aus Drive-Auftaktbewegung wird nach Abstoppen der Bewegung Sh-Drop gespielt
Sh-Drop (cr) signalisieren – Drive Ll mit kurzer, schneller Schleife spielen
Stop Vh Ll signalisieren – Swip Rh cr spielen
...

Im Hinterfeld:
Vh-Smash im Sprung signalisieren – VhDrop spielen
Aus Smash-Auftakt Ll wird ein Drop cr gespielt
- mittels Schnitt
- mittels Abstoppen

Vh-Drop cr signalisieren – Vh-Drop Ll (mit Vh-Schnitt rhw) spielen
LvK-Drop Ll, aus großer Schleife mit Seitschnitt Vh Vh-Seite netzwärts
LvK-Drop cr mit Schnitt Vh Rh-Seite rhw
Rh-Drop cr durch schrägstehenden Schläger signalisieren, Rh-Drop Ll spielen
Rh-Drop aus einer schnellen Rh-Clear-Schleife
...

Kurzbeschreibung	Basiert auf Geschwindigkeits- oder Richtungsänderung										Basiert auf Schnitt[1]												Absicht	
											Unterschnitt				Seitschnitt				Frontalschnitt					
Abkürzungen: re Fh = rechte Feldhälfte li Fh = linke Feldhälfte A-annahme = Aufschlagannahme E-Aufschlag = Aufschlag im Einzel ku = kurz MF = Mittelfeld HF = Hinterfeld	Schlag wird verdeckt: Aus neutraler Standardbewegung (z. B. Schleife) erfolgt Überraschendes	Eine langsame Schlagbewegung wird plötzlich schnell	Eine Bewegungsabfolge wird an einer Stelle verzögert oder unterbrochen	Eine schnelle Schlagbewegung wird abgebremst	Ein bestimmter Schlag wird bewußt und deutlich signalisiert, ein anderer jedoch ausgeführt	Bewußt ausgesandte Signale sollen auf anderes hinweisen als kommt (K = Körper-, B = Blicktäuschung)	Bewegungsrichtung des Schlägers wird am Schlagphasenende geändert (durch Drehen *in* der Hand)	Bewegungsrichtung des Schlägers wird am Schlagphasenende geändert (Schläger bleibt fest in der Hand)	Schlägerseite wird kurz vor dem Treffen des Balles gewechselt (statt Vh Rh und umgekehrt)	Schlagphase wird mit einer verwirrenden Auftaktbewegung eingeleitet	Balltreffpunkt zur Körperlängsachse Vh-Bereich oder Rh-Bereich	Schlägerseite Vh oder Rh	Schlägerbewegung rückhandwärts rhw, vorhandwärts vhw, nw	Flugrichtung Linie lang Ll oder cross cr	Balltreffpunkt zur Körperlängsachse Vh-Bereich oder Rh-Bereich	Schlägerseite Vh oder Rh	Schlägerbewegung rückhandwärts rhw, vhw, netzwärts nw	Flugrichtung Linie lang Ll oder cross cr	Balltreffpunkt zur Körperlängsachse Vh-Bereich oder Rh-Bereich	Schlägerseite Vh oder Rh	Schlägerbewegung rhw, vorhandwärts vhw, netzwärts nw	Flugrichtung Linie lang Ll oder cross cr	Täuschung	Antizipationserschwerung/Irritation
Aufschlag: Kurzer Aufschlag (Rh) wird angetäuscht, Schläger am Ende von Schlagphase 2 durch Unterarmeinsatz aber plötzlich beschleunigt.	×	×			×	B																	×	×
Aufschlag re Fh: Kurzer Vh-Aufschlag zur Mitte wird eingeleitet, der Ball aber durch eine Beschleunigung mit Schnitt zur Seitenlinie gespielt.	×	(×)			×	B		×							Vh Rh	Vh	nw rhw	cr						×
A-annahme li Fh: Drücken des Balles mit der Vh auf (kurzen) Aufschläger wird angetäuscht, Ball jedoch mit Rh ins MF an li Seitenlinie gespielt.					×	K	×		×						(Vh)	(Rh)	(vhw)	(cr) (Ll)						×

Nach ku E-Aufschlag: Durch Körper- und Schlägerhaltung wird in re Fh Uh-clear Rh cr signalisiert, durch Supination mit Schnitt Rh Swip Ll gespielt.					×	K			×						Vh	Rh	rhw	Ll					×	
Netzecke Vh: Zurückspiel eines Drop wird als Uhclear angetäuscht, aber als weicher Stop Ll ausgeführt.			×	×	×			×		(×)													×	
Netzecke Rh: Uhclear wird angetäuscht, Stop Rh gespielt, jedoch ohne die Bewegungsdynamik zu verlangsamen.	×										Rh	Rh	nw vhw	Ll										×
Netzkante li Fh: Netzdrop Rh Ll wird angezeigt, durch plötzliches Verdrehen des Schlägers in der Hand der Ball aber scharf nach rechts gespielt.	×	(×)			×		×																×	
MF, Vh: Drive mit langsamer Schleifenbewegung, die einen Drop erwarten läßt, wird begonnen, in Schlagphase 2 jedoch erfolgt explosive Beschleunigung.	×	×																						×
MF, Rh: Bei Smash-Abwehr wird der Ball erst im letzten Moment durch eine Richtungsänderung der Supinationsbewegung cr gespielt.	×							×																×
HF, Vh: Ein Clear Ll wird begonnen, durch Schneiden des Balles (Vh) wird ein Drop cr geschlagen.	×							×							Vh	Vh	(vhw) nw (rhw)	cr						×
HF, LvK: Harter Üh-Schlag Ll wird angetäuscht (Smash), durch Schneiden des Balles (mit Vh) aber Drop cr gespielt.					×			×							Rh (Vh)	Vh	rhw	cr					×	×
HF, Rh: Rh-Clear wird durch schnell-kräftig und groß begonnene Schleife angedeutet, durch Abbremsen der Ball jedoch als Drop gespielt.	×			×	×					(×)									(Rh)	(Rh)	(vhw)	(Ll)		×

Abb. 23: Analysen einiger Badmintonfinten. Verdeutlicht werden die unterschiedlichen Handlungen, auf denen Finten im Badminton basieren können.

1 Terminologie wurde von den Teilnehmern des DBV-A-Trainer-Ausbildungslehrgangs 1985/87 erarbeitet.

Grundsätze des Techniktrainings

Hinweise für die Grund- und Aufbauausbildung

Für den Spieler

Badmintontechniken sind zu erlernen, wie alle Bewegungen, durch häufiges Üben des immer gleichen Bewegungsablaufes. Der entscheidende Schritt: die Übertragung der Bewegungsprogramme vom Mittelzeit- ins Langzeitgedächtnis. Im ersteren werden Informationen für eine zeitliche Dauer von Minuten bis zu Tagen gespeichert. Werden sie nicht gebraucht, erlischt ihr Bewegungsprogramm. Um es ins Langzeitgedächtnis zu übertragen, bedarf es einer gezielten Verfestigung durch vielfaches Wiederholen.

- Verschaffe und erarbeite dir eine (mit der Zeit immer genauere) «Vorstellung» von der Bewegung, die du ausführen sollst. Die **Bewegungsvorstellung** wird gespeist aus verbalen (Erklärungen), optischen (Anschauungsmaterial) und vor allem kinästhetischen Informationen (eigenen Bewegungserfahrungen).
- Schule deine **Bewegungswahrnehmung** (s. S. 271f) und dein Wissen um jene Wahrnehmungen, die mit der *richtigen* Ausführung der zu erlernenden Technik verbunden sind.
- **Unterbrich**, wenn du ermüdest, aber brich nicht gleich ab. Mach Pause, laß die geübten Bewegungen vor deinem geistigen Auge ablaufen (mentales Üben), und übe nach angemessener Erholung doppelt effektiv weiter.
- Nimm dir fürs Üben Zeit, **sei entspannt** und lebe positiv, denn Ungeduld und muskuläre Verkrampfung erschweren den Lernprozeß.
- **Arbeite aktiv** mit an deiner eigenen Ausbildung, denn das Erlernen von Bewegungen setzt – wegen der Notwendigkeit sensorischer Rückinformationen – eigene Bewegungstätigkeit voraus. Wer sich innerlich dagegen sperrt, Bewegungen aktiv mitzuvollziehen, bei dem kommt kein kinästhetischer Wahrnehmungsprozeß in Gang.
- Sieh Korrekturen nicht als Meckern an, sondern **erfühle** die folgenden **Veränderungen** deiner bisherigen Bewegungsführung.
- Suche selbständig Gelegenheiten, **Bewegungsabläufe** zu **sehen**, indem du mit klar formulierten Aufgaben («Wie tief fällt der Schläger bei der Schwungschleife hinter dem Rücken runter, das interessiert mich doch jetzt mal, wirklich ...?») gute Spieler beobachtest.

- Ermuntere deinen Trainer, wenn er einmal nachlässig werden sollte mit Lernangeboten, dir **neue Anregungen** zu geben. Demotiviere ihn aber nicht dadurch, daß du nach zwanzig Minuten abbrichst («Ich lern das doch nie!»), Vollzug meldest («Ich kann's!») oder die Anregung beiseite schiebst («Anders kann ich's aber besser!»).

Für den Trainer

Dem Spieler sollen durch planvolle, aktive und systematische Auseinandersetzung mit den Badmintontechniken *Bewegungserfahrungen* vermittelt werden, die von ihm mit Hilfe von Zusatzinformationen (z. B. Zeitlupenstudien u. a.) zu einer umfassenden *Bewegungsvorstellung* zu verbinden sind, aus der er die geeigneten *Bewegungsprogramme* (Nerv-Muskel-Befehle) und erforderlichen Fähigkeiten zur *Bewegungskoordination* entwikkelt (nach GROSSER/NEUMAIER 1982, 52).

- **Bewegungsvorstellung:** Alle zur Verfügung stehenden Hilfsmittel müssen genutzt werden, um eine detaillierte Bewegungsvorstellung beim Übenden zu schaffen: Beschreibungen, Erläuterungen, Reihenbilder, Filme, Zeitlupenstudien, Arbeitskarten, Fotos, Vormachen, langsam vormachen... Da aber Beschreibungen mit Informationsverlusten verbunden sind, muß die Bewegung auch erfahren, erfühlt werden. Sobald der Anfänger die Aufgabe verstanden hat, sollte er praktische Versuche erleben. Reafferenzen (bewegungslenkende Rückmeldungen) sind durch keine noch so guten Beschreibungen zu ersetzen.
- **Methodenwahl:** Ganzheitsmethode und Teillernmethode sollten sich sinnvoll ergänzen. Isoliert geübte Teilbewegungen sind zwischendurch immer wieder in den Gesamtablauf der Bewegungen zu integrieren.
- **Bewegungssehen:** Die Schulung der Fähigkeit zur Bewegungsbeurteilung (Bewegungswahrnehmen und Bewegungssehen) ist ein planmäßig zu vollziehender Prozeß. Schon der Anfänger sollte mittels genauer Aufgabenstellungen intensiv in Bewegungssehen geschult werden («Schau dir an, wie und wohin der Blonde den rechten Fuß beim Umsprung setzt...»).
- **Planung:** Soll Techniktraining optimal laufen, muß es geplant werden. Die Abbildungen 24 und 25 zeigen Einflußfaktoren auf. Wenn ein Trainer nur von Stunde zu Stunde ‹plant›, ist das kein Planen, sondern Wurschteln. Genaue Trainingsziele müssen formuliert werden und sind auseinanderzuhalten mit Trainingsinhalten, -methoden

und -mitteln. Techniktraining gehört in das erste Drittel der Trainingseinheit, da das Zentralnervensystem früher ermüdet als Muskulatur und Herz-Kreislauf-System. Im Badminton kann das Üben technischer Abläufe gut in die «zweite Aufwärmphase» einbezogen werden, etwa als Schattenbadminton oder badmintonspezifische Laufarbeit.

- **Fehlerkorrektur:** Da der Sportler im Anfängerstadium noch stark auf Rückmeldungen von außen angewiesen ist, muß der Trainer präsent sein. Korrekturen werden unmittelbar nach der Bewegungsausführung gegeben, weil dann der Spieler noch deren frische Spuren im Gedächtnis hat. Die auf wenige Informationen beschränkten Hinweise sollten sich auf die gerade vom Übenden erlebte Situation beziehen. Korrigierende Maßnahmen sollen stets mit praktischem Üben verbunden werden. Nebeneinander auftretende Fehler werden zweckmäßigerweise nicht auf einmal korrigiert, sondern nacheinander aufgearbeitet. Der Trainer muß sich zwingen, für Bewegungsbeurteilungen stets Begründungen zu geben.
- **Formulierungen:** Sprachliche Darbietungsform von Erläuterungen und Korrekturen müssen dem Wissen und Alter des Sportlers entsprechen. Zweckmäßig ist ein Vokabular von Schlüsselwörtern zur Schnellinformation (vgl. S. 8 «Formelhafte Rede»): «Wenn ich ‹Fuß› sage, meint das, du sollst im Abfangschritt beim Umspringen den Fuß nicht mit der Spitze zum Netz hin, sondern rückhandwärts aufsetzen!» Die Schlüsselworte können vom Spieler auch als Selbstbefehle zur Eigenkorrektur im Wettkampf benutzt werden.
- **Leistungskontrolle:** Regelmäßig durchgeführte Tests (Sichtungen), in denen der Grad der Beherrschung vorher festgelegter Lernziele überprüft wird, sind auch im Techniktraining eine gute Motivationshilfe.
- **Vorbild:** Nicht der kann 500 Wiederholungen einer Schlagsimulation verlangen, der nicht selbst bereit ist (zumindestens war), den gleichen Einsatz zu bringen. Nicht der kann volle Konzentration auf Bewegungsausführungen erwarten, der am Spielfeld steht und plaudert. Wie sagt doch das

1. Trainer-Theorem: Nichts lehrt so leicht wie das Vorbild!

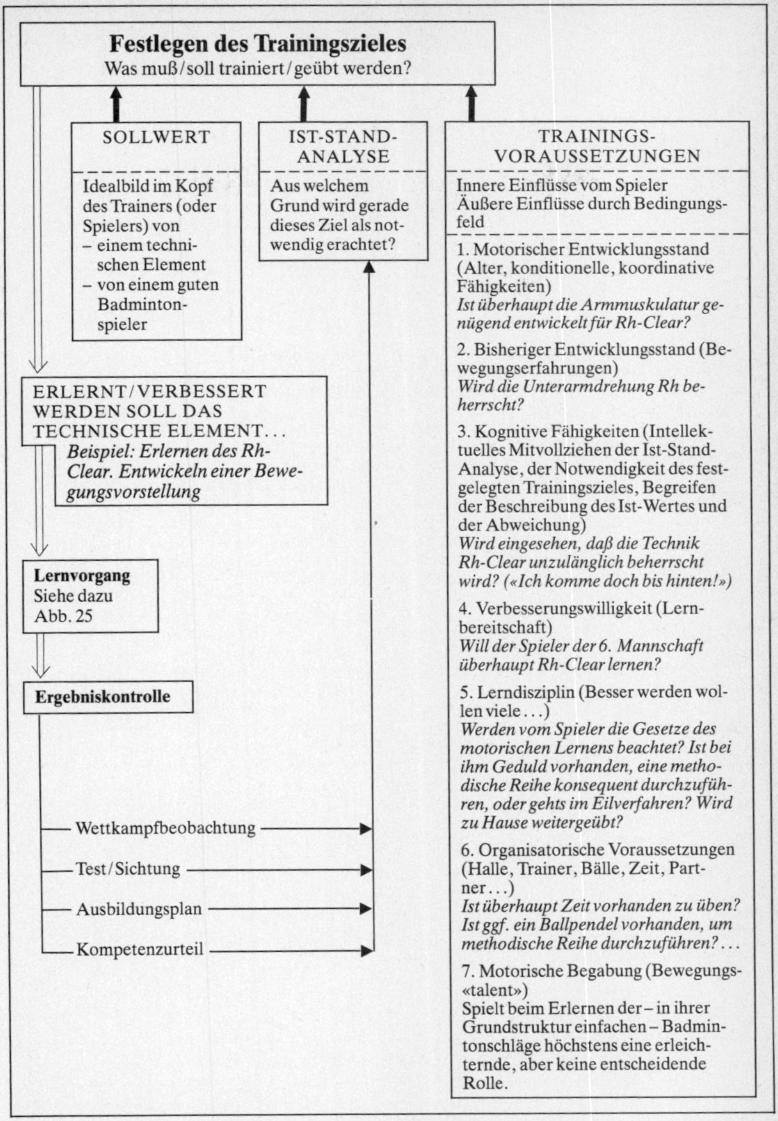

Abb. 24: Planen von Techniktraining – Einflußgrößen. Wer planen will, muß die Einflußgrößen kennen. Das Schaubild verdeutlicht, was der Trainer bei der Festlegung von Trainingszielen zu berücksichtigen hat. (In Anlehnung an Grosser/Neumaier 1982, 64)

Vorbereiten des Lernvorgangs
Wie kann das Üben ermöglicht/effektiert werden?

Entscheidungen sind zu treffen bezüglich

METHODIK Trainingsinhalte Welche Trainingsmethode wird dem Spieler vorgeschlagen?	ORGANISATION Trainingsinhalte Welche Organisationsform ist die optimale/realisierbare?	PSYCHOLOGISCH-PÄDAGOGISCHE VORGEHENSWEISE Was kann/muß als Motivationshilfe angeboten werden?	EIGEN-ANFORDERUNGEN EIGENEINSATZ Was muß sich der Trainer selbst abverlangen?
Teillern-, Ganzheitsmethode? Methodische Reihe? Spielreihe? Ist Vorrat an Übungsgut vorhanden? Welche Übungen sind sinnvoll? Welche Übungsdauer ist angestrebt/realisierbar? 20 min. zu lang? Welche Übungsabfolge? Welche Fehler sind zu erwarten? Methodische Gegenmaßnahmen? Welche erleichternden Bedingungen können Lernprozeß unterstützen (ruhender Ball, standardisiertes Zuspiel)? Bewegungshilfe für dynamische Elemente möglich? Eigeneinsatz des Trainers möglich? Ist es sinnvoll, unter Weglassen von Bewegungsteilen üben zu lassen? Benötigt Spieler Rückinformationen durch Trainer (Zuruf, Korrektur)? Über welchen Zeitraum wird Lernvorgang verteilt?	Gestattet das Bedingungsfeld in der Halle die Umsetzung des gewählten methodischen Weges? Individualtraining? Gruppentraining? Kleingruppentraining? Mit Hausaufgaben? Differenzierungen innerhalb Trainingsgruppe notwendig? Welche Geräte/Hilfsmittel können eingesetzt werden? Stehen Platz, Zeit, Partner, Bälle zur Verfügung? Wer kann für wen als Zuspieler eingesetzt werden? In welchem Maße können die tatsächlichen situativen Bedingungen am Trainingstag abweichen? Verschlechtert oder verbessert das die Durchführung des Lernvorgangs?	Ist die Trainingsmethode für das Bedingungsfeld angemessen? Müssen Trainingsziel und -methode noch schmackhaft gemacht werden? Einzelgespräch, innerhalb, außerhalb des Trainings? Videobeweis? Wettkampfanalyse? Werden wissenschaftliche/theoretische Erkenntnisse zur Untermauerung benötigt? Welche Maßnahmen bei auftretender Unlust? Können Alternativen, kann Methodenwechsel angeboten werden? Ist Üben im verlangsamten Bewegungsablauf angebracht? Sind hohe Wiederholungen notwendig? Bringt der Spieler die Lernwilligkeit zu beidem auf? Wie nahe an den Ideallernprozeß kommt Spieler/Gruppe?	Notwendigkeiten der gewählten Methode kennen. Sind alle Merkmale der zu übenden Bewegung bekannt? Ggf. Selbstversuche unternehmen. Lernmittel vorbereiten: Fotos, Merkblatt... Wahl des Trainingszieles und der eingesetzten Methode für den Einzelfall begründen. Über Alternativen nachdenken. Argumente für zu leistende Überzeugungsarbeit zusammentragen. Trainingsziel in den Gesamtrahmen der Trainingsmaßnahmen stellen. Realistisch sein, was die zu erreichenden Lernfortschritte angeht. Engagement vorleben, Optimismus verbreiten. Kreativitätsmöglichkeiten vorbereiten. Lernfortschrittskontrollen überlegen, vorbereiten. Und wirklich durchführen! Eigenkonzentration planen. Ablenkungsmöglichkeiten ausschalten.

Einleiten des Lernvorgangs durch den Trainer in der Halle
Übermitteln von den in (Trainingszielen), Trainingsinhalten und Arbeitsanweisungen vorbereiteten Informationen an den Spieler. Herstellen der Trainingsbedingungen

Abb. 25: Planen von Techniktraining – Didaktische Entscheidungen. Der Lernvorgang soll optimiert werden. Das Schaubild veranschaulicht Entscheidungen, die ein Trainer nach der Festlegung des Trainingszieles zu treffen hat.

Wenn vom Training…

... die Rede ist, denkt man zuerst an sportliche Leistungen. Dabei gibt es so viele Dinge, die auch trainiert werden müssen, wenn wir allen Anforderungen gewachsen sein wollen – der Umgang mit Geld zum Beispiel.

Wahrnehmen von Eigenbewegungen

Kinästhesie = (griech.) Bewegungsempfindung, Wahrnehmung der Eigenbewegung. An das Zentralnervensystem werden auf körperinnerem Wege Informationen über die Ausführung einer in Gang gesetzten Handlung zurückgesandt. Bewirkt werden die Rückmeldungen durch den kinästhetischen Analysator, der in der Hirnrinde sitzt.
Die ‹erfühlte› Rückmeldung hat ganz entscheidende Bedeutung bei der Bewertung einer ausgeführten Bewegung und für deren (ggf. vorzunehmende) Korrektur. Die alleinige verstandesmäßige («Aus!») oder gefühlsmäßige («Schon wieder aus!!») Registrierung des Bewegungsresultats hat keine verhaltensändernde Wirkung. Jeder Spieler sollte prüfen, wie er dieses wichtige Erfühlen des Bewegungsablaufes vollzieht.
Im Techniktraining, und hier besonders (aber nicht nur!) beim Anfänger, ist zu beachten, daß kinästhetische Informationen äußerst wichtige Elemente zur Bildung von Bewegungsvorstellungen sind. Sie stehen mindestens gleichberechtigt neben den verbalen (Erläuterungen) und optischen (z. B. Zeitlupe) Informationen, die dem Spieler gegeben werden. Denn erst nach eigenen Bewegungserfahrungen sind weitere Informationsaufnahmen möglich. Erst im Wechselspiel von Ausprobieren, Wahrnehmen und Korrigiertwerden bildet sich aus einer groben eine zunehmend verfeinerte Bewegungsvorstellung heraus. Erst das Aufkommen auf den Füßen verdeutlicht, was gemeint war, als der Trainer erläuterte, das Gewicht müsse beim Umsprung mit dem hinteren Bein abgefangen werden. «Die zunehmende funktionelle Wirksamkeit des kinästhetischen Analysators präzisiert die Bewegungssteuerung und ermöglicht eine genauere Regelung des Bewegungsablaufes über den inneren Regelkreis.» (Schnabel 1976, 261)
Wegen der spielentscheidenden Bedeutung vielfältiger feinstregulierter Schlagausführungen ist für Badminton eine präzise Bewegungssteuerung von überragender Wichtigkeit. Es ist darum Aufgabe der Trainer, den Spieler für die Rückmeldungen, die ihm von der Peripherie seines Körpers gesandt werden, zu sensibilisieren. Je deutlicher beim Techniktraining solche Eigeninformationen mit den verbalen Rückmeldungen des Trainers übereinstimmen, desto wirksamer sind letztere. Wenn ein Spieler nach einem mißlungenen Drop die Bespannung seines Schlägers mit Blicken tötet, ist dies ein äußeres Zeichen dafür, daß er nicht in sich hineinhorcht und Feinabstimmungsregulierungen vornimmt. Er blockt ab und lernt nichts aus dem Fehlversuch. Der erfahrene Spieler dagegen wird mental die fehlerhafte Bewegung noch einmal vollziehen und dabei in der entscheidenden Phase jene winzige Korrektur vornehmen, die notwendig ist, um den nächsten Schlag gelingen zu lassen.

Maßnahmen zur Entwicklung der Fähigkeit, Eigenbewegungen empfinden zu können

Allgemeine Formulierung:

- Üben in Serien. Auf diese Weise können noch frische Wahrnehmungen immer weiter präzisiert werden. Die Wirksamkeit von Rückmeldungen ist am größten, wenn sie innerhalb der ersten 30 sec erfolgen.
- Objektive Überprüfung. Die Einbeziehung von außen gewonnener Beobachtungsergebnisse stellt sicher, daß die subjektiv erfühlten Informationen zu einer Bewegung gehören, die nahe an der Idealbewegung ist.
- Hemmungen überwinden. Durch Wahl von Ort und Zeit werden Verhaltensstörungen, die ein Üben vor Zuschauern unmöglich machen, überlistet. Besser: dieselben abstreifen!
- Gedankliches Üben. Gedankliches Durchspielen der Bewegung bei Einschränkung der Umgebungsinformation (Augen geschlossen) steigert die Empfindlichkeit des kinästhetischen Analysators.
- Verlangsamte Ausführung. Durch sie wird ebenso wie durch das Verharren an zentralen Stellen die Bewegungswahrnehmung verstärkt.
- Variierte Aufgabenstellungen. Auf diese Weise wird einer durch Gewöhnung hervorgerufenen Abstumpfung der Empfindungsfähigkeit entgegengewirkt.
- Rückmeldungen verstärken. Ist das kinästhetische Empfinden unterentwickelt (z. B. beim Anfänger) und die Bewegung wird nur unzulänglich wahrgenommen, verdeutlichen vergröberte Reize die Informationen.
- Aufmerksamkeitslenkung. Werden bestimmte Bewegungsteile als Schlüsselstellen markiert, lenkt dies die Wahrnehmungsfähigkeit.
- Sprachliche Aufarbeitung. Bericht (Befragung) über die erlebten Eindrücke unterstützt den Wahrnehmungsvorgang.

Badmintonspezifische Umsetzung (verdeutlicht am Beispiel des Smash Vh im Drehsprung):

- Übe Schmettern im Drehsprung, versuche das Einbringen von Körperdrehung in den Schlag wahrzunehmen. Mache nach jedem Schlag eine kleine Pause, und rekonstruiere gedanklich die vollzogene Bewegung.
- Bitte eine fachkompetente Person, den Smash im Drehsprung anzuschauen, und vergleiche deren Beurteilung mit den eigenen Wahrnehmungen. (Auch: Analysiere eine Videoaufzeichnung deines Schlages.)
- Suche dir eine ruhige Trainingszeit oder Keller oder Garten, und übe für dich geruhsam und entspannt, bis du den Sprung in der Grobkoordination beherrschst.
- Schließe die Augen, und vollziehe den Drehsprung mit Schlag, wobei du die Bewegungen körperlich nur andeutest, sie jedoch innerlich mit ganzer Dynamik ablaufen läßt. Zwischendurch mit offenen Augen wahrnehmen.
- Vollziehe den Drehsprung in Zeitlupe. Versuche den optimalen Zeitpunkt des Schulter- und Schlageinsatzes zu bestimmen.
- Übe ohne und mit Ballzuspiel, mit und ohne Auftaktschritt, mit mehr oder weniger hohem Sprung, variierter Schlagdynamik... Horche dabei aber stets auf die Körperdrehung.
- Schlage Smash im Drehsprung auf Zuspiel. Jedesmal, wenn die Körperdrehung unzulänglich war, stößt Trainer einen Markschrei aus. (Gleichfalls: Vollziehen der Schlagbewegung mit schwererem [Tennis-]Schläger.)
- Achte darauf, ob die Sprungbewegung aus der Vorspannung des gebeugten Sprungbeins erfolgt oder ob die Spannung verlorengeht.
- «Beschreibe mal, warum dir die Körperdrehung nur halb gelungen ist, an welcher Stelle hat es gehakt? Was nimmst du dir vor?»

Hinweise für die Leistungsausbildung

Für den Spieler

Bei den in der Aufbauausbildung erworbenen Techniken muß das Zusammenspiel von Zentralnervensystem und Muskulatur unermüdlich verbessert und ständig wachgehalten werden. «Während das Bewegungslernen mehr auf den Erwerb und die Verfeinerung aller benötigten und denkbaren Bewegungsformen... abzielt, die im Sport... gebraucht werden, ist Techniktraining ein auf dem Bewegungslernen aufbauendes systematisches Üben und Perfektionieren sowie Anwenden teils schon bekannter Bewegungen» (RIEDER/LEHNERTZ, o. J., 12).

- Erweitere bei jeder Technik deine **Bewegungsvorstellung** durch Bewegungssehen, Techniktheorie und Hineinhorchen in die schlagausführende Muskulatur, weil dies Voraussetzung für Ausführungsverbesserungen ist. Die Selbstwahrnehmung muß weiter sensibilisiert und die kinästhetische Information besser verwertet, die Bewegungssteuerung durch Reafferenzen muß verfeinert werden.
- Achte auf deine eigenen **Rückmeldungen**, mache dich nach und nach unabhängig von Trainerkorrekturen.
- Erarbeite dir **Selbstbefehle** (Merkwörter), die dich auf markante oder noch nicht stabil ausgeführte Bewegungselemente orientieren.
- Schaffe dir **zusätzliche Trainingsmotivation**, indem du dich nicht nur als ausführendes Organ von Trainerordern verstehst, sondern mit dem Trainer zunehmend partnerschaftlich das Ziel der Technikverbesserung verfolgst.
- Zwinge dich zu stetiger **konzentrierter Aufmerksamkeit**, wie sie das Erlernen von Techniken – neben hoher Trainingsaktivität, Bereitschaft zu oftmaliger Wiederholung und bewußter Mitarbeit – unbedingt erfordert.
- Trainiere auch bei **Ermüdung**, denn im Spiel müssen Konzentrationskonstanz/Bewegungssteuerung/Schlagsicherheit auch jenseits der Erschöpfungsschwelle aufrechterhalten werden. Reguliere von dir aus Übungsintensitäten.
- Denk mit beim Üben, denn die **gedankliche Auseinandersetzung** beim Einstudieren eines technischen Elementes steigert die Trainingseffektivität. Erkläre, untersuche, tüftele mit an Ausführungen und Varianten.
- Wähle den Entwicklungsphasen **angemessene Trainingsmethoden**, denn der Erwerb der Techniken, an denen es in der Leistungsausbil-

dung zu arbeiten gilt, befindet sich in jeweils unterschiedlichen Entwicklungsphasen.

- Geniere dich nicht, neuen Techniken wieder als **Anfänger** zu begegnen, und übereile nicht methodische Schritte.
- Wiege dich nicht im Irrglauben einer raschen Beherrschung, wenn eine neue Technik beim Üben einige Male klappt. Die Übertragung ins **Langzeitgedächtnis** ist damit keineswegs vollzogen, die muß auch der Könner vornehmen.
- Festige Techniken bis zur Verfügbarkeit unter variablen Umständen und bis zur **«Ultrastabilität»** (s. S. 225).
- Nutze den «Carpenter-Effekt», da es beim **intensiven Sichvorstellen** einer Bewegung, wie es z. B. beim ideomotorischen (mentalen) Training geschieht, zu Mikroinnervationen jener Muskulatur kommt, die beansprucht würde. Dieser Effekt unterstützt die Koordinationsverbesserung der in der Vorstellung ausgeführten Bewegung.
- Vernachlässige Techniktraining auch dann nicht, wenn du ‹gut› bist, denn auch auf hohem Leistungsniveau ist eine **Rückbildung** der technischen Fertigkeiten nicht ausgeschlossen (s. S. 280).

Für den Trainer

- **Technikausbildung planmäßig vorantreiben:** Spieler muß durch regelmäßige Angebote angeregt werden, sein Techniken-Repertoire zu erweitern.
- **Trainingsgrundsätze vermitteln:** Trainer sollte sich die Zeit nehmen, Spieler über die einzuhaltenden Trainingsnotwendigkeiten aufzuklären, mittels derer die Beherrschung von Techniken in den höheren Lernphasen (Stabilisierung der Feinkoordination, Verfügbarkeit unter variablen Umständen) voranzutreiben ist. Gemeinsam können anzuwendende Methoden und Übungsformen ausgewählt und Ausführungsbestimungen formuliert werden.
- **Zur Handlungsfähigkeit erziehen:** Mit Fortschreiten der Ausbildung soll ein Trainer versuchen, das auf «motorisches Lernen reduzierte, also auf technisch-operative Gesichtspunkte des Fertigkeitserwerbs verkürzte ... sportbezogene Handeln zu bereichern». Dieses «Handlungsfähigkeit» genannte Erziehungsziel geht über das der Informationsweitergabe weit hinaus. Lernen im Sport bedeutet auch den Aufbau von Handlungsstrukturen, «die dazu befähigen, sportbezogene Handlungsmöglichkeiten» (also z. B. die Schlag- und Lauftechniken) phantasievoll «zu übernehmen, zu erweitern, zu vertiefen und zu verändern» (DICK/MEYNERS 1987, 22). Badminton gedeiht nicht unter Wiederkäuern, sondern unter Konstrukteuren.

- **Motivation erhalten:** Da die psychischen und physischen Voraussetzungen beim Spieler nicht immer gleich sind und schon gar nicht bei verschiedenen Spielern übereinstimmen, ist mit Schwankungen der Motivation aus Aktualitätsgründen immer zu rechnen. Gängige Maßnahmen: individuelle Ursachenforschung, Variation der Trainingsanforderungen, Setzen einleuchtender, erreichbarer Teilziele. (Anmerkung: Falls ein Trainer auf der Fortgeschrittenenstufe abwägen muß, ob der Einsatz einer notwendigen Übungsform oder Belastungsintensität einem Spieler nicht vielleicht die Lust nehmen könnte, wird die Könnensstufe nie erreicht werden. Er sollte darum alles daransetzen, daß die Motivation seiner Spieler aus dem Trainingsprozeß selbst kommt.)
- **Bewegungsvorstellungen erweitern helfen:** Der Trainer muß die Verfeinerung auf fortgeschrittener Entwicklungsstufe ständig begleiten, etwa indem er dem Spieler für jede seiner Techniken Aufgaben stellt, die diesen anhalten, sich intensiv gedanklich mit der Technik zu beschäftigen: anhand strukturierter Beobachtung von anderen Spielern Schlüsselstellen vergleichen lassen; Bewegungsbeschreibungen und -wahrnehmungen mündlich ausdrücken lassen; Alternativlösungen probieren lassen; Reafferenzen zum Einpeilen der Schlaggenauigkeit fühlen lassen; Erfahrungen mit wechselnden Übungsvarianten oder Trainingsmitteln machen lassen.
- **Geistlosigkeit bekämpfen:** Die Gefahr ist groß, daß Spieler vertraute Techniken ohne aktives Bewußtsein üben. Ein gelegentliches Auffrischen der verödeten Wahrnehmung mittels neuer Reize ist angebracht: Schläge mit ungewohntem Auftakt, bei verschiedenem Lauftempo, gegen unterschiedliche Schlaghärte, aus sich ändernden Abständen vom Netz, mit fremdem Schläger, bei Konditionsarbeit, in ungewöhnlichen Abfolgen, kombiniert mit ungewohnten Laufbewegungen, bei merkwürdigen Umständen (verhängtes Netz)...
- **Umlernen erleichtern:** Optische Eindrücke (durch Spielerbeobachtung) der vorbildlich ausgeführten Technik helfen ungemein. Günstiger Zeitpunkt liegt nach längeren Pausen, weil dann die alten Bewegungen nicht so präsent sind. Notwendig ist allerdings die innere Bereitschaft des Spielers. Im Badmintonalltag sind gewöhnlich (nur) umlernbedürftig: Vh- und Rh-Uh-Schläge, weil ohne Unterarmdrehung geschlagen; Drop, weil ohne Schleife geschlagen; Clear und Smash, weil ungenügende Unterarmdrehung in Schlagphase Teil 2; Rh-Üh-Schläge, weil statt mit Schleife und Unterarmdrehung mittels Vorreißen von Schulter und Arm geschlagen.
- **Mentales Training anregen:** «Mentales Training ist die systematische, intensive gedankliche Vorstellung eines Bewegungsablaufes, ohne gleichzeitigen praktischen Vollzug, mit dem Ziel der Verbesserung

dieses Bewegungsablaufes (innere Realisation)» (Röthig 1983, 241). Spieler sollten angehalten werden, beim Erlernen der Badmintontechniken die Bewegungen geistig nachzuvollziehen. Sie sollten Techniken auch außerhalb der Halle mental üben. Zur Erweiterung solcher Fähigkeiten können Hinweise auf Kurse hilfreich sein. Im Training (auch im Wettkampf) sollte nach Technikfehlern die *richtige* Bewegung bei angedeuteter Schlagausführung aktiv geistig durchgeführt werden. Der Spieler liefert sich dadurch seiner unvollkommenen Bewegung nicht aus, korrigiert sie vielmehr.

- **Anwendungsanforderungen variieren:** Im Fortgeschrittenentraining wird zunächst die Stabilisierung der Feinkoordination unter stetig erschwerten Bedingungen weiter gefestigt. Das erfordert eine hohe Trainingsaktivität mit vielmaliger Wiederholung bei konzentrierter Aufmerksamkeit und bewußter Mitarbeit. So kommt es zur Automatisierung der Bewegung. Bei der «Verfügbarkeit unter variablen Umständen» (s. S. 225) werden dann die Bedingungen (Flugkurve, Tempo, Bälle, Körperabstand, Spielsituation, Licht usw.) ständig verändert, der Spieler muß die Technik blitzschnell an die wechselnden Anforderungen des Wettkampfes anzupassen lernen.
- **Intensität steigern:** Die Zuverlässigkeit einer Technikanwendung hängt nicht nur von der Beherrschung bei Wettkampftempo ab, sondern auch von ihrer Stabilität bei Ermüdung. Beide Anforderungen führen dazu, daß Techniktraining auf der Könnensstufe bei hoher konditioneller Anforderung durchgeführt werden muß. Steigerung der Intensität verlangt Verlängerung der Belastungszeiten bei Übungen (ab ca. 20 Minuten), dauerhaft früheres Annehmen aller Bälle und dynamischere Körperbewegungen (Effektivitätserhöhung einzelner Techniken mittels speziellem Konditionstraining etwa für Armkraft, Sprungkraft, Maximalkraft im Oberschenkel).
- **Stressbedingungen simulieren:** Da Techniken nicht nur unter variablen Umständen und bei hoher Intensität stabil auszuführen sind, sondern auch bei Stressbedingungen, muß der Trainer vor allem während der Wettkampfsaison Extrembedingungen simulieren und Bewegungsstabilität (Schlagsicherheit) bei psychischer Beanspruchung schulen. Trainingsmittel für Stresstraining: Lärm, Musikrekorder, Turbulenzen auf Nachbarfeld, Konditionstraining nebenan, Dazwischenlaufen, Ballprellen... Vor allem muß der Trainer dem Spieler bewußtmachen, was eintreten könnte, und ihm so helfen, «Abschirmkonzentration» gegen beeinträchtigende Einflüsse aufzubauen.
- **Techniknutzung verfolgen:** Der Trainer sollte mit Strichliste festhalten, ob erworbene Techniken auch (noch) genutzt werden, und er sollte Anreger für die Techniktrainingsplanung sein, indem er Nachteilsituationen aufspürt.

- **Technikmemorator:** Trainer, der einen Spieler an solche Techniken erinnert, die dieser zwar unter variablen Umständen beherrscht (hat), jedoch im Wettkampf nicht (mehr) einsetzt. Beruht auf sorgfältiger Spielbeobachtung und verlangt intime Kenntnisse über das Techniken-Repertoire des Spielers. Vom T. ist zu erspüren, ob es sich um Nichtanwendung aus mangelndem Vertrauen des Spielers in das Gelingen der Bewegungssteuerung handelt oder um Nichtanwendung aus Vergeßlichkeit, also mangelnder Präsenz des Bewegungsprogramms im Bewegungsgedächtnis.
- **Wettkampfstress mindern:** Für den Fall, daß der Spieler durch Vorstartfieber, Wettkampfstress usw. sein Technikrepertoire nicht ausschöpft, muß Vorsorge getroffen werden. Zur Bewußtmachung können im Abschlußtraining noch einmal die vermißten Techniken (Zettel!) durchgegangen werden. Außerdem soll sie sich der Spieler am Wettkampftag mental vergegenwärtigen. In das (standardisierte) Einschlagen werden sie eingebaut.
- **Periodisierung beachten:** Der Trainer muß bei der Trainingsplanung berücksichtigen, daß auf hoher Entwicklungsstufe beherrschte Techniken in ihrer Koordinationsstruktur an neuerworbene konditionelle Fähigkeiten angepaßt werden müssen (zum Beispiel nach Absolvierung eines Krafttrainings im Sommer). Für das Umlernen (z. B. Drop mit, statt ohne Schleife) gilt die 1. Vorbereitungsperiode als der günstigste Zeitraum. Hier hat der Spieler Zeit, die notwendigen Wiederholungen bis zur Feinstruktur zu absolvieren. In der 2. Vorbereitungsperiode kann dann die Feinkoordination stabilisiert und bis zur Automation gebracht werden. Hier muß die Übertragung der betreffenden Bewegung ins Langzeitgedächtnis gesichert werden. Neuerwerb von Techniken kann im Badminton übers ganze Jahr erfolgen, da in der Regel vorhandene Techniken nicht gestört werden.
- **Gewöhnungserblindung entgegenwirken** (s. S. 21): Durch den langen Umgang mit den Spielern setzen sich beim Trainer vertraute Bewegungsbilder fest. Darum empfiehlt sich für jeden Trainer von Zeit zu Zeit ein «Distanzcheck», in welchem er die technischen Fertigkeiten seiner Spieler möglichst objektiv bewertet. Diese Maßnahme hilft ihm, sich selbst eine Rangfolge der Trainingsziele zu begründen.
- **Weiterbildungsprozeß im Fluß halten:** Wenn ein Trainer seine eigene Weiterbildung in Gang hält, bringt das nicht nur Eigenmotivation, es überträgt sich auch auf die Spieler. Wenn sie merken, daß ihr Trainer Lehrgänge besucht, Turnierbeobachtungen durchführt, Kollegenkontakte pflegt, Fachartikel liest, neue Ideen anschleppt usw., hat das Vorbildfunktion. Es vermittelt den Kreativitätscharakter des Trainings; denn das Entwerfen von Visionen steht über allem.

Überwinden von Technikstillstand

Ein Spieler hat ‹sein› Repertoire an technischen Fertigkeiten, es liegt fest, da findet trotz regelmäßigen (?) Techniktrainings (?) keine Weiterentwicklung in bezug auf Ausführungsqualität oder Neuerwerb statt. Spielanalysen zeigen jedoch, daß die Beschränktheit des zur Verfügung stehenden Repertoires Ursache dafür ist, daß ein Sprung aufs nächste Leistungsplateau nicht zustande kommt (unwirksame Angriffsschläge z. B. oder berechenbare, uneffektive Abwehr). Handeln ist erforderlich.

Erster Schritt: Ursache(n) ergründen
Die Ursachen können vielfältiger Art sein. Sie können sowohl beim Spieler als auch beim Trainer liegen. Sie zu erforschen, erfordert von beiden Selbstkritik. (Veranschaulichungen am Beispiel Netzdrop.)

- Sog. «Techniktraining» ist keines, weil nicht nach den Grundsätzen des Techniktrainings geübt wird, sondern Übungsauswahl und -ausführung andere Eigenschaften schulen. (Hohe Belastung ohne Bewegungssteuerung, zu kurze Übungszeit, keine gedankliche Begleitung, unpräzise Aufgabenstellung, keine Ausführungskontrolle...)
- Desinteresse an Techniktraining beim Spieler. (Er sieht in Fitness die wesentliche Leistungskomponente beim Badminton.)
- Keine gedankliche Begleitung der Lernprozesse. (Dadurch keine Verfeinerung seiner automatisch ablaufenden Bewegung.)
- Kein intellektuelles Begreifen der gegebenen Informationen. (Spieler baut nur eine ungefähre Bewegungsvorstellung auf.)
- Ungeeignete Informationen durch den Trainer. (Er kann dem Spieler nicht beschreiben, welche Bewegung er machen muß, damit der Netzdrop kürzer hinters Netz fällt.)
- Unterentwickeltes Wahrnehmungsempfinden. (Spieler spürt nicht das notwendige leichte Absenken des Schlägers beim Netzdrop im Zeigefinger.)
- Ungenaue Wettkampfbeobachtung und/oder mangelnde Übermittlung von Beobachtungsergebnissen durch den Trainer. (Spieler sieht nicht ein, daß er durch die Ausführung seines Netzdrop häufig in Nachteil kommt.)
- Falsch einprogrammierte kinästhetische Rückmeldung. (Spieler glaubt, aufgrund seiner Rückmeldungen, daß seine Netzdrop-Bewegung richtig war, weil sie nie korrigiert wurde.)
- Unterlassene Analysen und Korrekturen fehlerhafter Schläge. (Der nächste Schlag wird genauso wie der vorhergehende ausgeführt, und schließlich ist x-mal die falsche Bewegung geschult worden und dreimal die richtige.)

- Falsche oder unzureichende Aufgabenstellungen. (Nur «Netzdrop – so kurz wie möglich!» gibt dem Spieler keine umsetzbare Handlungsanweisung.)
- Ungenügend hohe Wiederholungszahlen der richtigen Bewegung. (Nach 10 Minuten wird es langweilig. «Immer das gleiche!»)
- Ungenügend entwickelte konditionelle Fähigkeiten. (Feinkoordinative Fähigkeiten der Finger sind völlig verkümmert.)
- Unangemessene Übungsformen für Grobkoordination. (Zu komplexe Übungen.)
- Unangemessene Übungsbedingungen für Könnensstufe. (Keine Stresslage, keine Grenzbelastung, kein Lauftempo...)
- Mangelnde Übungskonzentration in der Trainingsgruppe.
- Schludrige Trainingsplanung. (Trainingsziele und -inhalte sind Zufallsentscheidungen; in der Gruppe ist kein systematisches Arbeiten üblich.)

Zweiter Schritt: (Trainings)Maßnahmen ergreifen
Viele der zu ergreifenden Maßnahmen erklären sich aus der Ursachenforschung selbst und sind an anderen Stellen beschrieben.
Darum hier nur ein allgemeiner Ablauf: Dem Sportler/Trainer müssen die Ursache und die Mängel bewußt(gemacht)werden. Es müssen noch einmal die Grundsätze für Techniktraining erarbeitet werden, denn diese gelten auch für Training auf hohem Leistungsniveau. Dann wird ein Untertrainingsplan aufgestellt, in welchem (wenige) dringlich zu verbessernde technische Elemente aufgelistet werden. Es müssen von bisheriger und gewünschter Technik genaue Bewegungsanalysen erstellt werden, damit der Spieler die Unterschiede erfühlen kann. (Netzdrop mit Hinschieben des Schlägers einerseits und Hinschieben plus minimales Absenken plus Unterschneiden rückhandwärts andererseits.)
Die neue Bewegung wird im Rahmen ungewohnter Aufgabenstellungen/Übungstypen eingeübt. Sie wird in anderem Rhythmus, mit übertriebenen Teilbewegungen, mit unterschiedlicher Dynamik, in verlangsamtem Tempo erfahren, erlebt und erfühlt.
Beim Üben ist für eine entspannte Atmosphäre zu sorgen, in der positiv gedacht und von allen Beteiligten mitgearbeitet wird.
Die Bewegung wird im Rahmen des Konditionstrainings berücksichtigt. (Indem z. B. Koordinationseinschleifen betrieben wird etwa im Rahmen von Schlagsimulationen oder auch indem ggf. benötigte Muskulatur unterstützend trainiert wird.)
Parallel wird das Verinnerlichen der neuen Bewegung vom Spieler durch häusliches mentales Üben kräftig unterstützt.

Nestor-Erwin Z., der große, alte Coach, bemerkte einmal: «Nur wer täglich seine Schläge zählt, kann sich ihres Besitzes sicher sein...»

Repertoirepflege

In der Trainingsarbeit wird ein Aspekt zuwenig beachtet, auf den zum Abschluß der Darlegungen zur Technik-Ausbildung hingewiesen werden soll.

Repertoirepflege: Notwendigkeit, erlernte technische Elemente auch nach der Überführung ins Könnensstadium im Bewegungsgedächtnis präsent zu halten.

Der Hallenalltag zeigt nicht selten, daß Spieler technische Elemente bis zu einer hohen Entwicklungsstufe erarbeiten – und dann durch das Hinwenden zu anderen Trainingszielen, durch Umstände (Trainingspause, Saisonende) oder schlichte Gedankenlosigkeit das Erlernte wieder verlieren.
Ein Trainer erarbeitete mit Spieler F., der ein Defensivspieler ist und vornehmlich durch Schlagsicherheit und gute Ausdauerfähigkeiten sein Spiel bestimmt, während einer halbjährigen intensiven Zusammenarbeit «Wahrnehmen von Angriffschancen mittels im Sprung geschlagener Schmetterbälle». Der Erfolg ist merkbar, F.s Spiel gewinnt deutlich an Aggressivität, er erreicht bei der Deutschen Meisterschaft eine vordere Plazierung. Die Zusammenarbeit endet. Anderthalb Jahre später stoßen die zwei wieder zusammen, mehrere Wettkampfanalysen werden vorgenommen – und von der erarbeiteten Aggressivität ist nichts mehr übriggeblieben. Der Spieler ist ins Ballhalten zurückgefallen. Sogar die technischen Fertigkeiten «Smash im Sprung» sind ihm abhanden gekommen.
Die Pflege des Schlagrepertoires ist notwendig. Kein Spieler darf sich mit dem begnügen, was automatisiert abläuft. Er muß ständig überprüfen, wie variabel er in der Lage ist zu spielen, wie vielfältig die Lösungsmöglichkeiten sind, die er in den verschiedenen Spielsituationen zur Verfügung hat.
Auf GROSSERS Modell der inneren Steuerungsprozesse, die einem Schlag vorausgehen, wurde schon mehrfach verwiesen (vgl. S. 119). Wichtig in unserem Zusammenhang ist die *Orientierungsphase*. Wenn vom Spieler nach Wahrnehmen der Spielsituation entschieden werden muß, welchen Antwortschlag er spielt, wählt er zwischen jenen Bewegungsmustern, die durch das Bündel der eintreffenden Signale (Ausführung des Schlages, Ballknall, Stellung des Gegners im Feld...) aus dem Fundus seines motorischen Gedächtnisses hervorgerufen werden. «Dies geschieht um so schneller und exakter, je besser ein Sportler die betreffende Situation und Bewegung beherrscht» (GROSSER 1983, 162).

Was abgerufen werden kann, macht die spielerischen Fähigkeiten aus, hier treten die Unterschiede zwischen Anfänger und Könner zutage. «Der Könner hat nahezu alle Bewegungen, die er gelernt und trainiert hat, im Gedächtnis ‹abgespeichert› und kann bei Bedarf jederzeit darüber verfügen» (GROSSER 1983, 173). Er stellt aus den bereitliegenden Bewegungsmustern ein Handlungsprogramm zusammen, gibt den Impuls an das motorische Zentrum, und dieses leitet ihn an die betreffende Muskulatur weiter.
«Gelernt *und* trainiert», heißt es bei Grosser. Eine Technik nun, die ein Badmintonspieler monatelang nicht mehr geübt hat, an die nicht einmal gedacht wurde, ist gegenüber einer Technik, die während der vorangegangenen Woche häufig angewendet wurde, hoffnungslos verschüttet; selbst wenn sie einmal gut gekonnt war. Solche Fertigkeiten sind zwar möglicherweise noch im Bewegungsrepertoire des Spielers, er könnte sie sogar vorführen, aber wenn ‹intuitiv› die Entscheidung für einen Schlag getroffen werden muß, stehen verschüttete Bewegungsvorstellungen nicht zur Auswahl. Die Computertechnik liefert eine schöne Veranschaulichung: Das Bewegungsprogramm ist zwar auf der Festplatte gespeichert, wird aber nicht in den Arbeitsspeicher geladen, weshalb also – trotz Vorhandenseins – kein unmittelbarer Zugriff möglich ist.
Nur wenn der Spieler alternative Lösungsmöglichkeiten für die verschiedenen Spielsituationen dauernd übt, stehen sie ihm bei kurzer Reaktionszeit «parallel» zur Verfügung, kann er z. B. den Stop sowohl Ll als auch cr spielen. Nur wenn er seine drei LvK-Drop-Varianten parallel verfügbar bereitliegen hat, kann er sie ins Spiel einbringen.

Parallele Verfügbarkeit: Wenn im Augenblick der Entscheidungsfindung für eine Schlagbewegung bei einem Spieler die Bewegungsprogramme zweier oder mehrerer Schläge gleichberechtigt zur Benutzung bereitliegen.

Auf höherem Leistungsniveau kann Bereitstellen sogar mental geschehen. Dazu ein weiteres Beispiel: Bei Spieler F. hatten Analysen eines verlorenen Bundesligaspieles gegen Spieler S. ergeben, eine der ärgsten Nachteilsituationen war die, daß S. nach Vh-Smash Ll zum Netz vorrückte und die automatisierte kurze Rh-Aw Ll tötete. Als es im Halbfinale der Deutschen Meisterschaft zu einem Aufeinandertreffen der Spieler kam, gelang es F., ohne daß er ein spezielles Schlagtraining hätte machen können, allein durch intensive Bewußtmachung einen Satz lang jede Rückhand-Smash-Abwehr cross zurückzuspielen, ein für ihn völlig unüblicher Schlag.

Zusammenfassung: Technische Fertigkeiten hat man nur dann in Besitz, wenn sie regelmäßig benutzt werden. Darum pflege dein Repertoire, halte es im Bewegungsgedächtnis präsent.

Anhang

Literaturhinweise

AHLSTRÖM, FRITS: Rudy Hartono – A Legend. (Interview) In: Ztschr. World Badminton 3/1981, 2–3.

BECK, EMIL: Motivation + Mut = Sieg. In: Ztschr. Leistungssport 1/1987, 12–16.

BOCHOW, WOLFGANG/KAROSS, SABINE: Systematic and Computer-Supported Game Analysis. In: Ztschr. World Badminton 3/1987, 14–15.

BOCHOW, WOLFGANG/WEBER, KARL: Systematische computerunterstützte Spielerbeobachtung im Badminton in verschiedenen Leistungsklassen. In: Ztschr. Leistungssport 5/1986, 25–31.

BOECKH-BEHRENS, WEND-UWE: badminton heute. Krefeld 1983.

BOECKH-BEHRENS, WEND-UWE: Elemente der Lauftechnik im Badminton unter besonderer Berücksichtigung des schnellen Starts. Referat auf dem DBV-Weiterbildungsseminar für A-Trainer. Mülheim a. d. Ruhr 1984 (unveröffentlicht).

BOECKH-BEHRENS, WEND-UWE: Vergleichende Darstellung von zwei Einführungs- und Vermittlungsmodellen des Sportspiels Badminton. In: Ztschr. Badminton Sport 5/1985, 14–16.

Deutscher Sportbund (Hg.): Grundsatzerklärung des Deutschen Sportbundes. Kinder im Leistungssport. Baden-Baden 1977.

DICK, HANS-PETER/MEYNERS, ECKART: Lernen und Bewegen im Federball/Badminton. Ein handlungsorientiertes Vermittlungskonzept. In: Ztschr. Badminton Sport 12/1987, 22–24 und 1/1988, 16–17 und 2/1988, 16–18.

DÖRNER, D.: Problemlösen als Informationsverarbeitung. Stuttgart/Berlin/Köln/Mainz 1979.

EBERSPÄCHER, HANS: Ansatz und Methodik zur Regulation psychischer Beanspruchungen im Hochleistungssport. Köln o. J. (= Studienbriefe zur Fort- und Weiterbildung von Trainern des Deutschen Sportbundes. Hrsg. von der Trainerakademie Köln).

EBERSPÄCHER, HANS: Sportpsychologie. Reinbek bei Hamburg 1982, 1987[3].

FABIG, RALF/OLINSKI, KARL-HEINZ/SKLORZ, MARTIN: richtig badminton spielen. München 1982.

FISCHER PETERSEN, NILS: Moderne badminton – for enhver. Aabybro (Dänemark) 1985.

FUCHS, KLAUS / SOLOGUB, LARS: Badminton. Niedernhausen 1984.

GÖHNER, ULRICH: Wie sich sportliche Bewegungen analysieren und strukturieren lassen. In: DIGEL, HELMUT (Hg.): Lehren im Sport. Reinbek bei Hamburg 1983, 139–160.

GROSSER, MANFRED: Wie sich sportliche Bewegungen steuern und koordinieren lassen. In: DIGEL, HELMUT (Hg.): Lehren im Sport. Reinbek bei Hamburg 1983, 160–179.

GROSSER, MANFRED / NEUMAIER, AUGUST: techniktraining. Theorie und Praxis aller Sportarten. München / Wien / Zürich 1982.

HOCHMUTH, GERHARD: Biomechanik sportlicher Bewegungen. Berlin (DDR) 1981 / 1982[5].

JANSEN, RICHARD: Aktuelle Vermittlungsmodelle im Badminton. In: Ztschr. Badminton Sport 4 / 1985, 16–17.

JONATH, ULRICH (Hg.): Lexikon Trainingslehre. Reinbek bei Hamburg 1988.

KNEBEL, KARL-PETER: Funktionsgymnastik. Reinbek bei Hamburg 1985 / 1988[6].

KNEBEL, KARL-PETER / HERBECK, BERND / SCHAFFNER, SUSANNE: Tennis Funktionsgymnastik. Reinbek bei Hamburg 1988.

KNUPP, MARTIN: 1011 Spiel- und Übungsformen im Badminton. Schorndorf 1983 / 1988[3].

KNUPP, MARTIN: Lokale Muskelausdauer im Ausfallschrittbein. 5 Meter 18-Test. In: Ztschr. Badminton Sport 12 / 1984, 16.

KNUPP, MARTIN: YONEX Badminton Handbuch 1985. Düsseldorf 1984.

KNUPP, MARTIN: YONEX Badminton Jahrbuch 1986. Düsseldorf 1985.

KOLLATH, ERICH / BOCHOW, WOLFGANG / QUADE, KARL: Kinematische Wettkampfanalyse im Badminton. In: Ztschr. Leistungssport 3 / 1987, 21–25. (Nachdruck in: Ztschr. Badminton Sport 8 + 9 / 1987.)

KOLLATH, ERICH / BOCHOW, WOLFGANG / SCHWIRTZ, A.: Biomechanische Technikanalyse des Vorhand-Clear aus dem Umsprung und mit Stemmschritt. In: Ztschr. Badminton Sport 6 / 1985, 12–14.

KOLLATH, ERICH / BOCHOW, WOLFGANG / WESTERMANN, JÜRGEN: In 0,18 sec zu 248 km / h. Biomechanische Analyse der Vorhand-Smashs eines weiblichen und männlichen Spitzenspielers. In: Ztschr. Badminton Sport 11 / 1983, 16–18.

LAZARUS, R. S. / LAUNIER, R.: Streßbezogene Transaktionen zwischen Person und Umwelt. In: NITSCH, JÜRGEN R. (Hrsg.): Streß – Theorien, Untersuchungen, Maßnahmen. Bern / Stuttgart / Wien 1981, 213–259.

LINDEMANN, HANNES: Als Arzt allein im Serienfaltboot über den Atlantik. Münchener Medizinische Wochenschrift 100 / 1958 (2), 70–73.

MARTIN, DIETRICH: Grundlagen der Trainingslehre. Teil II. Schorndorf 1980.

MÜLLER, EBERHARD / HOFFMANN, GERD: Das Problem der Trainierbarkeit von Reaktionsleistungen bei Badmintonspielern. In: Ztschr. Leistungssport 6 / 1987, 31–35. (Nachdruck in: Ztschr. Badminton Sport 6 + 7 / 1988.)

MÜLLER, EBERHARD / KRIEGER, JÖRG: Die psychische Belastung des Tennisspielers im Wettkampf und Möglichkeiten ihrer Beeinflussung. In: Ztschr. Leistungssport 4 / 1984, 33–38.

NEUMAIER, AUGUST: Zu den Chancen des Returnspielers beim Tennisaufschlag. In: Ztschr. Leistungssport 6 / 1985, 5–8.

NIESNER, HANS WERNER / RANZMAYER, JÜRGEN H.: Badminton. Reinbek 1988[7].

NIESNER, HANS WERNER / RANZMAYER, JÜRGEN H.: Zur Frage der optimalen Schlägerhaltung. In: Ztschr. Badminton Sport 3 / 1985, 14–16.

ØSTHASSEL, TERJE DAG/SOLOGUB, LARS: Bättre Badminton. o. O. (Schweden) 1987.

PÖPPEL, ERNST/PÖPPEL, DAVID: Kurzfristige und langfristige Veränderungen der Reaktionszeit und des Konzentrationsvermögens bei Squashspielern. In: Ztschr. Leistungssport 4/1985, 51–54.

RIEDER, HERMANN/LEHNERTZ, KLAUS: Bewegungslernen und Techniktraining. Köln o. J. (= Studienbrief 21 zur Fort- und Weiterbildung von Trainern des Deutschen Sportbundes).

RÖTHIG, PETER (Red.): Sportwissenschaftliches Lexikon. Schorndorf 1972/1983[5].

RUDEL, HANS-ULRICH/RUDEL, SIEGFRIED: Die Bedeutung des Timings für die Sportspiele. In: Ztschr. Leistungssport 5/1987, 38–43.

SAMULSKI, DIETMAR: Analyse von Selbstmotivierungstechniken im Leistungssport. In: Ztschr. Leistungssport 4/1986, 5–9.

SCHNABEL, GÜNTER: Motorisches Lernen im Sport. In: MEINEL, K./SCHNABEL, G. (Red.): Bewegungslehre. Berlin 1976, 221–292/1987[8].

SCHRODE, MANFRED/GABLER, HARTMUT: Aufmerksamkeitsveränderungen beim Tennisspiel. In: Ztschr. Leistungssport 6/1987, 25–30.

SYER, JOHN/CONNOLLY, CHRISTOPHER: Psychotraining für Sportler. Reinbek bei Hamburg 1987/1988[2].

THOMA, A. L.: Erfahrungen beim Aufbau und beim Training zweier Wettkampfmannschaften im Badminton nach zwei verschiedenen Lehrwegen. Aschaffenburg 1984 (unveröffentlichte Examensarbeit).

WESSELS, MARIA-ELISABETH: Beispiel einer Jahrestrainingsplanung im Badminton für den Leistungsbereich. Köln 1983 (Diplomarbeit).

WILKINSON, W. H. G.: Sportstrategie als Lehrfach. In: Ztschr. Leistungssport 1/1984, 27–29.

WILLIMCZIK, KLAUS/ROTH, KLAUS: Bewegungslehre. Reinbek bei Hamburg 1983/1988[3].

Bildquellen

Fotos

DBV-Lehrausschuß, Beckord: Fotos 79. 100 a–i
Dunlop GmbH, Hanau: Foto 32
Detlev Hainski: Seite 115, 126 (unter Verwendung eines Fotos von Louis Ross), 209, 213; Fotos: 29, 50, 59, 87
Martin Knupp: Fotos 15, 17, 18, 39, 84
Ingo Kurth: Foto 44
Ulrich Reddig: Seite 1; Fotos 7, 22, 23, 24, 38
Helmut Ruppert: Fotos 43, 74, 82
Jörg Sterling: Fotos 41, 60, 91, 92
Alle weiteren Fotos stammen von Louis Ross

Abbildungen

Zeichnungen: Manfred Eisner
Karikaturen: Udo Göbel

Der Autor

Martin Knupp ist als Badmintontrainer seit Mitte der siebziger Jahre tätig. Er verfügt über Erfahrungen in allen Bereichen des Badmintonspiels, von Schülerneigungsgruppen bis hin zum verantwortlichen Coachen der deutschen Nationalmannschaft, als Individualtrainer deutscher Spitzenspieler, in der Badminton-Bundesliga, als Trainer von Landes- und Bundeskadern. Er ist Mitglied im DBV-Lehrausschuß, befaßt mit dem Arbeitsgebiet Trainerausbildung der Lizenzstufen B und A. Außerdem ist er Verfasser einer Standard-Übungssammlung und auch journalistisch für den Badmintonsport aktiv, u. a. als Autor zweier Jahrbücher über das nationale und internationale Badmintongeschehen. Er lebt als Schriftsteller im Bergischen Land. Veröffentlichungen von Romanen und Gedichten.

Ulrich Jonath
Circuittraining (7625)

Karl-Peter Knebel
Funktionsgymnastik (7628)

Ulrich Jonath/Rolf Krempel
Konditionstraining (7038)

Helga und Manfred Letzelter
Krafttraining (7621)

Ulrich Jonath (Hg.)
Lexikon Trainingslehre (7638)

Friedrich Schwope
Sportmassage (8625)

Peter Markworth
Sportmedizin 1 (7049)

Hans-Uwe Hinrichs
Sportverletzungen (8604)

Manfred Letzelter
Trainingsgrundlagen (7024)

Johannes Mende
Körpertraining (8612)

Heinz Meusel
Sport ab 40 (8619)

John Syer/Christopher Connolly
Psychotraining für Sportler (8614)

Wilfred Holloway/Jörg Mumme
Orientierungslauf (8609)